제도적 문화기술지

이론적 토대와 실행

김인숙 저

학지사

이 저서는 2017년 정부(교육부)의 재원으로 한국연구재단의 지원을 받아
수행된 연구임(NRF-2017S1A6A4A01019824)

머리말

제도적 문화기술지(institutional ethnography). '문화기술지의 한 분파인가?' 하고 생각할지도 모르겠다. 그런데 제도적 문화기술지는 엄밀히 보면 문화기술지의 한 분파가 아니다. 형식은 문화기술지를 빌려 왔지만, 사회에 관한 존재론과 인식론 측면에서 오히려 문화기술지와는 대척점에 있기 때문이다. 제도적 문화기술지는 우리가 사는 세계가 연구자의 '해석'을 통해서는 이해될 수 없고, 사람들 삶의 '실제'가 어떻게 조정되고 조직화되는지를 펼쳐 보임으로써 이해될 수 있다고 본다.

제도적 문화기술지는 양적 연구처럼 우리가 사는 세계를 변수화하여 측정하지도, 질적 연구처럼 의미를 찾기 위해 해석을 사용하지도 않는다. 제도적 문화기술지는 개념과 이론에서가 아니라 누군가의 경험에서 연구를 시작한다. 그러나 누군가의 경험은 연구의 시작점이자 진입 지점일 뿐이고, 그 경험 너머의 제도적 질서가 어떻게 그의 경험을 경험으로 만들었는지, 상호 조정되는 '조직화'의 발견을 목표로 한다. 그래서 제도적 문화기술지는 '개인적인 것은 제도적인 것이다.'로 수렴된다. 그런데 이 제도적 질서는 연구자가 보편적이고 객관적 위치에서 달성할 수 없고 누군가의 입장에서야만 보인다. 이 질서를 발견하면 연구자는 인간의 경험에 속하지만, 기존 학술 담론으로 설명되지 못했던 작고, 낮고, 사소해 보이는 누군가의 경험이 어떻게 더 넓은 위치에 있는 사람들, 제도들과 정교하게 연결되어 있는지 그 지배의 조직화 방식을 보게 된다.

이 책은 이러한 제도적 문화기술지 방법으로 연구를 실행해 보려는 초심 연구자들을 염두에 두고 썼다. 그렇다고 이 책이 제도적 문화기술지 실행에 관한 매뉴얼은 아니다. 연구를 실행해 보려는 사람들이 제도적 문화기술지의 이론적 토대를 좀 더 쉽게 이해하고, 이에 근거해 연구 실행의 각 절차에서 무엇을 어떻게 사고하고 유념해야 하는지에 관한 일종의 개략적 안내서이다.

사실 도로시 스미스(D.E. Smith)가 제도적 문화기술지를 공식화한 지 거의 40년이 다 되어 간다. 미주와 유럽 그리고 아시아어권을 비롯한 세계 곳곳의 다양한 학문 분야에서 제도적 문화기술지 연구가 산출되고 있다. 질적 연구방법에 관심을 가진 연구자로서 제도적 문화기술지는 아주 매력적이었다. 왜냐하면 연구자가 누군가의 입장에 서서 그의 위치에서 보이는 복잡하고 광대한 풍경을 그려 낸다는 점 그리고 이 풍경을 그리기 위한 탄탄한 이론적 토대와 방법론적 장치들이 있기 때문이었다. 그래서 도로시 스미스의 2005년 저작인 『제도적 문화기술지: 사람을 위한 사회학』(나남, 2014)을 제자들과 함께 번역해 우리나라에 소개하기도 했다.

그러나 이 저서는 도로시 스미스의 심오하고 깊은 지식을 압축적이고 농밀하게 기술하고 있어서 제도적 문화기술지 방법을 선택해 연구하려는 초심 연구자들에게는 어렵게 느껴졌다. 제도적 문화기술지 수업을 수강하고 실제 연구했던 여러 학생과 연구자는 좀 더 쉽게 이해되고 연구 실행에 도움이 될 만한 저서를 원했다. 해외에서 제도적 문화기술지의 이름을 달고 출간된 모든 문헌을 검토했지만, 제도적 문화기술지 방법론의 이론적 토대와 실행을 쉽고 상세하게 이해하고 실행할 수 있는 문헌을 찾지 못했다. 2004년 Campbell과 Gregor가 출간한 저서가 여기에 부합했으나 지나치게 간략하여 좀 더 상세한 설명이 필요했다.

40여 년에 가까운 역사를 갖고 있으나 초심 연구자들이 쉽게 접근할 수 있는 문헌이 출간되지 못한 데는 그만한 이유가 있다. 제도적 문화기술지는 탐색과 발견, 즉 귀납적 지식을 산출하기 위한 기획으로서 연구설계에서부터 자료 수집과 분석이 순환적으로 이루어지기 때문에, 일직선의 선형적 과정으로 기술하기에는 뚜렷한 한계가 있어서이다. 기존의 해석적 질적 연구방법만 해도 의미를 발견하기 위해 추상화와 범주화라는 하나의 기준점이 있어서, 그것을 심화해 나가는 과정을 구분하여 기술할 수 있다. 그러나 제도적 문화기술지는 조직화를 발견하기 위한 뚜렷한 기준점이 없다. 연구자는 제도적 문화기술지의 전략과 방법들을 사용해 자신의 방식에 따라 조직화를 발견해야 한다.

이런 점에서 보면 이 책을 쓴 것이 어쩌면 무모한 행위인지도 모르겠다. 사실 한국연구재단으로부터 저술지원을 받아 놓고서도 마음 한편으로는 걱정이 앞섰다. 제도적 문화기술지의 이론적 토대와 자료수집, 자료분석의 전략과 방법까지는 해외의 기존 연구들과 수업, 연구, 논문지도 등의 경험을 토대로 쓸 수 있었으나, 자료분석의 과정은 계속 고민이 되었다. 분석이 일직선으로 이루어지지 않을 뿐만 아니라 연구의 시작과 동시에 이루어지며, 연구자의 스타일에 따라 분석 과정에 변이가 있을 수밖에 없기 때문이었다. 도로시 스미스가 "제도적 문화기술지에서 남은 과제는 학술적 출판의 한계가 있기는 하지만 학생들의 교육을 위해서는 연구자들이 연구에 좀 더 쉽게 접근할 수 있는 문헌이 필요하다."라고 한 말에서 힘을 얻을 수밖에 없었다.

 물론 이 책이 도로시 스미스가 말한 의도를 달성했다고 보지 않는다. 그보다는 자의적 판단으로 도로시 스미스의 의도를 혹여 왜곡하지는 않았는지, 잘못된 이해로 인한 오류를 소개하지는 않았는지 걱정이 앞서는 것이 사실이다. 따라서 이 책의 모든 왜곡과 오류는 저자의 한계로 인한 것임을 밝힌다. 또 연구의 전 과정에 제도적 문화기술지의 이론적 개념들이 적용되기 때문에 불가피하게 중복되게 서술한 부분이 없지 않다. 그럼에도 불구하고 이 책이 기존의 학문적 담론들로는 이해될 수 없는, 혹은 아직 이름 붙지 못한 사람들의 경험이 어떻게 제도적 질서와 깊이 연결되어 있는지 그 실제의 조직화 양상을 묘사의 방식으로 드러내 보여 주고자 하는 연구자들에게 널리 사용되길 바란다. 도로시 스미스는 제도적 문화기술지가 복지, 교육, 보건의료 등과 같은 휴먼 서비스 분야에 적합하다고 보았으나, 현재 세계 여러 나라에서 산출되는 연구들을 보면 이 범위를 넘어선다. 우리는 모두 제도와 무관한 삶을 살아갈 수 없기 때문일 것이다.

 이 책의 성격을 자평하자면, 제도적 문화기술지에 큰 매력을 느낀 이국의 연구자가 자국의 초심 연구자들을 생각하면서 망설임과 고민 끝에 쓴 간략한 안내서 정도로 생각한다. 독자들이 이 책에서 소개하는 내용을 재료로 삼아 각자 자신만의 레시피를 만들어 가길 기대한다. 그리하여 국내의 다양한 학문 분야에서 제도적 문화기술지 연구들이 나오기를 희망한다.

 마지막으로, 이 책이 나오기까지 감사한 분이 많다. 특히 이 책을 쓸 수 있도록 저술지원을 해 준 한국연구재단, 제도적 문화기술지 수업시간에 제출한 훌륭한 보고서를 이 책에 인용할 수 있게 허락해 준 가톨릭대학교 사회복지학과 대학원생들(김지선, 김진미, 김정현, 이은영, 조민영, 조윤령, 최민경), 수업시간에 제도적 문화기술지에 관한 고민을 자극해 주고 그것을 함께 나누었던 수강생들, 그리고 이 책의 출판을 흔쾌히 수락해 주신 학지사에 감사드린다.

2020년 12월
김인숙

차례

머리말 _ 3

1부 제도적 문화기술지의 이론적 토대

1장 제도적 문화기술지의 출발과 설계

1. 제도적 문화기술지의 출발과 발전   20
  1) '양분된 의식'의 경험을 자각하다   20
  2) '양분된 의식'을 사회학적으로 문제 삼다   22
  3) 페미니즘의 '입장' 개념으로부터 '위치'의 문제를 구성할
    영감을 얻다   24
  4) '여성'을 위한 입장을 '사람들'을 위한 입장으로 확장하다   28
2. 제도적 문화기술지 설계의 기본 구조   30
  1) 일상에서 사람들의 경험은 '지배 관계'에 의해 조정되고
    조직화된다   31
  2) 연구자가 누군가의 '입장'에 선다   35
  3) '탐색'과 '발견'을 위해 추상화의 과학을 거부한다   39

2장 제도적 문화기술지 설계의 토대

1. 사회는 '실제'를 토대로 존재한다   44

  1) 사회는 개념들이 아닌 '실제들'로 연결되어 있다   44

  2) 어떻게 하면 '실제'에 접근할 수 있는가   49

  3) 개념이 아닌 '실제'로 일상을 보면 무엇이 새롭게 보이는가   53

2. 사회는 사람들의 실제적 활동들이 '조정'되는 곳에 있다   58

  1) 제도적 문화기술지는 '사회'가 아닌 '사회적인 것'을 탐구한다   58

  2) '사회'는 사람들의 활동이 다른 사람들의 활동과 '조정'되면서
    구체화된다   59

  3) '조정'은 사람들의 일상생활을 넘어 조직화되며 지배 관계를
    형성한다   63

3. 사람들의 실제 활동을 조직화하는 것은 '언어'이다   67

  1) 언어는 사회적인 것이다   67

  2) 경험 기반 언어와 텍스트 기반 언어의 조직화   70

3장 일 지식: 조직화 탐구의 영역

1. '일 지식'이란 무엇인가   74

  1) 사람들의 '경험'을 '실제'의 관점에서 검토하기 위한 비유   75

  2) 넓은 의미의 '일'   78

  3) 일 지식   80

2. 왜 '일 지식'인가   82

  1) 개념에 갇히지 않고 '실제'에 다가가게 한다   83

  2) 경험 영역에서의 '조직화'를 세밀하게 파고들어 가게 한다   86

  3) 사람들이 일에 대해 느끼는 주관성을 알게 해 준다   91

3. 예시: 일상세계를 '일 지식'으로 보면 어떠한가   92

4. 어떻게 하면 '일 지식'으로 조직화를 그릴 수 있는가   97

  1) 사람들의 '일 지식'을 실체가 아닌 조직화의 한 조각으로 본다   97

  2) 다른 사람들의 '일 지식'의 차이를 모아 이어 맞춘다   99

4장 텍스트: 조직화 탐구의 영역

1. 제도적 문화기술지에서 텍스트란 무엇인가   104

     1) 복제 가능한 형태의 물질   104

     2) 활동하는 것   107

2. 텍스트는 어떻게 활동하는가   122

     1) 텍스트는 사람들의 '일'을 조정한다   123

     2) 텍스트는 일상과 지배 관계 사이를 매개한다   129

     3) 텍스트는 파워를 만들어 내고 조직화한다   135

5장 입장과 문제틀: 조직화 탐구의 방법론적 장치

1. 입장   154

     1) 왜 '입장'이 필요한가   154

     2) '입장'이란 무엇인가   163

     3) 누군가의 '입장'에 서서 연구한다는 것은 무엇인가   169

2. 문제틀   176

     1) '문제틀'이란 무엇인가   176

     2) '문제틀'은 어떻게 발견되는가   182

6장 기존 질적 연구와 제도적 문화기술지의 차이

1. 일반 질적 연구와 제도적 문화기술지의 차이   198

     1) 연구자가 누군가의 입장에 서서 연구한다   198

     2) 연구의 초점이 경험을 넘어 제도적인 것을 향한다   201

     3) 경험을 개념이나 이론으로 해석하지 않는다   203

     4) 경험의 의미가 아니라 경험의 사회적 조직화를 발견한다   205

     5) 경험의 공통성이 아니라 경험의 차이로부터 조직화를 발견한다   206

     6) 맥락을 바라보고 다루는 방식이 다르다   207

     7) 이론의 개입을 거부하고, 그 자리에 문화기술지가 들어선다   208

8) 담론을 사람들의 경험을 조직화하는 조직가로 본다   210

9) 연구자와 연구참여자의 권력이 평등하다   212

2. 휴먼 서비스 분야와 제도적 문화기술지   213

1) 제도 내 지배받는 위치에 있는 사람의 입장에서 변화를
도모할 수 있다   213

2) 제도적 현장을 형성하는 힘의 실제와 그 작동을 보여 준다   215

3) 휴먼 서비스 분야의 제도적 맥락과 행위자들 사이의 조직화를
보여 준다   217

2부 제도적 문화기술지의 실행

7장 제도적 문화기술지 연구의 시작

1. 누군가의 실제 경험에서 시작한다   221

1) 이론이나 개념에서 시작하지 않고 실제 경험에서 시작한다   222

2. 누군가의 경험이 '단절'의 경험임을 발견한다   225

1) 단절의 경험   225

2) 사례: 단절의 경험을 발견하기   229

3) 단절을 발견하려면 문제틀이 필요하다   233

4) 단절의 경험 기저에 흐르는 스토리를 찾아본다   237

3. 누구의 '입장'에서 연구할 것인지를 결정한다   239

1) '입장'을 선택하기   239

2) '입장' 선택의 시점: 다양성   242

3) 입장을 선택하기 위해서는 어떻게 해야 하는가   244

4. 문헌 검토   246

1) 문헌 검토와 입장   246

    2) 문헌 검토와 문제틀   249
  5. 연구문제 구성하기   251
    1) 연구 목적에서의 차이를 이해하기   251
    2) 연구문제 구성 방식 이해하기   254

8장 자료 수집과 표집

  1. 제도적 문화기술지 자료수집의 특징   258
    1) 자료수집은 제도적 문화기술지의 존재론과 주요 개념들에 대한
       이해를 바탕으로 이루어진다   258
    2) 모호하고 추상적인 자료 대신 '실제'를 보여 주는 자료를 수집한다 259
    3) 텍스트 자료에 대한 수집과 검토가 필수적이다   262
    4) 자료수집은 연구의 시작과 함께 시작된다   263
    5) 자료수집은 분석 과정의 한 단계이다   264
  2. 제도적 문화기술지 연구에서 표집   265
    1) 자료는 두 수준에서 표집된다   265
    2) 표집의 기준과 방법   272
    3) 일반성의 확보   276

9장 자료수집과 인터뷰

  1. 제도적 문화기술지에서 인터뷰의 특징   282
    1) 인터뷰의 목적이 사람들의 경험을 일반화하는 데 있지 않다   282
    2) 인터뷰는 정보제공자를 지명하는 수단이다   282
    3) 서로 다른 위치에 있는 서로 다른 경험들을 인터뷰한다   283
    4) 인터뷰는 '일'과 '텍스트' 개념으로 안내된다   284
    5) 입장 정보제공자를 먼저 하고 이어 이차 정보제공자로 넘어간다 284
  2. '일'에 대한 인터뷰   286
    1) '일' 개념을 중심으로 한 인터뷰의 효과   286

2) '일' 개념을 중심으로 인터뷰 질문하기   290

3) 다양한 제도적 위치에 있는 사람들의 '일'에 대한 인터뷰   295

3. '텍스트'에 대한 인터뷰   303

1) 연구와 관련된 텍스트들을 사전에 검토한다   303

2) 정보제공자가 말한 텍스트에 대해 듣고 묻는다   304

3) 정보제공자와 함께 텍스트를 보면서 인터뷰한다   307

4) 텍스트가 활성화하는 궤적이나 흐름을 쫓아간다   308

5) 제도적 언어를 사용하는 경우 텍스트의 작동을 찾는다   309

6) 텍스트에 들어 있는 담론의 실제를 찾는다   310

4. 인터뷰 과정에서 '입장의 정치성'   311

10장 자료수집과 관찰

1. 제도적 문화기술지에서 참여관찰의 방법   316

1) 참여관찰의 육체성으로부터 사회관계, 문제틀을 발견한다   316

2) '일' 개념을 적용해 일의 디테일을 관찰한다   319

3) 텍스트의 흐름과 활성화를 관찰한다   321

4) 관찰은 공개 혹은 비공개로 이루어진다   323

2. 관찰한 것을 기록하기   324

11장 자료분석의 전략과 방법

1. 제도적 문화기술지의 자료분석: 시퀀스 분석   330

1) 시퀀스 분석: 범주 분석과의 차이   331

2) 시퀀스 분석의 관심: 시퀀스의 조직화   334

2. 제도적 문화기술지 자료분석의 특징   335

1) 자료분석은 제도적 문화기술지의 개념들에 대한

   이해에서 출발한다   335

2) 자료분석을 위한 단 하나의 길은 없다   336

　3) 자료분석의 과정은 반복적이고 귀납적인 과정이다   337
　4) 자료분석은 체계적이고 분석적으로 이루어진다   339
3. 제도적 문화기술지 분석의 전략과 방법   341
　1) 범주화 방법으로 자료를 분석하지 않는다   341
　2) 정보제공자 개인에서 일반적인 것에 대한 분석으로 이동한다   343
　3) '사회관계' 개념을 사용한다   345
　4) '텍스트로 매개되는 사회적 조직화' 개념을 사용한다   348
　5) '분석적 매핑'을 사용한다   351
　6) '분석적 글쓰기'를 사용한다   366
　7) 자료에 대하여 계속해서 질문을 던지고 사고한다   368

l2장 자료분석의 과정

1. 자료를 읽고 숙고하면서 제도적 관계를 스케치하기   375
　1) 제도적 문화기술지에서 자료를 숙고한다는 것은 무엇인가   375
　2) 제도적 관계를 스케치하기 위해서는 어떻게 해야 하는가   377
2. 자료를 분류하고 코딩하면서 문제틀을 발전시켜 나가기   381
　1) 분류와 코딩   381
　2) 일 과정을 추적하기   385
　3) 텍스트의 조정과 위계 추적하기   395
　4) 텍스트로 매개되는 담론 추적하기   405
　5) 분석된 자료 세트들을 이어 맞추기   409

3부 제도적 문화기술지 연구사례

13장 제도적 문화기술지 연구사례

1. 텍스트의 작동   418
  1) 텍스트-일-텍스트   419
  2) 텍스트로 매개되는 제도적 과정   425
  3) 텍스트 장치로서의 양식의 파워   436
2. 일의 시퀀스   441
3. 담론의 조직화   446
4. '입장'에서 바라본 제도적 관계   457

14장 제도적 문화기술지의 확장

1. 고전적 제도적 문화기술지의 변용   467
  1) 일반적 제도적 문화기술지   467
  2) 제도적 문화기술지의 일부 개념만 사용하기 468
2. 다른 연구방법론과의 혼합   470
  1) 제도적 문화기술지와 다른 문화기술지와의 혼합 470
  2) 제도적 문화기술지와 해석적 질적 연구와의 혼합 471
3. 2차 자료를 사용한 제도적 문화기술지   474
4. 행동주의 연구를 위한 방법론적 도구   477
5. 제도적 문화기술지 연구방법의 전망   478

부록 _ 481
참고문헌 _ 482
찾아보기 _ 491

1부

⋮

제도적 문화기술지의 이론적 토대

1장 I 제도적 문화기술지의 출발과 설계

2장 I 제도적 문화기술지 설계의 토대

3장 I 일 지식: 조직화 탐구의 영역

4장 I 텍스트: 조직화 탐구의 영역

5장 I 입장과 문제틀: 조직화 탐구의 방법론적 장치

6장 I 기존 질적 연구와 제도적 문화기술지의 차이

제도적 문화기술지는 일상에서의 사람들의 경험은 사회적으로 조직화된다고 보고 이것이 어떻게 그렇게 되는지 그 실제의 모습을 펼쳐 보여 주기 위한 방법론이다. 그래서 사람들은 제도적 문화기술지를 '조직화'를 탐구하는 방법론으로 부른다. 제도적 문화기술지는 질적 연구방법의 범주에 포함되지만, 기존의 해석적 질적 연구방법과는 다른 이론적 토대와 방법론적 도구들로 구성되어 있다. 그러므로 제도적 문화기술지로 연구하려는 연구자는 반드시 이들에 대해 이해해야 한다. 이들 토대와 도구에 대한 이해 없이는 제도적 문화기술지 연구는 불가능하다. 따라서 1부에서는 사람들의 경험이 어떻게 조직화되는지 발견하는 데 필요한 이론적 토대들을 살펴본다. 1부는 모두 6개 장으로 구성되었다. 1부에서는 제도적 문화기술지가 어떻게 출발하게 되었고 그 설계구조는 어떠한지(1장), 이 설계를 뒷받침하는 이론적 토대는 무엇인지(2장), 조직화 탐구의 주된 영역으로서 일 지식과 텍스트를 어떻게 이해해야 하는지(3~4장), 조직화를 탐구하기 위한 방법론적 장치와 도구들에는 어떤 것들이 있는지(5장), 그리고 기존 해석적 질적 연구와 제도적 문화기술지 연구의 차이가 무엇인지(6장)에 대해 살펴본다.

1장
제도적 문화기술지의 출발과 설계

제도적 문화기술지(institutional ethnography)는 조직화(organization)를 연구하는 도구로 사용되어 오고 있다. 영어권 연구자들 사이에서 가장 많이 사용되었고 최근에는 중국과 불어권에서도 사용이 증가하고 있다(Bisaillon & Rankin, 2013). 제도적 문화기술지는 질적 연구방법 중의 하나이다. 그러나 해석주의 전통에 속한 기존의 질적 연구방법들과 다른 전제에서 출발한다. 기존의 해석적 질적 연구방법들이 인간과 사회에 대한 이해는 '해석'을 통해 가능하다고 보지만, 제도적 문화기술지는 '실제'에서 일어나는 '조정'과 그 시퀀스들의 연결을 추적함으로써 인간과 사회를 이해할 수 있다고 본다.

외형상으로 이들은 질적 연구방법이라는 같은 범주로 묶이지만, 존재론과 인식론, 방법에 있어 전혀 다르다. 그렇다면 제도적 문화기술지를 이해하기 위해 우리가 가장 먼저 던져야 하는 질문은 무엇일까? 그것은 제도적 문화기술지가 어디서 출발하여 어떻게 발전되었는지, 그리고 기본적 설계구조가 어떠한지에 관한 질문일 것이다. 따라서 1장에서는 제도적 문화기술지가 어디서 출발하여 어떻게 발전되고, 그 핵심 설계구조가 어떠한지를 살펴본다.[1]

1. 제도적 문화기술지의 출발과 발전

1) '양분된 의식'의 경험을 자각하다

제도적 문화기술지는 캐나다의 사회학자이자 페미니스트인 도로시 스미스(Smith D. E.)[2]에 의해 발전된 연구방법이다. 도로시 스미스가 제도적 문화기술지를 발전시키게 된 계기는 의식의 분열에 대한 그녀의 개인적 경험이었다. 그녀는 두 아이를 둔 어머니이면서 동시에 캐나다 버클리 대학교의 교수였는데, 양육과 가사를 주로 하는 가정생활에서의 의식과 대학교수로 활동하면서 갖게 되는 의식이 서로 공존하기 힘든 분리된 두 의식임을 깨닫게 되었다(Smith, 2002).

그녀는 아이를 키우는 엄마로 여성으로 학문 세계에 들어가서

---

1) 제도적 문화기술지 연구자 중에는 제도적 문화기술지의 출발에 대한 상세한 이야기가 없으므로 출발점을 기술하기 어렵다고 말하기도 한다(Peet, 2014). 그러나 여기서는 제도적 문화기술지를 창안한 도로시 스미스의 학문적 여정을 따라가면서 출발로 볼 수 있는 사안들을 정리했다.

2) 도로시 스미스는 다양한 학문 영역의 개념들을 통합하여 인간과 사회를 연구하는 새로운 방법론을 제도적 문화기술지로 제시하였다. 그러나 그녀가 제안한 제도적 문화기술지는 방법론이자 동시에 '사람을 위한 사회학(sociology for people)'이라는 사회학의 한 분야이기도 하다. 그녀는 사회학자로서 페미니즘, Schutz와 Merleau-Ponty(현상학), Marx(유물론과 경제에 대한 분석), 민속방법론, Foucault, Bakhtin의 영향을 받았다.

이 두 영역 사이에 뭔가 불편한 파열이 있다는 것을 알았다. 그녀
는 가정에서의 일과 학문적인 일 사이에서 전혀 다른 두 사람이 된
다는 것을 알았다. 그녀는 1987년 저서인『문제틀로서의 일상 세계
(The Everyday World As Problematic)』에서 여성으로서의 분리된 의
식을 아주 상세하게 기술하고 있다.

> 내가 대학에 출근하거나 집에서 학술작업을 할 때 나는 일상과 독립
> 된 텍스트로 조직화된 세계로 들어갔다. 그 세계에 들어가면서 나는 개
> 념적 질서로 이루어진 세계 속의 주체로 위치 지워졌다. 그러나 나는 집
> 에 가서 음식을 만들고 청소하고 잠자리를 피고 공원에 가고 친구를 만
> 나고 이웃들을 보고 아이들이 아플 때 병원을 가고 세상의 끝이라 불리
> 는 곳에서 세 개의 다리를 건너는 등 일상의 많은 것을 했다. 아이들을
> 돌보고 학교 보내는 스트레스를 제외하면, 그것은 사회학의 추상화된
> 작업으로부터 하나의 쉼이자 구원이었다. 이 두 개의 의식은 서로 공존
> 할 수 없었다. 이 두 의식은 같은 사람 안에서 때로는 같은 장소에서 그
> 리고 또 때로는 서로 경쟁하면서 존재했다. 하나에서 다른 것으로 옮기
> 는 것은 서로 다른 기억, 관심, 목표, 현존을 포함하는 진정한 전환이었
> 다. 이것은 내게 긴장과 불안을 가져왔다(Smith, 1987: 6-7).

사실 스미스의 이러한 분리된 의식 경험은 우리의 일상생활을
조금만 깊이 들여다보면 곳곳에서 발견된다. 고등학교 3학년 자녀
를 둔 사회복지기관장인 여성을 생각해 보자. 그녀는 직원들에게
하루의 일을 지시하고, 결재서류에 최종 서명을 하고, 직원들의 일
에 슈퍼비전을 제공하고, 복지관 사업에 대한 최종 결정을 하는 등
사회복지 전문가로서 일한다. 그러나 가정에 와서는 고3 자녀의 뒤
치다꺼리에 여념이 없다. 아침이 되면 아이를 깨우고 식사를 준비

하고 간식을 준비하고 심지어 밤늦은 시간 자동차로 아이를 데리러 학원에 가야 한다. 이 여성의 삶은 복지기관과 가정이라는 두 영역에 걸쳐 있다. 이 여성의 경험과 의식은 복지관장 일을 수행할 때와 가정에서 엄마의 일을 수행할 때 서로 다르다. 복지관장의 일이 누군가에게 지시하고 감독하고 결정하는 보다 추상적인 일이라면, 엄마의 일은 누군가를 보살피는 몸으로 하는 일이다.

도로시 스미스는 이렇게 여성들이 경험하는 서로 다른 분리된 두 의식을 '양분된 의식(bifurcated consciousness)'이라 불렀다. 스미스의 '양분된 의식' 개념은 몸이 속한 공간에서의 앎의 방식과 그 밖에서의 앎의 방식이 서로 다를 뿐만 아니라, 평등하지 않다는 것을 말해 준다. 우리는 모두 삶의 곳곳에서 필연적으로 이러한 의식의 분리를 경험한다. 제도적 문화기술지는 도로시 스미스의 '양분된 의식' 경험에서 출발하였다(Smith, 2002). 그러면 그녀는 자신의 '양분된 의식' 경험을 어떻게 학문적으로 발전시켜 나갔을까?

2) '양분된 의식'을 사회학적으로 문제 삼다

도로시 스미스는 자신이 경험한 '양분된 의식'을 그냥 지나치지 않았다. 그녀는 일상 세계의 곳곳에서 일어나고 경험하는 의식의 분리 현상을 '사회학적으로 문제 삼았다'. 즉, 그녀는 가정과 대학이라는 두 제도의 일상 세계에서 일어나는 '양분된 의식'이 왜 발생하며 어떻게 구성되는지 의문을 품었다. 그녀가 보기에, '양분된 의식'은 단순히 개인의 성격이나 동기 혹은 의도로 인해 발생하는 것이 아니었다. 우리가 '양분된 의식'을 경험하는 것은 사회적이고 제도적인 그 무엇과 연관되었다.

스미스는 제도적 질서 안에서 우리가 서 있는 '위치'에 따라 우리의 경험과 의식이 달라진다는 것을 알게 되었다. 그녀는 자신이 가정이라는 제도 안에서 엄마라는 위치, 대학이라는 제도 안에서 교수라는 위치에 있었다. 가정제도 안에서 엄마라는 위치는 자녀들을 돌보고 보호하는 일들로 이루어진 일상을 만들어 내었고, 대학제도 안에서 교수라는 위치는 텍스트를 읽고 가르치고 채점하는 일들을 만들어 냈다. 이는 고3 자녀를 둔 복지관장 여성의 경우도 마찬가지이다. 복지제도 안에서 복지관장이라는 위치는 지시하고 감독하고 결정하는 일을 만들어 내었고, 가정제도 안에서 엄마라는 위치는 고3 자녀를 보호하고 돌보는 여러 가지 일을 만들어 내었다.

도로시 스미스는 제도적 질서 안에서 우리가 어디에 서 있는지 그 '위치'의 다름이 우리의 경험과 의식을 전혀 다르게 구성한다는 것을 알았다. 즉, 그녀는 자신이 경험한 '양분된 의식'을 통해, 우리는 모두 제도적 질서 안에 '위치 지워져'(locarted) 있는 존재라는 점을 깨달았다. 바로 이러한 깨달음이 스미스가 말한 "일상 세계를 사회학적으로 문제 삼는 것"이었다(Smith, 2002). 결국, 우리가 일상 세계에서 의식의 분리를 경험하는 이유는 우리가 어딘가에 '위치 지워져' 있기 때문이다.

우리의 존재가 '위치 지워진' 존재라는 사실은 우리가 모두 어떤 질서 안의 특정 위치에서, 때로는 위치를 이동하면서 살아간다는 것을 말해 준다. 그러므로 여기서 우리가 유추할 수 있는 것은 우리가 이 질서 안에서 어느 위치에 있느냐에 따라 우리의 경험이 달라진다는 점이다. 제도적 문화기술지는 바로 이 '위치 지워진' 존재로서의 사람들의 경험을 해명한다. 위치가 다르면 사람들의 경험도 다르다고 본다. 같은 제도 안에서도 기초수급자의 경험과 복지 전담공무원의 경험은 다른데, 그것은 그들의 성격이나 삶의 이력 때문이 아니라 그들이 해당 질서 안에서 특정 '위치'에 있기 때문이다. 이처럼 '위치'는 제도적 문화기술지 출발의 핵심 지점이다.

3) 페미니즘의 '입장' 개념으로부터 '위치'의 문제를 구성할 영감을 얻다

그러나 스미스는 의식의 분리가 일어나는 일상 세계를 사회학적으로 문제 삼게 되자 난관에 직면한다. 스미스가 가장 먼저 직면한 난관은 기존 사회학의 개념들로는 일상 세계의 경험과 의식을 설명할 길이 없다는 점이었다. 왜냐하면 당시 주류 사회학은 학문의 표준적 방법을 '개념화'에 두었는데, 사회학 내의 개념들에는 가정 영역에서의 경험과 의식을 받아들일 수 있는 언어가 없었기 때문이다. 즉, 가정영역 내 엄마의 위치에 있으므로 해서 겪는 경험과 의식을 기존 사회학의 개념적 언어들로는 설명할 길이 없었다.

게다가, 당시 스미스의 눈에 여성들의 지식과 남성들의 지식은 대조적으로 보였다. 왜냐하면 가정이라는 일상에서의 여성들의 앎(knowing)은 몸과 육체를 통해 획득되는 체현된 것이었으나, 학문 세계에서의 앎은 추상적 지식으로 무장된 개념적인 것으로서 주로 남성들에 의해 이루어졌기 때문이다(Campbell, 2003: 14-15).

예를 들어, 여성들은 가정에서 남성의 폭력을 경험하기도 한다. 여성들은 남성의 폭력이 일어나는 조짐이 보이면 거실을 왔다 갔다 하고 손톱을 물어뜯고 자신이 아무것도 할 수 없을 것 같은 기분에 휩싸인다. 아이에게는 짜증을 부리고 청소와 설거지도 하기 싫어진다. 여성들의 이러한 경험을 어떠한 언어로 표현할 수 있을까? 도로시 스미스는 기존의 언어로는, 기존의 연구방법으로는 이들 여성이 경험하는 경험의 실제를 설명할 수 없음을 알게 되었다. 설혹 기존의 언어로 설명할 수 있다 해도, 그것은 여성 주체들이 '실제로' 겪은 경험을 설명하기에는 불충분하였다.

이렇게 가정영역에서 여성들의 경험을 설명할 언어가 없음을 자각한 스미스는 선택의 딜레마에 봉착한다. 한편으로, 학문 세계에서 학자로 성공하려면 가정의 일상생활에 대한 경험적 지식은 제쳐두고 개념의 질서로 이루어진 학문적 텍스트에 몰두해야 했다. 그리고 다른 한편으로 가정에서의 일상생활 경험을 설명하려면 기존의 사회학을 거부해야 했다. 당시의 주류 학문 방법인 개념화를 받아들이면 그것은 여성들의 '체현된' 경험적 앎을 거부하는 것과 같았다. 페미니스트로서 스미스의 선택은 후자였다. 그녀는 「사회학에 대한 급진적 비판으로서의 여성의 관점」이라는 논문을 통해 기존의 앎에 대한 접근을 거부하고 이를 뒤집는 시도를 시작하였다(Campbell, 2003: 14).

> 나는 지난 수년간 남성의 입장에서 발전되는 사회학이 아니라 여성의 입장에서 형성되는 사회학을 발전시켜 오고 있다. 나는 1950년대에서 80년대에 세워진 북미의 "기존 사회학"을 비판해 왔다. '기존 사회학'은 객관성을 요구하면서 특정한 주관성의 존재와 경험들을 배제했다(Smith, 1987: 1-2).

도로시 스미스가 기존의 앎에 대한 거부와 새로운 접근의 출발점으로 삼았던 것은 페미니즘의 '입장(standpoint)' 개념이었다. 그녀는 이 입장 개념으로부터 영감을 받아 기존 사회학과의 논쟁을 거듭했다. 도로시 스미스는 처음에는 '관점(perspectives)'이라는 용어를 사용하다가 페미니스트 학자인 Harding의 '입장' 용어를 차용했다. 그러나 도로시 스미스의 입장과 하딩의 입장 개념은 다르다. 하딩의 입장이 사회 내의 지위나 젠더, 계급, 인종의 범주나 위치를 말하지만, 도로시 스미스의 입장은 인식 주체 누구에게나 열린 장(site)으로 주체의 위치(subject position)를 말한다(스미스, 2014: 29-30). 즉, 도로시 스미스의 '입장'은 제도적 질서 안에 '위치 지워진' 모든 주체의 위치를 말한다. 결국, 도로시 스미스는 그녀의 첫 문제의식이었던 '위치 지워진' 존재로서의 사람들의 경험을 이해할 수 있는 핵심 실마리를 페미니즘의 '입장' 개념으로부터 얻게 되었다.

이후 그녀는 여성의 억압에 대해 배워 나가면서 여성의 '입장'을 취하게 되었다. 여성의 '입장'은 남성들의 앎이 일상생활의 물질성으로부터 소외되어 있는 반면, 여성의 앎은 육체적인 것과 연결되어 있다는 점을 제기해 주었다. 즉, 남성들은 여성들이 제공하는 다양한 육체적 일의 도움을 받기 때문에 육체적인 것을 잊고 사업이나 학문, 정부에서 개념적 방식으로 일한다는 것이다. 따라서 여성들의 경험을 이해하고 설명하기 위해서는 여성들의 '입장'에 서서 그들이 스스로 말하는 이야기를 들어야 했다. 이처럼 도로시 스미스는 자신의 '양분된 의식'에 대한 문제의식을 발전시켜 나가는 과정에서 '입장'에서 시작하는 연구가 기존의 학문적 개념들로 설명될 수 없는 사람들의 경험을 이해하고, 다양한 위치에 있는 사람들의 경험들이 어떻게 서로 연결되어 있는지 보여 줄 수 있다고 여겼다.

여기서 여성의 '입장'에서 시작한다는 것은 세계 내 특정 '위치'에 관심을 가지고 이로부터 시작하는 탐구의 타당성을 주장하는 것이다(Smith, 1990: 33). 여성의 '입장'에서 시작하기 위해서는 인식자를 재위치시켜야 한다. 즉, 여성의 경험적 이야기를 들을 때 외부자의 위치에서가 아니라 "여성의 위치에서 그리고 여성의 곁에 자신을 위치시키는" 것으로 이동하는 것이 필요하다(Campbell, 2003: 7-9). 왜냐하면 여성들이 남성들과 다른 경험, 다른 지식을 갖게 되는 이유는 여성들이 서 있는 '위치'가 다르기 때문이다.

이처럼 제도적 문화기술지 접근은 우리 삶의 '위치성' '위치의 정치학(politics of location)'에 주목한다(Billo and Mountz, 2016: 204). '위치성'은 우리는 모두 우리가 사는 세계 속에 위치 지워져 있다는 것을 의미한다. '위치 지워진' 존재로서의 우리의 주체는 늘 몸이 위치한 시공간 속에 존재하며, 따라서 우리가 경험으로 아는 모든 것은 늘 체현된 것이다. 그리고 사람들은 위치 지워져 있어서 불가피하게 사회현상에 대해 다른 관점을 갖는다.

이처럼 페미니즘의 사고는 도로시 스미스가 경험했던 '양분된 의식'에 대한 새로운 접근을 자극하고 촉진했다. 페미니즘의 '입장' 개념은 사람들의 경험과 지식은 그들이 서 있는 '위치'에 따라 다르게 나타나며, 따라서 사회에서 정말 무엇이 일어나는지를 보려면 이 '위치'에 주목해야 함을 알게 해 주었다. 도로시 스미스의 제도적 문화기술지는 '입장'을 비롯한 페미니즘의 개념들로부터 영감을 받았다. 도로시 스미스의 학문적 여정을 살펴보면, 페미니즘적 사고는 제도적 문화기술지의 형성에 빼놓을 수 없는 핵심 개념들을 구성하는 데 기여했다.

4) '여성'을 위한 입장을 '사람들'을 위한 입장으로 확장하다

'입장'에서 시작하는 접근은 주체가 서 있는 위치에 따라 경험과 지식에 '차이'가 있음을 전제로 한다. 그리고 이 차이는 분리되어 있지 않고 서로 연결되어 있다. 여성의 입장에서 시작한 스미스는 여성들의 위치는 남성들의 위치와 다르므로 다른 경험과 지식을 만들어 낸다고 보았다. 그녀는 여성의 입장에서 그들의 경험이 어떻게 일상 세계 너머로 확장되어 있는 '사회관계(social relation)'[3]에 의해 조직화되고 결정되는지에 관심을 가졌다. 예를 들어, 여성의 입장에서 그녀들의 가정폭력 경험은 가정이라는 세팅 내에 국한되어 설명될 수 없고, 가정 밖의 가정폭력 관련 정책들, 경찰들의 문서처리 방식과 연관되어 설명될 수 있었다.

도로시 스미스는 이렇게 여성의 입장에서 시작하여 그들의 경험을 바로 그 경험으로 만든 조직화 양상을 찾아내는 탐구를 '여성을 위한 사회학(sociology for women)'으로 이름 붙였다. 그녀는 '여성을 위한 사회학'은 여성들이 처한 상황이 일상 세계 내에서가 아니라 일상 세계 밖으로 확장된 사회적 과정에 의해 어떻게 조직화되며 결정되는지를 밝혀낼 수 있어야 한다고 주장했다(Smith, 1987: 152). 이를 위해 그녀는 자신의 저서 『문제틀로서의 일상 세계』(1987)에서 여성을 위한 사회학의 전략으로 '일상생활을 문제틀

---

3) 제도적 문화기술지에서 '사회관계'란 교사와 학생, 남자친구와 여자친구, 혹은 부모와 자녀 간의 관계를 의미하지 않는다. 제도적 문화기술지에서 '사회관계'는 특정한 세팅에서 행해지는 사람들의 행위들이, 다른 사람들이 다른 장소, 다른 시간에서 하는 행위의 시퀀스들과 어떻게 얽혀 있는지 바라보고 연결되게 해 주는 개념이다(스미스, 2014: 375).

(problematic)[4]로 보는' 방법을 발전시켰다. 이 방법은 제도적 문화기술지의 핵심적 방법이다.

　　그러나 스미스는 주체의 위치를 주체가 속한 사회경제적 지위나 사회적 범주에 국한하지 않았다. 또한 '여성'의 위치에만 머물지 않고 이를 사람들 모두에게로 확장하였다. 앞서 언급했듯이, 그녀는 '주체 위치'를 일상 세계에 대한 지식을 가진 사람이면 누구에게나 열려 있는 것으로 확장하였다(스미스, 2014). 이로써 그녀는 '여성을 위한 사회학'을 '사람을 위한 사회학(people for sociology)'으로 전환하였다. 여성의 경험만이 아니라 모든 억압적 위치에 있는 사람들의 경험으로 관심의 대상을 확장하였다. 여기서 '사람을 위한 사회학'은 사람에 관한(about) 것이 아니라 사람들의 존재에 초점을 두되 당연한 것으로 여겨져 사람들이 볼 수 없는 더 큰 사회관계를 보게 해 주는 사회학이다.

　　이처럼 도로시 스미스는 제도적 문화기술지를 여성을 넘어 보다 더 보편적인 '지배와 종속'의 문제를 탐구하는 방법으로 확장하였다. 그 결과 여성의 '입장'에서 시작한 스미스의 제도적 문화기술지는 오늘날 더 일반적 의미에서의 지배와 종속을 이해하기 위한 핵심 방법으로 사용되고 있다. 제도적 문화기술지의 이러한 특징에 주목한 Campbell(2006: 95)은 제도적 문화기술지 연구자가 해야 할 가장 중요한 것은 지배받는 누군가의 편에 서는 것이고, 관심을 가져야 할 것은 그들의 목소리라고 하였다.

　　이상에서 알 수 있듯이, 제도적 문화기술지는 사회에 대한 지식의 대안적 형태를 제안하는 하나의 기획이다. 여기서 지식의 대안

---

4) 좀 더 상세한 것은 5장 참조하라.

적 형태란 사람들이 일상적인 실천을 통해 얻은 지식을 사회관계와 제도적 질서로 확장하는 것이다(스미스, 2014: 80). 도로시 스미스에 의하면, 제도적 문화기술지는 여성을 위한 사회학, 사람을 위한 사회학과 같은 대안적 사회학을 발전시키는 과정에서 주류 사회학 문헌에서 질적 연구방법으로 소개되었고, 그래서 자신도 제도적 문화기술지를 탐구의 방법으로 언급하게 되었다고 한다(스미스, 2014: 87). 결국, 제도적 문화기술지는 도로시 스미스가 여성을 위한 사회학, 사람을 위한 사회학을 발전시키는 과정에서 이를 위한 전략으로 발전되었다고 할 수 있다.

2. 제도적 문화기술지 설계의 기본 구조

제도적 문화기술지를 이해하는 초입에서 우리는 가장 먼저 그 출발과 발전 경로를 개략적으로 살펴보았다. 그러나 이것만으로는 제도적 문화기술지의 큰 윤곽을 잡기는 어렵다. 제도적 문화기술지는 기존의 질적 연구방법과는 매우 다른 틀을 가지고 있을 뿐 아니라, 기존의 질적 연구방법들에서 언급하지 않는 개념들로 구성되어 있다. 생소하고 낯설은 제도적 문화기술지의 개념들을 이해하지 못하면 제도적 문화기술지를 실행하기 어렵다. 제도적 문화기술지 이해를 위한 초입에서 먼저 제도적 문화기술지의 큰 윤곽에 대한 개괄적 이해를 하는 것은 이후 제도적 문화기술지의 디테일을 이해하는 데 큰 도움이 된다. 그러므로 여기서는 제도적 문화기술지의 설계구조에 대해 개략적으로 이해해 보기로 한다.

제도적 문화기술지는, 용어 자체로만 본다면, 마치 문화기술지

전통의 다양한 지류 중의 하나인 것처럼 보이지만, 그렇지 않다. 그
것은 문화기술지라는 외양을 빌리고 있으나 그 내용은 전통적 문
화기술지 방법과 상당한 거리가 있다. 제도적 문화기술지는 일상
생활을 하는 행위자의 입장에 서서, 그들의 삶이 어떻게 그들을 둘
러싼 제도 또는 지배 관계에 얽혀 드는지를 탐구한다. 이러한 제도
적 문화기술지 설계의 핵심축은 세 가지이다.

첫째, 사람들의 일상 경험은 지배 관계에 의해 조정되고 조직화
되며, 둘째, 연구자가 누군가의 '입장'에 서야 하며, 셋째, 추상화의
과학을 거부하는 '탐구와 발견'의 방법이 그것이다. 이 세 가지에
근거해 제도적 문화기술지를 간략히 기술하면, 제도적 문화기술지
는 누군가의 입장에 서서 그의 일상의 경험이 지배 관계에 의해 어
떻게 조정되고 조직화되는지를 추상화가 아닌 방법으로 탐구하는
방법이라고 말할 수 있겠다. 제도적 문화기술지 설계의 세 가지 축
에 대해 좀 더 상세히 살펴보자.

1) 일상에서 사람들의 경험은 '지배 관계'에 의해 조정되고 조직화된다

제도적 문화기술지는 사람들의 일상생활에서의 앎을 일상 세계
너머의 힘과 관계로 확장할 목적으로 설계되었다. 제도적 문화기
술지는 사람들의 일상 경험이 그들이 가진 동기나 의도를 넘어 제
도적 질서(지배 관계)에 의해 조정, 조직화된다고 본다. 즉, 제도적
문화기술지는 인간 삶에는 조직화된 질서가 있고, 이 질서는 더 큰
상위의 질서 및 담론과 연결되어 있다고 본다. 제도적 문화기술지
는 개인의 경험을 이 제도적 질서와 연관하여 그려 낸다.

우리는 흔히 사람들이 일상생활에서 겪는 경험들은 그들의 동기나 의도 때문에 발생하는 것으로 생각한다. 그러나 제도적 문화기술지는 이러한 일반적이고 통념적인 사고를 벗어나, 모든 사회적 행위와 상호작용이 전개되는 곳에는 그 행위를 일어나게 만드는 힘과 질서가 있다고 본다. 도로시 스미스에 의하면, 사람들의 일상 세계는 우리가 거의 모르거나 전혀 알지 못하는 사람들이 어딘가에서 행하고 있는 것에 의해 조정된다.

예를 들어, 몸이 아픈데도 근로능력평가에서 근로 능력이 있다고 판정받은 조건부 수급자의 경험은 국가의 기초수급자를 위한 예산, 국민기초생활보장법, 소득인정액기준, 동과 구청의 복지공무원 등에 의해 영향받고 조정된다. 또 다른 예로, 대학이 요구하는 상대평가 기준으로 학생들을 평가하는 교수는 학생들로부터 성적에 대한 이의신청을 받게 되는데, 이때 교수의 이의신청 경험은 대학 자체의 정책만으로 설명될 수 없다. 그것은 교육부의 대학정책, 삼성과 같은 대기업의 대학 성적평가에 대한 요구와 압력, 경쟁력과 수월성을 강요하는 국가의 교육이념 등이 복잡하게 연결되고 조정된 결과이다. 이처럼 우리는 곳곳에서 일상에서 사람들의 경험이 해당 일상 세계 내의 요소들로만 설명될 수 없음을 알 수 있다. 우리의 사적인 일상의 경험은 일상 너머의 더 큰 관계들로 조정되고 조직화된다.

제도적 문화기술지는 사람들이 말하고 행하고 이해하는 모든 것이 조직화된 과정을 통해 형성된다고 믿는다. 제도적 문화기술지는 이 점을 문제로 삼는다. 그리하여 제도적 문화기술지는 몸이 속한 공간에서의 사람들의 경험을 통해 그 경험들 내부로부터는 파악될 수 없는 것을 발견하려 한다. 여기서 내부로부터 파악될 수 없

는 것이란 사람들이 한 바로 그 경험을 조정하고 조직화하는 보다
더 큰 사회관계, 지배 관계이다. 스미스는 우리의 인식, 지식, 앎은
사회적으로 조직화된 것이고 그것은 지배 관계로부터 나온다고 말
한다(스미스, 2014).

  그러므로 제도적 문화기술지를 연구하려는 연구자는 당연시되
는 일상에서는 보이지 않고, 없는 것 같고, 동떨어져 있는 것 같지
만, 그 일상 속에는 지배 관계, 사회적 조직화 과정이 포함되고 작
동되고 있음을 분명히 해야 한다(스미스, 2014: 261). 이런 맥락에서
제도적 문화기술지의 목표는 우리 눈에는 잘 보이지 않는 일상생
활 속 '지배 관계'에 관한 지도를 그리는 것이다. 즉, 자료 속에서 지
배 관계가 어떻게 작동하면서 펼쳐지는지를 찾는 것이 제도적 문
화기술지의 목표이다.

  그런데 제도적 문화기술지에서 '지배 관계(ruling relation)'는 한
쪽이 다른 한쪽에 우세한 힘을 행사하는 지배 관계(domination)
를 의미하지 않는다. 그것은 계급적 관계를 의미하지도 않는다.
스미스의 '지배(ruling)'는 Marx에서 기원하나 차이가 있다. Marx
가 계급과 계급이익으로 지배 관계를 설명했다면, 스미스는 텍스
트, 언어, 모든 종류의 전문성이 지배적 실천의 핵심이라고 본다
(Campbell & Gregor, 2004: 39). 그녀에 의하면, 지배 관계는 텍스트,
언어, 객관화된 지식에 의해 사회적으로 조직화되며, 시간과 공간
을 가로질러 일상의 삶을 조직화한다. 도로시 스미스는 현대사회
가 텍스트를 매개로 이루어지는 담론적 실천이 지배 관계를 복제
해 낸다는 사실을 강조하였다(스미스, 2014: 35-36, 381).

  따라서 제도적 문화기술지에서 말하는 '지배'는 관리, 전문가, 정
부, 미디어, 학문들이 현대사회에서 일어나는 것들을 조직화하고,

조정하고, 규제한다는 의미이다(Grahame, 1998). 즉, 제도적 문화
기술지에서 지배 관계는 사회를 조직화하고 규제하는 서로 다른
제도적 관계들 사이의 연결을 의미한다(Smith, 1996: 47). 그러므로
지배 관계는 기업, 정부관료, 이론적이고 전문적인 담론들, 대중매
체 등이 복잡하게 상호 연결된 관계들의 모습으로 드러난다(스미
스, 2014: 289-290). 제도적 문화기술지에서 '제도(institution)'는 사
회복지제도나 국가법 제도와 같은 사회조직의 결정 형태가 아니라
이러한 지배 관계의 양상을 의미하며, '제도적(institutional)'이란 이
러한 제도가 움직임의 형태로 존재하는 것을 말한다.

　제도적 문화기술지는 기존의 해석주의적 질적 연구방법들이 목
표로 하는 경험 이면의 '의미'를 발견하는 것이 아니다. 그보다는
오히려 경험 이면의 '조직화'를 발견하고자 한다. 이 조직화는 사람
들 삶의 지배 관계를 밝힘으로써 드러난다. 따라서 제도적 문화기
술지의 목표는 사람들의 삶의 일상적 실제가 보다 큰 지배 관계와
연결되어 있다는 것, 이러한 지배 관계를 발견하고 가시화하는 것,
사람들에게 그들이 어떻게 억눌려 있는지 보여 주는 지도를 그리
는 것이다(Peet, 2014: 82). 제도적 문화기술지는 이러한 지배 관계
를 탐구하기 위한 개념적이고 방법론적 도구들을 가지고 있다.[5]

　이처럼 제도적 문화기술지는 사회의 거시, 중시, 미시 층위를 조
정하는 확장된 지배 관계들을 검토함으로써 일상에서의 사람들의
경험을 일상생활의 현장 너머로 나아가게 한다(Walby, 2007). 즉,
제도적 문화기술지는 개인이 가진 일상생활에 대한 경험적 지식

---

[5] 이렇게 제도적 문화기술지에서 지배 관계가 차지하는 중요성 때문에 제도적 문화기
술지는 때로 '지배 관계의 사회학'으로 불리기도 했다.

을 탐구의 시작점으로 삼아, 사람들의 개인적 경험의 객관적이고
일반화된 근거를 밝혀 주는 방법이라고 말할 수 있다(Smith, 1987:
154). 그러므로 제도적 문화기술지 연구에는 근원적으로 행동주의
(activism)와 사람들의 삶의 조건을 변화시키는 의지 및 가능성이
담겨 있다(Campbell & Gregor, 2004: 61).

2) 연구자가 누군가의 '입장'에 선다

  제도적 문화기술지는 연구자가 선택하는 사람의 '입장'에서 이야
기를 구성하는 탐구이다. 스미스는 제도적 문화기술지는 제도 자
체를 연구하는 것이 아니라, 이론에서 시작하지 않고 '누군가'의 '입
장'에 서서, 그 입장에 위치한 사람들의 경험에서 시작하는 탐구방
법이라고 말했다(Smith, 2006). 입장은 특정 사회적 위치에 있는 사
람들이 몸으로 한 경험, 그와 관련된 것, 일상의 지식 안에 위치를
정하는 것이다(Bisaillon & Rankin, 2013).
  그러므로 누군가의 '입장'을 취하여 연구하는 연구자는 기존의
이론이나 개념에 기대어 연구를 시작하지 않고, 정보제공자가 몸
으로 한 경험과 지식에서 연구를 시작하여 이들의 경험과 지식
을 따라간다. 사람들의 입장에 서서 시작하는 제도적 문화기술지
는 일상의 삶에서 출발하여 그 일상의 행위 속에 들어 있으나 우리
에게는 온전히 보이지 않는 지배 관계와 조직화를 탐구한다. 즉,
제도적 문화기술지는 누군가의 어떤 경험을 확인함으로써 시작
되고, 이어 이 경험을 생산하는 제도적 과정에 주목한다(Billo and
Mountz, 2016: 204). 이처럼 누군가의 '입장'을 취하는 것은 제도적
문화기술지 설계의 출발점이자 필수적 요소이다.

도로시 스미스는 사회에 대한 객관적 설명, 객관적 지식을 만드는 절차를 비판하고 거부했다. 그녀는 연구에서 객관화를 담보하려는 절차들은 사람들의 경험에서 나오는 새로운 지식을 봉쇄한다고 주장했다. 객관적 절차를 중시하는 연구자는 누군가의 경험이 아니라 기존에 축적된 이론과 개념에 기대어 연구를 진행한다. 그러한 연구는 누군가의 주관적 경험에서 연구를 시작하지 않는다. 그러나 누군가의 '입장'에 서서 시작하는 연구에서는 사람들의 일상 세계와 사람들의 경험이 특권을 갖는다. 제도적 문화기술지는 이론이나 개념과 같은 과학적 지식체계의 추상적 공간에서 시작하지 않으며, 그보다는 현재의 우리, 현재 우리의 위치에서 시작한다.

이처럼 누군가의 입장에 서서 시작하는 연구는 누군가의 경험에서 출발한다. 이론이나 연구자의 판단이 연구의 시작점이 아니라 누군가의 경험 그 자체가 연구를 시작하는 출발점이 된다. 예를 들어, 사회복지전담공무원들이 과도한 업무 등으로 수급자들을 찾아갈 수 없다면, 바로 이들의 이 경험이 연구의 시작점이 된다. 많은 복지서비스에도 불구하고 가출 청소년들이 노숙자가 된다면, 이 청소년들의 노숙 경험이 연구의 시작점이 된다. 제도적 문화기술지는, 마치 단절되어 보이는 그들의 경험이, 어떻게 하여 바로 그 경험으로 되었는지 지배 관계와 조직화 양상을 밝힘으로써 설명한다.

그런데 이 누군가의 '입장'에서 연구하는 것은 주체의 위치 문제를 제기한다. 즉, 인식 주체가 어디에 위치해 있느냐가 문제가 된다. 인식 주체가 보편적이고 중립적인 위치에 있어야 하는지, 아니면 정보제공자의 위치에 있어야 하는지가 문제가 된다. 만일 지식은 보편적인 것이어야 한다는 관점에서 보면, 누군가의 입장에서의 지식은 편파적이고 정파적이라는 비판을 받을 수 있다. 이와 같은 객관적이고 보편적인 지식에 대한 요구는 타당한 지식은 특수성을 초월한다는 관념에 뿌리를 두고 있다. 그 결과 입장, 계급, 젠더, 인종과 같은 개념은 객관성이라는 기준을 무효화한다고 본다(Peet, 2014: 66). 그리고 이것은 과학적 지식이 될 수 없다고 비판한다.

그러나 도로시 스미스는 누군가의 위치에서 시작한다는 것이 제도적 문화기술지의 과학적 성격을 배격하지 않는다고 말한다. 제도적 문화기술지에서 사람들은 '위치 지워져' 있어서 불가피하게 사회현상에 대해 다른 관점을 갖는다. 즉, 일상에서 사람들이 하는 경험은 그가 제도적 질서의 어디에 위치하느냐에 따라 달라지고, 지배 관계로 인해 조정되고 조직된다. 예를 들어, 교수와 학생은 같은 제도적 영역에 있는 구성원이지만 그들이 겪는 경험은 학생과 교수라는 서로 다른 제도적 위치 때문에 서로 다르게 조직화된다. '입장'에 서서 연구하는 것은 교수와 학생의 경험을 연구자가 해석하는 기존 질적 연구와는 전혀 다른 것이다.

이처럼 제도적 문화기술지는 우리가 사는 세계가 평균값이나 해석으로 설명될 수 있다고 보지 않고, 그가 서 있는 위치와 그 위치에서 이루어지는 조직화로 설명될 수 있다고 본다. 스미스는 기존의 연구방법들이 연구자의 위치성을 제거하였고 그럼으로써 대상화된 사회의 모습을 그려냈다고 비판한다. 이런 점에서 제도적 문화기술지와 같이 누군가의 입장에 서서 시작하는 연구는 인간과 사회에 대한 존재론과 인식론에서 차이를 반영하는 것이지, 과학적 성격을 배격하는 것이 아니다. 그녀는 "우리는 이 세상에 사는 누군가의 위치에서 시작해야 한다."라고 단호히 말한다(Smith, 1987: 176-177).

이처럼 제도적 문화기술지는 주체 위치를 정한다. 우리는 모두 주체이고 동시에 어떤 위치에 있다. 제도적 문화기술지는 이 주체 위치를 연구의 핵심으로 하며, '입장'은 이러한 주체 위치를 연구에서 실행할 수 있게 하는 방법적 개념이다. 도로시 스미스는 누군가의 입장에 서서 지식을 생산하는 것의 정당성을 주장했고, 이는 '입장의 사회학'으로 불리기도 했다. 예를 들어, Campbell은 제도적 문화기술지에 대해 "그녀의 입장의 사회학은 기존의 객관적 사회학의 대척점에 있다."라고 평가하였다(Campbell, 2003: 18).

사실, 어떤 연구자가 지배적 제도의 틀 밖에 있는 '입장', 예를 들면 기초수급자나 성소수자의 입장에서 연구하는 것은 하나의 정치적 결단이다(Bisaillon & Rankin, 2013). 왜냐하면 입장은 그들의 억압된 경험을 가능하게 하는 지배 관계를 밝힘으로써 억압의 근원인 지배 관계에 균열을 낼 수 있는 근거를 제공하기 때문이다. 제도적 문화기술지 연구자는 복지공무원의 입장에 서서, 기초수급자의 입장에 서서, 성소수자의 입장에 서서 연구함으로써 이들의 억압된 경험의 지배 관계를 폭로할 수 있다. 이처럼 제도적 문화기술지는 그 본질에 있어 정치적이고(Campbell, 2006: 91), '작은 영웅'인 사람들을 위한 연구이다(Peet, 2014: 113).

연구자가 누구의 입장에 서느냐에 따라 지배 관계의 모습은 달라진다. 수급자를 관리하는 전담공무원들의 입장에 서서 본 지배 관계는 수급자들의 입장에 서서 본 지배 관계와는 그 모습이 다르다. 이런 의미에서 O'Neill은 제도적 문화기술지를 입장이론(standpoint theory)에 근거해 사회제도를 연구하는 전략이라고 불렀다(O'Neill, 1998: 128).

3) '탐색'과 '발견'을 위해 추상화의 과학을 거부한다

제도적 문화기술지는 일상에서의 사람들의 활동, 경험, 지식에서 시작한다. 연구의 출발점은 사람들의 물질적 활동, 행위, 실천이고 이것은 경험적으로 조사될 수 있다(Bisaillon, 2012: 98). 그리고 누군가의 입장에 서서 그의 경험을 조직화하는 지배 관계를 그린다. 제도적 문화기술지는 이를 위해 검증의 방법이 아니라 탐색(inquiry)과 발견(discovery)의 방법을 사용한다. 스미스는 제도적 문화기술지가 탐색과 발견을 목적으로 하는 방법임을 누누이 강조하였다. 그녀는 탐색과 발견을 제도적 문화기술지의 핵심이자 본질로 보았다(스미스, 2014: 86-87).

스미스가 제도적 문화기술지를 탐색과 발견의 방법으로 언급한 이유는 제도적 문화기술지의 발견들이 개념적 틀에 의해 미리 속단하여 나온 것이 아니기 때문이다. 즉, 그녀가 제도적 문화기술지를 '탐색의 방법(method of inquiry)'으로 본 것은 이론이나 개념에서 시작하지 않고 사람들의 경험에서 시작하기 때문이다. 그리고 이러한 '탐색'은 검증이 아닌 '발견'의 가능성을 열어놓는다.

물론 제도적 문화기술지 연구자도 자료를 수집하고 분석할 때 이미 받아들여진 개념을 피할 수는 없다. 그러나 연구자는 탐색과 발견을 위해 끊임없이 '실제'를 들여다보면서 사람들 속으로 들어가 그들이 경험하고 말한 '실제'로부터 배우려고 노력한다. 기존의 이론이나 개념을 자료에 덮어씌우지 않는다. 그러려면 연구자는 자신이 이미 알고 있거나 안다고 생각하는 것을 넘어서야 하며, 자신이 예상하지 못했던 문제를 찾기 위해서 준비하고 열려 있어야 한다(스미스, 2014: 87, 323).

스미스는 기존의 연구들이 놀랄 만큼 이론에 압도되어 있다고 비판한다. 이론 없이는 연구가 진행될 수도, 또 발견된 것이 지식으로 인정될 수도 없다. 그녀는 범주와 개념이 실재를 재현할 수 있다는 점을 거부한다. 또 이론과 추상화의 지배를 거부한다. 왜냐하면 앞서 언급한 지배 관계를 보이지 않게 만드는 주범이 추상화된 이론과 개념들이기 때문이다. 즉, 추상화된 이론과 개념이 사람들의 경험 이면에 작동하는 사회적 조직화와 지배 관계를 보이지 않게 만든다는 것이다(스미스, 2014).

스미스에 의하면, 이론과 개념적 틀은 우리의 구체적 실제들에 대한 해석을 지배하여 실제가 이론과 개념 안에 갇히고 인식 주체를 일상의 경험 세계 밖으로 몰아내어 주체 위치를 사라지게 한다. 나아가 글에서 사람과 행동이 사라지고, 개념화된 실재(reality)가 행위 주체가 됨으로써 실제(actuality)는 드러나지 않거나 사라진다(Grahame, 1998; 스미스, 2014: 96).

예를 들어, 기초수급 신청자가 복지공무원과의 상담에서 경험하는 많은 것을 '낙인감'과 같은 추상화된 개념으로 전환하면, 상담 세팅에서 일어나는 일들과 이 상담 세팅 너머에서 일어나는 구체적인 실제들을 '낙인'이라는 추상적 개념 안에 가두는 형국이 되며, 그 실제들을 볼 수 없게 만든다. 그 결과 누가 어떻게 낙인을 가하고 받았는지 알 수 없게 된다.

스미스는 자신이 제도적 문화기술지를 사용해 시도하려는 과학은 사회의 여분으로부터 추상화하여 다루어지는 과학이 아니라고 말하였다. 그녀가 제안하는 과학은 탐색과 묘사를 통해 사람들의 일상 세계의 복잡한 조직화를 펼쳐 보여 주는(explicate) 과학이다. 이것은 설명(explanation)보다는 해명(explication)에 가깝다(Smith,

1987: 175; 스미스, 2014). 제도적 문화기술지에서 '해명'은 주체의 활동을 조정하고 그 경험을 형성하는 사회적 조직화를 발견하여 지도를 그리는(mapping) 것이다(Campbell, 2016: 249). 제도적 문화기술지는 한 개인의 경험에서 탐구를 시작하지만 복잡한 사회관계에 대한 일반적 관계를 발견한다.

제도적 문화기술지에서 탐색과 발견을 가능하게 하는 것은 '문화기술지(ethnography)' 개념이다. 제도적 문화기술지에서 '문화기술지'는 이러한 복잡한 관계에 대한 탐색, 묘사, 분석으로 안내한다. 그러나 흔히 오해하듯이, 여기서 말하는 문화기술지는 추상적인 것이 아니다. 또 제도적 문화기술지에서 말하는 '문화기술지'는 관찰과 인터뷰 방법을 의미하지 않는다. 제도적 문화기술지에서 '문화기술지'는 연구가 일상 세계로부터 출발하기, 개념이나 이론으로 설명하지 않고 실제를 묘사하기, 연구자가 연구자의 입장에 서서 연구자의 독백으로 묘사하는 것이 아니라 주체들 간에 대화를 통해 묘사하는 것을 의미한다. 제도적 문화기술지는 이 '문화기술지' 방식을 통해 실제에서 일어나는 복잡한 관계들이 무엇이며 어떻게 작동하는지를 펼쳐 보여 준다(Smith, 1987: 161).

이처럼 제도적 문화기술지는 탐구의 새로운 방식으로서 객관적 사회과학의 틈새로부터 성장했다. 이 틈새에서 제도적 문화기술지는 실증주의가 아닌 반실증주의(anti-positivism) 인식론의 자장 안에 있다. 즉, 제도적 문화기술지는 법칙이나 규칙을 찾지 않고, 세계는 사람들의 입장에 서서만이 이해할 수 있으며, 과학은 객관적이 아니라 주관적이고, 과학이 객관적 지식을 생산한다는 사고에 반대한다(Bisaillon, 2012: 97). 이러한 출발과 성장에 힘입어, 제도적 문화기술지 접근은 오늘날 클라이언트와의 관계에 관심을 가진

전문가들과 그들의 일을 조정하는 힘을 이해하고 변화를 위해 제
도를 이해하려는 활동가들 사이에서 더욱 발전되고 있다(DeVault
& McCoy, 2006).

2장

제도적 문화기술지 설계의 토대

여기서는 1장에서 언급한 제도적 문화기술지 설계의 이론적 토대에 대해 살펴본다. 제도적 문화기술지 설계의 이론적 토대는 도로시 스미스가 '사회 존재론(social ontology)'이라고 부른 것이다. 대부분의 질적 연구방법이 사회에 대한 존재론을 체계적이고 명시적으로 언급하지 않는데, 제도적 문화기술지는 그렇지 않다. 제도적 문화기술지의 사회 존재론은 사회, 좀 더 정확히는 '사회적인 것'(the social)이 어떻게 존재하는지에 대한 전제를 다룬다. 그리고 이 토대를 기반으로 존재하는 세계를 어떻게 발견할 수 있는지 독특한 개념적, 방법적 도구들을 제시한다. 따라서 사회 존재론에 대한 이해 없이 제도적 문화기술지를 이해하기는 불가능하다. 사회 존재론의 핵심 키워드는 실제(actualties), 조정(coordination), 언어(language)의 세 가지이다. '사회(사회적인 것)'는 '실제'를 토대로 존재하며, 사람들의 실제적 활동들이 '조정'되는 곳에 있는데, 여기서 사람들의 실제 행동들을 조직화하는 것은 '언어'라는 것이 핵심 요

지이다. 도로시 스미스가 말한 '사회 존재론'을 이해해 보자.[1]

1. 사회는 '실제'를 토대로 존재한다

1) 사회는 개념들이 아닌 '실제들'로 연결되어 있다

해석적 패러다임에 속한 여러 질적 연구방법은 사회가 해석을
토대로 존재한다고 전제한다. 이 패러다임에 의하면, 인간은 의미
를 만들어 내고 자신과 타인의 의미를 해석함으로써 행위한다. 즉,
우리가 사는 사회는 '의미'의 세계이기 때문에 우리는 사회를 이해
하기 위해 해석의 방법을 통해 경험 이면에 존재하는 '의미'를 찾아
내야 한다. 이때 경험 이면에 존재하는 의미는 해석을 통해 추상적
개념의 형태로 드러난다. 예를 들어, 기존의 해석적 질적 연구자는
고등학교 교실에서 무엇이 일어나고 있는지를 알기 위해 수집한
인터뷰 자료를 분석함으로써 교실에서 '성차별'과 '배타적 권위주
의'가 작동한다고 주장한다.

그러나 제도적 문화기술지는 우리가 살아가는 세계를 이론과 개
념으로 치환하는 것의 위험에 주목한다. 도로시 스미스에 의하면,
세계를 이론과 개념으로 치환할 때 보이는 가장 큰 위험은 글에서
행위자나 연구자와 같은 '주체'가 사라진다는 점이다. 주체가 사라
지면 우리는 누가 그러한 행위를 했는지 누가 그렇다고 말했는지

---

1) 이에 관한 좀 더 상세한 내용을 알고 싶은 경우 스미스(2014)의 3장과 4장을 읽기를
   권장한다.

알 수 없다.

예를 들어, 연구자인 내가 지하철 안에서 아들의 공부와 놀이에 관해 물어보는 젊은 아버지와 그 물음에 대답하는 아들의 모습을 바라보고 있다고 하자. 그리고 이 장면을 '부자간 소통'으로 명명하였다고 하자. '부자간 소통'이라는 개념은 지하철 안에서의 젊은 아버지와 아들의 모습을 적절하게 표현해 준 하나의 개념이다. 그러나 연구자인 '내'가 이렇게 명명하는 순간 그 장면을 보고 있는 '나'는 사라진다. 또 아버지와 아들이 서로 이야기를 주고받는 장면은 부자간 소통의 한 예증이 되어 버려 아버지와 아들의 주체는 사라져 버린다.

또 다른 위험은 '실제(actualties)'는 보이지 않고 추상적 개념만이 주체가 된다는 점이다. 즉, '지하철 안에서 아버지와 아들이 질문하고 답하는 모습을 바라보는 나'라는 구체적 실제는 보이지 않고 '부자간 소통'이라는 추상적 개념이 주체가 되어 버린다. 사람과 행동은 사라지고 개념이 주인이 되는 것이다. 이렇게 되면 '지하철 안에서 젊은 아버지와 아들이 질문하고 답하고 있는 모습을 바라보는 나'라는 실제는 부자간 소통이라는 개념 안에 갇혀 버리게 된다.

또 다른 예를 들어 보자. 기초수급 신청자들은 수급자가 되기 위해 동주민센터를 찾아가 복지공무원을 만나고, 자신의 사정을 이야기하고, 금융정보 등 제공 동의서에 서명하고, 지출실태조사 양식을 채우는 등 여러 구체적인 제도적 행위를 한다. 이때 이들의 구체적 활동과 행위들을 '제도적 순응'이라는 개념적 범주로 묶어 버리면 그들 삶에서 일어나는 '실제들'은 사라지고 '제도적 순응'이라는 개념만 남게 된다. 이렇게 되면 기초수급 신청자와 복지공무원 사이에서 벌어지는 '실제들'이 개념 안에 갇혀 버리게 되어, 실제

'사회'의 모습을 알지 못하게 된다.

　이상에서 알 수 있듯이, 제도적 문화기술지는 우리가 사는 세계
가 의미나 해석이 아닌 '실제들'로 구성된다고 본다. '실제'는 이름
붙여지고, 범주화되고, 개념화될 수 있는 것, 그 이상의 것들이다
(스미스, 2014: 376). '실제'는 우리의 몸이 존재하는 시공간 안에서
일어나는 모든 경험적이고 구체적인 행위를 포함한다. 제도적 문
화기술지에서 '실제'는 사물이나 사람들의 활동만이 아니라, 텍스
트와 담론과 같은 언어를 포함한다. 우리는 텍스트와 담론과 같은
언어는 정적이고 활동하지 않는다고 오해한다. 그러나 제도적 문
화기술지는 텍스트와 언어를 사회를 조직화하는 적극적 행위자로
본다(3장, 4장 참조).

　'실제'의 중요성을 강조한 McCoy(2008: 705)는 '실제'를 경험 세계
로 분석의 관심을 돌리게 만드는 방법론적 용어로 보았다. 제도적
문화기술지에서 사회는 개념들이 아닌 '실제들'로 연결되어 있다.
이것이 바로 제도적 문화기술지의 사회 존재론을 구성하는 핵심
중의 하나이다. 이에 따라 제도적 문화기술지가 밝히려는 것은 바
로 이 '실제들'이다.

　이처럼 제도적 문화기술지가 개념이나 이론이 아닌 사람들의 삶
의 '실제'에서 출발하고 탐구한다는 것은 인간 존재의 육체성, 즉
인간은 육체를 가지고 시공간 안에서 살아감을 인정하고 받아들이
는 것이다. 그래서 Campbell과 Gregor(2004: 9)는 "제도적 문화기
술지는 사람들이 육체를 가지고 시공간 속에 존재한다는 것에서
출발하는 분석적 접근이다."라고 말하였다. 이런 점에서 제도적 문
화기술지를 '유물론적 방법론'으로 부르기도 한다.

　그러면 '육체를 가지고 시공간 속에 존재한다'는 것은 무엇을 의

미할까? 제도적 문화기술지에서 이것은 매우 중요한 의미가 있다. 그것은 인식자는 그가 누구든 어딘가에 늘 '위치 지워져'(located) 있다는 의미이다(Campbell & Gregor, 2004: 16). 우리는 모두 특정 제도적 시공간의 질서 안에 '위치 지워져' 있어서 다른 위치에 있는 사람들과 다른 이해관계를 가진다. 대학이라는 제도적 질서 안에서 교수와 총장은 다른 위치에 있으므로 다른 경험 다른 이해관계를 갖는다. 마찬가지로 기초수급 제도라는 제도적 질서 안에서 복지공무원과 수급 신청자는 다른 위치에 있으므로 다른 경험 다른 이해관계를 갖는다. 다시 말해, 사람들이 경험하고 알고 있는 것은 그의 의도나 그의 성격 때문이 아니라, 어떤 질서의 시공간 안에서 특정 위치에 있기 때문이다. 따라서 사람들의 경험과 앎은 몸이 있는 위치에서 체현된 것이라 할 수 있다.

예를 들어, 복지공무원이 수급자를 찾아가지 못하는 것은 그가 찾아가고 싶지 않거나 그의 성격이 나빠서가 아니라, 기초수급 제도 내에서 가장 일선에서 일하는 그의 위치 때문이다(김인숙, 2017). 다음의 예문을 보면, 복지공무원은 기초수급 제도 안에서의 위치, 즉 복지부−시군구−동주민센터로 이어지는 제도적 질서 안에서의 위치 때문에 타 부처 업무를 고스란히 떠맡을 수밖에 없다. 이러한 그의 위치성 때문에 복지공무원은 수급자를 찾아가고 싶어도 찾아갈 수 없다.

좀 더 구체적으로 보면, 사통망에 대한 권한 부여 방식이야말로 타 부처의 업무가 복지공무원에게 깔대기 현상으로 계속 내려오게 되는 가장 큰 요인이다. 사통망 권한은 각 업무별로 권한이 제한되어 있다. 읍면동에서는 신청접수까지, 시군구는 조사관리와 급여관리에 들어갈 수 있는 권한이 주어져 있는데, 여기서 급여관리는 급여담당자만 들어가게 되어 있다. 현재는 읍면동이 사통망에 대한 권한을 너무 많이 갖고 있어 읍면동으로 타 부처의 업무들이 귀결되는 상황이다. 특히 문제가 되는 것은 사통망 접근 권한에 관한 통제권을 가진 보건복지부가 접근성을 이유로 들어 타 부처로 권한을 분산시키지 않는 것이다(「사회보장기본법」 제37조 및 「동법 시행령」 제19조). 그 결과 타 부처의 초기상담과 접수가 동으로 집결되고 있는데, 정부는 이를 원스톱 서비스로 간주한다(김인숙, 2017: 120).

여기서 한 가지 유념할 것은 사람들이 위치 지워졌다는 것이 사람들이 질서나 구조에 대해 수동적이라는 것을 의미하는 것은 아니라는 점이다. 제도적 문화기술지에서 사람들의 실제 활동들은 위치 지워져 있고 동시에 능동적이다. 사람들의 활동이 질서 내에 작동하는 힘 때문에 때로 수동적으로 혹은 종속적으로 보이기도 하지만 그것조차 근본적으로는 능동적이다. 제도적 문화기술지는 사람들의 실제 활동을 능동성의 표현으로 본다.

제도적 문화기술지에서 '실제'가 중요한 이유는 위치성, 즉 주체 위치(subject position)로부터 나온다. '실제'를 탐구하면 주체의 위치가 살아나고, 그 위치에서의 활동들을 추적해 가면 주체의 입장을 유지하게 된다. 도로시 스미스에 의하면, 제도적 문화기술지는 처음에 여성들의 일상의 '실제들'을 여성의 입장에서 접근하는 방법으로 생각하고 설계했다(Smith, 2006). 왜냐하면 당시 기존의 개념들로는 남성과 여성으로 질서화된 구조 속에서 여성들이 경험하는 앎을 설명할 길이 없었기 때문이다.

이처럼 '실제'는 주체로서의 여성들의 입장과 경험을 살려 내기 위한 제도적 문화기술지의 존재론적 토대였다. 도로시 스미스는 여성들의 주체 위치가 살아나고 그녀들 경험의 고유성을 설명하기 위해서는 당시 학문의 주류 방법이었던 개념과 이론을 버리고 사람들의 '실제적 활동'에서 시작해야 함을 알았다. 제도적 문화기술지 사회 존재론의 핵심인 '실제' 혹은 '실제성(actuality)'은 우리의 시선을 물질적 형태로 존재하는 텍스트 밖의 세계로 돌려줄 뿐만 아니라 주체를 살아나게 해 준다.

제도적 문화기술지 연구는 이 '실제' 세계를 이론적 범주에 끼워 넣지 않는다. 제도적 문화기술지가 다른 질적 연구방법과 구별되는 핵심은 바로 '실제들'을 탐구한다는 데 있다. 그런데 이 실제는 실제 그 자체로 독립적이지 않고 조직화되어 더 큰 지배 관계와 연결되어 있다. 따라서 제도적 문화기술지가 밝혀야 할 것은 실제 그 자체가 아니라 실제들이 조직화되는 양상, 즉 조직화된 실제의 모습이다. 제도적 문화기술지는 이 조직화된 실제를 파악하기 위한 방법론적 개념적 도구들을 제시한다(Campbell & Gregor, 2004: 17).

2) 어떻게 하면 '실제'에 접근할 수 있는가

그러면 '실제의 조직화'는 어떻게 해야 발견할 수 있을까? 사람들의 실제 경험으로부터 우리가 사는 세계의 조직화, 힘의 역동을 추적하기는 쉽지 않다(Smith, 1987: 212-213). 실제의 조직화를 발견하기 위해서는 먼저 '실제'에 접근할 수 있어야 한다. 어떻게 하면 '실제'에 접근할 수 있을까? 도로시 스미스가 실제에 접근하는 방법을 찾은 곳은 Marx의 작업방식과 문화기술지의 두 곳이었다. 먼저, 스미스가 Marx의 작업방식으로부터 알게 된 실제에 접근하는 방법을 살펴보자.

우선, 스미스는 Marx가 개념과 실제의 관계에서 개념이 실제에 부가되거나 실제를 차단해서는 안 되고 실제를 밝혀내야 한다고 한 점에 주목하였다. 스미스는 Marx가 '이념적(ideological)' 혹은 '이념적 절차'라고 부른 사고방법에 관심을 두었다. 여기서 이념적이란 아이디어, 개념과 같은 것이 아니라 사람들이 자신들의 삶의 '실제적' 관계들을 추상적으로 추론하고 해석하는 사고방법을 말한다(Smith, 1990: 35-37).

Marx는 「독일 이데올로기」에서 이러한 사고방법을 비꼰다. 이 방법은 가장 먼저 사실로부터 추상화가 이루어지고, 이어 사실은 추상화에 근거해 명명된다. **사실:** 고양이가 쥐를 먹는다. **숙고:** 고양이의 본성, 쥐의 본성, 고양이가 쥐를 소비한다. **사실에 대한 표현:** 고양이가 쥐를 잡아먹는 것은 자기-소비의 본성에 근거한 것이다(Smith, 1990: 44).

앞의 예에서 알 수 있듯이, '고양이가 쥐를 잡아먹는 것은 자기-소비의 본성에 근거한 것이다'라는 표현 속에는 누가 주체인지 구체적으로 어떤 실제적 활동이나 사건이 일어났는지, 그 사건의 기저에 무엇이 어떻게 작동했는지를 알 수 없다. 우리는 이 표현이 가리키는 실제 속에는 분명 주체가 있고, 활동과 사건이 있고, 기저의 작동이 있음을 알고 있다. 이러한 사고 절차는 성별 분업, 교환, 경쟁과 같은 사회과학의 추상적 용어에도 마찬가지로 적용될 수 있다.

이처럼 이 방법은 하나의 사실을 하나의 원리로 만들어 버리고, 주체의 존재를 사라지게 하며, 실제의 행동들을 이를 대체할 수 있는 추상명사로 재개념화한다. 또 우리의 삶을 개념적 수준에 가두고, 그들이 표현하는 기저 관계들의 존재와 작동을 억압한다(Smith,

1990: 37, 44). 한마디로 실제와 그 실제를 조직화하는 관계들을 보이지 않게 만든다.

Marx는 그가 '이념적'이라고 부른 절차를 비판하면서 이에 대한 대안으로 '신유물론(new materialism)을 제안했는데, 도로시 스미스는 여기에 주목했다. 신유물론은 의식은 항상 사람들의 의식이지만, 그 사람들의 느낌과 생각은 타인들과의 활동을 조정하는 사회관계 속에서 작동함으로써 발생한다고 본다. 여기서 사람들의 활동은 개념적 표현 이전에 존재한다. Marx에게 개념과 범주는 사람들의 활동을 질서 짓는 실제 사회관계의 표현이다(Smith, 1990: 39).

도로시 스미스가 Marx의 신유물론으로부터 배운 것은 의식은 개인의 실제와 분리할 수 없다는 것, '이념적' 사고방식은 실제를 가린다는 것, 따라서 사회과학자들은 '실제들'에 구속되어 작업해야 하고 사람들의 삶을 조정하는 실제 관계를 해명하고 이론화해야 한다는 것이었다. 그러나 스미스는 여기에 머물지 않고 더 나아갔다. 그녀는 Marx로부터 더 나아가 사회관계와 의식의 '조직화'에 대한 탐구까지 확장해 갔다(Smith, 1990: 45-51).

그녀에 의하면, 제도적 문화기술지는 일상 세계를 추상화를 통해 해석하는 절차와는 다르다. 해석적 절차가 경험의 구체성과 물적 기반을 사라지게 한 채 개념적 구조로 이해하는 것이라면, 제도적 문화기술지는 개념적 구조 속에 들어 있는 '조직화의 실제'를 펼쳐 보여 준다. 개념적 구조에서 시작해 개념적 구조로 돌아가는 통상적 방법과는 달리, 제도적 문화기술지는 개념적 구조로 돌아가지 않고 구체적 상황 속에서 살아가는 '실제'의 개인들을 가장 중시한다(Smith, 1990: 50-51).

우리의 존재 조건은 늘 변화하고 사건들은 우리의 경험 안으로

들어온다. 예를 들어, 건물이 허물어지고, 공장은 폐쇄되며, 폭탄
이 떨어지고, 마을은 파괴되며, 고층 아파트는 올라간다. 제도적
문화기술지는 이 경험된 세계와 경험 너머의 사회적 결정들 사이
의 단절이 우리가 사는 사회의 뚜렷한 속성이라고 본다. 제도적 문
화기술지 연구자는 이 단절을 인식하고 단절의 간극을 연결하는
그림을 그리는 사람이다. 이러한 종류의 탐구를 제기한 것은 제도
적 문화기술지가 처음이다(Smith, 1990: 52-54). 도로시 스미스는
기존 탐구의 한계와 제도적 문화기술지가 던지는 질문의 특징에
대해 다음과 같은 예를 들고 있다.

> 우리가 하는 일은 우리가 거의 알지 못하는 과정에 의해 구성된다.
> 우리에게 관찰되는 사회적 현상은 흔히 실업률, 출생률, 가정폭력 등과
> 같이 개념적 형태로 제시된다. 그런데 이러한 개념적 형태들은 앞서 언
> 급한 '이념적' 실천을 한다. 예를 들어, 폭력은 두 종류가 있는데, 첫째는
> 개인적 폭력으로 살인, 자살, 공격, 아동 구타와 같은 것이고, 둘째는 집
> 단적 폭력으로 폭동, 시민 불복종, 내전 등이다. 그러나 이러한 용어들
> 에는 여성, 남성, 아동과 같은 주체는 억압되어 보이지 않는다. 또 국가
> 의 대표자인 경찰과 군대는 폭력을 행하지 않고 물리적 힘의 형태도 확
> 인되지 않는다. 폭력의 방식이 대상화되는 것이다. 누가 행동하는지 그
> 행위자는 어떻게 사라지는지 우리는 알지 못한다(Smith, 1990: 54-55).

도로시 스미스는 실제에 접근하고 실제를 보여 줄 수 있는 또 다
른 방법으로 문화기술지(ethnography)에 주목했다. 그녀는 '문화
기술지'의 묘사가 실제와 실제의 조직화를 보여 줄 수 있다고 보았
다. 스미스가 보기에 문화기술지 방식은 개념과 실제 간의 대화를
만들어 낸다. 즉, 문화기술지는 개념과 실제의 대화를 통해 개념에

내포된 구체적 실제의 모습을 그려 준다. 그녀는 문화기술지의 묘
사가 실제를 보여 주는 방어벽이 될 수 있다고 보았다. 물론 그녀
는 이 방식이 연구자의 선입견을 드러내 보여 주거나 없애 버릴 거
라는 보장이 없다는 점도 잘 알고 있었다. 그러나 문화기술지 방식
이 개념보다 '실제'에 관심을 가진다는 점은 분명했다(스미스, 2014:
99).

실제는 사람들의 앎(knowing), 즉 사람들이 알고 있는 것에서부
터 나온다. 앎은 늘 주체의 주관적 활동이다. 앎은 지각이나 인식
과는 다르다. 앎은 사회적 차원의 활동들이 조정되는 것을 포함한
다. 앎에서 지식(knowledge)으로 이동하면 주체는 사라진다(Smith,
1990: 66). 따라서 제도적 문화기술지 연구자는 개념을 점검하면서
주체의 실제적 경험을 끊임없이 들여다보아야 한다. 즉, 제도적 문
화기술지 연구자에게 가장 중요한 점은 사람들 속으로 들어가 그
들이 경험하고 말하고 행동하는 그 '실제'로부터 배우려고 노력하
는 것이다. '실제'에서 발견하고 배우는 것, 이것이 바로 제도적 문
화기술지 존재론의 핵심이다(스미스, 2014: 87-90).

3) 개념이 아닌 '실제'로 일상을 보면 무엇이 새롭게 보이는가

그러면 개념이 아닌 '실제들'로 일상을 보면 무엇이 새롭게 보일
까? 다음의 예는 요양병원에서 인권 실태조사에 임하는 요양보호
사들의 실제 일을 이들의 입장에서 참여 관찰한 것으로서, '노인 인
권'이라는 개념의 '실제'가 어떻게 이루어지는지 보여 준다. 노인
인권을 담보해야 하는 요양보호사들의 실제 활동들을 상세하게 묘
사하고 있다.[2]

정기적으로 이뤄지는 인권 실태조사 날[3], 요양병원에서 노인들을 돌보고 있는 요양보호사들은 더 분주하고 신경이 곤두선다. 이날 가장 먼저 해야 할 일은 노인들을 침대에 묶어 두었던 신체 보호대를 수거하는 것이다. 빠른 시간 안에 묶여 있는 것 모두를 풀어야 하지만, 몸에 자국이 남지 않도록 특별히 신경 써 만들어진 신체 보호대는, 그리고 노인들이 직접 풀기 어렵게 만들어진 신체 보호대는 빠르고 쉽게 풀리지 않는다. 요양보호사 일부가 신체 보호대를 푸는 동안 다른 요양보호사들은 노인들 움직임, 이동을 '감시'하는 역할을 맡는데, 낙상을 막아 줄 '신체 보호대'가 없는 상태이기 때문에 소수의 요양보호사들은 계속해서 노인들에게 큰소리로 주의를 주며 감시를 한다. 그동안 다른 요양보호사들은 마저 '보호대'를 풀고, '문제'가 될 만한 여러 가지 다른 물건들과 함께 봉투에 넣어 쉽게 찾을 수 없는 곳에 치우는 일을 맡는다. 예컨대 기저귀를 갈 때 빠른 속도로 일하는 것을 저해하는, 분비물의 악취를 완화하기 위해 사용하는 '목초액' 등이 이때 '치워지는' 대표적인 물건이다.

지침에 의하면, 노인 3인에 한 명의 요양보호사가 배치되어야 한다고 규정하고 있지만, 보통 요양병원의 경우 3교대로 나눠 근무가 돌아가기 때문에 실제 일하는 시간엔 언제나 일손이 부족하다. 특히 (아마도 비용절감을 위해) 요양원을 청소하시던 분들이 없어진 이후, 오전에 출근하는 요양보호사들은 매일 아침부터 청소를 하는 것으로 하루를 시작하고(수면 중인 노인환자도 많지만, 빨리 청소를 마쳐야 하기 때문에 수면 중인 노인 환자에 대한 '배려'는 행해지지 않는다), 또 매주 정

---

2) 이 글은 제도적 문화기술지 수업시간에 김지선(2017)이 제출한 보고서이다.
3) 요양병원을 대상으로 한 인권 실태조사는 노인환자의 인권침해를 구제, 보호하기 위한 목적에서 이뤄진다. 여러 명의 전문가로 구성된 인권감시단이 요양병원을 방문, 조사를 진행한다. 조사가 이뤄지는 것은 특정 시간에 한정되어 있고, 이런 시간에 대한 정보는 많은 경우 여러 경로를 통해 미리 알려진다.

해진 일정에 따라 2인 1조가 되어 한 명 한 명 목욕을 시켜야 하고, 또 해당 노인의 경우 휠체어에 태워 산책을 시켜야 하고, 그 밖에 개별적으로 참여하는 프로그램에도 1대1로 수발하여 진행해야 하고 이밖에도 매일매일 정해져 있는 무수히 많은 일을 해야 하기 때문에 규정되어 있는 인원은 노인을 돌보는 '실질적인' 인원, 숫자가 아니다.

일손의 부족은 식사 시간에 극대화되어 드러나는데, 정해진 점심시간에 요양원에 있는 노인들 전체가 식사를 마쳐야 하고, 더구나 요양보호사들 역시 이 시간에 식사를 해야 한다. 그날 식사를 담당하는 요양보호사들은 식판에 놓인 노인들의 식사 반찬을 가위로 잘게 자르고, 생선을 먹게 가시를 제거하고, 밥은 국에 만다. 이렇게 준비된 식사를 가지고 가서 직접 식사하기 힘든 노인부터, 식사 수발을 한다. 입에 있는 음식을 다 삼키기 전에 빠르게 숟가락을 움직여 입 앞에 가져가야, 제 시간 안에 식사를 마칠 수 있다. 식후에 먹게 되어 있는 약은 따로 제공할 경우 먹이기 힘들고, 시간도 없기 때문에 식사를 마무리할 즈음 국에 약을 넣어 '강제로' 먹이기도 한다. 식사 횟수, 양, 복약 횟수 양, 기저귀 교체시간, 횟수, 프로그램 참여 실적 등 서비스 제공 내역을 매우 상세히 컴퓨터로 입력해야 하기 때문에, 입력 내용을 빠뜨리지 않기 위해, 제공되어야 할 '서비스'는 하나도 빼놓지 않고 제공한다. 익숙하지 않은 컴퓨터를 사용해 입력해야 하기 때문에 입력에 상당 시간이 걸린다. 이는 이전에는 없었던 다른, 특히 스트레스가 크고, 힘든 일이다.

언제나 너무나 바쁜 하루 일과는, 일과를 채우는 일들은 인권 실태조사가 나온 날 역시도 마찬가지로 행해져야 했기 때문에, 요양보호사 입장에서 '인권' 실태조사는 번거롭고 불필요한 일을 늘리는 것에 지나지 않은, 무의미한, 그러나 너무나 귀찮은 이벤트일 뿐이다. 실태조사단이 돌아가고 요양보호사들은 깊숙한 곳에 넣어 두었던 '신체보호대'를 꺼내 또 한바탕 전쟁을 치루며 노인들의 팔목, 발목을 침대 난간, 손잡이에 묶는다. '풀려 났다' 다시 '묶이는' 노인들의 '반항'이 더 심해져 풀 때

보다 묶는 것이 훨씬 힘들다. 실태조사를 준비하고 진행되는 동안 다행히 넘어지거나 침대에서 낙상한 노인이 없어 다행이다. 실태조사는 '무사히' 넘겼다. 그러나 방해받은 시간 때문에 이후 서비스 제공 시간은 더 빠듯해지고 그래서 더 힘들어졌다(김지선. 수업보고서, 2017).

이렇게 '실제'를 묘사하면 무엇이 우리 눈에 들어올까? 첫째, 실제를 묘사해 보면 거기에는 주체와 주체들의 입장이 살아남을 볼 수 있다. 요양보호사의 활동이 구체적으로 묘사됨으로써, 연구자에 의해 대상화되지 않는 주체(요양보호사)가 선명히 살아나고 있다. 이는 제도적 문화기술지가 인간을 수동적 대상이 아니라 능동적 주체로 바라본다는 사실과 맥을 같이한다. 노인 인권 실태조사는 요양보호사의 입장에서는 번거롭고 무의미하고 너무나 귀찮은 이벤트일 뿐인 주체의 입장이 고스란히 드러나고 있다. 즉, 요양보호사 일의 '실제'를 찾아 묘사함으로써, 요양보호사라는 주체와 주체의 입장이 살아났다.

둘째, 노인 인권이라는 개념의 이름으로 어떠한 실제적 활동과 사건이 일어났는지를 구체적으로 알 수 있다. 노인 인권이라는 추상적이고 모호한 개념은 사실상 신체 보호대를 풀어 숨기고 목초액을 눈에서 치워 없애는 것에 다름 아니었다.

셋째, 주체가 행하는 일의 물적 기반 혹은 기저에서 작동하는 것이 드러났다. 여기서는 요양보호사 지침이 그 예가 될 수 있다. 요양보호사들의 쉴 틈 없는 일거수일투족은 노인 3명에 한 명의 요양보호사를 둔다는 지침 때문에 벌어지는 일들이다. 이처럼 개념이 아닌 실제로 일상을 보면 주체의 활동과 그 활동의 기저가 되는 물적 기반이 보인다.

넷째, 사람들과 제도들의 상호 엮임과 조정 양상을 볼 수 있다. 요양보호사들이 노인들의 식사 횟수, 복약 횟수, 기저귀 교체시간 등과 같은 제도적 장치들을 어떻게 처리하는지, 그들이 노인들에게 밥을 어떻게 먹이는지는 요양보호사와 요양보호 제도(지침 등)가 만나 상호 엮어지는 모습임을 알 수 있다. 요양보호사 지침이라는 텍스트가 어떻게 요양보호사들의 활동을 조정하는지도 볼 수 있다. 이처럼 '실제'는 제도라는 범주에 한정되지 않고 우리의 일상생활 속속들이 깊숙한 모습을 비춰 준다. 이렇게 실제를 찾아 묘사함으로써 우리는 사회의 진정한 모습에 더 가까이 다가갈 수 있다.

상기 요양보호사 활동에 대한 묘사와는 대조적으로 다음의 글은 추상화를 통해 경험 이면의 의미를 찾아내는 기존의 해석적 질적 연구방법으로 한 연구 결과의 일부이다. 아래의 글 속에는 주체도, 주체의 입장도, 제도와 사람들의 상호 엮임 그 어느 것도 드러나지 않는다. 여기에는 추상적인 용어들로 사회복지사의 자율권이 축소되는 방식이 기술되어 있고, 바우처를 실천하는 사회복지사라는 주체와 주체의 입장은 숨겨져 있다. 오직 보편적 위치에서, 즉 아르키메데스의 지뢰점에서 현상을 내려다보고 설명하는 연구자만 있다.

사회복지사의 자율권이 축소되는 또 다른 방식은 지침을 통한 관료적 통제이다. 바우처는 그 속성상 서비스를 구획화하거나 규격화한다. 구획화되고 규격화된 서비스는 잠재적 서비스 이용자들의 복잡한 현실을 담아내지 못하는 경우가 많은데, 이 과정에서 사회복지사의 자율적 판단이 개입할 여지는 거의 없다. 제도의 속성 자체가 전문가의 자율적 결정권을 방해한다고 볼 수 있다. 자율적 판단이 개입될 여지가 없는 규격화된 서비스는 지침을 통해 관리하는 것을 효과적인 것으로 간주한다. 그러나 이러한 지침을 통한 서비스 운영은 지침으로 커버되지 않는 부분을 잘라내게 되는데, 이 과정에서 사회복지사들은 윤리적 갈등과 딜레마에 처한다. 또한 "지침에 걸리면 사업을 반납해야 하는"(18) 상황에서 사회복지사들이 지침의 경계를 벗어나 자율권을 행사할 여지는 거의 없다(김인숙, 2010: 48).

2. 사회는 사람들의 실제적 활동들이 '조정'되는 곳에 있다

1) 제도적 문화기술지는 '사회'가 아닌 '사회적인 것'을 탐구한다

제도적 문화기술지가 탐구하려는 대상은 엄밀히 '사회적인 것(the social)'이다. '사회적인 것'은 사회(society)와는 달리, 사람들의 활동이 다른 사람들의 활동과 '조정'되면서 이루어지는 사람들의 지속적인 활동을 말한다(스미스, 2014: 375). 제도적 문화기술지는 우리가 살아가는 사회는 고정되어 존재하는 것이 아니라 끊임없이 조정되며 움직이는 상태로 존재한다고 본다. 따라서 제도적 문화기술지는 사회가 아닌 '사회적인 것'을 탐구의 대상으로 삼는다. 그러나 여기서는 편의상 '사회적인 것'을 '사회'로 부르기로 한다. 이 책에서 '사회'는 '사회적인 것'을 의미한다.

도로시 스미스에 의하면, 제도적 문화기술지에서 '사회'는 특정 장소, 특정 시기에 사람들이 행하고 말하고 쓰는 행위 속에 존재한다. '사회'는 사람들의 행위들에 초점을 둔다. 즉, 제도적 문화기술지에서 '사회'는 사람들의 행위 속에서 나타나며 사람들의 행위를 지속적이고 적극적으로 조정한다. 여기서 중요한 것은 행위들이 조정(coordinating)된다는 것인데, 행위들은 단독으로나 체계 및 구조와 분리되어 조정되지 않는다(스미스, 2014).

이처럼 제도적 문화기술의 탐구대상인 '사회'는 행위들의 조정을 거부하는 '사회구조'나 '체계'와 같은 개념과 거리가 있다(Smith, 2002: 21). '사회'는 고정되고 추상화된 개념 속에 존재하지 않고 사람들 사이에서 실제로 일어나고 움직이는 행위들과 그 '조정' 속에 존재한다. '사회'를 이런 방식으로 이해하는 것은 제도적 문화기술지의 출발점이다. 제도적 문화기술지는 사람들의 일상생활과 경험을 연구하고, 이 경험 너머의 살아 있는 '사회'를 발견하는 연구방법이다(스미스, 2014).

2) '사회'는 사람들의 활동이 다른 사람들의 활동과 '조정'되면서 구체화 된다

제도적 문화기술지의 사회 존재론을 구성하는 또 다른 축은 우리가 사는 일상 세계는 우리가 거의 모르거나 전혀 알지 못하는 사람들이 어느 때 어딘가에서 행하는 것에 의해 조정된다는 것이다. 즉, '사회'는 사람들의 활동이 다른 사람들의 활동과 '조정'되면서 구체화된다(스미스, 2014: 102). 따라서 제도적 문화기술지가 초점으로 삼는 것은 '실제' 사람들이 어떻게 행위들을 '조정'하는가이다.

그러면 '사회'의 존재 방식인 '조정'은 어떤 특성을 가질까? 도로시 스미스는 우리의 일상생활에서 조정이 이루어지는 예로 두 사람이 좁은 계단을 통해 아파트 2층으로 식탁을 옮기는 행위 장면을 보여 준다. 다음의 장면에서 우리는 두 사람이 식탁을 옮기기 위해 자신의 행동을 조정하는 것을 볼 수 있다.

> 두 사람은 앞뒤에서 말을 주고받는다. 위에 있는 남자가 "모서리가 벽에 부딪혀!"라는 정보를 제공하면, 밑에 있는 여자는 "기울여서 좀 더 밀어올려!"라며 식탁을 이동시키는 방법을 제시한다. ……두 사람의 움직임은 무게의 분배를 바꾸고, 식탁 잡는 모양새를 바꾸며, 계단에서 어떻게 보조를 맞춰야 할지를 바꾸게 한다. 그리고 제한된 공간에서 어떻게 자신들의 몸을 움직여야 하는지에 변화를 주기도 한다(스미스, 2014: 105-106).

이 평범한 장면 외에도 우리는 일상생활에서 무수히 많은 조정 행위를 관찰할 수 있다. 모의고사 성적이 좋지 않은 고등학생이 엄마에게 성적표를 보여 주고 엄마의 침묵 시위에 직면하여 그동안 나가지 않던 도서관에 나가 공부를 한다면, 이 고등학생과 엄마 사이에는 모종의 조정이 일어난 것이다. 고등학생은 엄마가 기분 상해 있음을 보고 엄마에게 "엄마 나 왔어~" "앞으로 공부에 더 집중해야 하겠어~"라며 너스레를 떨어 보고 말도 붙여 보지만 엄마는 침묵으로 일관한다. 침묵은 식사 시간만이 아니라 학교 갈 때도, 학원을 갈 때도 이어진다. 스마트폰 사용도 자제하고 공부를 하지만 엄마의 침묵은 깨지지 않는다. 결국, 고등학생은 도서관으로 공부하러 간다.

여기서 유의할 것은, 엄마와 고등학생 사이에 벌어지는 일이 두 사람의 성격이나 의도 때문이 아니라는 것이다. 제도적 문화기술지는 고등학생과 엄마 사이에는 모종의 '조정'이 일어났다는 점에 주목한다. 고등학생과 엄마의 행동을 '조정'의 관점으로 보면, 이 두 사람의 행동은 행위들 사이의 관계 속에서 이해되고 바로 이 관계들이 '사회'이다. 고등학생과 엄마 사이에 일어난 '조정'의 특징이 무엇인지 생각해 보자.

첫째, 조정은 특정 시공간에 있는 사람들의 활동에서 일어난다는 점이다. 즉, 조정은 정신이나 인식의 차원에서 일어나는 것이 아니라 우리의 몸, 육체에 기반해 일어난다. 혹자는 이를 조정의 '육체성'이라고 부르기도 한다. 고등학생과 엄마는 성적표를 매개로 침묵을 행사하고 화해의 말을 건네고 스마트폰 사용을 줄이고 도서관으로 공부하러 가는 구체적 활동들을 통해 조정된다. 이처럼 제도적 문화기술지는 '사회'를 사람들의 활동이 조정되는 것으로 본다.

둘째, 조정의 과정에서 사람들이 경험하고 보고 느끼는 것은 서로 다르다는 점이다. 즉, 조정의 과정에서는 사람들의 관점과 이해관계의 '차이'가 나타난다. 왜냐하면 각 개인은 독특하고 그만의 경험과 이력을 갖고 있고 사물을 다른 관점에서 보고 다르게 느끼고 다른 욕망과 이해관계를 갖기 때문이다. 이처럼 조정 과정에서 사람들은 각기 경험하고 보고 느끼는 것이 서로 다르다. 사람들 간에 경험이 다른 것은 거시 수준의 사회관계에서 나타나는 방식 때문이기도 하고, 또는 개인의 행위와 같은 미시 수준에서 연속적으로 이루어지는 조정 때문이기도 하다(스미스, 2014: 106-107).

성적표를 매개로 하여 이루어지는 고등학생과 엄마 사이의 조정 과정에서 두 사람이 성적표에 대해 갖는 생각이나 이해관계는 서로 다르다. 고등학생에게 성적이 나쁜 것은 엄마에게 화해의 제스처를 보내면 그냥 넘어갈 수 있는 것이지만, 엄마에게는 공부 방식과 태도를 철저히 바꾸지 않는 한 그냥 넘어가기 어려운 것이다. 따라서 두 사람의 성적표에 대한 관점과 이해관계에는 '차이'가 있고 이들은 서로 상충하고 있다. 조정은 사람들 사이에 '차이'가 존재함을 전제한다. 도로시 스미스에 의하면, 우리가 살아가는 '사회'는 '차이'를 그 본질로 한다. 그녀는 "차이가 먼저고 일치는 몽상에 불과하다."라고 일갈한다. 결국, 제도적 문화기술지는 사람들이 경험하고 보고 느끼는 것이 서로 다르다는 점을 당연시함으로써 시작하는 방법론이다(Smith, 2002: 22).

셋째, 조정은 지속적이고 적극적으로 일어난다는 점이다. 제도적 문화기술지에서 '사회'는 고정되어 있지 않고 조정을 통해 끊임없이 진행 중이고 활동 중이다. 조정의 개념으로 사회를 보면, 사회는 사람들의 행위에 집중하고 다른 사람들의 행동에 반응하는 지속적인 과정이다. 이 지속적인 과정에서 사람들은 다른 사람들의 행동에 말려들고 반응한다. 그들이 하는 행동은 지속적인 과정에 대한 반응이다(스미스, 2014: 113). 고등학생과 엄마 사이에는 시간의 흐름에 따라 다양한 조정 행위가 지속적이고도 적극적으로 일어난다. 고등학생은 엄마의 침묵 행위가 시간이 지나면서 점차 더 넓은 영역으로 확장되어 일어나는 것을 보고 화해의 말 건네기, 스마트폰 사용 줄이기, 도서관 가기라는 지속적이고 적극적인 반응을 한다.

넷째, '사회'를 조정으로 보면 '사회'를 개인 외부에 있는 것으로 여기지 않게 된다. 즉, '사회'를 개인을 넘어서서 개인 위에 존재하고 개인의 행위를 결정하는 것으로 보지 않는다. 그 대신 개인의 활동들이 서로 얽히는 상호 얽힘을 '사회'로 본다. 이러한 관점은 사회를 대상화하지 않고, 앞서 언급한 '이념적' 방법을 피하게 해 준다.

만일 어떤 연구자가 앞에서 언급한 고등학생과 엄마의 행동들을 보고서 거기에 '지배적 모성'이 일어나고 있다고 말한다고 하자. 이때 지배적 모성은 마치 개인과는 뚜렷이 구별되는, 개인 외부에 있는 하나의 현상인 것처럼 보인다. 그러나 제도적 문화기술지는 '사회'를 이런 식으로 보지 않는다. 고등학생과 엄마 사이에 일어나는 행동들은 서로 분리되지 않고 상호 얽혀 있다. 이처럼 '조정'은 기존 주류 사회과학에서 전제하는 사회와 개인의 관계를 역전시킨다.

3) '조정'은 사람들의 일상생활을 넘어 조직화되며 지배 관계를 형성한다

제도적 문화기술지는 우리가 보는 사람들의 행동이나 경험은 다른 것들과 끊임없이 조정된 결과로 본다. 이는 누군가의 행동이나 경험은 서로 연결된 '사회관계'(social relation)의 한 조각 혹은 일부에 지나지 않는다는 점을 의미한다. 앞서 언급했듯이, 제도적 문화기술지에서 사회관계는 부모와 자녀의 관계처럼 사람들 간의 관계가 아니다. 사회관계는 일상에서의 사람들의 행위들이 일상 밖 세계의 것들과 어떻게 얽혀 있는지를 보여 주는 개념이다(스미스, 2014: 375).

예를 들어, 마을버스에서 사람들이 승차카드를 가지고 승차하는 장면을 생각해 보자. 사람들은 승차카드를 리더기에 대고 마을버스 운전사는 리더기가 승차카드를 읽는지를 지켜본다. 이 행위는 그 자체로 독립적이지 않다. 이 행위 너머에는 이 행위를 가능하게 하는 전자 시스템, 일반 버스노선들과의 관계, 마을버스 회사의 재정시스템 등 복잡한 행위들이 존재한다. 마을버스를 타는 사람들과 운전사는 사실상 모두 이 복잡한 체계에 참여하고 있다. 그러므로 우리가 보는 장면은 사실상 '사회관계'의 한 조각에 불과하다.

그러나 우리는 누군가의 행동을 볼 때, 그것을 서로 연결된 사회관계의 한 조각이라고 여기지 못하고 단절된 그 무엇으로 이해한다. 예를 들어, 지자체에서 동주민센터의 복지공무원을 늘리지 않는 것은 지자체 자체만의 행동이 아니다. 그것은 행정안전부의 총액인건비제도와 연결되어 있다. 총액인건비제도는 정부의 각 기관이 인건비 총액의 범위 내에서 인력을 충원해야 한다는 것으로서, 지자체에서 복지인력의 확대를 요청해도 이 제도 때문에 인력을 늘리는 것이 어렵다. 행안부의 인사지침에는 총액인건비제는 6급이 줄어들면 5급도 줄어들고, 같은 맥락에서 5급 사회복지직이 많아지면 5급 행정직이 줄어들기 때문에 사회복지직을 늘리는 것에는 행정직과 사회복지직의 첨예한 이해관계가 작동하기 때문이다 (김인숙, 2017: 123).

이렇듯 동주민센터에서 일할 복지공무원을 늘릴 수 없는 사태는 총액인건비제도를 비롯한 여타의 것들과 조정된 결과이다. 따라서 복지공무원을 늘릴 수 없는 것은 서로 연결된 사회관계의 한 조각에 불과하다. 제도적 문화기술지 연구자는 이렇게 서로 연결된 조각조각들을 찾아내어 하나의 퍼즐을 완성하는 사람과 같다. 즉, 제도적 문화기술지 연구자는 단절되어 보이는 일상의 사태나 행동들 너머에 서로 연결되어 있고 실제로 존재하는, 그러나 쉽게 관찰되지 않는 사회적 조직화(social organization)를 발견해야 한다. 그런데 이 사회적 조직화는 늘 사람들의 활동들이 조정되는 곳에서만 발견될 수 있다(Smith, 2009: 77).

제도적 문화기술지에서 조정은 두 곳에서 일어난다. 하나는 로칼 세팅(local setting)이고 다른 하나는 로칼 밖의 엑스트라 로칼 세팅(extra-local setting)이다. 로칼 세팅은 사람들이 살고 경험하는 일상생활 세팅이고, 엑스트라 로칼 세팅은 일상생활 경험의 경계 밖에 있는 세팅이다. 제도적 문화기술지는 이 두 세팅 모두에 관심을 가진다. 로칼 세팅에서의 조정은 쉽게 관찰될 수 있지만, 엑스트라 로칼 세팅에서의 조정은 쉽게 관찰되지 않는다. 제도적 문화기술지가 그려 내려는 사회적 조직화는 이들 조정 방식이나 형태가 반복적으로 재생산되어 나타나는 것을 의미한다(스미스, 2014: 375).

도로시 스미스에 의하면, 사회적 조직화는 로칼 세팅에서의 사람들의 삶을 그 삶의 외부로 연장함으로써 그려지는데, 여기에는 텍스트(text)라는 특별한 매개가 늘 작동한다. 그래서 그녀는 사회적 조직화를 "텍스트로 매개되는 사회적 조직화(textually-mediated social organization)"로 불렀다.

Campbell과 Gregor는 로칼 세팅에서의 행동이 텍스트를 통해 어떻게 조정되고 엑스트라 로칼 세팅과 연결되어 조직화되는지 버스를 타는 남녀 대학생들의 행위를 예로 들어 설명한다. 버스 운전사의 행동은 학생들이 가진 카드에 의해 조정된다. 또 학생들의 행동은 버스 운전사에 의해 조정되는데, 그것은 버스 승차권이라는 텍스트를 주변에 두고 일어난다. 버스 승차권이라는 텍스트를 매개로 일어나는 사회적 조직화를 보려면 여러 질문을 던져 보면 된다. 학생은 어떻게 승차권을 획득하는가? 모든 학생이 자격이 있는가? 승차권이 유효한 경로는 어디인가? 버스회사는 어떻게 보상을 받는가? 이런 질문에 답을 할 때 우리는 버스를 타는 남녀 대학생들의 행위가 대학의 재정시스템과 버스회사 그리고 회사 직원들의 행위들과 복잡하게 얽혀 있음을 알게 된다(Campbell & Gregor,

2004: 29-30).

　이렇게 일상에서의 우리의 행동은 보이지 않는 일상 밖의 것들과 연결되어 있고 조정되며 조직화된다. 도로시 스미스는 이런 조직화의 객관화된 형태를 지배 관계(ruling relation)로 불렀다. 이미 1장에서 언급했듯이, 제도적 문화기술지에서 스미스가 명명한 '지배 관계'는 한쪽이 다른 한쪽에 우세적인 지배 관계(domination)를 의미하지 않는다. 그것은 계급적 관계가 아닌 텍스트, 언어, 객관화된 지식에 의해 사회적으로 조직화되며, 시공간을 가로질러 일상의 삶을 조직화하는 것을 의미한다(스미스, 2014: 13-14). 이렇게 도로시 스미스는 지배의 개념을 재정의하고 재형성하면서 제도적 문화기술지의 기초를 다졌다.

　제도문화기술지에서 '지배'가 중요한 것은, 바로 지배의 개념이 일상의 조직화, 조정, 규제의 의미로 정의됨으로써 제도문화기술지 연구영역의 무한한 가능성과 확장이 이루어지기 때문이다. 특히, 도로시 스미스는 현대사회가 텍스트를 매개로 이루어지는 담론적 실천이 지배 관계를 복제해 낸다는 사실을 강조하였다. 이처럼 제도적 문화기술지는 항상 주체자의 경험이 사회적으로 조직화되고 지배 관계와 연결되어 있다고 전제한다.

　이렇게 사람들의 활동의 '조정'을 통해 사회를 이해하려는 존재론적 입장은 제도적 문화기술에만 있는 것은 아니다. 상호작용을 통해 사람들의 활동이 조정되는 상징양식을 검토하고 이를 공식화한 Mead, 교환관계와 경제 개념에서 사람들의 활동이 어떻게 조정되는지를 보여 준 Marx, 사람들의 일상적 대화가 어떻게 조정되는지를 보여 준 민속방법론의 Garfinkel도 사회를 '조정'을 통해 이해하였다(스미스, 2014: 103-104).

3. 사람들의 실제 활동을 조직화하는 것은 '언어'이다

1) 언어는 사회적인 것이다

사회가 실제를 토대로 조정되는 것이라면 그다음 의문은 그러면 무엇이 실제를 조정하는가이다. 도로시 스미스는 사회가 어떻게 조정되는지 그리고 사람들의 의식과 주관성이 어떻게 조정되는지를 이해하는 핵심으로 언어(아이디어, 개념, 사고, 이야기, 텍스트, 이데올로기 등)를 지목했다. 즉, 제도적 문화기술지에서 실제를 조정하는 것은 언어이다. 사회는 실제를 토대로 존재하고 사람들의 활동이 조정되는 곳에 있는데, 실제는 언어를 통해 조정된다는 것이 제도적 문화기술지의 사회 존재론의 핵심이다.

이처럼 스미스는 제도적 문화기술지를 발전시켜 나가는 과정에서 언어를 사회적 조정자로 위치시켰다. 그녀에 의하면, 언어는 사람들의 의식과 주관성을 조정하고, 사람들의 의식과 주관성은 다시 행동을 조정한다. 따라서 언어와 행동은 분리된 것이 아니라, 언어가 곧 행동이다(Peet, 2014: 93-94). 도로시 스미스는 실제에서 조정이 어떻게 일어나는지를 파악하려면 언어의 조직화 기능에 주목해야 한다고 하였다. 그녀에 의하면, 제도적 문화기술지는 언어와 행동을 분리하지 않고 언어도 행동이라고 보기 때문에 언어가 사람들의 행동을 조직화한다. 따라서 언어는 제도적 문화기술지의 목표인 실제의 조정과 조직화를 분석할 수 있게 해 주는 핵심 도구이다.

도로시 스미스의 이러한 관점은 언어를 단지 개별화된 주체의 개인적 행위로 보는 주류 언어학의 패러다임과 다르다. 주류 언어학에서 언어는 개인 속에서 만들어지고 사회와 관련이 없다. 그러나 스미스는 주류 언어학을 비판하면서 언어를 '사회적인 것'으로 재개념화할 것을 주장했다. 언어를 사회적인 것으로 본다는 것은 언어가 고정돼 있지 않고 행동하면서 실제를 조정하고 조직화한다는 의미이다. 언어를 사회적인 것으로 보면 언어는 주관성 혹은 의식 수준에서 사람들의 행동을 조정하는 탁월한 매개체이다(스미스, 2014: 124-126).

그러나 의식과 주관성을 통해 사회를 이해하기는 어렵다. 왜냐하면 의식과 주관성은 마치 시간과 공간의 외부에 존재하는 것처럼 표현될 뿐만 아니라 사람들의 행위를 조정하는 것과 아무런 관련이 없어 보이기 때문이다(스미스, 2014: 123-124). 언어가 어떻게 사람들의 의식과 주관성을 통해 사람들의 행동을 조정하는지는 앞에서 언급한 도로시 스미스의 식탁의 예에서도 볼 수 있다.

> 두 사람이 약간 좁은 계단을 통해 아파트 2층으로 식탁을 옮기는 아주 평범한 예를 들어 보자. 위에 있는 남자는 다음 계단을 볼 수 있으며 아파트로 들어가기 위해 계단 꼭대기에서 어떻게 회전해야 하는지를 생각해 내려 한다. 밑에 있는 여자는 위를 볼 수 없으나, 이런 종류의 상황에 익숙하다. 그 여자는 전에 이런 일을 해 본 경험이 있고 이런 일에 능숙하다. 계단, 계단의 폭, 커브, 식탁의 크기, 모양, 무게 등등은 가구를 옮길 때 마주하는 흔한 상황이다. 두 사람은 앞뒤에서 말을 주고받는다. 위에 있는 남자가 "모서리가 벽에 부딪혀!"라는 정보를 제공하면, 밑에 있는 여자는 "기울여서 좀 더 밀어 올려!"라며 식탁을 이동시키는 방법을 제시한다. 각자의 행동에 대한 〈조정〉은 말로 이루어진다. 그러나 또한 조정은 식탁을 이동시키는 과정에서 각자의 행동에서도 이루어진다. 두 사람의 움직임은 무게의 분배를 바꾸고, 식탁 잡는 모양새를

바꾸며, 계단에서 어떻게 보조를 맞춰야 할지를 바꾸게 한다. 그리고 제한된 공간에서 어떻게 자신들의 몸을 움직여야 하는지에 변화를 주기도 한다. 그들은 함께 그 일을 했고, 함께 계단을 올랐으며, 함께 식탁을 옮겼다(스미스, 2014: 105-106).

앞의 예에서 우리는 식탁을 옮기는 두 남녀의 의식 속 주관적 생각이 '말'로 표현되고, 이 말이 그들의 행동을 조정하는 모습을 볼 수 있다. 여기서 식탁을 옮기는 행동은 말(언어)을 매개로 하여 조정되고 조직화된다. 이는 제도적 세팅에서 발생하는 일의 경우도 마찬가지다. 언어는 제도가 조직화되는 데 핵심 역할을 한다. 그러므로 제도적 문화기술지는 사람들이 알고 있는 것, 그들의 경험, 그들이 어떻게 행동했는지에 대해 그들이 말하는 언어에 의지한다 (Smith, 2002: 22).

도로시 스미스는 언어의 조직화를 보여 주는 가장 대표적인 개념으로 Vološinov의 '개인상호간 영역'(interindividual territory) 개념을 끌어온다. '개인상호간 영역'은 화자와 청자 사이에 교환되는 말로부터 발생하는데, 화자와 청자의 언어가 의식을 조정할 때 탄생한다. 즉, 화자와 청자가 주고받는 말(언어)은 개인상호간 영역을 만들어 낸다(스미스, 2014: 126).

예를 들어, 여성운동 초기에 여성들은 그들의 경험에 이름을 붙이고 나서야 비로소 여성 주체들 사이에 '개인상호간 영역'을 구성할 수 있었다. 여성운동 초기에 여성들은 무언가 이야기할 것이 있다는 것만을 알고 대화를 시작했으나, 그들이 느끼는 이상한 감정들은 결코 이름 붙여질 수 없었다. 왜냐하면 그들의 경험에 이름 붙일 수 있는 언어가 없었기 때문이다. 일례로, 여성들은 그들의 경험에 '가정폭력'이라는 언어로 이름 붙이고서 가정폭력에 반대하는 활동들을 조직했다. 이처럼 언어는 사람들의 행동을 조정하고 사람들의 사회적 활동을 조직화한다. 따라서 언어는 사회와 분리될 수 없고 사람들의 행위와도 분리될 수 없다. 언어는 사회를 조정하고 조직화한다(스미스, 2014: 129).

이처럼 제도적 문화기술지는 언어가 사회를 조정하고 조직화한다는 존재론적 토대를 전제한다. 도로시 스미스는 다양한 개념과 이론으로부터 이 토대의 정당성을 설득하였는데,[4] 그중에서도 '개인상호간 영역' 개념을 끌어오면서 논리적 체계를 강화하였다. 그녀는 이 '개인상호간 영역'이 단일하지 않음에 주목하는데, 이는 제도적 문화기술지 설계에서 핵심적으로 중요하다. 그녀는 '개인상호간 영역'의 발생이 경험 기반 언어와 텍스트 기반 언어에서 서로 다르다는 점을 간파했다.

2) 경험 기반 언어와 텍스트 기반 언어의 조직화

도로시 스미스는 언어의 조정과 조직화가 일어나는 개인상호간 영역을 Bakhtin의 '일차적 말하기 장르'와 '이차적 말하기 장르'의 개념에서 찾았다. 일차적 말하기 장르는 직접적인 경험의 수준에서 작동하는 것이고, 이차적 말하기 장르는 대체로 문자화되어 있는 텍스트에 기반한다. 이를 근거로 스미스는 언어의 '개인상호간 영역'을 두 가지로 구분한다. 하나는 경험 기반 언어에 의한 영역이고, 다른 하나는 텍스트 기반 언어에 의한 영역이다. 즉, 사람들의

---

4) 이에 대해서는 스미스(2014) 제5장 언어: 주관성의 조정을 참조하라.

행위는 경험 세계에 근거한 개인상호간 영역과 텍스트에 근거한 개인상호간 영역으로 나누어진다. 도로시 스미스는 이를 '경험 기반 영역'과 '텍스트 기반 영역'으로 불렀다(스미스, 2014: 143-144).

이처럼 제도적 문화기술지에서 언어의 조직화는 경험과 텍스트라는 두 영역에서 일어난다. 그러나 이 두 영역에서 언어가 사람들의 행위를 조정하는 방식은 다르다. 경험 기반 영역의 언어는 현재 시점에서 말하고 대화에 참여하는 사람들의 영향을 받고 다른 사람을 조정하지만, 텍스트 기반 영역의 언어는 현재 시점과 상관없이 텍스트 안에 있는 단어의 본질만을 공유하면서 여러 사람에게 번져 나간다. 따라서 텍스트 기반 영역은 대화에 참여하는 사람들의 관점과 독립적이다. 주목할 것은 현대사회는 경험 기반 영역보다 텍스트 기반 영역이 확대되고 있다는 점이다(스미스, 2014: 143-156).

제도적 문화기술지는 이 두 영역의 언어가 어떻게 사회를 조직화하는지에 대해 탐구한다. 특히, 이 두 영역에서 언어의 조직화가 서로 다르게 작동한다는 점에 주목한다. 예를 들어, 텍스트 기반 영역의 언어는 실제를 보이지 않게 하면서 '일'(work)을 통해 제도를 조정해 간다. 따라서 텍스트는 실제를 숨기고 억압하고 포장한다. 제도적 문화기술지는 이러한 텍스트의 작동에 주목하면 지배 관계가 보인다고 본다(텍스트에 대한 상세한 내용은 4장을 참조). 반면에 경험 영역은 텍스트 영역과는 달리 이념에 포획되지 않는 그대로의 '실제'를 보게 해 준다. 물론 경험 자체가 실제는 아니지만, 결국 경험에서 실제를 찾을 수밖에 없다. 한 개인의 이야기 속에는 그의 실제는 물론 그와 연관된 다른 이들의 행동, 행동을 조정하는 관계가 담겨 있기 때문이다(스미스, 2014: 143-156).

이처럼 제도적 문화기술지에서 언어는 실제를 조직화하는 핵심 매개체이지만, 그 언어가 무엇에 기반한 것인가에 따라 작동은 전혀 다르게 나타난다. 언어의 영역과 거기서의 움직임에 주목하면 언어를 통해 실제가 어떻게 조직화되는지 알 수 있다. 특히, 경험 기반 영역과 텍스트 기반 영역에서 언어가 어떻게 조정하고 조직화하는지를 탐색해 가면 거기에 사람들의 경험을 바로 그 경험으로 만드는 지배 관계, 조직화를 볼 수 있다. 이것이 바로 제도적 문화기술지에서 언어를 존재론적 영역으로 가져와야만 하는 이유이다. 이렇게 함으로써 언어로 구성된 것들은 제도적 문화기술지 탐구 안으로 통합된다(스미스, 2014: 118-119).

다음의 3장과 4장에서는 이 두 영역을 상세하게 살펴본다. 3장은 조정과 조직화가 일어나는 경험 기반 영역을(일 지식), 4장은 텍스트 기반 영역을 살펴본다. 이 두 영역은 제도적 문화기술지의 목표인 사람들이 하는 경험이 어떻게 조직화되는지를 발견하기 위해 반드시 탐구해야 할 조직화 탐구의 영역이다.

3장

일 지식: 조직화 탐구의 영역

우리는 앞에서 제도적 문화기술지의 사회는 실제를 토대로 존재하고, 사람들의 실제적 활동들이 조정되는 곳에 있으며, 언어가 사람들의 실제 활동을 조정하고 조직화하는 것임을 알았다. 그리고 언어는 경험 기반 영역의 언어와 텍스트 기반 영역의 언어로 구별될 수 있음을 알았다. 따라서 제도적 문화기술지 연구의 핵심은 이 두 영역에서 사람들의 활동이 어떻게 조정되고 조직화되는지 그 작동을 이해하는 데 있다. 왜냐하면 제도적 문화기술지는 누군가의 경험이 어떻게 그러한 경험으로 되었는지 그 조직화 양상을 그리는 것이기 때문이다.

제도적 문화기술지는 연구자들이 이 두 영역에서 조정과 조직화가 어떻게 일어나는지 파악할 수 있게 이들 영역에 접근하는 개념적 도구들을 제시한다. 이 개념적 도구들은 매우 기발하고 우리가 미처 생각하지 못한 것이다. 예를 들어, 도로시 스미스는 경험 기반 영역에서 사람들의 실제와 그 조정을 이해하기 위한 개념으로 '일 지식'을, 그리고 텍스트 기반 영역에서 텍스트가 활동하고 어떻게 조직화하는지 이해하기 위해 '텍스트-독자 대화' '텍스트의 위계' 'T-담론'과 같은 다양한 개념을 제시한다.

전자는 3장에서 후자는 4장에서 살펴볼 것이다. 3장에서는 도로시 스미스가 경험 기반 영역에서 일어나는 실제의 조직화를 이해하기 위해 제시한 '일 지식' 개념에 대해 살펴본다. '일 지식'이란 무엇인지, 왜 '일 지식'인지, 일상 세계를 '일 지식'으로 보면 무엇이 보이는지, 그리고 '일 지식'으로 조직화를 어떻게 발견할 수 있는지에 대해 살펴보기로 한다.

1. '일 지식'이란 무엇인가

제도적 문화기술지는 사람들의 실제 경험이 어떻게 조직화되는지를 탐구하기 위해 기존 질적 연구와는 다른 독특한 개념적 도구들을 사용한다. 그들 중 하나가 '일 지식(work knowledge)'이다. '일 지식'은 텍스트, 제도적 담론과 함께 제도적 문화기술지가 목표로 하는 조직화가 일어나는 주요 영역으로서 제도적 문화기술지 연구의 중요한 자원이다. '일 지식'은 연구자가 늘 쉽게 접근할 수 있는 것은 아니지만, 제도적 문화기술지로 탐구하려는 연구자라면 누구나 반드시 숙지해야 하는 개념이다. 우선, 도로시 스미스가 제시한 '일 지식'이 무엇인지 구체적으로 살펴보자.

1) 사람들의 '경험'을 '실제'의 관점에서 검토하기 위한 비유

제도적 문화기술지에서 '일 지식'은 사람들의 '경험'을 '실제'의 관점에서 검토하기 위한 비유적 개념이다.

일반적으로 질적 연구의 자료는 사람들의 '경험'이다. 많은 질적 연구자가 사람들의 경험이라는 자료 속에서 그 경험 이면에 작동하는 맥락과 의미를 찾아낸다. 이것은 해석적 질적 연구의 주된 목표이다. 앞에서 언급했듯이, 제도적 문화기술지는 질적 연구방법의 범주에 속하기는 하지만 해석적 질적 연구방법들과는 다르다. 제도적 문화기술지는 경험 이면의 '의미'를 찾지 않는다. 대신 해당 경험을 그 경험으로 만든 '조직화'의 모습을 그려 낸다. 달리 말하면, 경험 이면에 작동하는 '조직화'를 찾는다.

'경험'은 몸의 세계에서 시작한다. 좀 더 구체적으로 말하자면, 몸과 세계 사이에서 진행되는 것들에서 시작한다. 그러나 그 자체가 곧 경험은 아니다. 몸과 세계는 경험보다 앞서 존재한다. 경험으로 되려면 그것은 항상, 오로지 말하거나 쓰는 순간에 언어의 형태로 나타나야 한다. 경험은 개인이 겪는 삶의 '실제'로부터 직접 말하거나 글로 쓰는 시점에서만 드러난다(스미스, 2014: 198-200).

그렇다면 여기서 제기되는 질문이 있다. 제도적 문화기술지는 '실제' 세계를 연구의 대상으로 삼는데, '실제'는 앞서 언급했듯이 기술되고 이름 붙여지는 그 이상의 세계이므로, 경험은 실제를 담아내는 데 한계가 있다는 점이다. 그러므로 과연 사람들의 경험으로 '실제'에 접근할 수 있는가라는 질문을 제기할 수 있다. 이 질문에 답하기 위해서는 질적 연구에서 경험을 어떻게 다루는지 살펴볼 필요가 있다.

'경험'에 관해 많은 연구자가 동의하는 것은, 개인의 경험들 속에는 그 개인의 주관성은 물론 주관성의 토대인 구조가 들어 있다는 점이다. 이것은 모든 질적 연구방법이 공통으로 전제하는 토대이다. 대표적으로, Bourdieu는 '경험'이 행위와 구조가 응결된 지점이라고 하였다. 예를 들어, 바우처 서비스를 제공하는 일선 현장의 사회복지사 경험 속에서 우리는 바우처 서비스가 이루어지는 구체적 행태는 물론 바우처 서비스를 그러한 형태로 만드는 영리화와 관료화의 기제들을 볼 수 있다(김인숙, 2010).

이런 토대에서 볼 때, 질적 연구는 개인의 경험을 자료로 사용하면서 그 속에서 개인의 행위와 사회의 구조가 어떻게 연결되는지를 찾아내는 유용한 사회과학 접근이다. 그러므로 질적 연구자란 사람들의 '경험'을 자료로 하여 행위와 구조 사이의 거리를 메꾸고 연결하여 멋진 스토리를 재구성해 내는 사람이다. 이것은 해석적 질적 연구에만 적용되지 않는다. 제도적 문화기술지도 해석적 질적 연구와 마찬가지로 사람들의 경험을 연구자료로 사용한다.

그런데 제도적 문화기술지가 사람들의 경험을 자료로 삼는다고 할 때 제기되는 문제는, 경험이 곧 실제가 될 수 있느냐 혹은 경험이 어떻게 실제를 보여 줄 수 있느냐이다. 왜냐하면 제도적 문화기술지는 사회가 개념으로 존재하지 않고 '실제들'을 토대로 존재한다고 보기 때문이다. 개인의 경험 속에 주관성과 사회구조, 이데올로기가 들어 있다면 그 경험에서 실제를 탐구하기에는 경험이 오염되어 있다고 생각할 수 있다. 제도적 문화기술지가 사람들의 실제를 토대로 한 연구 접근이 되기 위해서는 경험에 관한 이러한 사고에 대한 해명이 필요하다. 다시 말해, 제도적 문화기술지는 사람들의 경험이라는 자료를 가지고 사회의 토대인 '실제들'을 어떻게 보여 줄 수 있는지에 대해 답해야 한다.

이 질문에 답하기 위해서는 기존 해석적 질적 연구가 경험을 다루는 방식과 제도적 문화기술지가 경험을 다루는 방식을 살펴볼 필요가 있다. 이 둘 사이에는 경험을 다루고 접근하는 방식에서 큰 차이가 있다. 해석적 질적 연구는 사람들의 '경험'을 추론하고 추상화하여 무질서한 자료 속에 들어 있는 경험 이면의 '의미'를 찾아낸다(김인숙, 2016: 40-41). 제도적 문화기술지는 이와 다르다. 제도적 문화기술지는 일상생활의 실제들이 어떻게 조정되고 조직화되는지를 찾기 때문에 해석적 질적 연구의 방법인 추상화를 거부한다. 추상화를 하면 제도적 문화기술지의 연구 대상인 실제의 세계가 보이지 않게 되기 때문이다.

그렇다면 어떻게 해야 사람들의 경험 속에서 '실제'를 찾을 수 있을까? 흥미롭게도, 도로시 스미스는 사람들의 경험 속에서 '실제'에 더 다가가고 '실제'를 보여 줄 수 있는 개념을 고안하였다. 그것이 바로 이 장에서 다룰 '일 지식'이다. 스미스에 의하면, '일 지식' 개념은 사람들의 경험 속에서 실제에 다가갈 수 있게 해 준다. 제도적 문화기술지 연구자는 이 '일 지식' 개념을 사용함으로써 사람들의 경험 속에서 '실제들'을 탐구할 수 있다. 말하자면, 도로시 스미스는 사람들의 경험을 '실제들'에 초점을 두면서 검토하기 위해 경험을 '일 지식' 개념으로 변환한 것이다. 그러므로 '일 지식'은 제도적 문화기술지 연구에서 사람들의 경험을 '실제'의 관점에서 검토하기 위한 비유적 개념인 셈이다. 그렇다면 '일 지식'이란 무엇이고 어떻게 '일 지식'이 실제를 보여 줄 수 있을까?

2) 넓은 의미의 '일'

　'일 지식'은 문자 그대로 보면 '일'에 대한 '지식'이다. 그러면 '일 (work)'이란 무엇이고 '일 지식'이란 무엇일까? '일 지식'을 이해하기 위해서는 우선 '일'이 무엇인가에 대한 이해가 필요하다. 일반적으로 '일'은 직장을 갖고 하는 임금노동을 가리키는 것으로 사용된다. 그러나 도로시 스미스가 발전시킨 '일' 개념은 이런 통상적 의미의 일 개념과 다르다. 그것은 페미니즘의 '일' 개념으로부터 왔다.

　페미니즘에서는 유급노동만을 의미했던 '일'을 여성들의 가사노동과 엄마 노릇 같은 무급노동까지를 포괄하는 것으로 보았다. 여성들의 가사노동과 양육 노동도 임금노동과 마찬가지의 가치를 갖는다고 본 것이다. 그러나 도로시 스미스는 페미니즘의 '일' 개념을 그대로 받아들이지 않았다. 그녀는 오히려 페미니즘의 '일' 개념에 영감을 받고 이를 더 넓게 확장했다. 그녀는 '일' 개념을 여성에 의해 행해지는 일 외에도, 차를 운전하고 세탁소에서 옷을 가져오는 등의 사람들의 무급 활동 전체를 포괄하는 개념으로 확장하였다 (스미스, 2014: 242, 377).

　따라서 제도적 문화기술지에서 '일' 개념은 유급노동만이 아닌 무급의 활동 전체를 포함하는 '넓은 의미의 일'로 정의된다. 이를 좀 더 쉽게 표현하면, '일'은 사람들이 하는 모든 것을 의미하되, 시간과 노력이 들어가고 특정 상황의 특정 시공간에서 이루어지는 사람들이 하는 모든 것을 말한다(Smith, 2006: 10). 여기서 사람들이 하는 모든 것이란 사람들이 행하는 것, 사람들이 행하고자 의도하는 것, 사람들이 무엇인가에 관해 생각하고 느끼는 것까지를 포함한다.

　예를 들어, '일'은 수업 준비를 위해 머릿속에서 강의안을 구상하는 것, 병원 진료실 앞에 앉아 있는 것, 진료실 앞에 앉아 불안한 마음으로 의사가 무슨 말을 할지 생각하는 것, 기초수급자 신청을 위해 복지공무원을 만나 상담하는 것, 기초수급 신청자가 복지공무원을 만나면서 느끼는 좌절감, 세월호 진실 규명을 요구하는 1인 시위를 하는 것 등 이 모든 것이 제도적 문화기술지에서 말하는 '일'이다.

　그래서 Diamond(2006)는 넓은 의미의 일 개념을 누가 무슨 일을 하느냐의 문제로 보기보다 '누군가는 늘 무엇인가를 하고 있다'로 접근할 필요가 있다고 말하였다. 우리는 어떤 시간과 공간에서든 무엇인가를 하고 있고 바로 이 모든 것이 '일'이라는 것이다. 도로시 스미스는 그녀의 저서에서 Diamond(1992)가 한 연구의 예를 들고 노인 전용 아파트의 노인들에 대한 묘사를 제시하면서 이 모든 것이 넓은 의미의 일의 개념에서 보면 노인들이 행한 일이라고 말한다. 그 묘사는 다음과 같다(스미스, 2014: 242-243).

　　"노인들은 아침 식사 전에 각기 자리에 앉아 턱받이를 한 채로 엘리베이터를 뚫어지게 쏘아본다. 그들은 적극적으로, 끈기 있게, 미친 듯한 인내심을 가지고 침묵의 기술을 행하면서 조용히 기다린다." (Diamond, 1992: 129)

　이렇게 사람들의 경험을 넓은 의미의 일 개념으로 바라보면, 넓은 의미의 일 개념이 갖는 아름다움이 보인다. 그것은 아주 힘든 일에서부터 미동의 시선, 조용한 침묵과 기다림, 나아가 아무것도 하지 않는 것들도 일이 된다. 넓은 의미의 일 개념은 노인들이 보이는 미동의 시선과 침묵, 기다림을 '무기력'과 같은 개념으로 치환하지 않는다. 이렇게 넓은 의미의 일 개념을 사용하면 누군가가 하는 모든 '무엇들'을 발견할 수 있게 하여 제도적 문화기술지 연구자가 '실제'에 다가갈 수 있게 한다. 이런 의미에서 '넓은 의미의 일' 개념은 연구자를 개념적 사슬에서 자유롭게 해 주는 해방적 잠재성을 갖고 있다(Diamond, 2006 in Smith, 2006: 51-52).

이렇게 '일'의 개념을 확장하면 우리가 그동안 '일'로 생각하지 않았던 것들을 '일'로 바라보게 된다. 예를 들어, 청소년들이 스마트폰을 하고 웹툰을 보는 것, 에이즈 환자가 의사와 만날 약속을 잡는 것, 노인들이 입금된 기초연금을 찾기 위해 은행에서 기다리는 것, 국기법 수급 신청자들이 금융정보 등 제공 동의서에 서명하는 것, 불친절한 복지공무원에게 욕을 하는 것, 비대면 수업을 듣는 대학생들이 화면을 보면서 보이는 표정과 침묵 등 사람들이 특정의 시공간에서 시간과 노력을 들이고 의도를 가지고 행하는 모든 것을 포함한다. 그 결과 지금까지는 기존의 담론으로 설명되지 못했거나 아무런 관심을 받지 못하던 무수한 행위들이 관심의 대상으로 부상되면서 연구의 시야로 들어온다.

3) 일 지식

'일 지식(work knowledge)'은 사람들이 자신들의 일에 대해 아는 것과 그 일이 다른 사람들의 일과 조정되는 방식에 대해 아는 것을 말한다. 즉, '일 지식'은 행위자가 자신이 행한 '일'과, 그 '일'이 어떻게 다른 사람들의 '일'과 조정되는지에 대해 아는 것들을 말한다. 따라서 제도적 문화기술지 연구자란 사람들이 무엇을 행하고, 그 행동들이 어떻게 조정되는지 발견하고, 그에 질문을 던지고 관찰하는 사람이다. 이처럼 사람들이 알고 있는 '일 지식'은 제도적 문화기술지 연구에서 중요한 연구자료가 된다(스미스, 2014: 377, 231-240).

그런데 '일 지식' 자료는 독백 상태로 산출되지 않고, 연구자와 정보제공자 간의 대화를 통해 산출된다. 정보제공자와 연구자는 일 지식을 산출하기 위해 대화를 통해 협력한다(스미스, 2014: 238). 예를 들어, 제도적 문화기술지 연구자가 기초 수급자와 인터뷰하면서 그들이 복지공무원과 만난 경험에 관해 말한다고 하자. 그 경험의 요지는 이렇다. 기초 수급자인 여성이 소득이 증가한 것을 신고하지 않았다고 동주민센터에 불려 갔다. 그녀는 복지공무원에게 신고해야 한다는 사실 자체를 몰랐다고 말하지만, 복지공무원은 그녀의 사정에 아무런 반응 없이 짜증을 내면서 수급자에서 탈락할 수 있다고 말한다. 기초 수급자인 여성은 복지공무원의 이러한 태도에 자존심이 상하고 자신이 죄인이 된 듯하다. 그녀는 기초 수급 신청을 포기할 생각까지 한다.

이 상황에서 우리가 알 수 있는 것은 연구자와 기초 수급자인 여성의 인터뷰 대화를 통해 여성이 가진 '일 지식'을 볼 수 있다는 것이다. 그녀의 '일 지식'에서 우리는 기초 수급자와 복지공무원의 일이 어떻게 조정되는지를 알 수 있다. 기초 수급자인 여성과 복지공무원의 일은 서로 다르지만, 기초 수급자인 여성의 일은 복지공무원과의 상호작용을 통해 수급 신청 포기라는 방향으로 조정되었다. 제도적 문화기술지 연구자는 기초 수급자인 여성의 경험들을 틀 지우는 개념적 도구로 '일 지식'을 사용해 대화했고, 이 대화를 통해 기초 수급자인 여성이 가진 '일 지식'이 산출되었다.

이처럼 도로시 스미스는 사람들의 '경험'을 '일'로 바라보았고, 그 '일'에 대한 앎을 '일 지식'으로 명명하였다. 그녀는 제도적 문화기술지가 목표로 하는 '실제'의 사회적 조직화를 위해 경험을 자료로 삼되, 그 경험을 사람들의 '일 지식'에서 찾았다. 그러므로 제도적 문화기술지 연구자는 사람들이 가지고 있는 '일 지식'으로부터 '일'에 대한 상세한 묘사를 끌어내야 한다. '일'에 대한 상세한 묘사에는 말하는 사람의 살아 있는 경험만이 아니라 제도적 연결고리와 흔적들이 들어 있다. 그렇기 때문에 제도적 문화기술지 연구자는 사람들이 가진 '일 지식'으로부터 제도적 과정을 발견하고 그릴 수 있게 된다. 이렇게 제도적 문화기술지 연구자는 사람들의 일상생활에 대한 '일 지식'을 모음으로써 '실제'에 다가가고 '실제의 조직화'를 그릴 수 있게 된다(McCoy, in Smith, 2006: 111).

2. 왜 '일 지식'인가

그렇다면 '일'과 '일 지식' 개념을 연구에 적용하면 구체적으로 제도적 문화기술지 연구자들에게 어떤 도움이 되는 걸까? 왜 제도적 문화기술지 연구자는 '일' '일 지식'과 같은 개념을 사용해야 할까? 그 이유는 크게 두 가지로 설명할 수 있다. 첫째는, 앞에서도 잠시 언급했듯이, 연구자를 개념에서 자유롭게 해 줌으로써 제도적 문화기술지의 존재론적 토대인 '실제'에 다가가게 해 주기 때문이고 둘째는, 특정 경험의 '의도'와 '조건'까지도 알 수 있게 해 줌으로써 '조직화'를 세밀하게 그려 낼 수 있기 때문이다. 이들에 대해 좀 더 구체적으로 살펴보자.

1) 개념에 갇히지 않고 '실제'에 다가가게 한다

(1) 사람들이 실제 행하는 것이 무엇인지 알게 해 준다

'일'과 '일 지식'은 연구자가 개념에 갇히지 않고 제도적 문화기술지의 존재론적 토대인 '실제'에 다가가게 해 준다. 어떻게 '실제'에 다가가게 해 줄까?

첫째, '일'과 '일 지식' 개념은 사람들이 자신들과 다른 사람들의 행위들이 어떻게 '조정'되는지에 초점을 둘 수 있게 해 준다. '조정 (coordination)'은 제도적 문화기술지의 존재론적 토대 중의 하나로서, 사람들의 경험이 어떻게 조직화되는지를 분석하려는 연구자라면 반드시 의식적으로 초점을 두고 관찰해야 한다. 즉, 자료를 넓은 의미의 '일'의 개념으로 조망하면 일의 '조정'이 보이고, 그렇게 되면 추상적 개념들에 갇혀 움직이는 활동들을 보지 못하는 것을 피할 수 있게 된다. 그럼으로써 연구자는 '실제'에 더 다가가게 된다.

예를 들어, 연구자가 어떤 복지공무원을 인터뷰하면서 그로부터 "찾아가는 복지는 정치적 구호에 불과해요."라는 말을 들었다고 하자. 이 말은 너무나 추상적이다. 우선 '찾아가는 복지'의 구체적 실체가 무엇인지, 그것이 정치적 구호라는 말이 구체적으로 무엇을 가리키는지가 모호하다. 만일 제도적 문화기술지 연구자라면 이 말이 너무 추상적이고 모호하다는 것을 알아차려야 하고, 머릿속에서 '일'과 '일 지식'이라는 개념을 떠올려야 한다. 연구자는 일을 모으기 위해 "혹시 선생님께서 찾아가는 복지를 한다면 구체적으로 어떻게 하시는지 그 과정을 상세히 얘기해 주시겠어요?" "정치적 구호에 불과하다는 말이 어떤 것인지 예를 들어 설명해 주시겠어요?"와 같은 질문을 던져야 한다. 그러면 복지공무원들 간, 복지공무원과 수급자 간에 그들의 일이 어떻게 조정되는지 볼 수 있게 된다. 이렇게 함으로써 연구자는 개념에 갇히지 않고 '실제'에 더 다가갈 수 있다.

둘째, '일'과 '일 지식' 개념은 사람들이 어떤 방식으로든 제도적 과정에 참여할 때 연구자에게 그들이 실제로 무엇을 행하는지에 관심을 두게 함으로써 주체를 살아나게 한다(스미스, 2014: 377). 이때 연구자는 정보제공자가 실제로 행한 것을 추적하게 되는데, 이렇게 하면 정보제공자가 대상화되지 않고 연구의 주체로 살아나게 된다. 정보제공자가 주체로 살아나면 그의 '실제적' 행동들이 가시화되고, 연구는 연구자의 입장에서가 아니라 정보제공자의 입장을 선택해 접근하게 된다.

이처럼 '일' '일 지식'은 주체의 구체적 행동에 초점을 두게 함으로써 자료에 등장하는 여러 주체가 한 실제를 가시적으로 보여 줄 뿐만 아니라, 이를 토대로 연구자가 누구의 입장을 선택해 연구할 것인지 결정할 수 있게 돕는다. 앞의 복지공무원 예에서 연구자는 복지공무원이 말한 추상적 용어의 '실제'를 구체적으로 질문함으로써 복지공무원을 행동하는 하나의 주체로 보면서 입장(이에 대해서는 5장을 참조) 선택의 근거로 삼을 수 있다.

(2) 기존 담론으로는 보이지 않는 '실제들'을 볼 수 있게 한다

'일'과 '일 지식'이 제도적 문화기술지 연구에서 갖는 유용성은 여기서 그치지 않는다. 사람들이 실제 행하는 것을 알게 해 줌으로써 뜻밖의 성과를 얻게 한다. 그것은 기존의 지배적 담론으로는 설명되지 못했던 활동들을 보게 해 줌으로써 이전에는 우리 눈에 들어오지 않았던 일들을 우리의 시야에 들어오게 해 준다. 우리는 아주 쉽게 개념과 담론의 영향을 받기 때문에 현실에서 발생하는 실제들을 그 개념과 담론의 그물망을 통해서 본다. 이렇게 되면 지배적 개념과 담론으로 설명될 수 있는 것들만 연구되고, 그것들은 또 다른 지배 장치가 되어 악순환을 거듭한다.

그러나 '일'과 '일 지식' 개념으로 일상 세계를 보면 지금까지 너무 사소한 것으로 치부되어서 혹은 주된 관심사에서 비켜나 있어서 우리의 시야에 들어오지 못했던 사람들의 실제 행동들이 시야에 들어온다. 즉, 사람들의 실제 삶에서 억압되었던 것들이 날개를 펴고 지상으로 날아오르는 것이다. 예를 들어, 연구자가 '일' 개념을 염두에 두고 에이즈 환자들에게 약물치료에 관해 물었을 때 숨겨졌던 뜻밖의 활동영역이 보인다. 즉, '일' '일 지식' 개념으로 에이즈 환자들로부터 약물치료에 관한 이야기를 듣다 보면 약 먹는 것을 타인에게 들키지 않게 숨기려 하는 행위, 에이즈에 대한 공포와 혐오감을 극복하기 위해 하는 행위들을 볼 수 있다(Mykhalovsky & McCoy, 2002).

그런데 에이즈 환자들의 이러한 행위들은 에이즈 영역에서 기존의 담론이나 개념으로는 전혀 다루어지지 않은 것이다. '치료 순응'이라는 기존의 지배적 담론으로는 전혀 볼 수 없는 것들이다. 에이즈 환자들이 공포를 극복하기 위해 하는 적극적 행위들은 치료 순응이라는 담론 밖에서 벌어지는 일들이다(Mykhalovsky & McCoy, 2002). 이처럼 '일'과 '일 지식'은 우리의 삶 속에 늘 거기에 있고 진행되고 있으나 우리의 한계로 인해 우리의 시선에서 배제되었던 '실제들'을 우리의 시야에 등장시켜 준다.

도로시 스미스는 '일'과 '일 지식'의 이러한 유용성을 연구자와 정보제공자가 '제도적 포획'에서 벗어나게 한다는 말로 설명하였다. 여기서 제도적 포획이란 정보제공자와 연구자 모두가 기존의 지배적인 제도적 담론에 익숙하여 실제로 일어난 일들을 이들 담론의 용어로 말할 때 발생한다. 즉, 제도적 담론에 '실제'가 포섭되는 것이다. 그러나 만일 연구자가 '일'과 '일 지식' 개념을 알지 못하면 정보제공자가 쓸모없는 제도적 용어로 말해도 이를 알아차리지 못한다. 그러면 연구자와 정보제공자의 대화는 쓸모없는 것이 된다. 따라서 우리가 해야 할 일은 일의 조정과 순차가 어떻게 진행되는지에 대해 '실제'를 정확히 기술하는 것이다(스미스, 2014: 249).

2) 경험 영역에서의 '조직화'를 세밀하게 파고들어 가게 한다

(1) 미시와 거시의 경계를 허물어 '조정'을 볼 수 있게 한다

제도적 문화기술지의 목표는 사람들의 일상에서의 경험이 어떻게 그렇게 '조직화'되는지를 이해하는 것이다. 여기서 '조직화'는 기존 질적 연구에서 하듯 사람들의 일상 경험을 '맥락'을 끌어와 이해하는 것과는 다르다. 이때 맥락은 미시적 행위를 해석하고 설명하는 거시적 구조의 개념들을 말한다. '맥락'을 끌어와 이해하는 것은 미시행위에 붙어 있는 거시적 구조를 포착하고, 이를 개념으로 치환하여 미시행위를 설명하는 방식이다.

예를 들어, 바우처 실천을 하는 사회복지사들이 클라이언트를 모집하기 위해 홍보물에 "오시면 뭐든지 해 드립니다. 선물도 드립니다."라는 문구를 넣고, "다른 기관들이 이 사업에 더 뛰어들기 전에 클라이언트를 확보해야 한다는 강박감이 있어요."라는 사회복지사의 인터뷰가 있다고 하자. 이때 연구자는 사회복지사 일상에 관한 이들 미시적 이야기로부터 '경쟁' '영리화'라는 거시 기제를 포착하여 개념화할 수 있다. 그리고 바우처를 담당하는 사회복지사들이 하는 실천의 기저에 경쟁과 영리화가 작동되고 있다는 결론을 끌어낼 수 있다. 이때 경쟁과 영리화는 바우처를 담당하는 사회복지사들의 일상에서의 실천을 설명하는 거시적 개념, 즉 맥락이 된다(김인숙, 2010).

그러나 제도적 문화기술지의 '조직화'는 거시를 떼어 내어 미시를 설명하지 않는다. 제도적 문화기술지는 사람들의 일상의 미시적 경험 안에 사회관계와 사회적 조직화가 배태되어 있다고 전제하기 때문에, 미시행위에서 거시를 떼어 낼 필요가 없다. 대신, 일상의 경험 안에서 사회적 조직화를 가능하게 만드는 '조정' 양상을 찾아내어 이를 보여 준다. 즉, 제도적 문화기술지에서는 떼어 내어 개념화하지 않고, '조정'의 양상을 찾아 마치 지도 그리듯 그려 주면 조직화가 보인다.

따라서 제도적 문화기술지에서는 '활동들'을 보이지 않게 만드는 추상적 개념을 사용할 필요가 없다. 연구의 목적을 '조정'에 두게 되면 활동들을 보이지 않게 만드는 추상적 개념의 사용을 피할 수 있게 된다. 이처럼 '일'과 '일 지식'은 '활동들'과 '조정'을 볼 수 있게 만들어 주는 제도적 문화기술지의 개념적 도구이다. '일'과 '일 지식'을 사용함으로써 연구자는 그가 목표로 하는 조정 양상이 어떻게 일어나는지 볼 수 있고, 그 시퀀스를 찾아 이어 맞추면 조직화를 볼 수 있다(김인숙, 2017).

이처럼 제도적 문화기술지 연구에서는 미시와 거시는 분리되지 않는다. 대신, 미시와 거시의 경계가 허물어진다(스미스, 2014: 69). 그리고 개념화나 추상화를 사용하지 않아도 된다. '찾아가는 복지'라는 슬로건에도 불구하고 정작 복지공무원들이 수급자를 찾아가지 못하는 모순이 어떻게 일어나는지 그 사회적 조직화의 양상을 그려 주면 된다. 그러한 조직화가 어떻게 일어나는지 보려면 연구자는 반드시 '일'과 '일 지식' 개념을 사용해야 한다.

정리하자면, 우리는 이미 언어가 사람들의 행동을 조정하고 조직화하고, 그것은 '경험 기반 영역'과 '텍스트 기반 영역'에서 일어난다는 사실을 알았다. 그리고 '일' '일 지식'은 이 두 영역 중 '경험 기반 영역'에서의 조직화를 발견하기 위한 제도적 문화기술지의 개념적 도구라는 점도 알았다(텍스트 기반 영역에 대해서는 4장을 참조). 따라서 연구자가 '경험'이라는 용어 대신에 '일' '일 지식' 용어를 적용하면 사람들이 행한 것만이 아니라, 행한 것에 대해 생각하고 느낀 것, 그리고 그 '일'이 다른 사람들의 '일'과 어떻게 '조정'되었는지를 볼 수 있게 된다. 그 결과 사람들의 행위와 구조, 미시와 거시의 경계가 허물어지면서 조직화 양상을 보게 된다.

(2) 사람들의 일의 '의도성'과 '조건'을 볼 수 있게 한다

이에 더하여 우리가 '일'과 '일 지식'에 대해 더 주목할 점이 있다. '일'과 '일 지식' 개념은 사람들이 실제로 행하는 것만이 아니라 그 '일'에 함축된 '의도성'과 일의 '조건'을 볼 수 있게 해 준다. 제도적 문화기술지에서 일의 '의도'와 '조건'은 그 일이 일어나는 맥락적, 구조적 측면을 보여 줌으로써 조직화의 모습을 그리는 데 중요한 역할을 한다.

예를 들어 보자. 최근에는 과거와 달리 소비자가 물건을 구매하고 결재할 때 소비자가 직접 결제 기계에 카드를 삽입한다. 과거에는 소비자가 카드를 꺼내 직원에게 주면 직원이 카드를 받아 결제 기계에 넣었으므로 소비자는 그냥 기다리면 됐다. 그러나 요즘에는 직원이 소비자에게 직접 카드를 결제 기계에 넣어 달라고 요청한다. 이렇게 요청하는 행위는 직원이 하는 하나의 '일'이다.

이때 연구자는 이 일을 발생시킨 것은 무엇인지 질문을 던질 수 있다. 제도적 문화기술지 연구자는 다양한 제도적 위치에 있는 사람들을 인터뷰하고 텍스트들을 검토하여 이 질문에 답할 수 있다. 그 결과 연구자는 직원의 이 일이 사실은 회사 측이 시간과 비용을 줄이려는 의도가 반영된 것임을 확인할 수 있다. 이처럼 비록 직원의 미미한 하나의 행동이지만, 그 일에는 매장 직원의 행위 하나를 줄임으로써 직원에게 들어가는 비용과 시간을 줄이려는 의도가 들어 있다. 이렇게 제도적 문화기술지 연구자는 정보제공자의 일 지식을 통해 그 일이 이루어지는 의도를 탐구해 갈 수 있다.

이러한 의도성 외에도, '일'과 '일 지식'은 그 '일'을 위해 필요로 하는 것들, 접촉하는 것들도 볼 수 있게 해 준다. 왜냐하면 '일'은 뚜렷한 '조건들'하에서 분명한 '자원'을 가지고 특정의 '시간과 공간'에서 행해지기 때문이다. 다시 말해, '일'과 '일 지식'은 사람들의 일만이 아니라 그 일이 이루어지는 조건들도 함께 볼 수 있게 해 준다 (스미스, 2014: 245-246).

예를 들어, 동주민센터에서 일하는 복지공무원은 공공복지 최일선에서 일하는 사람으로 '찾아가는 복지'를 하는 것이 그들의 첫 번째 업무이다. 그러나 그들은 기초 수급자들을 찾아가는 '일'을 할

수 없다. 그들을 찾아갈 시간을 도저히 낼 수 없다. 그들은 기초수
급 신청자들이 물어보는 많은 서류 하나하나를 가지고 수급 신청
자와 씨름해야 하고, 그들이 한 모든 작업을 행복e음이라 불리는
사회복지통합전산망에 입력해야 하며, 상부 기관에서 수시로 내려
오는 일을 처리해야 하고, 상부 기관의 평가지표에 맞게 자기의 일
을 맞춰야 한다.

여기서 알 수 있듯이, 복지공무원이 찾아가지 못하는 '일'은 아무
런 조건 없이 이루어지지 않고, 복지공무원을 둘러싼 서류들, 통합
전산망, 평가지표라는 조건들 속에서 이루어지고 있다. 이처럼 우
리는 하나의 '일'에서 그러한 일을 일어나게 만드는 조건들을 추적
해 갈 수 있다. 연구자는 이러한 조건들이 복지공무원의 일을 어떻
게 조정하는지 추적함으로써 제도적 문화기술지가 목표로 하는 조
직화를 그릴 수 있다. 즉, 복지공무원이 수급자들을 찾아가지 못하
는 경험을 바로 그 경험으로 만드는 조직화의 양상을 그릴 수 있다.

이상에서 살펴본 바와 같이, '일' '일 지식'은 사람들의 경험 속에
서 제도적 문화기술지가 목표로 하는 조정과 조직화를 그릴 수 있
게 해 준다. 즉, '일'과 '일 지식'은 제도적 과정에 참여하는 사람들
의 활동의 '조정'을 볼 수 있게 함으로써 제도적 과정에서의 행위의
시퀀스를 찾도록 해 준다. 물론 '일'과 '일 지식' 자체를 묘사한다고
해서 조직화가 저절로 그려지지는 않는다. 조직화를 그려 내기 위
해서는 '일'과 '일 지식'을 자료 삼아 사람들의 행동의 시퀀스를 찾
고 그것이 어떻게 조정되는지 파악해야 한다. 이렇게 '일'과 '일 지
식'은 사람들의 경험에서 조직화를 그려 낼 수 있게 해 주는 제도적
문화기술지의 중요한 개념적 도구이다.

3) 사람들이 일에 대해 느끼는 주관성을 알게 해 준다

도로시 스미스에 의하면, 넓은 의미의 '일' 개념은 사람들이 실제 행하는 것을 알게 해 주는 이외에 다른 무언가를 포함한다. 그것은 사람들이 일에 대해 느끼는 주관성을 알게 해 준다는 점이다. 넓은 의미의 '일' 개념은 개개 사람들의 '일'에 대한 독특한 관점을 제공할 뿐만 아니라, 사람들이 그 일에 대해 어떻게 생각하고 어떻게 계획하고 어떻게 느끼는지를 보게 해 준다(스미스, 2014: 247). 이것은 사람들의 일 지식에는 사람들이 일에 대해 갖는 주관성을 포함하고 있음을 말해 준다. 제도적 문화기술지의 '실제'는 사람들이 실제로 행하는 것에 국한되지 않는다. 사람들이 일에 대해 느끼는 주관성도 '실제'로 본다.

예를 들어, 기초수급을 신청하려는 어떤 여성이 상담을 받기 위해 동주민센터를 방문했다고 하자. 그녀는 동주민센터의 복지공무원을 만나 수급자가 되려면 어떻게 해야 하는지에 대해 상담을 받는다. 여기서 이 여성이 동주민센터를 방문하고 상담을 받는 것은 '일'이다. 그녀는 이 일을 수행하는 과정에서 복지공무원의 쌀쌀맞고 단도직입적인 말과 태도에서 자신이 죄인 같은 느낌을 받았고 정말 죽고 싶다는 생각까지 들었다고 말한다. 이처럼 사람들은 자기의 일에 대해 말하면서 그 일에 대한 그들의 주관적 느낌까지 말한다. 따라서 사람들의 '일'에는 사람들이 주관적으로 경험하는 느낌이 들어 있다. 도로시 스미스에 의하면, 넓은 의미의 일 개념은 개인의 주관성과 그들의 경험을 통합한다(스미스, 2014: 247-248).

결론적으로, 제도적 문화기술지의 일과 일 지식 개념은 연구자에게 사람들의 경험으로부터 사람들이 실제 행하는 것이 무엇인지,

사람들의 일이 어떻게 조직화되는지, 사람들이 그것에 관해 어떻게 느끼는지를 알게 해 준다. 제도적 문화기술지에서 넓은 의미의 '일' 개념은 단순히 사람들의 행위만을 의미하는 것이 아니라, 그 행위를 하는 의도와 조건, 주관성까지를 포함하는 아주 폭넓은 개념이다. 이것이 바로 왜 일과 일 지식인가라는 질문에 대한 답이다.

3. 예시: 일상 세계를 '일 지식'으로 보면 어떠한가

그러면 일상 세계를 '일 지식'의 개념으로 보면 어떤 모습인지, 무엇이 보이는지 예를 들어 보자. 제도적 문화기술지 수업시간에 나는 학생들에게 일상에서의 자신의 경험을 '경험'이 아니라 '일'의 개념으로 들여다보고 이를 글로 써 보라고 요구한다. 아래의 글은 쪽방을 다니면서 도시락 자원봉사를 한 자신의 경험을 '일'로 바라보면서 기술한 것이다.[1]

> 쪽방이 밀집되어 있는 이 빌딩은 정확히 세어 보지는 않았지만 3층으로 되어 있고 20~30개 정도의 쪽방이 밀집되어 있다. 최근 보수공사로 전선들을 정비하여 천장에 치렁치렁 늘어져 있던 전선들이 가지런히 모아져 좀 더 체계적으로 정비되었다. 같은 1층에 세 개의 도시락이 나눠진다. 내가 자원봉사를 나가는 날에는 영창샘만 내 옆에서 도시락을 수거하러 다니고 나머지 두 명의 샘은 건물 입구에 서서 기다린다. 같이 나눠서 드리면 빨리 끝나고 좋을 텐데 그렇게 하라고 말을 하지 않으면 방관적 태도를 취한다. B 할머니는 계실 때도 있지만 안 계실

----

1) 이 글은 제도적 문화기술지 수업에서 김정현(2014)이 제출한 보고서의 일부이다.

경우 방문 앞에 빈 도시락을 내놓고 가신다. B 할머니 방은 1층이지만 구조는 반지하로 움푹 들어가 있고, 방엔 붉은 꽃부터 사진이 엄청 많이 걸려져 있다. 건물 입구 쪽이고, 창이 없어서인지 늘 계시면 문을 열어 놓고 계신다. C 할머니 집은 안쪽 깊숙이 어두컴컴한 복도를 따라 들어 가면 한 곳은 쪽문을 열고도 한 사람 간신히 통과하는 복도를 거쳐 안 쪽에 마련된 쪽방에 있다. 복도 겸 주방(?) 옆 방문을 열어 계시는지 안 계시는지 확인하고 도시락을 놓고 나온다. 그 집은 볕이 주방 위쪽으로 간신히 들어오는데 꼭 진입복도 어두운 벽으로 속옷을 걸어 놓는다. '이 속옷이 과연 마를까?'라는 생각이 매번 들어갈 때마다 든다. D 할머니 는 눈이 사시인데 거동은 자유로운 편인 것 같다. 딱 두 번 마주쳤다. 거 의 집에 안 계셔 도시락만 나누고 나온다. 2층에 E 할머니 방은 공용 세 면실 옆에 있는데, 그 세면실은 바깥으로 돌출되어 있어 햇볕이 잘 든 다. E 할머니는 거의 교회에 가시거나 마실을 나가서 안 계신다. 방문은 잠그지 않은 채 빈방에 빈 도시락만 놔 두고 나가시곤 없다. F 할머니 방문을 열면 할머니는 꼭 불을 다 꺼 놓으신 채 TV가 켜진 상태에서 누 워 계신다. 문을 열고 도시락을 드리면 받는 사람은 젊은 여성이다. 영 창샘 말로는 딸 같다고 하는데, 내가 보기엔 자원봉사자? 간병인 사업 으로 나오는 분 같다. 그런데 매번 할머니 이불에서 같이 누워 있다가 도시락을 받으러 나오신다(김정현, 수업보고서, 2014).

위 글은 서울역 인근 쪽방에 거주하는 5명의 여성 노인에게 도시 락을 배달해 주는 자원봉사자가 경험한 실제를 묘사하고 있다. 자 신의 도시락 배달 경험을 '일'이라는 개념을 염두에 두고 묘사하였 다. 이 글에서 우리는 '일' 개념을 사용했을 때 전에는 보지 못했던 것들을 볼 수 있다.

첫째, 쪽방 거주 할머니들과 도시락 배달자가 무엇을 하는지 어떤 행위와 반응을 보이는지 그 디테일을 보고 느낄 수 있다. 특히 쪽방 거주 할머니들의 육체적 움직임, 그 공간에서 풍겨 나오는 분위기와 느낌까지도 알 수 있다. 창이 없는 반지하, 햇빛 없이 걸려 있는 속옷들, 컴컴한 방에서 TV만 켜고 누워 있는 모습에 대한 묘사를 통해 우리는 자칫 놓쳐 버릴 수 있는 쪽방 할머니들의 삶의 '실제'에 다가간다. 이것은 사태와 행동을 해석하고 거기에 추상적 의미를 부여하여 기술하는 것과는 다르다.

이처럼 '일' 개념으로 일상을 바라보면 특정의 시공간에서 몸으로 움직이고 활동하는 행위자의 육체성이 드러나고, 그 육체성을 휘감고 있는 정서적 느낌까지도 알 수 있다. 제도적 문화기술지 연구자는 어쩌면 이러한 육체성에 대한 묘사를 분석함으로써 지금까지 제기된 바 없는, 쪽방 거주자들의 능동성을 도출할 수도 있을 것이다. 이처럼 '일'과 '일 지식'은 해석을 피하면서 제도적 문화기술지의 토대인 '실제'에 근접할 수 있는 매우 중요한 자원이다.

둘째, 사람들 사이에서 일어나는 '조정'을 볼 수 있다. 도로시 스미스에 의하면 '일'은 필연적으로 '조정'을 수반한다. 예를 들어, 자원봉사자는 F 할머니에게 도시락을 드리기 위해 문을 여는 '일'을 한다. 그러면 F 할머니와 같이 있는 젊은 여성이 도시락을 받는다. 이 장면은 너무 일상적이고 사소하고 작은 행동들이지만 우리는 여기서 조정을 볼 수 있다. 자원봉사자가 문을 여는 '일'을 하자 젊은 여성이 도시락을 받는 '일'을 함으로써 두 사람의 '일'은 '조정'되었다. 젊은 여성이 누구이며, 왜 젊은 여성은 자원봉사자를 거부하는 태도가 아니라 수용하는 태도로 도시락을 받았는지는 연구가 진행되면서 더 탐구되어야 한다. 이처럼 우리가 '일'의 과정을 따라가면 일이 '조정'되는 것을 반드시 볼 수 있다.

3. 예시: 일상 세계를 '일 지식'으로 보면 어떠한가

셋째, 일의 조건을 볼 수 있다. 연구자가 사람들의 조정 행위가 어떻게 그렇게 조정되었는지의 질문을 던지면서 계속 탐구해 들어가다 보면 사람들이 왜 그러한 행동을 하게 되었는지 그 의도와 조건을 더 상세하게 알게 된다. 예를 들어, 만일 제도적 문화기술지 연구자가 F 할머니와 젊은 여성의 '일'에 "도시락을 거부하지 않고 순순히 받는 일은 어떻게 해서 발생하게 되었을까?"라는 질문을 던지면서 깊이 파고들어 가면 서울시 노숙인 정책의 지침, 도시락 배달의 전달체계, 노숙인과 관련된 이데올로기 등 여러 맥락과 조건들이 드러날 것이다. 특히 최근에 쪽방 정책의 지침이 바뀌어 도시락 메뉴를 쪽방 거주자들이 신청할 수 있게 되었다고 한다면, 이것이 젊은 여성에게 도시락을 거부하지 않고 받게 하였다는 점을 알수 있게 된다.

넷째, 일의 '의도성'을 볼 수 있다. 앞에서 F 할머니와 함께 있는 젊은 여성은 도시락을 받았다. 연구자가 젊은 여성과 자원봉사자 사이에서 그들의 일이 어떻게 조정되는지 주목하고 질문을 던지면 그 일의 '의도'를 알게 된다. 사실은 젊은 여성은 몇 달 전까지만 해도 도시락을 거부했다. 인근 쪽방 거주자들이 도시락의 내용물이 형편없다고 시위하면서 서울시에 도시락의 질을 상향해 달라고 요구했다. 서울시는 올해는 예산이 없으니 내년부터 그렇게 할 것을 약속했다. F 할머니와 함께 있는 젊은 여성이 도시락을 순순히 받은 것은 내년에 더 나은 도시락을 받으려는 의도에서 였다. 이처럼 연구자는 '일'을 실마리로 하여 그 일이 어떤 의도에서 발생하는지 질문을 던져 탐구해 갈 수 있다.

다섯째, 행위자인 주체가 더 살아나고 더 잘 보인다. 상기 글에는 다양한 주체가 등장한다. 도시락을 배달하는 자원봉사자들은

물론이고 도시락을 받는 5명의 할머니, 그리고 한 조를 이루어 도시락 배달을 돕는 영창샘과 또 다른 두 사람이 그들이다. 여기에는 이들 주체가 처한 상황과 행동이 상세하게 묘사되어 있다. 따라서 연구자는 이 주체들 각각의 '실제'를 알 수 있고 나아가 연구자에게 누구의 입장을 선택해 연구할 것인지를 결정하게 한다. 이처럼 일상 세계를 '일'과 '일 지식' 개념으로 접근하면 주체들을 살아나게 하고 그 주체들의 실제를 볼 수 있게 된다.

여섯째, 앞의 글에는 지배적 담론이나 제도적 용어들을 찾을 수 없는데, 이는 '일' 개념이 제도적 담론을 피할 수 있게 해 주기 때문이다. 이 글에서는 할머니들의 주거 상황과 행동들이 상세하게 묘사되어 있지만, 이들을 어떤 개념적인 제도적 용어로 설명하지 않았다. 또 도시락을 배달하는 자원봉사자의 행위와 주관성이 드러나지만, 이를 묘사하는 어디에도 추상적인 개념적 용어들은 없다. 담론이 실제를 가리지 않았고 어떠한 개념이나 담론도 껴들지 않았다. 그저 쪽방에 사는 할머니들의 상황과 행위들, 자원봉사자의 행위들 그리고 그들의 행위가 어떻게 서로 조정되는지만 보인다. 이것은 글쓴이가 급식의 현장을 '일'과 '일 지식' 개념을 사용해 바라보았기 때문이다.

그런 점에서 '일'은 연구자가 실제에 접근하는 데 가장 큰 걸림돌인 제도적 담론을 피할 수 있게 해 주는 강력한 요소이다. 만일 사람들의 '일 지식'에 제도적 담론이 개입되면 '실제'가 제도적 담론에 포섭되거나 제거된다. 제도적 담론은 사람들의 관점, 현장, 구체성, 주관적 경험을 삼켜 버리고, 제도적 담론으로 설명할 수 있는 부분만 골라내게 한다. 그 결과 담론으로 인지되지 않는 것은 드러나지 않는다(스미스, 2014: 251).

제도적 문화기술지 연구자가 '일'과 '일 지식'에 접근하기 위해서는 누군가가 하고 있거나 했던 것에 주목해야 한다. 제도적 언어 뒤에 실제로 무엇이 일어났는지 파악해야 한다. 추상적이고 관념화된 개념에 주목하기보다 '실제들'로 눈을 돌려야 한다. 그러자면 연구자는 '넓은 의미의 일' 개념을 끊임없이 적용해서 행위의 구체적인 것, 활동의 환경, 수단, 시간, 자원, 사람들의 생각과 감정 등 '실제'를 찾고, '실제'로 돌아가고, '실제'와 맞닥뜨려야 한다. 이를 위해 연구자는 사람들이 사용하는 언어의 통상적인 장벽의 밑바닥까지 꿰뚫어서 그들이 실제로 행한 것이 무엇인지 배우도록 해야 한다 (스미스, 2014: 252).

4. 어떻게 하면 '일 지식'으로 조직화를 그릴 수 있는가[2]

1) 사람들의 '일 지식'을 실체가 아닌 조직화의 한 조각으로 본다

제도적 문화기술지는 경험적 이야기에서 사건을 설명하려 하거나 어떤 패턴을 찾으려 하지 않는다. 제도적 문화기술지는 무슨 일이 일어났는가가 아닌 사람들의 활동의 '조직화'에 관심이 있다. 제도적 문화기술지는 우리의 일상생활 속 일상 언어에는 이러한 조직화가 스며들어 있다고 전제한다. 예를 들어, 기초수급 신청자가 복지공무원과 초기상담을 하고서 "복지공무원들에게 뭘 물어보기

---

2) 이와 관련된 구체적 내용은 11장과 12장을 참조하라.

가 너무 눈치가 보여요. 그분들은 우리 같은 사람에게 친절하지 않아요."라는 일상의 경험을 표현했다고 했을 때, 이 속에는 수급자의 경험을 그렇게 만드는 조직화의 흔적이 담겨 있다.

제도적 문화기술지 연구자는 우선 복지공무원의 눈치를 본다는 수급 신청자의 '일 지식'이 어떻게 발생하게 되었는가? 수급 신청자의 일 지식은 다른 사람의 일과 어떻게 연결되는가와 같은 질문을 던지면서 파고들어 간다. 이를 위해 동주민센터와 구청의 복지공무원을 인터뷰할 수 있고 이로부터 깔대기처럼 쏟아지는 업무, 실적 위주의 평가제도, 사회복지통합전산망 입력의 과부담과 같은 제도적 실재들이 수급 신청자가 복지공무원의 눈치를 보게 만든다는 조직화의 조건들임을 알게 된다. 이처럼 수급 신청자가 복지공무원의 눈치를 본다는 일상의 일 지식은 이에 관한 조직화를 파악하게 해 주는 하나의 조각이 되는 것이다.

여기서 우리가 알 수 있는 것은 제도적 문화기술지가 목표로 하는 '조직화'를 그려 내기 위해서는 사람들의 '일 지식' 속의 용어들을 경험으로 보거나 어떤 실체를 가리키는 지시어로도 보지 말아야 한다는 점이다. 그보다는 일상의 용어들을 조직화의 한 조각 혹은 조직화의 고리로 보아야 한다. 아울러, 사람들의 행위를 추상화된 명사로도 전환하지 말아야 한다. 그래야 제도적 문화기술지가 보여 주려는 '조정'과 '조직화'가 사라지지 않고 보인다. 즉, 수급 신청자가 초기상담에 대해 가지고 있는 '일 지식'과 복지공무원의 '일 지식'이 어떻게 조정되는지가 보인다.

따라서 제도적 문화기술지 연구자는 단순히 '일 지식'을 묘사한다든가 무엇이 일어나고 있는지를 묘사하는 것이 그의 목적이 아님을 분명히 알아야 한다. 제도적 문화기술지 연구자가 관심을 가져야 할 것은 사람들이 어떠한 '일 지식'을 가지고 있는지, 그들의 일상행위에서 어떻게 그러한 '일 지식'이 만들어지는지 그리고 그 '일 지식'이 다른 사람들의 '일 지식'과 어떻게 조정되는지 하는 것이다.

2) 다른 사람들의 '일 지식'의 차이를 모아 이어 맞춘다

제도적 문화기술지에서 '일 지식'은 그 자체를 묘사하는 데 목적이 있지 않다. 서로 다른 사람들의 '일 지식'을 '모으고' '이어 맞추어' '일 지식'에 관한 지도를 그려야(mapping) 한다. 여기서 '일 지식'을 '모으고' '이어 맞추고' '지도를 그리는 것'은 제도적 문화기술지가 목표로 하는 사람들의 일 지식의 조정과 조직화를 그리기 위해 유용하게 사용되는 비유들이다. 이들 비유는 제도적 문화기술지에서 서로 다른 사람들의 '일 지식'을 비교하고 참조하는 데 사용되며, 이를 통해 '일 지식'의 조직화는 보완되거나 수정된다.

우선 제도적 문화기술지 연구자는 제도적 과정의 서로 다른 위치에 있는 행위자의 '일 지식'의 차이를 모음으로써 조직화를 그리기 시작한다. 제도적 문화기술지에서 사람들의 '일 지식'을 모으는 것은 서로 다른 사람들의 활동이 어떻게 조정되고 조직화되는지 탐구하는 데 중요한 자원이다. 한 사람의 경험이나 '일 지식'에는 같은 제도적 과정의 다른 위치에 있는 사람들과의 관계가 포함되어 있다(스미스, 2014: 253). 예를 들어, 앞에서 수급 신청자가 복지공무원의 눈치를 보는 '일 지식'에는 다른 위치에 있는 복지공무원의 일이 들어 있다. 만일 연구자가 이 일 지식을 더 깊이 탐구해 들어가면 수급 신청자의 눈치 보는 일에 관한 조직화를 그릴 수 있게 된다. 이것이 바로 다른 사람들의 '일 지식'을 사용해 조직화를 그리는 과정이다.

서로 다른 제도적 위치에 있는 사람들의 '일 지식'을 모으는 것은 행위의 시퀀스를 그리기 위한 초석이 된다. 특히, 연구자는 정보제공자 각각이 사회적 조직화의 조각에 기여하고 있다는 점을 기억해야 한다. 사회적 조직화는 사람들의 행동이 조정됨으로써 달성되기 때문이다. 서로 다른 위치에 있는 사람들의 서로 다른 '일 지식'을 모으는 절차는 문제틀의 구조에 의해 변화되고 좌우된다(스미스, 2014: 256).

'일 지식'을 모은 연구자는 사람들의 '일 지식'을 '이어 맞추는' 작업을 한다. 이때 '일 지식'은 연구자에 의해 해석되지 않는다. 사실 제도적 문화기술지가 목표로 하는 사회적 조직화란 사람들의 '일 지식'을 이어 맞추는 과정에서 발견된 것을 설명한 것이다. 그것은 사람들이 다른 사람들과 어떻게 유기적으로 관련되면서 조정되는지 알게 된 것을 설명한다(스미스, 2014: 267).

연구자는 '일 지식'을 이어 맞추는 과정에서 자료를 선별적으로 선택해 여러 사람의 일 지식을 연결해야 하는데, 도로시 스미스는 이러한 작업을 직소 퍼즐을 맞추는 작업에 비유하였다. 그녀는 서로 다른 퍼즐 조각에서 맞는 조각을 찾아 선택하듯이, 다른 '일 지식' 중에서 그에 맞는 '일 지식'의 양상을 선별해 낼 수 있다고 하였다. 서로 다른 '일 지식'을 이어 맞추는 여러 가지 방법은 문제틀의 열쇠가 되는 제도적 과정 및 제도적 관계에 의해 크게 좌우된다. 이렇듯, '일 지식'을 해석하지 말고, 서로 연결하고 이어 맞추다 보면 조직화가 발견된다. 제도적 문화기술지에서 '일 지식'을 모아 이어 맞추는 작업을 가장 잘 비유적으로 표현한 것은 '지도 그리기'(이에 대해서는 11장 참조)이다. 여기서 지도란 정보제공자와 연구자가 공동으로 협력하여 산출한 '일 지식'을 이어 맞춘 것이다(스미스, 2014: 254-257).

4장
텍스트: 조직화 탐구의 영역

제도적 문화기술지에서 텍스트는 사람들의 일 지식과 함께 활발히 활동하는 존재로서, 제도적 문화기술지의 목적인 '조직화'를 그리기 위해 반드시 추적해야 하는 핵심 영역이다. 텍스트가 없는 제도적 문화기술지는 존재하지 않는다. 제도적 문화기술지 연구자는 텍스트가 어떻게 활성화되고 활동하며 어떻게 힘(power)을 발생시키는지, 그리고 조직화를 그리기 위해 텍스트를 어떻게 다루어야 하는지에 대해 알아야 한다. 제도적 문화기술지 연구자는 항상 텍스트에 관해 묻고 질문해야 한다(Walby, 2013: 143). 그렇다면 과연 제도적 문화기술지에서 텍스트란 무엇일까? 우리의 일상에서 텍스트는 어떻게 활동하고 움직일까? 여기서는 이들 질문에 대한 답을 찾아보기로 한다.

1. 제도적 문화기술지에서 텍스트란 무엇인가

1) 복제 가능한 형태의 물질

우리는 일상의 삶에서 무수히 많은 텍스트(texts)를 접한다. 우리의 일상은 책을 읽고 서류를 읽고 라디오를 듣고 인터넷에 접속하는 등 종이와 전자 형태의 다양한 텍스트에 둘러싸여 있다. 텍스트는 현재를 살아가는 우리 일상의 곳곳에 편재해 있어서 너무 익숙하고 자연스러운 것이다. 제도적 문화기술지는 이렇게 익숙하고 자연스러운 텍스트의 활동, 움직임에 주목한다. 제도적 문화기술지는 텍스트에 대한 기존의 관점을 깨고 새로운 관점으로 바라봄으로써 우리에게 텍스트를 낯설지만 새롭게 이해하게 해 준다. 이렇게 텍스트를 기존의 방식과 다르게 바라볼 때 비로소 우리가 몰랐던 세계의 새로운 모습이 드러난다. 그러면 제도적 문화기술지에서 말하는 텍스트는 과연 무엇일까?

제도적 문화기술지에서 '텍스트'란 글이나 그림, 기타 산출물들을 종이나 인쇄물, 필름, 전자와 같은 복제 가능한 형태로 만든 물질을 말한다. 즉, 텍스트란 물질적 형태를 가진 단어, 이미지, 소리로서 이들은 읽히고 보이고 들린다. 책, 버스 토큰, 비행기 예약, 라디오, CD, 이메일 메시지, 광고, 영화가 그 예이다(Smith, 2006: 66). 또 각종 현장에서 사용되는 각종 양식과 지침, 문서들, 법령, 전산망, 컴퓨터 스크린, 컴퓨터 파일 등도 텍스트이다. 이처럼 텍스트는 사람들의 일상을 구성하는 데 없으면 안 되는 물질이다.

제도적 문화기술지는 물질로서의 텍스트 외에 텍스트의 '복제 가능성'을 강조한다. 이 둘은 서로 연관되어 있다. 텍스트의 물질성은 텍스트가 우리와 함께 일상 세계 속에 현존하는 것임을 의미한다. 이렇게 우리와 함께 현존하는 인쇄되거나 전자화된 물질로서의 텍스트들은 제도의 복제 가능성과 안정성을 만들어 낸다. 즉, 텍스트의 물질적 특성은 텍스트를 복제 가능한 것으로 만든다(스미스, 2014: 262, 382).

여기서 텍스트의 복제 가능성이 중요한 이유는 개인의 의식을 지배 관계와 연결해 주고, 지배 관계가 존재할 수 있게 만드는 조건이 되기 때문이다. 텍스트의 복제 가능성은 텍스트가 항구적인 기록의 형태로 남고, 그것이 여러 영역, 여러 장소, 여러 시간대에 존재할 수 있음을 말해 준다. 또 이 복제 가능성으로 인해 시간과 공간을 초월해 일어나는 모든 활동이 텍스트를 통해 표준화될 수 있는 근거를 제공한다. 따라서 텍스트의 복제 가능성이야말로 텍스트가 우리의 조직적 삶을 하나의 양식으로 묶어 내는 힘이다. 이 힘을 추적함으로써 우리는 개인의 의식이 어떻게 지배 관계와 연결되어 있는지를 볼 수 있다.

예를 들어, 수급 신청자들이 제출해야 하는 '금융정보 등 제공 동의서' 텍스트는 그 복제 가능성으로 인해 시간과 공간을 초월해 수급을 신청하려는 전국의 모든 사람과 전국의 모든 복지공무원의 행동을 표준화한다. 만일 이 텍스트를 복제할 수 없다면 행동의 표준화는 거의 불가능하고, 그로 인해 이들의 행동이 전국적 규모에서 어떻게 조직화되는지를 파악하기 어려울 것이다. 이처럼 텍스트의 복제 가능성은 시간, 장소, 사람과 무관하게 사회관계의 조직화, 즉 지배 관계를 만들어 낸다(스미스, 2014: 262-263). 따라서 제도적 문화기술지 연구자는 텍스트를 추적함으로써 해당 경험을 바로 그 경험으로 만든 지배 관계, 사회적 조직화를 추적할 수 있다.

그리고 텍스트의 이러한 특징으로 인해 우리는 우리의 일상이 일상 너머의 것들과 연결되어 있음을 알게 된다. 예를 들어, 수급 신청자는 자신의 금융정보제공을 위해 금융정보 등 제공 동의서 텍스트를 제출해야 하는데, 이 텍스트는 금융정보제공을 허용함으로써 우리를 우리의 일상 너머에 있는 은행, 보험회사, 증권사와 같은 조직에 연결해 준다. 그리고 텍스트의 복제 가능성은 이러한 연결을 특정 사람이나 지역에 국한하지 않고 같은 형태로 전국에 걸쳐 일어나게 한다. 이처럼 텍스트를 복제 가능한 물질로 바라보는 것은 우리의 삶이 얼마나 우리의 일상 너머의 것들과 연결되어 있는지, 그리고 그러한 모습이 표준화되어 재생산되고 있는지를 보여 준다.

이렇듯 제도적 문화기술지는 그동안 거의 주목받지 못했던 텍스트의 물질성과 복제 가능성을 강조하면서 텍스트가 사람들이 살아가는 세계를 설명할 수 있는 핵심 고리라는 점을 일깨워 준다. 그러나 제도적 문화기술지의 목표인 사회적 조직화를 그려 내기 위해서는 텍스트의 물질성 및 복제 가능성과 함께 텍스트의 또 다른 특성에 주목해야 한다. 텍스트의 '활동성'이 그것이다. 도로시 스미스는 '텍스트-독자 대화'라는 개념을 끌어와 텍스트가 우리의 일상에서 어떻게 활동하고 움직이고 사람들의 삶을 조정해 가는지를 보여 준다. 텍스트의 활성동에 대해 살펴보자.

2) 활동하는 것

(1) 텍스트의 '활동성'에 대한 기존 관점

우리는 흔히 텍스트를 비활동적인(inactive) 것으로 이해한다. 텍스트란 그 안에 무엇인가가 담겨 있기는 하지만, 움직이지 않고 그저 고정된 상태로 존재하는 것으로 이해한다. 도로시 스미스에 의하면, 사람들은 텍스트를 우리가 살아가는 공간 안에 현존하는 실체로 생각하지 않는다. 그래서 사람들은 우리가 다른 사람들과 무엇인가를 조정할 때 텍스트가 '활동한다는' 것을 인식하지 못한다 (스미스, 2014: 162). 일부 학문 영역에서 텍스트가 '활동적'인 것으로 다루어지기는 했다. 그러나 이때 말하는 텍스트의 활동성에는 한계가 있다. 텍스트의 활동성에 관한 기존의 연구는 크게 두 가지로 구분된다.

첫째, 텍스트가 사람들의 활동을 견인하기는 하지만, 사람들이 어떻게 텍스트에 연루되어 조정되는지는 알 수 없는 경우이다. 예를 들어, 건강가정기본법 제정 과정에서 전개된 사회복지계를 포함한 시민사회계 진영과 가정학계를 중심으로 한 건강가정 진영 간의 갈등 양상에서 이를 엿볼 수 있다(김인숙, 2007). 건강가정 진영에서 먼저 작성한 '건강가정육성기본법'이라는 텍스트가 공표되면서 이 텍스트의 내용을 둘러싸고 양 진영 간에 논쟁이 벌어졌다. 이 텍스트가 촉발한 논쟁은 두 진영에 속한 사람들의 다양한 활동을 발생시켰다. 성명서를 내고, 언론 투고를 하고, 국회의원실을 찾아가 국회의원을 설득하고, 지지를 위한 시민조직을 만들어 내는 등 다양한 활동이 일어났다.

이처럼 '건강가정육성기본법'이라는 텍스트는 양 진영에 속한 사람들의 활동들을 견인하고 발생시켰다. 그러나 이 연구에서는 사람들이 어떻게 이 텍스트에 연루되어 그들의 행위를 조정하는지 그 구체적인 디테일을 보여 주지는 못한다. 즉, 텍스트는 사람들의 활동을 발생시킬 뿐, 그 텍스트의 어떤 부분이 사람들의 행동을 어떻게 조정하는지는 보여 주지 못한다. 도로시 스미스는 이런 경우 텍스트가 활동한다는 점은 맞지만 여기서는 자칫 "사람들은 사라지고 텍스트가 연구의 초점이 되어 버릴 수 있다고 하였다"(스미스, 2014: 163).

둘째, 민속방법론에서 텍스트를 연구하는 경우로서, 여기서는 텍스트가 사람들을 어떻게 움직이게 하는지 텍스트의 활동성을 보여 준다. 예를 들어, 버스 정거장에서 버스 번호(텍스트)를 보고 사람들이 앞뒤로 움직이는 것은 텍스트가 사람들의 활동을 끌어내 그 움직임과 흐름을 만들어 내는 것이다. 사람들은 버스 번호가 무엇이냐에 따라 앞으로 가기도 하고 뒤로 뛰어가기도 하고 가만히 그 자리에서 기다리는 등 텍스트가 주는 메시지에 따라 자신들의 행동을 조정한다. 그러나 도로시 스미스는 이 경우 텍스트가 현실 속에서 사람들을 어떻게 움직이게 하는지를 보여 주기는 하나, 그 텍스트가 어떻게 지배 관계 혹은 일상 너머의 관계와 연결되어 있는지는 보여 주지 못한다고 비판한다(스미스, 2014: 164).

이처럼 일상 세계 속에서 텍스트는 활동하지 않는 것 혹은 활동한다 해도 제한적 범위 내에서 활동하는 것으로 인식되고 있다. 도로시 스미스는 현대사회에서 텍스트들이 편재하고 이들이 막강한 힘을 발휘하고 있음에도 불구하고 이들 텍스트의 영향력에 관심이 집중되지 못하고 있음에 주목한다. 그녀는 사람들의 삶이 텍스트에 둘러싸여 있고 텍스트에 의해 조정되고 조직화된다는 것에 이르게 되는데, 바로 이 지점을 제도적 문화기술지에 끌어온다. 그녀는 제도적 문화기술지에서 텍스트를 사람들의 일상 경험이 일상 너머의 제도적인 것에 의해 어떻게 조직화되고 지배되는가를 이해하기 위한 핵심적 영역으로 위치 짓는다.

(2) '텍스트-독자 대화'의 관점 끌어오기

① 텍스트가 활성화되면서 활동함

제도적 문화기술지에서 텍스트는 '활동하는(active)' 것이다. 그러나 제도적 문화기술지에서 텍스트는 앞에서 살펴본 바와 같은 단순히 '활동한다'는 것을 넘어선다. 제도적 문화기술지에서 텍스트는 더 적극적으로 무엇인가를 '발생'시키고 '조정'하면서 시간과 공간을 넘어 '확장'한다. 도로시 스미스는 기존의 텍스트의 활동성을 넘어 현실 속에서 더 적극적인 활동의 모습을 보기 위해 '텍스트-독자 대화(text-reader conversation)'라는 Bakhtin의 개념을 끌어왔다. 그녀는 현실 속에서 텍스트가 어떻게 활동하는지를 보기 위해서는 '텍스트-독자 대화'의 관점으로 텍스트를 바라보아야 함을 강조했다. 그러면 '텍스트-독자 대화'란 무엇이고 왜 중요할까?

'텍스트-독자 대화'란 쉽게 말하면 텍스트를 읽는 행위를 말한다. 예를 들어, 복지전담 공무원이 국민기초생활보장안내서 속의 소득인정액 기준을 읽는다면 바로 이 읽는 행위가 '텍스트-독자 대화'이다. 독자인 복지전담공무원이 텍스트인 국민기초생활보장안내서의 소득인정액 기준을 읽으면서 텍스트와 대화하는 것이다. 물론 이때 대화는 사람들 사이의 대화와는 달리 한쪽은 고정되어 있고 여러 번 읽어도 똑같이 남아 있는 대화이다(스미스, 2014: 168).

움직이지 않고 가만히 놓여 있는 텍스트에 '텍스트–독자 대화'를 끌어들이면 텍스트는 움직이고 활동한다. '텍스트–독자 대화' 과정에서 읽기의 과정을 좀 더 구체적으로 살펴보면 텍스트가 어떤 과정을 거쳐 활동하는지 알게 된다. 일단 독자가 텍스트를 읽게 되면 텍스트와 독자 간에 대화가 일어나는데, 이때 독자는 텍스트의 내부에 들어가게 되고 텍스트에 자신의 의식을 담게 된다. 독자는 우선 텍스트의 단어들과 조응하고 단어들에 대한 반응을 '활성화'한다. 이때 활성화한다는 것은 텍스트의 메시지를 일상 세계 혹은 일련의 행동에 끌어들이는 것을 의미한다. 이렇게 함으로써 독자는 텍스트를 실제 현실 안에 묶어 둔다. 그러면서 독자는 텍스트를 해석하고 텍스트에 응답하고 반응하게 되는데, 이로써 텍스트는 독자를 통해 활동하게 된다(스미스, 2014: 172-173).

예를 들어 보자.[1] 아동복지시설에 성범죄자 신상에 대한 문서가 접수된 경우, 그 문서(텍스트)는 어떻게 활성화되고 활동할까? 아동복지시설장은 성범죄자 텍스트를 읽는다. 인근에 성범죄자가 거주한다는 사실을 통보받은 아동복지시설장은 텍스트의 내용을 현실에 끌어와 시설에 거주하는 아이들이 피해자가 될 수 있다고 해석한다. 시설장은 아이들의 안전을 위해 호루라기가 필요하다고 생각해 구매 결정을 한다. 그런데 시설 예산에는 호루라기를 사기 위한 돈이 없다. 아동복지시설장은 호루라기 구매를 위한 예산을 확보하고자 구청에 문의한다. 시설장은 구청 직원과의 논의 과정에

---

1) 이 예는 제도적 문화기술지 수업시간에 아동복지시설장인 박사과정 학생(조민영, 2012)이 제출한 보고서의 내용을 '텍스트–독자 대화' 개념에 비추어 재기술한 것이다.

서 시설에 지급된 운영보조금의 예산을 조정하도록 요청받는다. 시설장은 예산조정과 관련된 양식에 그 필요성과 경과 등을 기록한다.

이러한 일련의 과정에서 우리는 성범죄자 신상 문서라는 텍스트가 시설장에게 호루라기를 사기 위한 일련의 행위들(일)을 '발생' 시켰고 나아가 관련 행위자들의 일을 조정하도록 만들었다는 점을 알 수 있다. 이는 단지 문서에 그치는 것으로 여겨지는 텍스트가 독자와 대화한다는 관점을 가지고 와서 바라보면 사람들과 텍스트 모두 활동하고 움직인다는 것을 보여 준다. 마치 성범죄 텍스트가 시설장을 통해 살아 움직이고 활동하는 모양과 같다. 여기서 텍스트는 그저 성범죄자를 공지하는 내용을 담고 있는 고정된 하나의 문서가 아니라, 사람들과 함께 움직이면서 활동하고 사람들의 활동을 조정하는 존재라는 점을 알 수 있다. 이때 사람은 텍스트의 행위자, 대행자가 된다.

이처럼 '텍스트-독자 대화'의 관점으로 보면, 사람이 사라지지 않으면서 텍스트가 활동하고 있는 것을 볼 수 있다. 오히려 아동복지시설장과 성범죄 신상 텍스트처럼, 텍스트와 사람이 함께 짝이 되어 움직이는 것을 볼 수 있다. 텍스트는 고정된 물질에 불과하지만, '텍스트-독자 대화' 관점을 끌어와서 보면 텍스트가 살아 움직이고 활동하는 것을 알 수 있다. 텍스트는 독자의 활성화를 통해 살아나서 활동한다.

따라서 제도적 문화기술지 연구자는 '텍스트-독자 대화'접근을 끌어들여 텍스트가 어떻게 사람들의 활동을 발생시키고 조정하는지에 유념하여 텍스트를 분석해야 한다. 제도적 문화기술지 연구자는 사람들이 텍스트를 읽고, 텍스트를 활성화하고, 텍스트의 행위자가 되고, 텍스트에 반응한다는 것, 그리고 이렇게 활성화된 텍스트가 이후의 행위의 시퀀스를 조직화한다는 것을 기억해야 한다.

② 텍스트는 무엇인가를 발생시키면서 활동함

앞에서 언급했듯이, 제도적 문화기술지에서 텍스트는 '활동한다'. 그런데 텍스트가 활동한다는 것을 좀 더 입체적으로 이해하려면 텍스트가 시공간 속에서 무엇인가를 '발생(occurence)'시킨다는 개념으로 접근해야 한다. 제도적 문화기술지에서 텍스트는 움직이지 않는 고정된 물체가 아니라 움직이면서 활동하고 무엇인가를 발생시키고, 일으키고, 텍스트를 읽는 독자(행위자)와 끊임없이 대화하는 존재이다. 텍스트는 사람들과 함께 모종의 활동을 적극적으로 발생시키는 매개체(mediator)이다. 텍스트를 이렇게 '발생'으로 접근하면 텍스트의 활동을 좀 더 입체적으로 관찰할 수 있고, 텍스트를 추상화해 분석해서는 안 된다는 점이 드러난다(Smith, 2006: 67-68).

텍스트가 무엇인가를 발생시킨다는 점을 보려면 앞에서 언급한 '텍스트-독자 대화'의 과정을 상세하게 관찰하면 된다. 우선 텍스트를 읽는 독자는 텍스트의 메시지를 실제 현실로 끌어온다. 이것이 바로 텍스트가 활성화되는 것이다. 이어 독자는 현실로 끌어온 텍스트를 해석하고 텍스트에 반응한다. 이 과정에서 독자는 텍스트에 설정된 지침이나 텍스트가 설정해 놓은 반응을 따라가게 되는데, 그러다 보면 독자는 텍스트에 의해 통제되고 나아가 텍스트의 행위자가 된다. 도로시 스미스에 의하면, 일단 독자가 텍스트를 활성화하면 텍스트의 행위자가 되는 것은 불가피하다(스미스, 2014: 172-173, 177).

앞의 성범죄자 신상 문서 텍스트의 경우, 텍스트를 읽은 시설장은 텍스트의 행위자가 되어 이런저런 일들을 발생시키고 있음을 알 수 있다. 시설장은 성범죄자 문서를 읽고(대화하고), 우선 그 문서의 메시지(성범죄자가 시설 인근에 있을 수 있다는 점)를 시설 아동들에게 끌어와 적용한다. 이것이 바로 독자가 텍스트를 '활성화'하는 것이다. 그러고 나서 이 문서의 메시지를 해석해 반응한다. 즉, 시설의 아이들이 성범죄자의 피해자가 될지도 모른다고 해석했고, 이후 구청에 호루라기 예산을 요청하는 등 발 빠르게 이에 반응했다. 즉, 텍스트는 시설장에게 호루라기 예산을 신청하고 구청 공무원의 일과 접촉하게 하는 등 시설장의 새로운 일을 '발생시켰다'.

이는 마치 시설장이 성범죄자 텍스트에 담겨 있는 메시지를 따라가면서 행동하는 모습처럼 보인다. 도로시 스미스는 이렇게 사람들이 텍스트의 메시지에 따라 움직이고 행동하는 것을 '텍스트의 행위자가 되었다'고 말한다. 아동복지시설장은 성범죄 텍스트의 행위자가 되었다. 그리고 시설장은 텍스트의 메시지(시설 아동들이 성범죄자의 피해자가 될 수 있다는 것)에 동의하는 방식으로 텍스트의 행위자가 되었다.

그러나 이 경우 텍스트를 읽는 사람이 텍스트 안의 단어나 메시지에 동의만 하는 것은 아니다. 어떤 경우에는 텍스트에 담겨 있는 메시지에 저항하고 부인하고 반대하고 거절하기도 한다(스미스, 2014: 177). 예를 들어, 시설장은 성범죄자 텍스트를 읽고 쓸데없는 것을 정부가 보내서 일만 만들었다고 해석하여 다른 시설장들에게 이를 전달하고 정부의 행위에 집단 항의 의사를 표현할 수도 있다.

(3) '제도적 텍스트−독자 대화'

① 주체와 실제가 제도적 텍스트에 포섭됨

그러나 독자가 '텍스트−독자 대화'로 접근한다고 하여 모든 텍스트가 활성화되고 주체와 실제가 보이는 것은 아니다. '텍스트−독자 대화'로 접근해도 주체와 실제가 보이지 않을 수 있다. 이런 일은 주로 독자가 '제도적 텍스트'를 읽을 때 일어난다. '제도적 텍스트−독자 대화'는 사람들이 한 실제의 생생한 경험을 옆으로 제쳐 놓게 하고 사람들을 사라지게 만드는데, 이것은 제도적 텍스트가 갖는 고유한 속성 때문이다(스미스, 2014: 182-183).

제도적 텍스트는 흔히 행동이 명사화되어 표현되거나 제도적 범주를 사용한다. 예를 들어, 여성 노숙인 쉼터의 '입소동의서' 텍스트에는 다음과 같은 구절이 있다. "여성 노숙인에게 정기적인 상담과 일상적인 생활상담을 통해 사회 복귀에 필요한 치료, 재활 및 직업훈련 등을 지원하며, 이를 통하여 쉼터 퇴소 후에 독립적인 생활을 할 수 있도록 지원합니다." 이 제도적 텍스트에는 치료, 재활, 직업훈련, 사회 복귀, 독립적 생활과 같은 제도적 용어들이 명사 형태로, 여성 노숙인이라는 제도적 범주로 표현되고 있다. 그러나 이들 사회서비스를 누가 제공하는지 어떻게 제공하는지는 나타나 있지 않다. 쉼터 직원이 제공하는 것인지 해당 분야의 전문가가 와서 직접 제공하는 것인지, 노숙 여성이 해당 분야의 전문가를 찾아가는 것인지가 불분명하다.

또 이 제도적 텍스트를 읽는 노숙 여성은 자신이 쉼터에서 각종 서비스를 받은 다음에는 '사회 복귀'를 해서 '독립적인 생활'을 해야 한다고 생각할 것이다. 그러나 그녀는 '사회 복귀' '독립적인 생활'이라는 제도적 용어가 과연 구체적으로 어떤 상태인지 알 수 없다. 여성 노숙인이라는 제도적 범주 또한 구체적으로 어떤 여성들을 지칭하는지 알 수 없다. 이처럼 제도적 텍스트는 사람들을 범주로 만나기 때문에 주체가 보이지 않고, 모호한 명사 형태로 표현되기 때문에 그것이 무엇을 지칭하는지 알 수 없다.

쉼터에서 2년을 지낸 어떤 노숙 여성이 쉼터의 서비스들을 통해 음식점에 취직해 돈을 벌고 있다고 하자.[2] 그녀는 고질적인 알코올 중독의 문제가 있다. 그래서 가끔 쉼터에서 소란을 피우고 다른 노숙 여성과 싸우기도 한다. 그러나 이 노숙 여성은 퇴소하고 싶지 않고 쉼터의 다른 여성들과 함께 살아가고 싶다. 쉼터의 복지사는 '입소동의서' 텍스트와 퇴소에 관한 다른 텍스트를 근거로 그녀가 취직해 돈을 벌기 때문에 사회에 복귀했고 독립적인 생활을 할 수 있다고 판단해 퇴소를 결정한다. 텍스트들이 복지사의 결정을 발생시켰지만, 그 결정은 노숙 여성의 관점과 삶의 경험들은 고려되지 않은 채 이루어진 것이다. 즉, 이 노숙 여성의 실제 경험은 '사회복귀'와 '독립생활'이라는 제도적 용어에 포섭되었다. 이처럼 '제도적 텍스트-독자 대화'는 사람들의 실제 경험과 관점을 제도적 용어나 범주에 포섭해 버림으로써 사람들은 물론이고 사람들의 실제 경험을 볼 수 없게 한다.

또 다른 예로 앞에서 언급한 복지공무원이 국민기초생활보장안내서의 소득인정액기준이라는 텍스트를 읽는 '제도적 텍스트-독자 대화'도 마찬가지다. 복지공무원은 소득인정액기준 텍스트를

---

2) 이 노숙인 사례는 제도적 문화기술지 수업시간에 김진미(2014)가 제출한 보고서를 참조하여 재구성해 기술한 것이다.

읽으면서 어제 자신이 상담한 일용직 수급 신청자를 떠올린다. 그리고 이 텍스트를 어제의 일용직 신청자의 상담 상황에 끌어들여 활성화한다. 그는 소득인정액기준을 일용직 수급 신청자의 상황에 적용해 보고 과연 수급 신청을 할 수 있을지를 이리저리 가늠해 본다. 그 일용직 수급 신청자는 부인과 자녀가 교통사고를 크게 당해 병원에 있어서 도움이 필요하고, 국세청 자료에 나타난 자신의 소득이 실제 소득보다 상향되어 나왔다고 어제 복지공무원에게 말한 바 있다. 복지공무원은 그의 이러한 주장에도 불구하고 안내서에 있는 소득인정액기준을 적용하여 '수급 탈락'을 결정짓는다.

이때 소득인정액기준이라는 제도적 텍스트는 복지공무원에게 수급 탈락이라는 결정을 내리는 행위를 발생시켰다. 이 결정 과정에서 수급 신청자의 실제 경험들은 소득인정액기준이라는 제도적 텍스트에 포섭되어 보이지 않는다. 즉, 일용직 수급 신청자의 구체적 경험과 상황은 제쳐지고 수치로 표시된 소득인정액기준이라는 텍스트에 포섭되었다. 이로써 복지공무원은 이 제도적 텍스트의 행위자가 되었다. 이때 복지공무원이 텍스트의 행위자가 된다는 것은 복지공무원이 소득인정액기준 텍스트를 해석하여 이에 응답하고 반응하는 것을 말한다.

여기서 한발 더 나아가 생각해 볼 수 있는 것은 제도적 텍스트에 들어 있는 제도적 담론의 역할이다. 노숙인 쉼터의 '입소동의서'라는 제도적 텍스트에는 사회복지의 대상자들은 사회에 복귀하여 독립적인 생활을 해야 한다는 '제도적 담론'이 들어 있다. '사회 복귀'와 '독립'이라는 두 이념, 즉 제도적 담론은 여성 노숙인이 쉼터에 입소하는 '입소동의서'에도 작동하고 있다. 이 담론들은 여성 노숙인들의 입소에서부터 서비스의 최종 종결 시점에 이르기까지 이들의 삶에 작동한다.

이처럼 제도적 텍스트에는 제도적 담론이 들어 있어서 제도적 텍스트를 읽는 독자는 제도적 담론에 포섭되기 쉽다. 어떤 복지사가 여성 노숙인의 구체적 삶과 행태를 '사회 복귀'와 '독립'이라는 관점에서만 바라보면서 노숙인들의 구체적 삶의 경험들을 제쳐 버리고 판단한다면, 그 복지사는 제도적 담론에 포섭된 것이고 나아가 그 담론에 반응함으로써 제도적 담론의 행위자가 되는 것이다. 이렇게 독자가 제도적 텍스트의 행위자로 작동되면, 그는 현실 속 사람들의 관점을 알 수 없게 된다. 현실 속 사람들의 경험은 제도에 포섭되거나 옆으로 제쳐진다(스미스, 2014: 188). 도로시 스미스는 텍스트의 이러한 경향에 대해 "사람들의 실제 경험은 텍스트의 입장(standpoint of text)에 종속된다."(Smith, 1990: 71)라고 표현하였다.

② 제도적 텍스트의 포섭에서 벗어나기

제도적 문화기술지의 핵심은 주체를 살려 실제를 보여 주고, 그 실제들을 연결하여 누군가의 경험이 어떻게 조직화되는지를 보여 주는 데 있다. 그러나 우리가 제도적 텍스트를 읽을 때 텍스트의 행위자가 되면 주체와 실제가 모두 보이지 않게 된다. 실제 사람들의 경험은 이들 제도적 텍스트, 제도적 담론에 포섭되거나 제쳐진다. 따라서 제도적 문화기술지 연구자에게 중요한 것은 주체와 실제를 보지 못하게 만드는 제도적 텍스트, 제도적 담론에 포섭되지 않는 것이다. 제도적 텍스트, 제도적 담론에 포섭되지 않기 위해 우리는 어떻게 해야 할까?

도로시 스미스는 Janet Giltrow(1998)의 연구를 빌려, 연구자가 제도적 텍스트에 포섭되는 함정에 빠지지 않기 위해서는 제도적 텍스트에 대해 '풀기(unpacking)' 작업을 해야 함을 강조한다. '풀기' 란 제도적 텍스트에서 항용 사용되는 명사화나 제도적 범주가 주체/행위자의 존재를 은폐하기 때문에 이 명사들을 활동적인 동사의 형태로 풀어내는 것을 말한다(스미스, 2014: 178-179). 예를 들어, 앞서 입소동의서에 있는 '사회 복귀'는 '노숙인이 노숙인 시설에서 지역사회로 돌아가 산다'처럼 풀어서 사용하는 것이다.

그러나 도로시 스미스에 의하면, 이 명사화가 풀릴 때도 행위자가 반드시 같은 사람이 아닌 경우도 많다. 예를 들어, 앞의 입소동의서에 기술되어 있는 "정기적인 상담과 일상적인 생활상담을 통해 사회 복귀에 필요한 치료, 재활 및 직업훈련 등을 지원하며"를 살펴보자. 여기서 정기상담, 생활상담, 치료, 재활 및 직업훈련의 지원 주체가 누구인지가 모호하다. 정기적 상담은 외부 가족치료사가 하고 생활상담은 쉼터의 직원이 할 수도 있고, 치료와 재활은 재활치료사가 하지만 직업훈련은 쉼터의 직원이 할 수도 있다. 이렇게 되면 이 제도적 텍스트의 제도적 범주들의 구체적 주체는 같은 사람이 아니게 된다.

이처럼 제도적 텍스트를 읽는 독자는 명사 형태만이 아니라, 사건이나 사람을 범주로 만남으로써 주어진 텍스트에서 그것이 무엇을 지칭하는지 알 수 없다. 엄격히 보면, 그것은 아무런 설명도 해 주지 않는다. 그러나 마치 설명해 주는 것처럼 보인다(스미스, 2014: 180-181). 제도적 텍스트는 사람들의 생생한 경험을 포섭함으로써 제도적 문화기술지 연구자를 제도적 텍스트와 제도적 담론에 포섭되게 만든다. 따라서 제도적 문화기술지 연구자가 이들 제도적 텍스트와 담론에 포섭되지 않기 위해서는 제도적 텍스트와 담론을 주체/행위자, 동사 형태의 활동들로 '풀기'를 해야 한다.

도로시 스미스가 제시한 흥미로운 예를 살펴보자(스미스, 2014: 186-188). 여기서 스미스는 경찰이 어떤 젊은이를 체포하는 것을 본 목격자의 진술과, 이에 대한 경찰의 보고서가 어떻게 다른지를 보여 준다. 첫 번째 텍스트는 경찰의 부적절한 행동을 고발하는 목격자의 진술서다.

> 불을 막 붙인 담배를 입에 문 젊은 경찰이 갑자기 이 젊은이를 붙잡아서 거칠게 확 돌리고 순찰차에 밀어붙여 꼼짝 못 하게 하고는, 뭔가를 찾으려는 듯 그를 잡아채서 옷을 벗기고 주머니를 뒤졌다. 경찰은 단 한 마디도 그 행위에 관해 설명하지 않았다. 그리고 그는 가라고 소리치면서 젊은이를 거칠게 거리 쪽으로 밀어 버렸다(스미스, 2014: 186).

다음은 이 사건에 대한 경찰의 보고서이다.

> 사건은 몸을 수색당하고 바로 풀려난 것으로 보이는 젊은이에 관한 것이다. 사실 이 사람은 체포되어 미성년자 알코올 소지 혐의로 기소되었다. 그는 유죄를 인정했고 법원은 판결을 보류했다. 이 젊은이는 이후 대소동으로 이어진 그 사건에 연루된 사람 중 하나였다(스미스, 2014: 186).

이 경찰보고서와 앞의 목격자 진술서를 비교해 보면, 목격자가 기술한 세부사항들이 경찰의 보고서에서는 제도적인 것들로 대체되었음을 알 수 있다. 경찰보고서에서는 목격자의 이야기가 수색, 체포, 알코올 소지 미성년자, 유죄, 법원, 판결과 같은 제도적 범주와 용어들로 바뀌었고 이야기는 전혀 다른 뉘앙스와 차이를 보인다. 경찰보고서는 젊은이를 체포의 제도적 절차에 맞게 '몸수색'했다고 재구성함으로써 그 젊은이를 청소년 범죄자, 알코올 소지 미성년자로 만들었다.

이렇게 제도적 범주를 사용하게 되면 목격자가 제시한 바의 현실에서 일어난 사건의 실체는 사라져 버리고 제도적 범주를 가리키는 용어만 남는다. 독자가 제도적 텍스트에 '포섭'된다는 것은 독자가 경찰보고서와 같은 제도적 텍스트를 읽을 때 경찰보고서의 내용을 활성화하고 그 사건과 제도들이 적합하다고 생각하는 것을 말한다. 그 결과 어떤 젊은이가 길을 걸어가다가 경찰에 의해 저지당하고 몸수색을 당했다는 목격자의 진술은 경찰보고서의 제도적 텍스트에 의해 사라져 버리게 된다.

제도적 문화기술지 연구자가 제도적 텍스트를 읽을 때 따라올 수 있는 이와 같은 함정을 피하려면 제도적 텍스트의 행위자들이 제도적 담론에 포섭되어 '실제'와 '주체'(행위자)를 보지 못할 수 있다는 점을 늘 기억해야 한다. 나아가 제도적 문화기술지 연구자는 제도적 텍스트와 담론의 이러한 특성을 이해하고 '풀기' 작업을 해서 현실과 제도적 텍스트 사이의 '간극(gap)'을 채움으로써 실제가 드러날 수 있도록 해야 한다. 그래야 제도적 텍스트가 어떤 방식으로 조정 활동을 하는지 놓치지 않는다.

만일 그렇게 하지 않으면, 연구자는 사람들의 경험의 '실제'의 조정을 보는 것이 아니라, 제도적 텍스트와 그 안에 들어 있는 담론의 작동만을 보게 된다. 일반적으로 제도적 텍스트는 그 안에 개념을 설정하는데, 연구자가 제도적 텍스트에 포섭되게 되면 그 개념의 이념적 작동만을 보게 된다. 이것은 제도적 문화기술지가 아니다. 제도적 문화기술지는 이러한 이념적 작동을 '주체'의 입장에서, '실제'에 입각해 보여 주어야 한다.

예를 들어 보자. 국민기초생활보장사업안내에는 "부양의무자에 대한 생활실태 조사 시, 특히 기타 질병·교육·가구 특성으로 부양 능력이 없는 경우에 대해서는 부양의무자가 자료를 입증하는 경우에만 이를 감안해 능력을 판정한다."(보건복지부, 2018: 196)라고 되어 있다. 이는 '입증주의'로 불린다. 만일 이 안내서를 읽는 복지공무원이 수급 신청은 신청자가 모든 자료를 입증해야 한다고 말한다면, 제도적 문화기술지 연구자는 복지공무원의 말을 그대로 받아들여서는 안 된다. 입증주의라는 담론이 복지공무원에게 어떤 일들을 발생시키는지 그리고 수급 신청자들에게 어떤 일들을 만들어 내는지 그 '실제'를 파고들어야 한다. 그래야 입증주의라는 제도적 담론에 포섭된 복지공무원의 말을 그대로 받아들임으로써 연구자가 제도적 담론에 포섭되는 것을 피할 수 있다.

또 다른 예를 들어 보면, 남편의 소득이 과대평가되어 수급에서 탈락할 위기에 있는 여성의 경우, 입증주의는 이 여성이 스스로 소득의 과대평가를 입증해야 수급자가 될 수 있다는 것이다. 이때 제도적 문화기술지 연구자는 '입증주의'라는 담론을 당연시해서는 안 되고, 기초수급 신청자의 입장에 서서 이로 인해 발생하는 실제의 일들이 무엇인지 파악해야 한다. 사업주에게 말해 그를 설득하고, 사업주가 국세청 자료의 오류를 수정해 달라고 간청하고, 국세청 직원들의 퉁명한 태도도 참아 넘기고, 이 문제가 해결되기까지 긴 시간을 허비해야 하는 사이 수급 신청 기간이 지나 버리는 일과 같은 입증의 구체적 전모의 '실제'를 파악해야 한다. 이를 통해 연구자는 입증주의가 수급 신청자들을 공적 자료로 입증하는 일로 내몬다는 것, 그 결과 수급 신청자들의 수급 탈락을 조장하는 기제로 작동한다는 것을 보여 줄 수 있어야 한다.

2. 텍스트는 어떻게 활동하는가

그렇다면 텍스트는 어떻게 활동할까? 이 글을 쓰는 순간에도 우리의 일상에서는 다양한 텍스트의 활동이 이루어지고 있다. 이 텍스트들의 작동을 체계화한다면 그것은 해당 영역에 관한 또 하나의 지식이 된다. 예를 들면, 사회복지와 같은 특정 제도적 세팅에서 이루어지는 텍스트들의 활동을 체계화할 수 있다면 그것 자체만으로도 복지 분야에 관한 하나의 지식체계를 생산할 수 있을 것이다. 제도적 문화기술지는 이런 점에서 하나의 연구방법이기도 하지만, 사회에 관한 하나의 독특한 사회학(도로시 스미스는 이를 '사람을 위한 사회학'으로 불렀다)을 형성한다.

'텍스트는 어떻게 활동하는가?'라는 질문을 던지는 것은 수많은 제도적 세팅에서 일어나는 텍스트들의 수많은 행위를 이해하기 위해서이다. 텍스트는 제도적 문화기술지에서 조직화를 탐색할 수 있는 가장 중요한 영역이다. 텍스트의 작동에 대한 이해 없이 제도적 문화기술지 연구를 할 수는 없다. 그러므로 제도적 문화기술지 연구자는 아래에 언급되는 텍스트의 활동방식들을 숙지할 필요가 있다. 그래야 자신이 연구하는 영역에서 텍스트가 어떻게 활동하는지를 분석할 수 있게 된다. 이런 점에서 텍스트의 작동원리는 제도적 문화기술지 자료를 분석할 때 하나의 도구로 사용될 수 있다.

제도적 문화기술지 연구자가 텍스트의 활동을 상세하게 이해하기 위해서는 다음과 같은 텍스트의 속성에 대해 이해해야 한다. 텍스트는 첫째, 사람들의 일 혹은 일 과정을 조정하고, 둘째, 일상과 지배 관계 사이를 매개하며, 셋째, 파워를 만들어 내고 조직화하며 이를 통해 제도적 체제에 이념적 기능을 행사한다는 점이다. 따라서 제도적 문화기술지 연구자는 자신이 연구하는 제도적 세팅에서 텍스트가 일을 어떻게 조정하는지, 일상과 지배 관계 사이를 어떻게 매개하는지, 어떻게 파워를 만들어 내고 행사하는지 그리고 어떠한 이념적 기능을 행사하는지 추적해야 한다. 이들에 대해 좀 더 자세하게 살펴보자.

1) 텍스트는 사람들의 '일'을 조정한다

(1) 텍스트는 사람들의 일과 결합하여 행위의 시퀀스를 조정한다

앞에서 언급했듯이, 텍스트는 사람들을 텍스트의 행위자가 되게 함으로써 활동한다. 제도적 문화기술지에서 텍스트는 스스로 활동하지 않는다. 텍스트는 사람들 없이 단독으로가 아니라, 사람들의 '일'과 결합하여 움직인다. 텍스트는 일과 분리될 수 없다. 텍스트는 사람들의 활동 안으로 진입하고, 사람들의 활동을 조정한다. 따라서 텍스트 자체가 사람들의 행위이다(스미스, 2014: 269).

예를 들어, 보육 시설에 설치된 CCTV 텍스트는 원래의 설치 목적(아동학대 예방)과는 달리 다른 방향으로 작동한다. CCTV 자체는 하나의 전자물질에 불과하지만, 이 텍스트는 텍스트 단독으로가 아니라 보육교사들과 결합하여 그들의 일을 조정한다. 이은영(2019)은 보육교사의 일에 관한 제도적 문화기술지 연구를 위한 초기 문제틀 탐색 과정에서 보육 시설에 CCTV를 설치함으로써 보육교사들의 일이 어떻게 조정되고 변화되었는지에 대해 다음과 같이 묘사하고 있다. "이제 보육 현장에는 이전과 다르게 보육교사와 아이들 간에 이루어지던 '피부접촉'이 눈에 띄게 '줄었고' 아침마다 나누던 포옹과 뽀뽀 인사도 이제는 '사라졌다'. 아이들에 대한 보육은 이제 법적으로 정해진, 문제가 되지 않을 만큼 최소한의 것으로, 그리고 아이들과의 친밀한 접촉보다는 적당한 거리를 두고, 적어도 자기방어가 될 수 있는 수준에서만 이루어진다".[3]

이처럼 텍스트는 사람들의 일과 결합하면서 사람들의 일을 조정한다. 즉, 텍스트는 사람들의 일 과정에 개입해 '일'을 조정하면서 활동한다. 여기서 조정이란 텍스트가 어떻게 행위로 이어져 텍스트와 행위가 결합되는가 하는 것이다. 이때 일과 텍스트는 상황 여하에 따라 다양한 방식의 관계를 형성해 간다. 텍스트가 일을 통제하고 무시하고 동원하기도 하지만, 또 어떤 경우에는 일이 텍스트가 행사하는 힘을 완충하고 대항하는 등 무수히 많은 결합 형태가 존재한다. 어쨌든 텍스트는 일과 결합하여 무수히 다양한 제도적 실재를 만들어 낸다.

텍스트와 일의 결합과 그 작동을 좀 더 구체적으로 볼 수 있는 예를 들어 보자. 다음의 예는 사회복지전담공무원을 인터뷰한 내용의 일부이다.[4] 여기에는 기초수급에서 탈락한 할머니에게 일어난 사건들에 대해 복지공무원이 어떻게 반응하고 대응하는지, 그리고 이 과정에서 복지공무원의 일과 텍스트가 어떻게 상호 작동하는지가 묘사되어 있다.

"……할머니 케이스에서. 대화를 해 보니까 2007년에 수급자 되었는

---

3) 이 글은 이은영(2017)이 제도적 문화기술지 수업시간에 제출한 보고서의 일부이다.
4) 이 글은 조윤령(2011)이 제도적 문화기술지 수업시간에 제출한 보고서의 일부이다.

데 2009년에 수급자가 잘렸어. 내가 자르지 말라고 했거든. 아들이 부양비가 부과됐대. 아들이 제주도에서 150 정도는 버는데 잘려야 된다는 거야. 자르지 말라고 했는데 잘랐어. 안 돼요! 그러면서 담당자가 자르더라구. 할머니가 자기 배 13군데를 찔렀잖아. 그런데 내가 느낌이 이상했어. 할머니가 나한테 끈을 붙들고 싶었어. 자기 얘기 들어 주는 게 나였어. 지난 2년 동안 돈 나올 때 가장 행복했대. 돈도 나오고 20만 원씩. 병원도 갈 수 있고. 그전에 남편이 계속 바람을 피고 그 내연녀를 죽였대. 칼부림이 나서 그걸 알게 된 거야. 남편이 감옥에 가면서 집안은 자식들 흩어지고. 그 담에 원미동에서 혼자 살면서 월세 10만 원에 살면서 수급자가 된 거야. 그전에는 남편하고 자식이 있어서 안 된 거야. 그러다가 자식이 제주도에서 돈 번다고. 그게 무슨. 할머니가 그릇도 버리고 뭐도 버리고요 이러는데 느낌이 이상해서 도우미들한테 거기 최 할머니댁 가 봐 봐 이랬더니 피가. 배 찔러가지고. 그때도 그래갖고 대성병원에 전화해서 그런데 원무과장이 수급자도 아니고 자기가 상해 입힌 건 안 된대. 그래서 담당애를 잡았지. 너 이거 할머니가 자기 배를 찔렀는데 이거 신문에 내면 어떻게 되겠니 당장 의료비 지원하라 그랬어. 대성병원에는 또 내가 원미동 팀장인데 책임질 테니까 수술해라 얘기해서 하고. 돈도 지원받고. 담당자가 나중에 나한테 죄송하다고 하면서 그 아들이 3개월 전에 짤렸대. 그거 조금만 조사 더 잘했으면 수급 안 짤라도 되고 할머니 배 안 찔러도 되는 거야." (조윤령, 수업보고서, 2011)

이 인터뷰에는 할머니와 복지공무원 2명(담당, 팀장), 할머니 아들, 기초수급 및 이와 관련된 몇 가지 제도적 장치가 등장한다. 여기서 제도적 장치는 할머니가 수급 탈락되었다든가, 아들에게 부양비가 부과되었다든가, 의료지원 조건이나 소득조사를 말한다. 그런데 이들은 모두 텍스트 명칭만 없었지 텍스트에 근거한 것들이다. 그리고 이들 텍스트에 대해 팀장은 매우 적극적으로 텍스트

를 무시하거나 텍스트에 대항하고 있어서 텍스트가 행사하는 통제
적 역할을 완충하고 있다. 즉, 행위자(복지공무원)의 '일'이 텍스트
가 미칠 수 있는 부정적 영향을 완충하고 있다. 텍스트는 현실에서
부정적, 긍정적인 양 측면의 효과를 발휘하는데, 이 경우에는 텍스
트가 발휘하는 부정적 효과를 행위자(팀장)의 일이 조절하고 완충
하는 것이다.

이 과정에서 행위자인 팀장의 일은 늘 텍스트를 향하고 있다. 도
로시 스미스에 의하면, 일은 텍스트를 지향하고, 텍스트에 기반하
며, 텍스트를 생산한다(스미스, 2014: 282-283). 팀장의 일은 텍스트
가 부과하는 것뿐 아니라, 그녀가 원하는 방식으로 제도의 안과 밖
을 넘나들며 구성되었다. 이처럼 제도적 문화기술지에서는 사람
들이 텍스트를 어떻게 이용하는지 또 어떻게 반응하는지 이해하는
것이 중요하다. 왜냐하면 텍스트는 사람들이 논의하는 이슈가 어
떻게 틀 지워지는지를 이해할 수 있게 해 주기 때문이다. 일반적으
로 사람들은 텍스트를 그들 일상의 일 과정에 끌어올 수 있는 자원
으로 사용한다(Bisaillon & Rankin, 2013).

(2) 분석을 위한 개념적 도구: 일-텍스트-일, 텍스트-일-텍스트

텍스트가 사람들과 결합하여 움직인다는 아이디어는 제도적
문화기술지 연구자에게 분석을 위한 하나의 개념적 도구를 제공
한다. 제도적 문화기술지에서는 이것을 텍스트가 '일-텍스트-
일(work-text-work)' '텍스트-일-텍스트 시퀀스(text-work-text
sequences)'를 취하면서 조정한다고 말한다. 만일 우리가 텍스트와
일이 결합한다는 사실을 모른 채 자료를 분석해 간다면, 텍스트가

사람들의 일을 조정하는지, 조정한다면 어떻게 조정하는지 알 수 없다.

따라서 제도적 문화기술지 연구자는 텍스트-일-텍스트, 혹은 일-텍스트-일 이라는 개념을 분석의 도구로 사용할 수 있다. 연구자는 일이 텍스트와 결합하고 텍스트가 일과 결합하는 것, 텍스트는 항상 누군가의 일부이며 일 안에서 일어난다는 것을 기억해야 한다. 왜냐하면 텍스트는 행위 주체를 구성하고 규제하며, 또 항상 누군가의 일 안에서, 일의 일부로 일어나기(occurs) 때문이다(스미스, 2014: 290).

앞의 복지공무원 인터뷰에서 볼 수 있는 것처럼, 텍스트와 일의 결합으로 자료를 바라보면 텍스트와 사람 양쪽 모두 적극적으로 행동하는 능동적 주체임을 알 수 있다. 팀장 복지공무원의 행동은 부양의무자 기준이나 소득인정액 기준과 같은 텍스트를 향하고 있고 이들 텍스트에 맞선다. 여기서 우리는 복지공무원과 텍스트들이 각각 행동하는 능동적 주체임을 볼 수 있다. 사람도 행동하고 텍스트도 행동하는 것이다. 이처럼 텍스트와 일의 결합이라는 아이디어는 우리에게 사람들의 경험이 수동적이라는 생각에서 벗어나게 하고, 텍스트를 활동하고 있는 것으로 볼 수 있게 한다. 이렇게 봄으로써 우리는 제도적 질서를 탐구하고 설명할 수 있게 된다. 또 사람들의 일상적 삶에 존재하는 제도적 관계들도 볼 수 있게 한다(스미스, 2014: 267-268). 이런 점에서 제도적 문화기술지는 세상을 다른 방식, 즉, 일과 텍스트의 관계로 보여 주는 새로운 렌즈이다.

더 나아가 이렇게 텍스트와 일의 결합이라는 개념을 사용하면 상징성만 가지고 있어서 우리가 제대로 알 수 없는, 지배적 힘을 발휘하는 사람들의 삶의 구체적 모습을 볼 수 있게 된다. 텍스트와 일이 교차하고 작동되는 양상은 제도적 세팅에 따라 매우 다양하므로 지배적 모습 또한 다양하다.

예를 들어, 가정폭력 피해 여성을 위한 사법적 과정에서 텍스트들이 순차적으로 진행되면서 텍스트 자체가 변형되어 결국 가정폭력 피해 여성에게 불리한 결과를 가져오게 한다든가(Pence, 1996), 텍스트의 요구사항이 요양보호사의 일로 전환되어 요양보호사들의 본연의 일인 인간적 접촉과 돌봄을 제공하지 못하게 함으로써 텍스트가 이들을 제도적 체제에 종속하게 된다든가(Diamond, 1992) 등 무수히 많은 결합방식 및 작동방식을 찾아낼 수 있다.

이처럼 제도적 문화기술지는 텍스트가 사람들의 행위과정 속에 들어와 사람들의 행위를 조정하는 것으로 인식한다(스미스, 2014: 165). 그런데 '조정'에 초점을 두는 이러한 접근방식은 사람들이 가진 생각이나 관념들이 보여 주지 못하는 활동성, 움직임을 우리에게 보여 준다. 그 결과 우리는 개념을 사용해 사회를 설명하려는 방식에서 벗어날 수 있게 된다. 제도적 문화기술지가 찾으려는 '사회'는 사람들의 활동이 다른 사람들의 활동과 '조정'되면서 형성된다. 따라서 제도적 문화기술지가 초점으로 삼는 것은 사람들이 어떻게 행위들을 '조정'하는가이다.

텍스트에 대한 이러한 접근방법은 기존의 연구방법들이 텍스트와 일을 독립적인 것으로 보고 접근한 것과는 대조된다. 텍스트와 일의 결합은 기존 연구방법들의 한계를 뛰어넘어 현실의 복잡성을 통찰한 것이자 동시에 이 복잡성을 그려 낼 수 있는 개념적 도구를 제공한 것으로 볼 수 있다. 따라서 제도적 문화기술지 연구자는 일 지식과 텍스트가 어떤 관계로 맞물려 가면서 작동하는지를 찾아야 한다.

정리하자면, 텍스트는 사람들의 일과 분리될 수 없으며, 텍스트의 조정행위는 사람들의 일상을 제도 안으로 끌어들인다. 텍스트는 사람들의 활동의 조정자 역할을 한다. 텍스트가 단독으로가 아니라 일상의 행위자들과 함께 움직인다는 점, 그리고 이 과정에서 텍스트가 사람들의 활동, 일을 다양한 방식으로 조정하고 있음을 인식하는 것이야말로 제도적 문화기술지 연구에서 필수적이다. 그렇다고 제도적 문화기술지에서 텍스트 자체를 연구의 일차적 대상으로 봐서는 안 된다. 연구의 일차적 대상은 사람들이 텍스트를 갖고 무엇을 하는가, 텍스트가 사람들의 행동들을 규제하는 데 어떻게 진입하는가가 되어야 한다(Adams, 2009: 194).

2) 텍스트는 일상과 지배 관계 사이를 매개한다

(1) 텍스트는 지배 관계의 토대이다

제도적 문화기술지의 목적은 누군가의 경험을 바로 그 경험으로 만드는 조직화, 지배 관계를 보여 주는 데 있다. 즉, 일상 세계 사람들의 경험이라는 경계를 넘어 확장된 사회적 조직화, 지배 관계를 추적하고 그려 내고자 한다. 제도적 문화기술지는 이러한 지배 관계를 현대사회의 새로운 사회적 조직화 양상으로 본다. 그러나 우리가 우리 삶의 시간과 공간 속에 깊이 침투해 있는 지배 관계를 보기는 쉽지 않다. 제도적 문화기술지는 우리의 일상이 어떻게 제도에 의해 지배되고 있는가를 드러내 보여 준다.

앞에서 살펴본 바처럼 텍스트와 일의 결합이라는 아이디어는 사람들의 활동이 어떻게 조정되는지를 보여 주는 개념적 도구이다.

그뿐 아니라, 텍스트와 일의 결합은 '지배 관계'를 보기 위한 개념적 분석 도구이기도 하다. 이때 텍스트는 일상과 지배 관계 사이를 연결하는 매개가 된다. 이렇게 제도적 문화기술지에서 텍스트는 지배 관계의 토대이다. 그러면 텍스트는 어떻게 지배 관계의 토대가 될까?

텍스트가 지배 관계의 토대가 될 수 있는 것은 텍스트의 복제 가능성과 항구성 때문이다. 이 복제 가능성과 항구성 때문에 텍스트는 시간과 공간을 넘어 사람들과 함께 활동하고 무엇인가를 발생시키고, 텍스트 간의 상호교차를 통해 사람들의 행동을 조정한다. 텍스트는 복제될 수 있고 항구적이기 때문에 광범위한 영역과 지역에서 사람들의 행위를 일반화하고 표준화한다. 특히 텍스트의 항구성은 다양한 로칼의 장들을 아울러 사람들의 일을 표준화하는 데 핵심적 역할을 한다. 누가 그 텍스트를 읽든지 간에 표준화된 어휘, 주체-객체의 구조, 실체, 주체들, 그리고 주체들 간의 상호관계 등을 보여 주기 때문이다(스미스, 2014: 172).

따라서 제도적 문화기술지 연구자가 지배 관계를 탐구하려면 같은 텍스트가 적용되는 여러 상황을 인터뷰 대상으로 정하여, 각 영역 혹은 지역에서 그 텍스트가 어떻게 해석되고 적용되며 일을 조정하는지 살펴야 한다. 또 각 지역에서 해당 텍스트가 어떤 역할을 하는지 검토하면서, 그 텍스트가 어떤 일을 어떻게 표준화하고 있는지에 주목해야 한다. 텍스트가 지배 관계의 토대가 되는 것은 이러한 여러 영역과 지역에서 사람들의 일을 조정하는 방식을 통해서 이루어진다. 이런 점에서 텍스트는 관찰의 대상으로 한정하기보다 '문제틀'(5장 참조)로 설정하는 것이 더 적합하다. 그래야 텍스트의 조정행위를 통해 지배 관계로 나아가는 것이 더 잘 보일 수 있다.

(2) 지배 관계는 텍스트를 매개로 하여 조직화된다

제도적 문화기술지에서 텍스트의 조정은 두 차원에서 일어난다. 하나는 사람들이 일상에서 경험하는 로칼(local) 세팅에서의 조정이고, 다른 하나는 일상 경계 밖의 트랜스 로칼(trans-local) 세팅에서의 조정이다. 이 두 차원 모두에서 텍스트는 사회적 조직화에 가장 중요한 역할을 한다. 왜냐하면 사회적 조직화는 텍스트를 매개로 하여 일어나기 때문이다. 제도적 문화기술지는 이를 '텍스트로 매개된 사회적 조직화(textually-mediated social organization)' 혹은 '텍스트로 조직화된 세계(textually-organized world)'로 부른다.

제도적 문화기술지는 사람들이 살아가는 일상이 사회적으로 조직화되어 있고, 그것은 특히 텍스트를 매개로 하여 조직화되어 있다고 인식한다. 도로시 스미스에 의하면, 제도적 과정은 반드시 텍스트에 의해 그리고 텍스트에 기반해 매개된다(Smith, 2006: 6). 따라서 사회적 조직화를 탐구하려면 '텍스트'에 대한 개념적 틀이 중요하다. 그 이유는, 텍스트가 우리 일상의 육체적 현존과 일상 너머 지배 관계의 조직화 사이를 연결하기 때문이다(스미스, 2014: 193). 즉, 텍스트는 로칼과 로칼 너머의 지배 관계의 조직화를 연결하는 핵심 고리이다.

이는 도로시 스미스의 '텍스트로 매개된 지배 관계'라는 개념과 맞닿아 있다. 스미스는 사람들 삶의 일상활동을 조정하는 지배 관계의 핵심이 텍스트의 매개(textual mediation)에 있다고 하였다. 즉, 텍스트를 통해 지배 관계로 들어가는 것이다. 그녀에 의하면, 텍스트에 의한 매개는 사회의 조직가이고 사회를 발생하게 만든다. 텍스트의 매개는 사람들의 로칼 활동을 규제함으로써 여러 다양한 사이트로 옮겨 가고 이것이 지배의 조직화를 만든다(Smith, 1999: 79, 93). 따라서 텍스트의 매개는 개별적이고 로컬적인 경험에서 로컬 너머의 사회관계로의 이동을 발견하는 데 있어 중요한 요소이다. 여기서 텍스트의 매개적 파워는 텍스트의 복제 가능성과 연관된다. 텍스트 복제의 중요성은 그것의 물질성에 있는데, 바로 이 물질성이 특정 로컬 세팅을 로컬 너머의 속성과 연결한다(Peet, 2014: 84).

제도적 문화기술지가 발견하려는 것 중의 하나는 텍스트가 어떻게 우리의 일상 행위를 일상 너머의 조직화된 형태에 연결하는가이다. 제도적 문화기술지에서는 이렇게 연결된 지배의 관계들을 지배 관계라고 부른다(Campbell & Gregor, 2004: 29). 이처럼 텍스트는 일상과 지배 관계를 연결하면서 동시에 지배 관계를 만들어 낸다. 만일 제도적 문화기술지 연구자가 누군가의 입장에 서서 그의 경험의 지배 관계 혹은 사회적 조직화를 그려 내고자 한다면, 로컬 세팅에서의 텍스트에 의한 조정은 물론 로컬 밖 세팅에서의 조정 행동들을 발견해 이들을 연결해야 한다.

앞에서 언급했듯이, Campbell과 Gregor(2004: 29-30)는 그들의 저서에서 이러한 지배 관계가 어떻게 드러나는지 보여 준다. 그들은 카드를 운전사에게 보여 주고 버스를 타는 대학생의 사례를 들어 로컬과 로컬 밖에서의 조정 양상을 설명한다. 즉, 버스 운전사의 행동은 학생들이 가진 카드에 의해 조정되고, 학생들의 행동은 버스 운전사에 의해 조정된다. 둘 사이에 이루어지는 조정은 로컬 수준의 조정으로서 우리 눈에 쉽게 보인다. 그러나 버스 승차 카드라는 하나의 텍스트를 통해 운전사와 학생들의 행동들이 조정되는 것은 지배 관계 혹은 사회적 조직화를 알기 위한 첫 번째 층위에 불과하다.

이에 비해 로칼 너머에서의 조정은 쉽게 보이지 않는다. 로칼 너머에서의 조정을 보려면 텍스트에 질문을 던져야 한다. "학생은 어떻게 승차권을 획득하는가? 모든 학생이 자격이 있는가? 승차권이 유효한 경로는 어디인가? 버스 회사는 어떻게 보상을 받는가?" 이런 질문에 대한 답을 찾게 되면 우리는 대학, 대학생들의 목록, 재정 시스템과 버스 회사 그리고 버스 회사에 고용된 사람들이 서로 연결되는 것을 볼 수 있고, 그 과정에서 행동과 텍스트가 복잡하게 얽혀 있음을 알게 된다. 이것이 바로 지배 관계의 모습이다.

이처럼 텍스트 혹은 텍스트의 조정은 지배 관계, 사회적 조직화의 모습을 찾아내기 위해서 반드시 고려해야 할 요소이다. 텍스트는 지배 관계가 형성되는 데 있어 그 어느 것보다 지배적인 힘을 행사한다. 이는 특히 제도적 텍스트의 경우 그러하다. 흔히 제도적 현장의 실천가들은 제도적 텍스트들을 매개로 하여 클라이언트와 전문적 관계를 맺는다. 주목할 것은 텍스트를 다루고 주도하는 실천가들이 서비스를 받는 클라이언트보다 더 많은 힘을 행사한다는 점이다.

예를 들어, 동주민센터의 복지전담공무원들은 수급 신청자들의 진상 행위, 속임수에 대해 자신들을 피해자로 여긴다. 그러나 복지전담공무원들은 수급 신청에 필요한 각종 문서와 양식들을 통제할 수 있는 위치에 있으므로 해서 클라이언트보다 더 지배적 힘을 행사한다. 이 지배적 힘은 시간과 공간을 넘어 확장되면서 로칼을 넘어선다. 왜냐하면 텍스트는 '복제 가능성'이 있어서 텍스트에 들어 있는 아이디어나 의미를 시간과 장소를 초월하여 확장하고 영속화할 수 있기 때문이다.

이러한 시공간적 확장과 영속화의 대표적인 텍스트의 예로 DSM-5(Diagnostic and Statistical Manual of Mental Disorders-5)를 들 수 있다. DSM-5 텍스트야말로 전 세계 정신건강 분야의 다양한 전문가의 일을 특정 방향으로 조정한다. 이 조정은 특정 로칼에서 그치지 않고 로칼 너머까지 나아가는데, 여기에 텍스트의 물질성과 복제 가능성이 작동하면서 거대한 지배 관계를 만들어 낸다.

이처럼 텍스트는 로칼과 로칼 밖을 넘나들면서 조정 역할을 한다. 텍스트는 로칼 사람과 로칼 밖 사람을 연결한다. 텍스트는 또한 순환하고 재생산되고 메시지를 표준화하기 때문에 사회가 어떻게 사람들의 삶을 지배하고 규제하는지를 보여 주는 조직가이다. 이런 의미에서 DeVault와 McCoy(2004: 765)는 제도적 문화기술지에서 텍스트를 서로 다른 여러 영역을 관통하고 조정하는 중앙신경체계에 비유하였다(Bisaillon & Rankin, 2013에서 재인용).

이처럼 텍스트의 조정 역할이 로칼을 넘어서 보다 더 광범위한 지배 관계로 나아갈 때 우리는 텍스트로 매개되는 지배 관계의 모습을 그려낼 수 있다. 그렇게 하기 위해서는 텍스트의 활동과 조정, 지배 관계로의 확장을 가시적으로 보여 줄 수 있어야 한다. 이것을 가능하게 하는 것은 '문화기술지(ethnography)'이다. 이때 문화기술지란 조정과 사회적 조직화에 관해 판단하거나 해석하지 않고 그 움직임과 연결을 '묘사'하는 것이다. 이렇게 하면 텍스트로 매개되는 지배 관계, 사회적 조직화의 모습을 볼 수 있다. 특히 '지도 그리기(mapping)'라는 비유를 사용하면 텍스트 과정을 그리는 데 도움이 된다. 제도적 문화기술지는 특정 로칼 세팅에서 연구하지만, 로칼 세팅을 넘어서 제도적 양식 및 제도가 배태하고 있는 지배 관계를 폭로한다(스미스, 2014: 315).

3) 텍스트는 파워를 만들어 내고 조직화한다

앞의 기술에서 짐작할 수 있듯이, 텍스트는 사람들의 활동을 조정하고, 로칼과 로칼 너머를 매개하는 과정에서 파워를 만들어 내고 조직화한다. 텍스트가 파워를 만들어 내는 경우는 크게 세 가지로 구분할 수 있다. 첫째, 텍스트가 일과 결합하여 조정하는 과정에서 사람들이 텍스트의 행위자가 될 때이다. 둘째, 텍스트 간에 위계가 있는데 상위의 텍스트가 하위의 텍스트를 규제함으로써 파워를 만들어 낼 때이다. 셋째는, 텍스트에 들어 있는 제도적 담론이 이념적 기능을 행사함으로써 파워가 조직화될 때이다. 이들에 대해 살펴보자.

(1) 텍스트는 일과 결합하여 조정하는 과정에서 파워를 만들어 낸다

텍스트가 파워를 만들어 내고 조직화하는 첫 번째 방식은 사람들이 텍스트의 행위자가 되어 일을 조정할 때이다. 도로시 스미스에 의하면, '텍스트-독자 대화'로 텍스트를 보면 텍스트 자체가 하나의 사회적 행위자임을 알 수 있다. 사회적 행위자로서의 텍스트는 사람들의 일에 다양한 방식으로 파워를 행사한다. 사람들의 일을 발생시키고 사람들의 일에 개입하며, 또한 사람들의 일을 동원하고 통제하기도 한다(스미스, 2014: 383).

그러나 텍스트 자체가 파워의 본질은 아니다. 텍스트는 파워의 일차적 매개물이며 개인의 속성이 아니라 조직화의 속성이다(Smith, 1987: 17, 212). 이런 점에서 우리는 텍스트를 통해 지배 관계 안에서 이루어지는 파워를 탐구할 수 있다. 텍스트의 작동을 깊이 파고들어 가면 우리는 거기서 파워를 볼 수 있다. 이때 제도적 문화기술지는 파워를 탐구하는 중요한 방법이 된다.

'텍스트-독자 대화' 과정에서 텍스트는 텍스트를 읽는 사람(독자)에게 권한, 즉 파워를 부여하게 된다. 사람들은 이 권한으로 자기의 일을 만들어 내기도 하고 변형하기도 하고 동원하기도 하는 등 다양한 행위를 하게 된다. 이처럼 텍스트는 스스로 힘을 행사하지 않는다. 텍스트는 사람들을 텍스트의 행위자로 만듦으로써 힘을 행사한다. 텍스트는 사람들을 매개로 혹은 사람들과 함께 활동하고 조정하고 확장한다. 도로시 스미스는 "텍스트는 사람들의 일을 통제하고, 텍스트가 승인한 행위 주체가 일을 조정하고 동원함으로써 파워를 만들어 낸다."라고 보았다(스미스, 2014: 289).

예를 들어, 금융정보 등 제공 동의서 텍스트는 행위자인 복지공무원에게 자신의 행위자가 되게 함으로써 파워를 행사한다. 즉, 금융정보 등 제공 동의서는 복지공무원에게 권한을 부여함으로써 수급 신청자가 오랫동안 단절되어 지낸 부양의무자를 찾아가 서명을 받아오도록 요구하는 파워를 행사한다. 만일 서명을 받아오지 못하면 그의 소득과 재산을 파악할 수 없으므로 수급 신청조차 할 수 없게 된다. 제도적 문화기술지는 이렇게 텍스트가 승인한 행위 주체에게 파워를 부여하여 일을 조정하는데, 이 과정에서 텍스트는 파워를 만들어 내고 나아가 조직화한다. 금융정보 등 제공 동의서 텍스트는 양식 형태의 물질로서 언제든 똑같은 형태와 내용으로 복제 가능하며, 이로 인해 이 텍스트는 전국의 모든 복지공무원의 행동을 통제하고 조정한다.

텍스트가 자신이 승인한 행위 주체에게 권한을 부여하여 일을

조정하는 예를 보자. 다음의 예에 등장하는 여성 노숙인은 성실하
게 돈을 모았으나 술의 유혹을 이기지 못해 돈을 탕진하고 술에 취
해 쉼터로 돌아온 여성으로서, 퇴소 결정 과정에서 벌어진 일들을
묘사하고 있다.[5)]

　　이후로도 한두 번 술 문제로 쉼터를 들었다 났다 했던 그 여성은 몇
　　번 반복되는 과정을 거친 후 한동안 서약서의 약속과 입소동의서의 규
　　정을 열심히 지켰다. 그러던 중에 쉼터의 또래여성과 크게 다투는 사
　　건이 발생했고, 이번에는 폭력을 행사하지 말아야 한다는 규정 때문에
　　또다시 쉼터의 조치를 결정해야 하는 순간이 왔다. 한 사람이 먼저 폭
　　력을 사용했지만 결과적으로는 두 사람이 함께 싸웠으므로 두 여성 모
　　두 퇴소를 시키는 것 외에 도리가 없다고 결정하고 본인들에게 고지했
　　는데, 두 사람이 모두 서로를 비난하고 원망하며 쉼터의 결정을 받아들
　　일 수 없다고 했다. 지난한 과정을 거쳐 한 사람은 정신과 입원치료 방
　　식으로, 그리고 술 마시는 그 여성은 알코올전문쉼터로 나가게 되었다.
　　당장 갈 곳이 없고 독립 준비가 안 된 것을 알지만 쉼터의 규정을 두 사
　　람 모두에게 적용하다 보니 쉼터에서 계속 함께 사는 것은 어려울 것
　　같다고 설명하고, 알코올전문쉼터로 전원하는 것이 그나마 주거의 안
　　정을 유지하면서 그간의 금주 실천을 지속하는 방안이라고 설득했다.
　　6개월쯤 노력해서 심신이 건강해지면 그때 다시 만나자 했다. 그러나
　　그 여성은 쉼터 퇴소 결정을 곧 서비스의 철회 및 관계의 단절로 느끼
　　는 듯했다. 자신은 먼저 싸움을 걸지 않았다며, 울면서 시설을 옮기고
　　싶지 않다고 매달렸다. 그때 나를 비롯한 워커들은 모두 쉼터의 입소동
　　의서 규정들이 그 여성에게 매우 불리하게 작용하고 있다고 생각했던
　　것 같다. 그러나 동의서의 규정들에 비추어 워커와 기관은 어떤 조치나

---

5) 이 글은 제도적 문화기술지 수업시간에 김진미(2014)가 제출한 보고서의 일부이다.

결정을 내려야 했다. 어떤 때는 기관의 조치나 결정의 내용이 명확히 명시되지 않아 다행이라고 느꼈다. 사정에 맞게 상황에 맞게, 가능하면 자립이라는 목표에 도달하는 과정에서 불가피한 요소들로 활용할 수 있다고 생각했다. 그러나 어찌 되었던 어떤 행위들이 쉼터 규정상 문제가 되는 그 순간, 결정의 권한은 나와 기관에 있었고, 동의서 규정들의 취지와 목적을 살리려는 우리의 조치는 노숙 여성들에게 충분히 이해되지 않는 경우가 많았다. 대부분의 경우 퇴소의 계획과 결정에는 노숙인과 워커 혹은 기관의 협상 행위가 따른다. 그러나 퇴소 요건과 관련된 다양한 텍스트를 적용할 때 워커가 훨씬 큰 권한을 갖고 협상하는 경우가 많다. 어딘가로 독립할 준비가 충분히 되지 않은 노숙인이 퇴소해야 할 때 나도 그렇고 동료들도 그렇고 텍스트를 신중하게 해석하고자 했던 것 같다. 그러나 텍스트를 가지고 신중하게 무엇인가를 할 때조차 워커는 월등히 큰 힘(파워)을 갖고 있었다고 느낀다(김진미, 수업 보고서, 2014).

이 예에서 우리는 '입소동의서'라는 텍스트가 실무자와 입소자 모두를 어떻게 움직이게 하는지 볼 수 있다. '입소동의서' 텍스트는 퇴소를 원치 않는 노숙인 여성들을 강제로 쉼터 밖으로 나가게 하였다. 그런데 이 과정에서 '입소동의서' 텍스트는 단독으로 움직이지 않고 쉼터 실무자에게 권한을 부여함으로써 실무자가 텍스트의 행위자가 되도록 하는 방식으로 파워를 발휘하였다. 즉, 입소동의서 텍스트는 실무자와 입소자들의 일에 개입했고, 실무자들이 입소자를 쉼터 밖으로 나가도록 하는 결정의 일을 발생시켰으며, 입소자가 쉼터에 머무르지 않도록 통제하는 파워를 행사했다. 이는 텍스트를 읽은 사람이 텍스트를 해석하고 텍스트에 반응함으로써 텍스트의 행위자가 되는 것을 통해 텍스트가 무엇인가를 발생시키고 동원하고 조정하는 파워를 행사함을 보여 준다. 우리는 여기서 텍스트가 사람들의 일을 조정하며 그 과정에서 파워를 발생시킨다는 점을 알 수 있다. 따라서 제도적 문화기술지 연구자는 텍스트가 사람들의 일을 어떤 방식으로 어떻게 조정하고 그로 인해 어떤 파워가 발생하는지 깊이 추적해 가야 한다.

(2) 텍스트는 규제적 텍스트를 통해 파워를 만들어 내고 조직화한다

텍스트가 파워를 만들어 내고 조직화하는 두 번째 방식은 '규제적 텍스트'(regulatory text)를 통해서이다. 규제적 텍스트는 상위 텍스트로서 규제적 틀 혹은 제도적 담론을 포함하고 있는 텍스트이다. 따라서 규제적 텍스트가 파워를 만들어 내고 조직화하는 방식은 텍스트 간의 위계를 통해서, 그리고 규제적 텍스트 안에 들어 있는 규제적 틀을 통해서이다. 이 두 가지에 관해 좀 더 자세히 살펴보자.

① 텍스트는 텍스트들 사이의 위계를 통해 파워를 만들어 내고 조직화한다

텍스트는 텍스트들 사이의 위계를 통해 파워를 만들어 내고 조직화한다. 여기서 텍스트들 상호 간 위계(intertextual hierarchy)에 대해 이야기하기 위해서는 제도적 문화기술지가 해명하려는 '단절(disjuncture)'에 대해 알 필요가 있다. 단절은 제도적 현장에서 필연적으로 일어나는 일로서, 실제(actualities)와 제도적 실재(institutional reality) 사이의 간극에서 발생한다. 여기서 '제도적 실재'는 '텍스트적 실재(textual realities)'로도 불리는데, 제도가 실행되는 과정에서 사람들의 실제 경험이 제도의 텍스트적 실재로 바뀌는 일이 비일비재하기 때문이다. 단절은 제도와 접촉한 어떤 사람이 제도적 텍스트를 마주하면서 경험하는 일종의 파열이다. 단절은 사람들의 삶이 얼마나 많이 제도적 실재에 포획되어 조직화되고 있는지를 알려 준다.

실제와 제도적 실재 간의 단절을 보여 주는 대표적인 예는 2016년 칸 영화제에서 황금종려상을 받은 Ken Loach 감독의 〈나, 다니엘 블레이크〉라는 영화이다. 다니엘은 자신이 살아가는 삶의 실재와 제도적 실재 간에 단절을 경험한다. 즉, 그는 심장병을 앓고 있어 질병 수당을 받아야 하지만 복지공무원의 체크 리스트와 접촉하면 자기 삶의 실재와는 거리가 먼 '질병 수당을 받을 자격이 없는 사람'으로 호명된다. 이 호명은 인간이 제도라는 망을 거쳐 드러난 '제도적 실재'이다. 단절을 두고 벌어지는 이러한 경험은 서로 양립되기 어렵다.

영화감독인 Ken Loach는 영국의 복지제도가 인간을 우선하지 않는다는 메시지를 전달하고 있지만, 사실 이 영화는 제도적 문화기술지의 탐구 영역인 텍스트들이 우리의 삶을 어떻게 조정하고 파워를 발휘하는지를 절묘하게 보여 준다. 아마도 어쩌면 이 문제의식, "왜 다니엘 블레이크는 질병 수당을 받지 못하는가?"라는 문제를 정말로 깊이 파고들어 가면 Ken Loach 감독의 영화에서 보여 준 것보다 더 촘촘하고 통제적인 복지국가의 모습이 드러날 수 있다.

물론 도로시 스미스는 우리가 사는 세상에서 이러한 단절은 불가피하고, 반드시 나쁜 것도 아니고, 양면성을 갖고 있다고 말한다. 여기서 양면성이란 단절은 제도가 실행되는 어디서든 불가피

하게 따라올 수밖에 없지만, 동시에 사람들의 실제 경험을 버리거
나 왜곡한다는 것이다(스미스, 2014: 296). 그런데 왜 이런 단절이 일
어나는지 좀 더 깊이 파고들어 가면 거기에 디테일한 텍스트의 작
동을 볼 수 있다.

　도로시 스미스에 의하면, 텍스트들 사이에는 위계가 있어 상위
텍스트가 있는가 하면 하위 텍스트가 있고 이들은 상호의존 관계
에 있다. 이를 '상호텍스트성(intertextuality)'이라 부른다. 그녀에 의
하면, 더 높은 수준의 텍스트들은 더 낮은 수준의 텍스트들을 통제
하고 조형하는 프레임과 개념들을 설정하고 있다(Smith, 2001: 226).
제도적 문화기술지는 더 높은 수준에 있으면서 낮은 수준의 텍스
트들을 규제하는 텍스트를 '규제적 텍스트(regulatory text)'로 부른
다. 실제가 제도적 실재로 변환되는 단절이 일어나는 것은 단절의
이면에 상위의 '규제적 텍스트'가 작동하기 때문이다.

　규제적 역할을 하는 텍스트들은 상위 텍스트로서 사람들의 삶의
실제를 제도적 실재로 바꾼다. 여기서 상위 텍스트는 하위 텍스트
를 통제한다. 그리고 이 규제적 텍스트가 작동하게 되면 거기서 파
워가 만들어지고 이는 현실적인 힘을 갖게 된다. 다니엘 블레이크
가 노동 능력이 있는지를 체크하는 체크 리스트가 규제적 텍스트
일 수 있다. 만일 다른 어떤 텍스트들보다도 이 체크 리스트 점수가
일정 수준 이상이어서 질병 수당을 받을 수 없게 한다면 그것은 규
제적 텍스트이다. 이 규제적 텍스트는 다니엘 블레이크에게 질병
수당을 제공하지 않기로 함으로써 다니엘 블레이크의 삶을 죽음으
로 내모는 힘을 발휘한다.

　텍스트들 사이에 위계가 있고, 이 위계의 상호작용을 통해 파워
가 만들어지는 좀 더 생생한 예시를 위해 정신보건 영역에서 일어

난 한 장면을 발췌해 소개하면 다음과 같다.6)

    우리나라 현재 정신질환자들은 「정신보건법」 제24조에 의해 정신병원에 보호 의무자에 의한 입원이 가능하다. 보호 의무자에 의한 입원을 하게 되면 「정신보건법」 제24조 3항에 명시된 것처럼 입원 기간을 6개월 이상을 유지해서는 안 된다. 그러나 만약 계속 입원이 필요하다고 판단되면 정신보건심판위원회에 '계속입원심사'를 청구하게 된다. 계속입원심사청구를 위해서는 정신과 〈의사소견서〉와 〈보호자 의견서〉, 그리고 〈환자 의견서〉가 필요하다. 병원 정신보건사회복지사는 〈환자 의견서〉를 작성하기 위해 환자와 면담을 하는 일을 한다. 내가 처음으로 병원에서 근무를 하게 되었을 때 일이다. 첫 출근한 지 일주일이 채 되지 않았을 때, 나는 계속입원심사청구를 앞두고 있는 환자와 면담을 하고, 환자의견서를 작성하는 일을 하게 되었다. 내가 처음 면담을 했던 환자는 34세의 조현병을 앓고 있는 남자 환자 A씨였다. 인사를 나누고, 환자의견서를 보여 주자 A씨의 안색은 그리 좋아 보이지 않았다. 아직 환자에 대한 파악이 되지 않은 나는 영문을 모르고 컨디션만 물었다. 환자는 괜찮다며 면담에 수긍했고 나는 환자 의견서에 적힌 것을 읽어 주며 면담을 하는 이유를 설명해 주었다. "○○○님, 6개월 전에 어떤 것이 힘들어서 병원에 오시게 됐는지 기억나세요?"라고 묻자, A씨는 "저는 환청이 심해지면 잠을 잘 못 자요. 그래서 일단 불면이 있었고……. 환청을 무시하려고 방에 틀어 박혀서 계속 핸드폰 게임만 했어요. 그래서 100만 원 이상 게임머니를 썼죠. 그래서 아버지한테 많이 맞았는데, 아버지한테 맞다가 그날따라 욱해서 아버지를 제가 때렸어요. 집이 시끄러워지자 밖에 경찰이 오고……. 일단 그때는 제가 이성을 잃었고

---

6) 이 글은 정신병원에서 사회복지사로 일하면서 제도적 문화기술지 수업을 들은 최민경(2017)의 보고서 내용이다. 이 글은 2017년 「정신보건법」이 「정신건강복지법」으로 개정되기 이전에 쓴 것이므로 개정 이후에 발생하는 현실과는 차이가 있을 수 있다.

아버지가 많이 다치셨죠. 그래서 입원했어요." A씨는 '미친놈, 병신 같은 놈' 등의 자신을 비하하는 목소리와 "나가 죽어라." "공격해라." 등의 환청이 있다며, 비교적 아주 상세하고 정확하게 자신의 환청을 설명하였고 자신이 병원에 입원하게 된 경위를 잘 알고 있었다. 그리고 6개월을 입원한 지금, 병원에서 꽤 규칙적인 생활을 했고 약을 먹으면서 사실상 환청은 거의 들리지 않는 상태였다. 그래서 그는 누구보다도 퇴원에 대한 욕구가 강했다. 퇴원하면 약도 잘 먹고, 외래진료도 잘 다니면서 주치의와도 많이 상담하고 센터 재활프로그램도 잘 참여하겠다며 이야기를 이어나갔다. 나는 그가 이야기 한 대로 기술하라고 〈환자 의견서〉를 내주었고, 〈환자 의견서〉에 환자는 퇴원하고 그 이유와 계획을 상세하게 잘 기술하였다. 그날 오후, 담당 주치의가 나를 호출했다. 주치의는 다소 불만이 가득한 표정으로 "선생님, 〈환자 의견서〉가 뭔지는 아세요?"라며 나에게 물었다. "계속 입원을 할 건지, 퇴원을 하고 싶은지 환자 의견을 쓰는 것 아닌가요?" 나는 내가 이해한 대로 대답을 했다. 담당 주치의가 불만을 가진 이유는 간단했다. 계속입원심사를 받겠다는 것은 이 환자를 퇴원시키지 않겠다는 것을 내포하고 있었다. 더 적나라하게 설명하면 6개월이 지났지만 더 입원시키기 위해서 계속입원심사를 받고자 한다는 뜻이다. 그래서 사회복지사는 환자와 의견서를 작성함에 있어 왜 입원했는지도 잘 모르고 병에 대한 인식이 없으니, 혹은 퇴원 후에 치료계획이 없으니 조금 더 입원해야 한다는 과정으로 서류를 작성해야 했다. 그런데 초보 사회복지사 하나가 환자가 퇴원하기에 적합하다는 서류를 그것도 아주 상세히 적어서 제출했으니, 아직 환자에게 치료가 더 필요하다는 의사소견서와 타해 위험이 있어 환자 케어가 어렵다는 보호자의 의견을 받아 놓은 담당 주치의 입장에서는 난감했던 것이다. 미처 나를 챙기지 못했던 팀장님도 내 선임도 당황하긴 마찬가지였다. 며칠 뒤, 계속입원심사 청구서를 받은 정신보건심판위원회에서는 보건소 정신건강 담당 공무원과 정신건강증진센터 선생님

한 분이 환자의 퇴원심사를 위해 병원에 방문했고 A씨와 면담을 했다. 심사 후 그 두 사람은 우리 팀장님과 오랜 시간 심각한 표정으로 이야기를 했다. 그리고 결국 A씨는 퇴원을 하게 되었다. 하지만 A씨가 너무 무섭다는 이유로 A씨의 아버지는 인근의 다른 병원에 A씨를 바로 입원시켰다. 사실 계속입원심사청구에서 환자 의견서는 그리 중요한 서류는 아니라는 생각이 들었다. 이미 의사라는 전문가가 환자의 치료가 더 필요하다고 〈의사소견서〉를 쓸 것이기 때문이다. 이 서류를 잘 아는 환자들은 갈 곳이 없으니 그냥 더 입원하겠다고 쓰거나 아니면 아예 식사가 좋다. 병원이 좋다 등의 이유로 좀 더 입원하고 싶다고 작성한다. 그리고 병원에서 꽤 오랜 시간 근무하면서 나 역시 〈환자 의견서〉 작성에 큰 의미를 두지 않게 되었다. 오래 상담을 하지도 않고 최소 3분 안에 작성을 끝낸다. 환자의 퇴원을 좌우하는 중요한 서류임에도 불구하고 이 서류는 마치 '당신은 환자야!'라는 것을 보여 주고 싶은 듯 자신의 입원 경위부터 써 내려 가도록 되어 있다. 분명히 서류 이름은 〈환자 의견서〉인데, 환자는 자신의 의견을 쓸 수 없다. 이들의 퇴원을 도와야 할 사회복지사는 아이러니하게도 환자의 퇴원을 어렵게 하는 서류를 환자들과 작성하며 '이럴 거면 그냥 의사가 받지 왜 우리한테 이런 일을 시키지?'라는 불만과 회의감을 느낀다. (최민경, 수업보고서, 2017)

앞의 발췌문에는 5개의 텍스트가 등장한다. 「정신보건법」 24조(보호의무자에 의한 입원), 「정신보건법」 24조 3항(입원기간은 6개월 이상 유지해서는 안 된다), 환자 의견서, 보호자 의견서, 의사소견서이다. 시퀀스가 진행되는 것을 보면 처음에는 의사소견서가 환자의견서를 묵살하면서 파워를 행사한다. 이 경우 의사소견서 텍스트와 환자의견서 텍스트는 위계적 관계에 있다. 즉, 의사소견서 텍스트가 상위 텍스트로서 하위 텍스트인 환자의견서에 파워를 행사한 것이다. 이 과정에서 텍스트의 변환이 일어났는데, 그것은 환자가 퇴원을 주장할 수 있는 권리가 표명된 〈환자 의견서〉가 다양한 행위 주체와의 상호작용을 통해 환자의 퇴원을 막는 증거자료로 사용된 것이다. 그다음 의사소견서와 환자의견서, 보호자의견서 텍스트들은 모두 정신보건 심판위원회 위원들의 일에 의해 무력화되면서 환자를 퇴원시킨다. 여러 텍스트가 동시에 일과 결합하면서 일이 텍스트를 제압하는 효과를 일으킨 것이다.

그러나 최종적으로 이 소견서들을 통제하고 무력화한 텍스트는 「정신보건법」 24조였다. 환자의 아버지는 「정신보건법」 24조 텍스트에 근거해 아들을 다시 다른 정신병원에 입원시켰기 때문이다. 이 법 조항은 조현병이 치유된 아들의 실제의 삶을 조현병자라는 제도적 실재로 변환하였다. 따라서 이 발췌문에서 가장 최상위의 텍스트는 「정신보건법」 24조이고, 이것이 규제적 텍스트이다. 이 텍스트는 조현병자가 아닌데도 그의 삶을 다시 정신병원에서 살아가는 조현병자로 만들어 버리는 파워를 행사한다. 즉, 아들의 삶의 실제와 제도적 실재 사이에 단절이 일어난 것이다. 만일 누군가가 아들의 입장에 서서 그의 단절의 경험을 제도적 문화기술지로 연구한다면 그는 "조현병자가 아닌 사람이 어떻게 조현병자로 되는가?"라는 질문을 던지고 연구를 시작할 수 있다.

앞의 사례에서 알 수 있듯이, 우리의 삶은 다양한 텍스트에 둘러싸여 있고, 그 텍스트들은 우리의 삶에 직접적인 영향을 미친다. 도로시 스미스에 의하면, 현대사회에서는 여러 종류의 텍스트가 서로 얽혀 있고 이들은 로컬 영역 너머에서 작동하는 텍스트 영역을 만들어 내는데, 이들 텍스트는 사람들의 개인적 경험을 제거한다(Peet, 2014: 53). 「정신보건법」 24조 텍스트는 조현병이 치유된 아

들의 실제 경험을 제거하였다. 여기서 「정신보건법」 24조는 정신
보건 관련 당사자들의 일을 조정하고 권위를 부여하는 공식적 문
서로서, 도로시 스미스는 이를 '보스 텍스트(boss text)'로 불렀다(Peet,
2014: 70).

② 텍스트는 규제적 틀 혹은 제도적 담론을 통해 파워를 만들어 내고 조직화한다

제도적 문화기술지 연구에서 텍스트의 파워를 이해하기 위해서
는 텍스트들 사이에 위계가 있다는 것에서 더 나아가야 한다. 연구
자는 규제적 텍스트 뒤에는 규제적 틀(regulatory frame)이 작동하고
있다는 점을 알고 있어야 한다. 일반적으로 규제적 텍스트들은 제
도적 역량이 작동할 수 있도록 틀을 지우고 권한을 부여한다. 즉,
규제적 역할을 하는 텍스트들(예: 법, 행정규칙, 지침 등)은 그 안에
어떤 개념적 '틀' 혹은 제도적 담론을 반영하고 있다.

여기서 '틀'은 개념, 이론, 정책, 법, 계획 등을 지칭하는 광범위한
일반적 용어이다. 일선 사례들의 배후에는 텍스트에 의해 규정된
틀이 있고, 이 틀은 다양한 방법으로 변형될 수 있는 질문 장치들로
구체화된다. 규제적 텍스트에 반영된 '틀'은 사람들의 일을 조정하
면서 제도적 행위와 제도적 실재를 구조화한다. 또 사람들의 경험,
이해관계, 관심사를 이 틀에 맞추어 해석하게 한다(스미스, 2014:
301, 374).

예를 들어, 앞의 조현병 환자의 사례에서 보호의무자에 의한 입
원에 관한 정신보건법 24조는 규제적 텍스트로서, 이 텍스트 안에
는 정신장애인을 보호하는 문제에 있어 가족의 권한에 관한 개념
이 반영되어 있다. 즉, 정신장애인의 보호에 대한 결정은 가족이 책

임진다는 '가족 우선주의' 담론이 규제적 텍스트 안에 들어 있다. 앞 사례에서 가족 우선주의 담론은 병이 호전된 조현병 환자(아들)를 다시 조현병 환자로 만들고 있음을 알 수 있다. 그 결과 조현병을 앓던 아들이 병이 나아서 병원시설 밖으로 나가고 싶은 욕구는 묵살되고 그는 다시 조현병 환자가 된다. 이렇게 규제적 텍스트에 들어 있는 규제적 틀 혹은 담론은 조현병 환자의 삶에 결정적 파워를 행사한다. 결국, 제도적 문화기술지에서 '틀'과 담론은 텍스트 형태를 띠고 있지만, 사회적 조직화를 만들어나가는 적극적 행위자이다. 이런 맥락에서 가족 우선주의라는 틀은 조현병에서 벗어난 환자들을 다시 조현병 환자로 만드는 강력한 조직자인 셈이다.

그런데 아쉽게도 이 '틀'은 일선에서 일하는 사람이나 텍스트 장치에서는 보이지 않는다. 일선에서 일하는 사람들은 그들의 일 자체가 형식화되고 공인된 범주들에 자신들의 실제를 끼워 맞춰야 하는 것이기 때문이다. 이런 이유로 그들은 제도적으로 강제된 범주들이 적어도 '사람들이 어떻게 살고 있는가'의 실제에는 무관심해 짐으로써 보다 심각하게 사람들의 실제 삶과 단절될 수 있다. 이처럼 규제적 텍스트에 들어 있는 틀과 담론은 사람들의 실제를 제도적 실재로 만드는 유일한 수단이다(스미스, 2014: 298). 제도적 문화기술지 연구자는 이 과정에서 파워의 행사가 어떻게 이루어지는지를 관찰해야 한다.

여기서 파워는 텍스트의 공간에서 일어나는 실천적 행위를 말한다. 텍스트는 적극적으로 파워를 조직화하는 장치로서, 텍스트 그 자체보다 텍스트가 담고 있는 틀로 인해 조직화된다(McLean and Hoskin, 1998). 이렇게 제도적 문화기술지는 텍스트를 통해 지배 관계와 파워의 작동을 추적해 가기 때문에 파워를 탐구하는 연구방법이 된다. 즉, 제도적 문화기술지는 텍스트에 기반하고 텍스트가 매개하는 사회적 조직화를 문화기술지로 그려 냄으로써 파워를 탐구하는 강력한 방법론이 된다(스미스, 2014: 313).

제도적 문화기술지는 사람들의 일상의 삶은, 그들이 명확히 인식하고 있지는 않지만, 자신도 모르는 사이에 사회적 조직화에 적극적으로 관여하면서 살아간다고 본다. 따라서 제도적 문화기술지는 사람들의 일상적 행동 속에서 발견될 수 있는 사회적 조직화를 가능하게 만드는 파워의 작동을 개념화하는 것을 목표로 한다. 그리고 이것이 제도적 문화기술지의 중요한 이론적 측면이다 (Campbell & Gregor, 2004: 43). 그러나 이러한 파워의 작동과 조직화는 우리 눈에 잘 보이지 않는다. 앞의 정신보건법 24조에 들어 있는 가족 우선주의라는 담론적 틀이 일으키는 파워의 작동은 일선에서 일하는 정보건 사회복지사에게는 잘 보이지 않는다.

따라서 제도적 문화기술지 연구자는 텍스트에 범주나 개념, 틀이 설정되어 있다는 사실을 의식적으로 인식하고 이를 명확히 밝혀내야 한다. 제도적 문화기술지에서 말하는 틀, 담론은 주로 텍스트로 매개되는 담론인데, 도로시 스미스는 이를 'T-담론'으로 불렀다. 텍스트의 파워는 이러한 틀과 담론들 안에서 능동적으로 움직이는 주체들 사이에서 체현되어 조직화를 만들어 내는 역할을 한다. 이처럼 제도적 문화기술지에서 틀이나 담론 개념은 텍스트를 사용하는 주체의 존재를 잃지 않는다(Smith, 1987: 214; Campbell & Gregor, 2014: 40).

(3) 텍스트는 이념적 기능을 통해 파워를 만들어 내고 조직화한다

앞에서 언급했듯이, 제도적 텍스트에는 제도적 담론이 들어 있다. 이를 거꾸로 말하면, 제도적 담론은 제도적 텍스트 안에 설정되어 있다는 뜻이다. 그런데 제도적 텍스트는 누군가에 의해 만들어지고 설계된다. 텍스트에 담긴 내용 혹은 텍스트로 매개되는 의사 결정은 기본적으로 해당 조직의 이해관계를 반영하며, 그러한 이해관계는 지배적 위치에 있는 사람들의 이해관계이다(Campbell & Gregor, 2004: 38). 이처럼 제도적 텍스트에서 범주, 개념, 틀을 설정하는 과정은 본질적으로 정치적이다. 제도적 텍스트는 정치적인 영역이 아닌 영역에서도 정치적이다(스미스, 2014: 190).

예를 들어, 기초수급자 신청에 필요한 다양한 텍스트 문서 중에는 노동 능력 없음을 증명하기 위해 의사의 진단서를 첨부해야 한다. 그러나 수급 신청자 중에는 질병은 없으나 노동 능력이 없는 사람도 많다. 근로능력평가진단서 텍스트에는 질병이 없으면 모두 근로 능력이 있다고 보는 개념적 틀이 들어 있다. 이것은 질병이 없는 사람은 누구나 일을 해서 먹고 살아야 한다는 국가의 노동윤리와 열등 처우의 원리가 반영된 것으로 볼 수 있다. 다시 말해, 노동윤리에 대한 국가의 이해관계가 반영되었다고 말할 수 있다. 이러한 국가의 이해관계는 수급을 신청할 수밖에 없는 가난한 사람들에게 이념적으로 작동하면서 이들에게 파워를 행사한다. 즉, 근로능력평가진단서에 반영된 국가의 이해관계는 의사의 진단서를 받지 못해 수급자가 될 수 없어 삶이 황폐해진 누군가의 경험을 이념적으로 통제함으로써 이들에게 파워를 행사한다.

또 다른 예로 사례관리자가 클라이언트의 욕구를 사정하기 위해 사정 도구를 사용하는 경우를 생각해 볼 수 있다. 이때 사정 도구는 제도적 텍스트로서, 사례관리자의 입장에서 보면 이 텍스트를 가지고 일하는 것은 행정적으로 유용하다. 특히 조직의 목표라는 이해관계에서 보아도 피고용자의 노력을 통제할 수 있어 유용하다. 사정 도구라는 텍스트는 조직의 미션을 실현하기 위한 노력과 관심을 조정하는 역할을 한다. 이는 사정 도구의 범주들이 클라이언트의 이해관계와 관련된 것일 경우에도 마찬가지이다.

사례관리자는 사정 도구의 범주를 채워 나가면서 클라이언트의 욕구를 자신의 관점에 종속시키면서도 자신은 객관적으로 일을 처리한다고 생각한다. 이런 경우 사례관리자는 자기의 사정 도구에 대한 관여가 객관적이고, 올바르고, 공정하다고 확신하게 된다. 사례관리자는 누구의 이해관계가 충족되었는지, 누구의 이해관계가 지배적으로 실천되었는지에 관한 질문은 던지지 않는다. 텍스트에 기반한 결정들은 객관적으로 보일 수 있지만, 이들은 객관적이지도 공정하지도 않을 가능성이 있고 올바른 개입이 되지 않을 수도 있다. 이처럼 텍스트가 매개된 과정은 클라이언트의 이해관계를 조직의 이해관계에 종속시킨다(Campbell & Gregor, 2004: 37-38).

도로시 스미스는 사례관리자가 이렇게 되는 것은 텍스트가 사회적으로 설계되고 조직화되기 때문이라고 보아, 이를 '이념적(ideological)'이라고 불렀다(Campbell & Gregor, 2004: 38). 사회과학에서 이념은 여러 방식으로 이해되고 있지만, 스미스에게 이념은 활동(activities)이자 실천(practices)이다. 이는 그녀가 이론을 추상적 개념이 아니라 사람들이 하는 '활동'으로 보는 것과 맥을 같이한다(Peet, 2014: 57, 83).

이렇게 사례관리자의 일을 단순히 사정을 수행하는 것으로 보지 않고, 텍스트에 기반하여 이념적으로 지배 관계가 작동되는 것으로 전환하는 것은 미묘한 차이인 것 같아도 매우 중요하다. 이렇게 전환함으로써 우리는 일상생활에서 행해지는 파워를 확인할 수 있기 때문이다. 이렇듯, 객관화되고 이념적인 지식 속에서는 클라이언트나 사례관리자의 경험으로 되돌아가는 길은 없다(Campbell & Gregor, 2004: 40). 따라서 제도적 문화기술지 연구자는 제도적 텍스트에 들어 있는 개념적 틀, 제도적 담론을 파악하고 이것이 누구에 의해 틀 지워지고 설계되었는지 파악해야 한다. 그래야 제도적 과정의 이념적 성격을 규명할 수 있다.

지금까지 우리는 제도적 문화기술지에서 텍스트란 무엇이며, 어떻게 활동하는지에 대해 살펴보았다. 텍스트는 물질적 형태의 활동하는 것이었다. 우리는 텍스트는 사람들의 일을 조정하고, 일상과 지배 관계를 매개하며, 파워를 만들어 내고 조직화한다는 것에 대해 알았다. 이처럼 텍스트는 제도적 문화기술지의 핵심이라고 할 만큼 독특하고 중요하며 세상을 조직해 내는 조직가이다. 우리가 살아가는 세계를 텍스트의 관점으로 바라보는 것은 지금까지 접해 보지 못한 새로운 관점으로 일상 세계를 조망하는 것이다. 이것은 아주 새롭고 놀랍고 신선한 렌즈이다. 텍스트는 일 지식과 함께 제도적 문화기술지에서 조직화를 탐구하기 위해 반드시 조망해야 할 핵심 영역이다.

5장

입장과 문제틀:
조직화 탐구의 방법론적 장치

    입장(standpoint)'과 '문제틀(problematic)'은 제도적 문화기술지의 방법론적 장치로서 제도적 문화기술지 연구를 하려는 연구자가 반드시 이해해야 하는 개념이다. 즉, 제도적 문화기술지의 목표인 조직화를 발견하려면 반드시 입장과 문제틀이 필요하다. 입장과 문제틀을 작동하지 않는 연구는 제도적 문화기술지 연구가 아니다. 제도적 문화기술지 연구자라면 연구문제를 형성하는 시작 단계에서부터 자료를 수집하고 자료를 분석하며 글을 쓰는 연구의 전 과정에 입장과 문제틀을 작동시켜야 한다. 이 둘은 제도적 문화기술지를 끌고 가는 쌍두마차이다. 이 둘을 작동하지 않으면 마차는 앞으로 나아가지 못한다. 이 장에서는 제도적 문화기술지의 가장 핵심적 개념이라 할 수 있는 '입장'과 '문제틀'에 대해 살펴보기로 한다. 왜 입장이 필요한지, 입장이란 무엇인지, 입장을 세운다는 것이 무엇인지, 문제틀이란 무엇이며 문제틀을 어떻게 발견해야 하는지 등 제도적 문화기술지 연구자가 알아야 할 사항들에 대해 살펴보자.

1. 입장

흔히 객관적 지식을 산출하기 위해서는 연구자가 특정한 사람의 입장에서가 아니라 객관적 입장에 서야 한다는 인식이 널리 퍼져 있다. 그러나 제도적 문화기술지는 이런 인식과 반대의 위치에 서 있다. 제도적 문화기술지는 누군가의 '입장(standpoint)'을 취해 연구하는 것이야말로 타당하고 진정한 지식을 산출할 수 있다고 말한다. '입장'은 제도적 문화기술지의 핵심이다. '입장'은 제도적 문화기술지를 다른 질적 연구와 구분 짓게 만드는 핵심적 장치이다. '입장'을 이해하지 않고서 제도적 문화기술지를 이해하기는 불가능하다. 그러면 제도적 문화기술지는 왜 '입장'을 필요로 할까? 과연 입장이란 무엇이며, '입장'을 세우기 위해서는 어떻게 해야 할까? 이런 질문들에 대한 답을 찾아보자.

1) 왜 '입장'이 필요한가

'입장'은 도로시 스미스가 기존의 사회학을 비판적으로 이해하는 과정에서 직면한 도전들에 대한 대안이었다. 그녀는 이 대안을 선택함으로써 기존의 학문연구와는 다른 대안적 지식을 산출할 수 있는 새로운 방법론인 제도적 문화기술지를 고안할 수 있었다. 그렇다면 도로시 스미스는 어떤 도전에 직면했고, 그 도전들에 대해 어떻게 사고를 진척해 나갔을까? 기존 연구 접근과 관련해 그녀에게 가장 큰 도전으로 다가온 것은 '주체'와 '단절'의 문제였다. 즉, 연구에서 주체는 보이지 않고 연구자만 보이는 것 그리고 서로 다른 주체들의 경험이 단절되어 보이는 것이었다. 따라서 그녀에게 대안적 지식 생산은 주체를 살려 내고 단절을 붕괴시키는 방법론을 찾는 것이었다. 왜 주체를 살려 내고, 왜 단절을 붕괴시키는 방법론이 필요한지 살펴보자.

(1) '주체'를 살려 내기 위해

① 대상화의 문제: 주체가 사라짐

도로시 스미스가 비판하고 도전한 주류 사회과학의 가장 큰 문제는 '대상화(objectification)'였다. 개인과 사회는 구별되거나 고정되어 존재하지 않는다. 이들은 상호 얽혀 있고 늘 진행 중이다. 예를 들어, 계급과 성별은 개념적으로는 분리되어 있으나 실제에서는 상호 얽혀 있고 그 관계는 사회적 역사적 변화에 따라 끊임없이 변화한다. 대상화란 이렇게 존재하는 사회를 객관적인 대상으로 보고 '밖'에 있는 것으로 다루는 것이다. 즉, 연구자는 연구하려는 사람들의 경험 '밖'에 머물면서 지식을 생산한다. 즉, 대상화된 지식을 생산한다.

주류 사회과학에서 대상화된 지식을 생산하게 만드는 방법적 절차는 단연코 '객관성'이다. 즉, 주류 사회과학은 지식 산출에서 객관성을 요구한다. 객관성은 연구자가 연구되는 세계 '밖'에 있어야 한다는 것으로서, 주관성과 거리를 두도록 한다. 객관성의 관점에서 볼 때, 타당한 지식은 그들이 알고 있는 것에서 인식자의 주관성 특히, 이해관계와 편견을 분리해 내야 가능하다. 따라서 연구자는 자신이 가진 특정의 이해관계나 관점과 거리를 두어야 한다(Smith, 1990).

도로시 스미스는 연구자가 객관성을 취하여 사람들의 경험 '밖'에 머물러 관찰할 때 어떤 일이 발생하는지에 대해 자신의 경험을 예로 들어 설명한다. 그것은 그녀가 캐나다 온타리오에서 기차를 타고 가면서 창문 건너편에 보이는 5명의 사람들(남성 1명, 여성 1명, 아이들 3명)을 어떻게 묘사하고 해석했는지 되돌아보는 장면이다. 그녀는 창문 건너의 5명의 사람들은 한 인디언 가족으로서 기차를 바라보고 있다고 생각했다. 그녀는 처음에 이 장면을 있는 그대로 말할 수 있다고 생각했다.

그러나 그녀는 자신의 이러한 묘사가 사실은 무엇이 실제로 일어났는지에 대해 특권을 가지고 판단을 내린 것임을 알아차렸다. 그녀의 이 해석은 그들의 맥락과는 전혀 무관하게 그녀가 서 있는 위치와 해석에 근거해 이루어진 것이었다(Smith, 1990: 25). 그것은 그녀가 가지고 있는 담론과 선입견으로 그 장면을 해석한 것에 불과했다. 어쩌면 이 장면은 그녀가 해석한 것과는 전혀 다른 것일 수 있다. 남성과 여성이 아이들 셋을 납치한 상태에서 기차를 기다리는 상황일 수도 있는 것이다. 도로시 스미스는 이 짧은 장면을 통해 사람들의 경험 '밖'에 머물며 대상화된 객관적 지식을 생산하는 것의 문제가 어디에 있는지를 보여 준다.

주류 사회과학에서 객관성을 확보하기 위해 사용되는 일반적 방법은 연구자의 주관적 경험에서 출발하지 않고 권위 있는 이론이나 담론에서 출발하거나, 사람들의 삶과 경험의 실제들을 추상적 개념과 이론으로 바꾸는 것이다. 권위 있는 담론이나 개념, 이론은 개인에게 속한 주관적인 것이 아니라 다른 사람들에 의해 타당성이 인정된 객관적인 것으로 여겨지기 때문이다. 객관적 지식을 산출하려는 연구자는 구체적이고 실제적인 사회관계의 질서를 개념들에서 끌어내며, 그럼으로써 추상적이고 개념적인 질서에 이들을 고정한다(Smith, 1990: 33-35).

그러나 도로시 스미스는 사람들의 삶과 경험을 알기 위해서는 서로 다른 현상들을 범주 짓고 추상화하는 것으로는 충분하지 않으며, 이들 추상적 범주와 개념들은 결코 사람들의 실제의 삶과 경험을 보여 줄 수 없다고 생각했다(Smith, 2009). 그녀는 연구하려는 사람들의 경험이 객관적 절차를 통해 대상화되면 '주체'가 사라져 보이지 않는 점에 주목했다. 그리고 그녀는 이를 문제 삼고 사고를 진척시켜 갔다. 그런데 이 문제는 그녀에게 큰 도전이었다. 왜냐하면 그녀가 열심히 공부했던 주류 사회과학의 전제와 방법을 뒤집어야 하는 문제였기 때문이다.

도로시 스미스가 직면한 도전의 동력과 돌파구는 그녀가 당시 관심을 두었던 페미니즘, 즉 여성들의 삶에 대한 이해로부터 나왔다. 여성들의 삶은 대상화된 기존의 추상적 개념들로는 이해될 수 없었다. 그러나 이 여성들에게는 기존의 담론들이 말해 주지 않는 경험이 있었다. 아이들을 양육하면서 경험하는 혼란, 남편에게 구타를 당하면서 경험하는 숨 막히는 혼란 등 여성들의 일상적 삶을 대변하고 말해 주는 개념적 언어와 담론은 당시에는 없었다.

따라서 여성들의 삶을 이해하고 설명하기 위해서는 다른 언어가 필요했고, 그러자면 여성이라는 주체를 숨기지 않고 살려 내는 것이 필요했다. 기존의 추상화된 개념이 아니라 여성 주체가 경험한 궤적을 그들의 언어를 따라 추적해야 했다. 또 연구자가 그들의 경험을 해석하고 통역하는 것이 아니라, 여성들의 입장에 서서 그들의 경험을 추적하는 것이 필요했다. 이후 도로시 스미스는 이 필요성을 여성의 삶을 이해하는 데만이 아니라 모든 억압받는 사람 혹

은 제도적 담론에서 소외된 사람의 삶을 설명하는 데로 확장하였
는데, 이것이 바로 제도적 문화기술지이다.

예를 들어, 2장에서 언급한 '폭력'이라는 개념의 경우 그것이 가
정폭력과 같은 개인적 폭력이든 폭동이나 내전과 같은 집단적 폭
력이든 거기에는 폭력의 주체도 폭력의 방식도 보이지 않는다. 그
저 폭력이 일어났다는 사실만 존재한다. 왜냐하면 추상화를 통해
폭력이 대상화되었기 때문이다. 이러한 방식에서는 사람들의 경
험의 '실제'도, 그 실제적 행위의 주체도 보이지 않는다(Smith, 1990:
53-55). 도로시 스미스의 문제의식은 바로 이 지점을 겨냥했다. 같
은 맥락에서 하버마스도 사회과학이 대상화 과정을 통해 통제를
위한 지식을 산출하고 있고, 그것은 행정체계의 일부가 되어 감으
로써 생활세계를 식민화한다고 비판하였다(Grahame, 1998).

② 주체의 위치성

그런데 여기서 명확히 할 것은 '주체'라는 말에 함축된 의미가 무
엇인가 하는 것이다. 주체라는 말에는 '위치성'이 함축되어 있다.
위치성은 우리는 모두 위치 지워진 존재임을 말한다. 우리의 존재
가 위치 지워져 있다는 것은 우리가 서 있는 위치에 따라 서로 다른
이해관계와 경험을 한다는 의미이다. 따라서 주체가 어디에 위치
하느냐, 즉 주체 위치(subject position)에 따라 경험은 달라진다. 예
를 들어, 같은 학교제도라도 학부모의 위치에 있을 때와 교사의 위
치에 있을 때의 경험과 이해관계는 달라진다. 따라서 우리가 일상
세계에 대해 갖는 지식은 우리가 서 있는 위치에서 나온다. 이것은
주체의 주관성을 긍정한다. 제도적 문화기술지 연구는 사람들이
일상생활에서 겪는 경험과 주관성을 긍정하며, 바로 이 사람들의

주관성에서 연구가 시작된다(Smith, 1987: 59).

이처럼 제도적 문화기술지는 주체자의 위치에서 지식을 생산하고자 한다. 주체자의 위치에서 지식을 생산하기 위해서는 연구자의 위치성만이 아니라 연구대상자의 위치성을 살려 내는 방법을 고안해야 한다. 도로시 스미스가 발견한 방법은 연구자가 연구대상자의 '입장'에 서는 것이었다. 연구자가 연구대상자의 입장에 서서, 연구대상자의 위치에 서서 연구하는 것이다. Campbell과 Gregor(2004)는 이를 '주체가 입장에 품어져 있다'는 말로 표현하였다. 주체의 위치성을 살려 누군가의 위치에서 연구하는 것은 제도적 문화기술지의 가장 중요한 측면이다. 따라서 제도적 문화기술지에서 '입장'은 대상화로 인해 사라진 주체를 살려 내고, 연구자가 연구대상자의 위치에 서서 연구를 실행하기 위해 꼭 필요 방법론적 장치이다.

(2) '단절'을 붕괴시키기 위해

도로시 스미스는 추상적 담론에 의한 대상화가 주체의 위치를 보이지 않게 할 뿐만 아니라, 서로 다른 주체들의 경험을 단절(disjunction)시킨다는 점에 주목했다. 즉, 추상화된 개념이나 이론을 사용함으로써 사람들의 입장이 배제되고, 그 결과 서로 다른 위치에 속한 주체들의 경험이 단절된다는 것이다. 도로시 스미스는 주류 사회과학은 추상화된 개념과 이론을 사용함으로써 사람들이 한 경험을 단절시키고 이를 고착화한다고 비판한다. 그리고 이러한 단절의 고착화는 우리가 사는 사회가 '지배 관계'로 이루어져 있음을 간과하게 한다고 보았다.

예를 들어, 복지공무원은 그들을 가장 힘들게 하는 것으로서 진상 민원인을 꼽는다. 진상 민원인은 수급자가 될 수 있게 해 달라고 복지공무원을 흉기로 위협하고, 일을 할 수 없게 동주민센터에 와서 소리를 고래고래 지르고, 하루 종일 주민센터 안의 의자에 누워 있기도 한다. 그러나 진상 민원인을 만나 인터뷰해 보면 복지공무원이 얼마나 쌀쌀맞은지 상처를 크게 받고 아무리 죽을 만큼 힘들다고 얘기해도 얘기를 들어 주질 않는다고 말한다. 언뜻 보아도, 이 두 사람의 경험은 단절되어 보인다. 누구의 입장에 서서 이야기를 듣느냐에 따라 스토리는 전혀 달라진다. 그저 두 사람의 성격이나 의도 혹은 수용성에서의 차이가 이러한 단절의 원인쯤으로 여겨질 뿐이다. 그러나 과연 이 둘의 단절된 듯 보이는 경험이 정말 단절된 것일까?

도로시 스미스는 단절되어 보이는 경험들이 사실은 단절되어 있지 않고 '지배(ruling)'의 관계 속에 있다는 점을 간파했다. 즉, 각 주체가 알고 있는 앎(knowing)은 서로 단절되어 보이지만 실제는 그렇지 않다는 것이다. 앞서 복지공무원과 진상 민원인의 단절되어 보이는 경험들은 사실은 부정수급자 색출을 목적으로 도입한 사회복지통합전산망과 보건복지부가 이 전산망의 접근 권한을 복지공무원으로 한정함으로써 발생한 것으로 이해할 수도 있다. 그들이 하는 모든 것을 전산망에 입력해야 하는 복지공무원은 민원인들의 이야기를 들어줄 시간이 없어 적절히 응대하지 못하고, 이를 직접 경험한 민원인은 답답한 심정에 진상 민원인이 된다.

그러면 단절 너머 이러한 '지배'의 모습을 어떻게 볼 수 있을까? 면대면 관계에 대한 관찰이 아무리 많아도, 일상생활에 대한 상식적 지식이 아무리 많아도 우리는 그것들이 어떻게 합쳐져서 이루어지는지를 알지 못한다. 일상에 대한 우리의 직접적 경험은 문제를 만들어 내지만 어떤 답을 제공해 주지는 않는다. 우리의 직접적 경험의 기저에 작용하면서 그것을 만들어 내는 관계들은 다른 사람과의 관계에서는 보이지 않는다. 그들의 경험은 우리의 경험과는 다르다. 만약 우리가 우리의 경험 세계에서 시작해 그것이 어떻게 이루어지는지 분석하고 설명하고자 한다면 우리는 다른 사람들의 경험이 우리의 것과 같지 않다는 점을 사실로 받아들여야 한다(Smith, 1990: 27). 기초수급 제도 내에서 서로 다른 위치에 있는 복지공무원의 경험과 기초수급 대상자의 경험은 당연히 서로 다르다.

도로시 스미스는 이렇게 서로 다른 주체 위치에서의 경험은 다르다는 점을 강조한다. 그녀에 의하면, '지배'의 모습은 서로 다른 주체 위치를 살려 내어 이들의 경험을 이어 맞추면 보인다. 이렇게 하면 단절되어 있던 것이 단순히 연결되는 것이 아니라 단절 그 자체가 '붕괴'되면서 지배 관계가 보인다(스미스, 2014: 51). 이것은 마치 지질학에서 서로 다른 지층의 모습들이 지층 깊숙한 땅속에서는 단층선으로 이루어져 있는 것과 같다(Smith, 1987).

도로시 스미스는 우리의 일상의 삶이 어떻게 복잡한 '지배'의 관계로 얽혀 있는지를 아래와 같이 묘사한다. 이 묘사에서 알 수 있듯이, 경제 제도라는 지배 관계는 우리의 일상과 멀리 떨어져 별개로 존재하는 것이 아니라 일상 속에서 복잡하게 얽혀 있는 바로 그것이다. 제도적 문화기술지는 단절되지 않은, 이 조직화된 복잡한 관계의 모습을 그려 내려 한다.

일상의 인식 주체로서 여성은 그 자신의 경험에 있어 전문가이다. 그녀가 물건을 어떻게 사는지, B노선의 버스 정류장이 어디에 있는지, 유

기농 야채와 저지방 우유를 어느 슈퍼마켓에서 파는지, 일상의 특별하
지 않은 모든 일을 알고 있을 때 그녀는 전문가이다. 그러나 유기농 야
채임을 인증하고, 슈퍼마켓이나 버스 회사가 어떻게 운영되고, 차도와
인도의 상태 및 쓰레기 처리 기준에 대한 지방 정부의 책임이 어떻게
조직화되는지는 이와 전혀 다른 문제이다. 이러한 일상의 가시적이고
효과적인 조직화가 결합되어 보다 복잡한 관계로 들어가면 바로 그것
이 경제라는 사회관계이다(스미스, 2014: 51-52).

도로시 스미스에 의하면, 한 개인의 일상 경험에서는 온전히 드
러나지 않는 복잡한 조직화를 설명하려면 그 개인의 행동을 설명
하려 하지 말고, 그가 세계 내 질서의 어디에 위치하고 있는지로부
터 시작해야 한다(Smith, 1987: 89). 즉, 그의 입장으로부터 시작해
야 한다. 이처럼 제도적 문화기술지는 사람들의 일상 속에서는 보
이지 않는, 조직화된 복잡한 관계를 그려 내기 위해 '입장' 개념을
끌어온다. 이때 연구자는 누군가의 '입장'에 서고, 그와 연관된 다
른 위치에 있는 사람들의 경험들을 연결한다. 이렇게 '입장'을 세
운다는 것에는 누군가의 입장을 선택한다는 것 외에도 그 누군가
와 연관된 다른 주체들의 경험들을 살려 내고 찾는다는 의미가 포
함되어 있다. 그러므로 연구자가 누군가의 '입장'에 서면 지배 관계
혹은 조직화가 보인다. 여기서 제도적 문화기술지는 각 주체의 단
절되어 보이는 경험을 연결하여 지배 관계로 나아갈 수 있게 해 주
는 방법론적 장치로 '문제틀(problematic)'을 설정한다.

앞에서 알 수 있듯이, '입장'은 대상화로 인해 사라진 주체를 살
려 내고, 지배 관계의 조직화를 볼 수 있기 위해 도입한 제도적 문
화기술지의 방법론적 장치이다. 연구자가 '입장'을 세우지 않고서

는 제도적 문화기술지를 수행할 수 없다. '입장'은 어떤 연구가 제도적 문화기술지 연구로 되기 위한 필수적 장치이다. 그러면 과연 '입장'은 무엇일까? 이에 대해 좀 더 구체적으로 살펴보자.

2) '입장'이란 무엇인가

(1) '입장'과 페미니즘

제도적 문화기술지의 '입장' 개념은 페미니즘에 빚지고 있다. 도로시 스미스는 주체를 살려 내고 단절을 붕괴시킬 수 있는 대안적 방법을 페미니즘에서 발견했다. 그것은 '여성들의 입장(women's standpoint)'에서 시작하는 것이었다. '여성들의 입장'은 페미니스트 학자들이 발전시킨 '입장이론(standpoint theory)'이라는 비판적 인식론으로부터 나왔다. 비판적 인식론에서 모든 연구는 특정 사회적 위치에서 수행되기 때문에 지식의 객관성은 달성되기 어렵다고 본다. 또 실재에 대한 보다 나은 이해는 지배집단의 위치(location)로부터가 아니라 주변부 집단의 위치에서 연구함으로써 가능하다고 본다. 왜냐하면 주변화된 집단의 구성원들은 소수자 문화만이 아니라 지배문화에서 살기 때문에 지배집단에 속한 사람들에게 유용하지 않은 지식을 갖고 있기 때문이다(O'Neill, 1998: 130-131).

도로시 스미스는 여성들의 경험에 대해 생각하고 말하면서 그 안에 놀랄 만큼 깊은 소외와 분노가 있음을 알게 된다. 그것은 기존의 담론으로는 설명될 수 없었다. 이러한 여성들의 경험을 공론의 장으로 끌어내는 방법은 여성들 자신의 경험을 말하는 것이었다. 도로시 스미스가 제시한 '여성들의 입장'은 Harding의 '페미니스트 입장(feminist standpoint)'에서 페미니스트라는 말을 '여성들'로 대체한 것이다. 그러나 '여성들의 입장' 개념은 '페미니트스 입장' 개념을 훨씬 넘어선다. 이것은 여성을 범주가 아닌 인식 주체로 살려 내어 그 주체의 입장에 서서 지식을 생산하게 한다(스미스, 2014: 26-30).

(2) 제도적 문화기술지의 '입장'

이처럼 페미니즘에서 말하는 '입장'과 제도적 문화기술지에서 말하는 '입장'은 다르다. 제도적 문화기술지는 비록 페미니즘으로부터 영감을 받았지만 그곳에 머무르지 않고 더 확장한다. 즉, 도로시 스미스는 페미니즘으로부터 '입장' 개념을 빌려왔으나 이를 그대로 사용하지 않고 변용하고 확장하였다. 그녀는 '입장'을 주체의 위치를 품는 개념으로 사용했을 뿐 아니라, 그 주체가 단지 여성에게 국한되는 것이 아니라 여성을 포함한 모든 사람에게 열려 있는 것으로 확장하였다. 그녀는 '입장'을 사회적 범주나 위치(position)를 의미하는 것이 아니라, 인식 주체라면 누구에게나 열려 있는 장(site)으로 보았다(스미스, 2014: 30).

위치(position)가 다른 사회적 범주들과의 관계에서의 위치라면, 장(site)은 어떤 사태가 일어나는 토대의 일부라는 의미로서의 위치를 말한다. 전자의 예로 여성의 위치는 남성이라는 사회적 범주의 위치와 관련되어 이해되고, 흑인은 백인이라는 사회적 범주와 관련되어 이해된다. 후자의 예로 수급 신청자의 위치는 동주민센터 복지공무원의 위치, 구청의 조사팀 복지공무원의 위치, 공무원 노조원의 위치, 보건복지부 관료의 위치라는 복합적 관계 속에서 일어나는 수급 신청 과정을 구성하는 하나의 위치를 말한다. 이렇게 제도적 문화기술지에서 말하는 위치는 사회적 범주들과의 관계 속에서 본 위치가 아니라, 제도적 과정에 있는 주체라면 누구든 특정의 위치를 점하게 되는 바로 그 위치를 말한다. 제도적 문화기술지 연구자는 제도적 과정과 관련된 여러 위치에서 일어나는 사건들을 연결해야만 조직화의 모습을 그릴 수 있다.

이처럼 제도적 문화기술지에서는 누구나 사회적 위치의 주체가 될 수 있다. 제도적 문화기술지 연구자는 여성들의 입장만을 고수하지 않는다. 그는 누구의 입장에도 설 수 있다. 일반적으로 제도적 문화기술지는 제도적 담론에서 배제되거나 소외된 모든 사람의 입장에 선다. 이로써 제도적 문화기술지는 여성만이 아니라 모든 배제되고 소외된 사람의 입장에 서서 그들의 경험이 어떻게 조직화되고 지배 관계에 연루되는지에 관한 지식을 생산하는 탐구방법이 된다.

예를 들어, 제도적 문화기술지 연구자는 일용직 노동자들의 작업방식으로 인해 기초수급에서 탈락한 사람이 있다고 할 때, 그 일용직 노동자의 입장에 서서 그들이 어떻게 하여 수급 탈락이 이루어지는지를 연구할 수 있다. 일용직 노동자들은 팀을 이루어 작업하는데, 이때 업주와 계약하는 사람은 한 사람이다. 나머지 사람들은 업주와 계약하지 않고 일이 끝난 후 계약 당사자로부터 급여를 받는다. 업주는 모든 급여액을 계약 당사자 한 사람에게만 지급하고 이를 국세청에 신고한다. 이때 만일 계약 당사자가 기초수급을 신청한다고 할 때 국세청에서 올라온 그의 수입은 실제 본인이 받는 것보다 훨씬 많게 나타난다. 일용직 노동자가 복지공무원에게 이러한 사정을 아무리 설명하지만, 복지공무원은 국세청 자료만을 근거로 수급 신청 자격을 심사하고 결정한다.

제도적 문화기술지 연구자는 바로 이 일용직 계약 당사자의 '입장'에 서서 그의 수급 탈락 기저에 어떤 조직화 양상이 작동하는지를 연구할 수 있다. 연구자는 일용직 계약 당사자의 경험에 한정하지 않고 기업주, 국세청 직원, 복지공무원 등의 경험으로 확장한다. 다양한 주체의 경험을 탐구의 수면 위로 끌어내는 것이다. 그리고 이들의 경험을 연결하고 그 기저에 기초수급 탈락이 어떻게 제도적으로 조직화되는지를 파악한다. 제도적 문화기술지 연구자는 이 조직화 양상을 그려 냄으로써 단절로 인해 보이지 않던 탈락의 기제를 펼쳐 보여 준다.

여기서 알 수 있듯이, '입장'은 누군가의 주관적 관점이나 구체적 세계관을 의미하지 않는다. '입장'은 일용직 노동자의 수급 탈락을 연구하기 위한 진입점, 입구이다. 그러나 '입장'의 중요성은 연구의 진입 지점을 제공해 준다는 데 있지 않다. 이 진입점을 시작으로 하여 일용직 노동자의 경험과 관련된 다른 주체들의 경험들을 이어 맞추면 일용직 노동자가 어떻게 수급 신청에서 탈락할 수밖에 없는지에 대한 보다 더 큰 그림, 즉 지배 관계를 그릴 수 있게 된다.

따라서 제도적 문화기술지의 핵심은 이 '입장' 위치로부터 지배 관계를 정교화하고 사회적 조직화를 드러내는 것이다(Bisaillon, 2012: 117). '입장'이 중요한 것은 이러한 지배 관계를 이해하는 데 핵심이 되는 주체 위치들을 살려 내기 때문이다(Graham, 1998). 따라서 '입장'은 연구를 시작할 때 주체를 위한 공간과 일상 세계의 실제 경험들을 위한 공간을 만들어 주는 하나의 방법(method)이라고 말할 수 있다(Smith, 1987: 107).

(3) 누군가의 '입장'에서의 지식

제도적 문화기술지에서 '입장'을 세운다는 말에는 여러 의미가 함축되어 있다. 첫째, 누군가의 입장을 선택하여 해당 집단 구성원의 경험을 검토하는 것, 둘째, 그 누군가의 경험 속에 체현된 다른 위치의 주체들을 찾아 그들의 경험을 탐구하는 것, 셋째, 이들 모두의 경험을 연결하여 누군가의 경험을 이해하는 큰 그림(big picture)을 그리는 것이 포함된다. 따라서 우리는 '입장'을 세움으로써 누군가의 경험을 바로 그 경험으로 만든 지배 관계를 볼 수 있다. '입장'은 주체를 살려 내고 단절을 붕괴시킴으로써 지배 관계로 나아가게 하는 출발점인 셈이다.

예를 들어, 어떤 연구자가 조손가족 아이들이 조부모의 노력과 정성에도 불구하고 학교에서 왕따를 경험하는 것을 보고 여기서 연구를 시작한다고 하자. 이때 제도적 문화기술지 연구자는 누구의 '입장'에서 연구할 것인지를 결정해야 한다. 그는 아이들의 '입장'에 서서 연구할 수도 또는 조부모의 '입장'에 서서 연구할 수도 있다. 만일 연구자가 조부모의 '입장'에 서서 연구하고자 한다면, 그는 초등학교에 다니는 손주를 둔 여러 조부모를 인터뷰한다. 이 인터뷰를 기반으로 연구자는 인터뷰에서 드러나는 다른 주체들, 예를 들어 담임교사와 학교장, 학부모 회장을 통해 학교규칙, 학교이사회, 교육부의 결손가정에 대한 정책 등을 탐색해 간다. 제도적 문화기술지는 이들이 어떻게 상호 조정되고 조직화되는지 분석함으로써 조부모의 노력과 정성이 어떻게 무력화되는지 그 기저의 지배 관계를 그리게 된다.

여기서 만일 연구자가 아이들의 '입장'에 서서 연구한다면 조부

모의 입장에 섰을 때 드러난 지배 관계와는 다른 지배 관계가 드러
난다(Smith, 1987: 107). 아이들의 입장에 서서 연구하는 연구자는
조부모 가정 아이들은 물론 아이들의 학교 친구들, 동네 친구들, 담
임교사, 방과후 학교 교사, 조부모 등의 경험을 수집하여 연결함으
로써 어떻게 학교에서 왕따를 당하는지 그 조직화 양상을 그려 내
게 된다. 이처럼 연구에서 '입장'을 끌어들이게 되면 연구참여자의
주체가 살아나고 그 주체의 입장에서의 지배 관계를 탐색할 수 있
다. 왜냐하면 그러한 연구는 주체의 위치에서 시작하고, 주체와 연
관된 다른 주체들의 경험을 연결짓기 때문이다.

　이처럼 제도적 문화기술지는 사람들의 '입장'에서 지식을 생산한
다. 누군가의 입장에서의 지식은 흔히 편파적인 것으로 여겨진다.
왜냐하면 지식이란 특수성과 편파성을 초월해야 한다는 관념이 주
류 사회과학을 지배하고 있기 때문이다. 그러나 제도적 문화기술
지는 우리는 모두 항상 어딘가에 위치 지워져 있다고 보기 때문에,
누군가의 '입장'에서 지식을 생산하고자 한다. '입장'은 개인의 위
치성(locatedness)을 사회분석의 핵심적 위치에 놓는다(Peet, 2014:
101).

　Bisailon과 Rankin(2013)은 이렇게 지식 생산에서 '입장'을 중시
하는 것을 가리켜 '입장의 정치성(standpoint politics)'이라 불렀다.
입장의 정치성은 사람들의 입장으로부터 지식을 만들어 내려는 의
도를 가리킨다. 사람들의 입장으로부터의 지식은 그들의 삶을 모
양새 짓는 과정과 거시-사회적 파워의 역동에 대한 지도와 그림을
보여 준다(Smith, 1996: 55).

　'입장'에서 시작하는 연구는 이론적이거나 추상적인 것에서 출발
하지 않는다. 그것은 주체 위치를 정하고, 그 주체의 경험에서 시작

한다. 누군가의 '입장'에서의 연구는 그가 살아가는 일상의 조건에서 출발한다(Bisailon, 2012). 예를 들어, Wilson과 Pence는 가정폭력을 받는 원주민 여성의 '입장'에서 출발했지만, 이들 여성의 폭력 경험에는 제도적 관리에 의한 복잡한 지배 관계가 작동하고 있음을 드러내 보여 주었다. 그들은 미국 법체계에서 일하는 전문가들은 사회관계의 복잡한 장치 안에 위치해 있고, 그 장치의 틀과 범위 내에서 생각하고 행동하도록 조정되고 있으며, 이것이 가정폭력을 받는 원주민 여성들의 판결에 영향을 미치고 있음을 보여 주었다(Wilson & Pence, 2006: 207).

이처럼 제도적 문화기술지 연구자는 '입장'을 세움으로써 연구를 시작한다. 이 위치는 일군의 사람들이 몸으로 한 경험 안에 있다. 객관적 지식이 아니라 몸의 경험에서 나온 지식을 수용하고 유지한다는 것은 연구의 정치적 입장을 명확히 한다. 제도적 문화기술지 연구자는 억압받거나 박탈된 사람들의 입장, 지배적 제도 틀 밖에 있는 사람들의 입장에 서서 시작함으로써 우리가 다른 사회적 위치에서는 보지 못했던 사회 세계의 측면을 밝혀내는 유용성을 갖고 있다(Smith, 1987). 따라서 '입장'을 취해 연구하는 것에는 정치성이 포함되며, 그것은 하나의 정치적 결단이다.

3) 누군가의 '입장'에 서서 연구한다는 것은 무엇인가

(1) 정보제공자의 주체 위치에 서는 것

제도적 문화기술지는 탐구를 위해 주체 위치를 설정한다. 이것은 제도적 문화기술지 연구자가 연구를 시작할 때 정보제공자들을 주체가 되도록 하는 것이다. 연구는 바로 여기서 시작된다(스미스, 2014: 77). 이렇게 정보제공자들을 주체가 되도록 하면 연구자는 사라지고 연구 대상인 주체가 살아난다. 누군가의 '입장'에 선다는 것은 바로 연구자가 이들 정보제공자의 주체 위치에 서는 것이다.

그럼 누군가의 입장에 선다는 것이 누군가의 주체 위치에 서는 것이라고 했을 때, 어떻게 해야 누군가의 입장에 서고 누군가의 주체 위치에 서는 것일까? 누군가의 입장에 서는 것을 이해하기 위한 가장 유효한 방법은 제도적 문화기술지가 '주체'를 어떤 존재로 설정하는지 아는 데 있다. 즉, 제도적 문화기술지에서 주체가 어떤 존재인지를 이해하는 것은 입장에 선다는 것의 의미를 구체적으로 제시해 준다. 주체를 어떤 존재로 보느냐에 따라 입장에 서는 방법이 달라질 수 있다.

일반적으로 제도적 문화기술지에서 주체는 일상 세계에 대해 알고 있는 사람이다. 그러나 '입장'을 이해하기 위해서는 이러한 주체에 포함된 의미를 좀 더 구체적으로 이해할 필요가 있다. 제도적 문화기술지의 주체는 두 가지 특성을 가진다. 하나는 '체현된' 주체이고, 다른 하나는 '능동적' 주체이다. 즉, 제도적 문화기술지에서 연구자가 누군가(주체)의 입장에 선다고 할 때 그 주체는 '체현된 주체'이자 동시에 '능동적 주체'이다.

(2) 체현된 주체

제도적 문화기술지의 주체는 '체현된 주체(emboided subjects)'이다. 여기서 체현되었다는 것은 인류학에서 온 것으로 사람들의 사회적 경험과 그들의 익숙한 삶으로부터 알게 된다는 것을 말한다.

이는 사람들이 어떻게 그들의 몸이 관여하는 행동과 활동들에 근거해 알고 말하는지 보게 해 준다(Bisaillon, 2012).

따라서 체현된 주체는 체현된 앎(knowing)을 가진 주체이다. 체현된 앎이란 일상의 시공간에서 직접 경험하면서 알게 되는 앎이다. 체현된 주체는 물질적이고 특정적이고 실제적이고 구체적이고 일상적이고 역사적인 장에 위치해 있는 주체이다.[1] 체현된 주체는 위치 지워진 그 자신의 경험에서 존재가 시작된다(스미스, 2014: 51). 체현된 주체의 관점에서 볼 때, 누군가의 경험은 그들이 사는 세계에 끌려 들어온 것들과 밀접히 연결된, 사회적으로 조직화된 세계이다.

도로시 스미스에 의하면, 체현된 경험을 하는 사람은 개념적이고 추상화된 방식으로 의식하는 사람보다 더 멀리 더 깊이 현상의 총체성을 볼 수 있다. 이런 점에서 지식은 지배적 내러티브에서 배제된 억압받는 사람들에게서 나온다. 그 이유는 더 많은 파워를 가진 집단은 그들 자신의 경험만 표현하고, 그들의 경험에는 다른 집단의 경험이 포함되어 있지 않기 때문이다. 도로시 스미스는 제도적 문화기술지는 일상의 경험에서 시작하며, 중요하고 타당한 지식 기반은 사회의 종속된 위치로부터 나온다고 보았다(McNeil, 2008: 110). 그녀는 Marx가 지배계급과 노동계급의 의식을 설명할 때 인용한 Hegel의 '주인-노예'의 비유를 끌어와 이를 설명한다.

> 노예는 주인을 위한 욕망의 대상을 생산한다. 이때 노예는 주인의 의

---

[1] 체현된 주체는 보편적 주체가 아니다. 현상학적 연구에서는 보편적 주체를 상정한다. 여기서는 이 보편적 주체를 위해 오히려 체현된 것을 괄호치기 한다(스미스, 2014: 50).

지에 순응하고 그의 일을 통해 주인의 의식을 실현한다. 노예는 주인과의 관계에서 독자적인 주체가 아니다. 노예의 노동은 주인의 욕망의 대상, 의식의 대상과 관련해 주인과의 관계에서 존재한다. 우리 눈에 잘 보이는 주인의 입장에서의 관계는 주인과 노예 사이의 관계의 조직화의 산물이다. 이 조직화는 주인의 입장에서는 보이지 않는다. 주인의 의식 속에는 그 자신과 대상 그리고 단순한 수단에 불과한 노예가 있을 뿐이다. 노예에게는 주인, 욕망의 대상을 생산하는 노예의 노동, 그리고 주인과 대상의 관계가 있다. 노예에게 이 관계의 총체성은 눈에 보인다……. 지배는 추상화되고 개념적인 방식으로 존재하며, 육체적 방식의 세계에 의존한다(Smith, 1987: 78-81).

이처럼 세계는 직접 경험한 세계와 추상적 개념적 방식으로 조직화된 세계로 구분된다. 예를 들어, 간호사는 환자와 관련된 일상의 실제를 다루지만, 정신과 의사는 이를 추상적이고 개념적인 형태로 다룬다. 이때 정신과 의사는 이미 추상이며, 말하고 행하는 것 속에 맥락이 빠져 있다. 간호사의 앎이 더 체현된 앎이라면, 정신과 의사의 앎은 더 이념적 앎에 해당한다. 누군가의 '입장'에서 연구를 시작한다는 것은 그의 물질적이고 육체적이고 일상적인 직접 경험된 세계에 위치를 정하는 것이다(Smith, 1987: 85).

바로 이 지점에서 연구자가 '입장'을 세울 때 주체의 어디에 위치를 정해야 할지가 결정된다. 기존의 사회과학 연구자는 객관적 지식을 산출하려고 하므로 일상 세계 사람들 밖의 '보편적 주체'로 자신을 위치시킨다. 그러나 제도적 문화기술지 연구자는 보편적 위치에서 빠져나와 일상 세계의 '체현된 주체'에 자신을 위치시킨다. 그것은 특정 사회적 위치에 있는 사람들이 몸으로 한 경험, 이 경험과 관련된 것들, 일상의 앎 안에 위치를 정하는 것이다(Bisallion &

Rankin, 2013). 체현된 앎은 누군가가 경험적으로 아는 것은 늘 체현되어 있고, 주체는 늘 시간과 공간 속에 있는 몸에 존재한다고 전제한다(Campbell, 2003: 18).

따라서 연구자가 누군가의 입장에 선다고 하는 것은 정보제공자들이 몸으로 한 경험과 일상에서 알게 된 '일 지식'(3장 참조)을 추적해 가는 것이다. 이런 의미에서 입장은 연구자가 연구를 시작할 때만 취하는 것이 아니라 자료를 수집하고 자료를 분석하고 글을 쓰는 일련의 과정에 작동한다. 즉, 누군가의 입장에 서는 것은 연구의 전 과정을 통해 이루어지는 것이다.

(3) 능동적 주체

제도적 문화기술지에서 주체는 '능동적 주체'이기도 하다. 제도적 문화기술지는 사람들을 수동적 대상이 아니라 능동적 주체로 본다. 능동적 주체는 자신들의 일상 세계에 대해 알고 있고, 경험하고 있고, 그 세계에 질문을 던지는 주체이다(O'Neill, 1998: 137). 제도적 문화기술지는 이 주체들의 경험 속에서 그들의 일상적인 것들을 틀 짓고 조직화하고 결정하는 사회관계들을 찾는다. 이 주체들의 경험 속에는 그들의 경험을 그렇게 만든 사회관계들이 끌려들어와 있기 때문이다. 예를 들어, 수급 신청자들의 탈락 경험 속에는 모든 것을 신청자가 입증해야 한다는 '신청자 입증주의'라는 담론이 텍스트의 형태로 들어와 있다.

그러나 주체의 경험이 이들 사회관계에 의해서만 만들어지는 것은 아니다. 주체는 사회관계를 만들어 내기도 한다. 예를 들어, 사람들의 생각과 행동이 정부의 법적 실천을 통해 만들어지기도 하지만 동시에 정부의 법적 실천이 사람들의 생각과 행동을 만들어 내기도 한다. 제도적 문화기술지에서 주체는 사람들의 삶에 들어 있는 경쟁적인 이해관계들을 '조정'함으로써 사회관계에 적극적으로 참여한다. 즉, 주체는 수동적인 존재가 아니라, '조정'을 통해 사회관계를 만들어 내고 사회관계에 참여하는 능동적인 존재이다 (Smith, 1987; Compbell, 2016). 이런 맥락에서 주체들은 그들의 일상 세계에 대한 전문가이다.

따라서 제도적 문화기술지는 이러한 능동적이고 경험하는 주체의 존재를 보존하는 방법과 절차를 필요로 한다(Smith, 1990: 47). 연구자가 누군가의 '입장'에 선다는 것에는 이러한 능동적 주체의 능동적 움직임을 따라간다는 의미가 포함되어 있다. 그러자면 사람들은 서로 다른 경험과 이해관계를 가지고 있고, 우리가 살아가는 사회는 주체들이 이러한 경험과 이해관계의 차이를 '조정'하는 지속적인 과정임을 숙지할 필요가 있다.

이를 위해 연구자는 주체들이 어떻게 그들의 '일(work)'을 조정하고 만들어 내는지 추적하는 자세를 취해야 한다. 즉, 제도적 문화기술지 연구자가 정보제공자의 주체 위치, 즉 입장에 서는 것은 능동적인 주체의 위치에 서는 것을 의미한다. 그리고 능동적 주체의 위치에 서는 것은 주체들의 조정 행위에 주목하고 그것을 추적한다는 의미이다. 연구자가 능동적 주체의 위치에 서는 것은 연구를 시작할 때만이 아니라 자료를 수집하고 분석하는 전 과정에서 이루어진다.

(4) 입장의 선택과 발견

이처럼 제도적 문화기술지 연구자는 누군가의 '입장'에 서서 그
의 입장으로부터 지식을 생산한다. 만일 연구자가 다른 사람의 입
장에 서면 그 다른 사람의 입장으로부터 지식을 생산한다. 이들 지
식은 서로 다르다. 서로 다른 입장에서는 정책이나 제도의 상충적
이해관계가 드러난다. 그리고 서로 다른 입장으로부터 서로 다른
지배 장치가 보인다.

예를 들어, 기초수급을 담당하는 복지공무원의 '입장'에서 그들
이 왜 수급자를 찾아가지 못하게 되는지를 제도적 문화기술지로
연구하면, 효율과 성과 중심의 다양한 지배 장치(사회복지통합전산
망, 평가지표, 업무분담 지침, 원스탑 서비스 등)와 이들의 조직화 양상
이 드러난다(김인숙, 2017). 그러나 만일 연구자가 복지공무원의 입
장에서가 아니라 기초수급 신청자의 '입장'에서 그들의 수급 탈락
이 어떻게 이루어지는지를 연구하면, 국기법의 법률조항, 텍스트
에 의한 입증주의와 공적자료 우선주의에 경도된 복지공무원의 실
천전략이 지배 장치로 등장한다(김인숙, 2020).

이처럼 제도적 문화기술지는 사람들이 겪는 문제와 관심사들이
어떻게 제도적 질서와 관련되어 있는지를 탐구하기 위해 누군가의
입장에 서서 연구를 시작한다. 이때 입장은 제도적 질서를 탐구하
는 안내자 역할을 한다(스미스, 2014: 63-64). 연구자가 누구의 입장
에 설 것인가를 결정하는 것은 연구자의 자의적 선택만으로 이루
어지는 것은 아니다. 입장은 연구자가 선택하는 것이기도 하지만
'발견되는' 것이기도 하다. 왜냐하면 입장은 문제틀을 발견해 가면
서 더 명확해질 수 있기 때문이다.

누구의 입장에 설 것인지 결정하는 것은 연구자가 처한 상황에 따라 다를 수 있다. 연구자가 이미 어떤 사람들의 경험에 익숙하고 제도적 실제를 꿰뚫고 있다면 연구자의 입장 선택은 신속하게 결정된다. 그러나 정보제공자들의 경험을 새롭게 알아 가야 하는 연구자는 자료를 수집하고 문제틀을 확인하면서 입장을 선택한다. 도로시 스미스는 입장과 문제틀이 귀납적으로 '발견된다'는 점을 강조하면서 제도적 문화기술지를 귀납적 연구방법으로 불렀다.

2. 문제틀

1) '문제틀'이란 무엇인가

제도적 문화기술지는 일상에서의 누군가의 경험이 어떻게 사회관계와 연루되어 조직화되는지 보여 주고자 한다. '문제틀'은 이를 위한 핵심 개념이다. 제도적 문화기술지의 문제틀은 Louis Althusser의 '문제틀(problematic)' 개념에서 빌려 왔다(스미스, 2014: 73). 그러나 도로시 스미스는 '문제틀'을 Althusser의 방식이 아닌 자기만의 방식으로 정의하여 제도적 문화기술지의 방법론적 장치로 만들었다. 알튀세의 '문제틀'은 문제들이 설정되는 이데올로기적 구조와 틀을 말한다. 제도적 문화기술지에서 '문제틀'은 '입장'을 실현하게 하는 개념적 도구이자 동시에 일상 세계에서 발견되어야 하는 영역이다. '문제틀'이 무엇인지 좀 더 자세히 살펴보자.

(1) 문제틀: '입장'을 실현하게 하는 방법론적 장치

혼히 '문제틀(problematic)'이라고 하면 사회구성원들이 말하는 문제나 이해가 필요한 문제, 혹은 연구자가 연구하려는 문제나 주제로 오해한다. 제도적 문화기술지에서 '문제틀'은 이런 것이 아니다. 물론 사람들이 겪는 문제나 관심사가 제도적 문화기술지 연구의 동기를 제공해 주기는 한다. 그러나 이것이 어떤 연구를 제도적 문화기술지 연구가 되게 하는 것은 아니다. 제도적 문화기술지 연구의 초점은 어떻게 사람들이 제도적 관계에 참여하고 그 제도적 관계에 얽혀 드는지 탐구하는 것이다. 여기서 제도적 관계와 거기에 얽혀 드는 모습은 연구에서 선택한 '입장'에 따라 다르다. 제도적 문화기술지 연구자는 누군가의 입장에 서서 제도적 관계의 얽힘을 펼쳐 보여야 한다. '문제틀'은 바로 이 '입장'을 실현하게 하는 방법론적 장치이다(스미스, 2014: 321-322).

그러면 여기서 '입장'을 실현하게 한다는 말은 무슨 뜻일까? 이 말의 의미를 이해하기 위해서는 제도적 문화기술지의 목표와 '입장'을 도입하게 된 배경을 알아야 한다. 이미 앞에서 언급했듯이, 제도적 문화기술지의 '입장'은 기존의 담론이 말해 주지 않는 누군가의 경험을 이해하기 위해 그들의 주체를 살려 내고, 연구자가 그 주체의 위치에 서서 그들의 체현된 경험들을 추적함으로써 실현된다.

이때 추적된 주체들 각각의 경험은 우리 눈에 단절되어 보인다. 우리는 모두 일상 세계에 대한 전문가지만, 일상 세계가 그 너머 확장된 사회관계와 어떻게 연결되어 있는지는 알 수 없다. 따라서 이를 이해하기 위해서는 사람들이 무엇을 하고 그들에게 무엇이 일어났는가에만 기댈 수는 없고, 일상 세계의 조직화로 진입하고 조직화의 구조를 알 수 있게 해 주는 장치가 필요하다. 이것이 바로 '문제틀'이다(Smith, 1987: 110). 이런 의미에서 '문제틀'은 연구자의 초기 시선을 단절에 맞추려는 분석적 도구라고 할 수 있다(Peet, 2014: 59). '문제틀'을 사용해 각 주체의 일상 경험을 이어 맞추면 단절이 붕괴되면서 일상의 현실을 지배하는 사회관계와 사회적 조직화를 볼 수 있다.

예를 들어, 국기법 수급 신청자의 경험과 동주민센터 복지공무원의 경험은 각기 따로 보면 단절되어 보인다. 수급 신청자는 복지공무원의 무시하는 듯한 태도, 수급 제도를 시간을 갖고 충분히 설명해 주지 않는 것에 화가 난다. 수급자의 입장에 서서 볼 때 복지공무원만 친절하게 상담해 주면 거의 모든 문제가 해결될 듯하다. 그러나 동주민센터 복지공무원들은 복지부와 구청으로부터 시시때때로 내려오는 공문을 접수해 처리해야 하고, 모든 사항은 사회복지통합전산망에 입력해야 실적이 되므로 입력에 매달리게 되고, 일렬로 줄을 세우는 구청의 동주민센터 평가에 맞춰야 한다. 이런 상황에서 수급 신청자가 찾아오는 것은 달갑지 않다. 복지공무원의 입장에 서서 볼 때는 평가를 완화하고 전산망 입력을 줄이고 업무를 명확히 정하면 수급 신청자들에게 시간을 내어 친절하게 상담해 줄 수 있을 듯하다.

제도적 문화기술지는 서로 다른 위치에 있는 수급 신청자와 동주민센터 복지공무원의 경험을 연결하여 이어 맞춘다. 이렇게 이어 맞추면 수급 신청자들의 신청 경험을 바로 그 경험으로 만드는 더 큰 지배 관계, 사회적 조직화를 볼 수 있다. 구청으로부터 시도 때도 없이 내려오는 업무들, 효율성 중심의 평가제도, 주기적인 인사 순환, '취약'이라는 말만 들어가면 맡아야 하는 일들 때문에 동주민센터 복지공무원들은 수급 신청에 대한 상담에 많은 시간을 할애하기도 어렵고 친절하게 신청자들을 대할 수도 없다. 그 결과 수급 신청자들이 동의 복지공무원으로부터 충분한 도움을 받지 못하는 것은 상기와 같은 다양한 제도가 서로 얽히면서 만들어 내는 조직화 때문임이 밝혀진다. 즉, 수급 신청자가 수급 신청 과정에서 경험하는 것은 수급을 둘러싼 이러한 '지배(ruling)'의 기제 때문인 것이다.

이처럼 제도적 문화기술지는 비록 개인의 경험에서 시작하나 그 개인의 경험을 이해하기 위해 지배 관계로 나아간다. 이를 위해 서로 다른 위치에 있는 주체들의 경험을 추적하고, 그것들을 연결하여 이어 맞추면 마치 퍼즐을 맞추는 것처럼 지배 관계의 모습이 드러난다. '문제틀' 개념은 우리의 일상 경험이 어떻게 더 큰 조직이나 제도와 얽혀 있는지를 보기 위한 방식이다. '문제틀'은 누군가의 '입장'에서의 경험이 어떻게 더 큰 지배 관계와 연결되어 조직화되는지를 볼 수 있게 해 주는 개념적 도구이자 방법론적 장치이다. 연구에 '문제틀' 개념을 작동시킴으로써 우리는 우리의 일상 경험이 일상을 넘어 확장된 사회관계에 의해 어떻게 결정되는지 볼 수 있다. 이처럼 '문제틀'은 우리가 사는 세계가 어떻게 서로 연관되어 있는지를 보여 주는 개념적 도구이다.

그러므로 '문제틀' 개념을 적용하면 누군가의 '입장'에서의 경험이 온전히 이해된다. 즉, '입장'은 '문제틀'을 끌어옴으로써 온전히 실현된다. 왜냐하면 '입장'을 취한다는 말에는 연구자가 단순히 주체의 위치에 서는 것 이외에도 주체들을 살려 그것들의 조직화, 지배 관계의 탐구를 포함하기 때문이다. 이렇게 '문제틀'은 제도적 문화기술지 연구에서 '입장' 개념을 이해하는 방식으로서, 연구자의 '입장'을 확인하도록 돕는다.

(2) 문제틀: 일상 세계에서 '발견'되어야 하는 영역, 활동

앞에서 언급했듯이, '문제틀'은 일상 세계의 사회적 조직화를 보기 위해 제도적 문화기술지가 선택한 방법론적 장치이다. 그러나 '문제틀'은 동시에 연구 과정에서 발견되는 '영역'이기도 하다(스미스, 2014: 73). '문제틀'의 영역들을 발견해야 하는 이유는 이들을 이어 맞추어야만 누군가의 경험의 사회적 조직화를 그려 낼 수 있기 때문이다. 따라서 제도적 문화기술지 연구자는 '문제틀'의 개념을 활용해 '문제틀'의 영역들을 발견해야 한다.

여기서 '문제틀'의 영역들은 행위자들의 행위를 결정하면서 조직화를 가능하게 만드는 일상 세계의 실제적 속성들이다. 예를 들어, 수급 신청자들에게 수급 신청을 포기하게 만드는 것 중의 하나는 부양의무자에게 금융정보 등 제공 동의서를 받아 제출하는 것이다. 많은 수급 신청자는 이미 오랜 기간에 걸쳐 가족관계가 파탄된 경우가 많고, 설혹 가족관계가 유지된다 해도 긴밀하지 않기 때문에 부양의무자들이 그들의 금융재산에 관한 모든 정보를 낯선 타인이 볼 수 있게 동의해 주지 않으려 한다. 여기서 부양의무자 금융정보 등 제공 동의서는 수급 신청자들에게 수급 신청을 포기하게끔 만드는 하나의 문제틀 영역이다.

그런데 우리가 여기서 한 가지 주목할 것이 있다. 그것은 제도적 문화기술지에서 '문제틀'은 일상 세계를 조직화하는 '활동(activity)'이라는 점이다. 알튀세의 문제틀이 개념이나 이론 수준의 것이었다면 도로시 스미스의 문제틀은 '활동' 수준의 것이다. 그녀는 개념이나 이론 수준의 문제틀 개념을 활동 수준으로 전환하여 일상 세계를 조직화하는 활동들로 정의하였다(Smith, 1987: 1990a). 이렇게 함으로써 그녀는 제도적 문화기술지를 이론에서 접근하는 연구와 정반대에 위치시킨다. 이로써 스미스는 제도적 문화기술지를 로컬 질서를 넘어서는 연구로 나아가는 문을 열었다.

이처럼 제도적 문화기술지에서 '문제틀'은 이론적으로 발견되지 않는다. '문제틀'은 인터뷰나 자신의 경험, 혹은 참여 관찰 등에서 나온다. 그렇다고 '문제틀'이 이들 자료에 대한 추론을 통해 나오는 것은 아니다. '문제틀'은 인터뷰나 자신의 경험, 참여 관찰에서 발견된 '활동들'에서 발견된다. 이것은 '문제틀'이 단순히 입장을 실현하는 개념적 도구로서만이 아니라, 사회적 조직화를 만들어 내는 구체적인 활동들을 의미하는 것임을 말해 준다.

그러면 앞서 예로 든 '부양의무자 금융정보 등 제공 동의서'라는 텍스트는 활동으로 볼 수 있는가? 제도적 문화기술지에서 이것은 단연코 하나의 '활동'이다. 제도적 문화기술지는 텍스트를 움직이지 않는 고정된 것으로 보지 않는다. 제도적 문화기술지에서 텍스트는 사람들의 일과 행동을 발생시키는 활동 그 자체이다. 실제로 부양의무자 금융정보 등 제공 동의서라는 텍스트는 수급 신청자에게 수급 신청을 포기하도록 만들었다. 즉, 이 동의서가 모종의 '활동'을 한 것이다. 이처럼 '문제틀'은 누군가의 경험의 사회적 조직화를 그려 내기 위해 연구자가 발견해야 하는 일상 세계 속 활동들이다.

그러면 이 활동들은 어떤 형태를 띨까? '문제틀'에 해당하는 활동들의 형태는 매우 다양하다. 특정 법률이나 정책, 지침, 양식과 같은 텍스트 형태도 있고, 행위자들의 실천이나 개입전략과 같은 구체적 행위들도 있으며, 제도적 세팅을 관통하면서 사람들 사이에서 혹은 텍스트들에 내재하여 사람들을 움직이는 담론 형태도 있다. 즉, '문제틀'의 형태는 사람들의 일과 행위를 결정하고 모양새 짓는 많은 유무형의 실체적 활동을 포함한다. 예를 들어, '문제틀'은 정책, 법령과 지침, 개입, 전략, 관리기술, 정치적 내러티브 등 관련 제도 내의 미시와 거시에 해당하는 모든 유무형의 실체를 가리킨다(Nicols, 2014).

그러므로 제도적 문화기술지 연구자는 각 주체의 이야기에서 '문제틀'을 찾아내고 이들이 서로 어떤 관계 속에 있는지를 파악해야 한다. 수급 신청자와 복지공무원의 이야기에서 '문제틀'을 찾아내고 이들을 연결해야 한다. 수급 신청자의 신청 경험은 이들 문제틀이 어떻게 서로 연결되어 조직화되는지를 그려 줌으로써 이해될 수 있다. 이를 위해 연구자는 해당 문제틀 영역을 더 파고들고, 각 문제틀이 만나는 접점 혹은 교차점에서 어떤 일이 일어나는지 탐구해야 한다.

결국, 제도적 문화기술지는 일상 세계 속에 들어 있는 '문제틀'을 밝혀내고, 이들을 연결하여 조직화 양상을 그려 낸다. 여기서 연구자가 발견해야 하는 문제틀의 범위는 연구자의 정치적 정향과 관심사에 달려 있다. '문제틀'은 경계가 없으므로 어느 영역까지 확장하느냐 하는 것은 연구자의 선택에 달려 있다(스미스, 2014: 77-78). 그러면 연구자는 '문제틀'의 다양한 영역을 발견하기 위해 어떻게 해야 할까?

2) '문제틀'은 어떻게 발견되는가

제도적 문화기술지 연구를 진행하는 데 있어 가장 핵심적인 것은 '문제틀'의 영역들을 발견하는 것이다. 그러나 '문제틀'을 발견할 수 있는 정해진 구체적 절차나 방법은 없다. '문제틀'이 무엇인지를 정확히 이해하고, 자료를 가지고 씨름해 보는 방법이 가장 최상의 방법이다. 그러나 도로시 스미스를 비롯한 몇몇 제도적 문화기술지 연구자들이 언급한 것들 속에서 몇 가지 실마리를 찾을 수는 있다. 여기서는 이들을 기반으로 '문제틀'을 발견하는 데 도움이 될수 있는 몇 가지 방법을 제시한다. 첫째, 일상 세계를 '문제틀'로 보기, 둘째, 사람들이 경험한 실제들에 친숙해지기, 셋째, 제도적 문화기술지의 개념들을 사용하기, 넷째, 서로 다른 위치에 있는 사람들의 실제 경험들을 '이어 맞추기'이다.

(1) 일상 세계를 '문제틀'로 보기

일상 세계는 흔히 길들여지지 않은, 질서 잡히지 않은 것으로 여겨진다. 연구자들도 일상 세계가 무질서하고 조직화되어 있지 않아서 개념적 틀 없이는 이해할 수 없다고 생각한다. 그래서 그들은 연구를 시작하고 진행하고 결론을 낼 때 늘 이론과 개념을 사용한다. 이들 연구자에게 이론과 개념은 이토록 중요한데, 이때 사용되는 이론과 개념은 일상 세계를 규정하고 지배하는 장치가 된다.

그러나 제도적 문화기술지는 이와 반대 위치에 있다. 제도적 문화기술지는 일상 세계를 이론을 적용해 해석되어야 하는 세계가 아니라, '문제틀'로 연결된 세계로 바라본다. 일상 세계를 '문제틀'로 바라본다는 것(everyday world as problematic)은 일상 세계 자체에 문제틀이 함축되어 있다는 것을 의미한다(Smith, 1987). 따라서 연구자는 이론과 개념을 적용할 필요 없이 '문제틀'을 찾아 펼쳐 보여 주면 된다.

제도적 문화기술지에서 '일상 세계'는 우리가 즉각적으로 경험하는 세계이고, 육체적으로 사회적으로 위치 지워져 있는 세계이다. 제도적 문화기술지는 일상 세계가 그 안에서는 온전히 이해되지 않는, 사회관계에 의해 조직화된 것으로 본다(Smith, 1987: 89-90). 이처럼 제도적 문화기술지가 목표로 하는 것은 누군가 주체의 입장에 서서 그의 일상 세계가 어떻게 조직화되어 있는지를 밝히는 것이다.

문제는 이 조직화 양상이 일상 세계만으로는 알 수 없다는 점이다. 물론 일상 세계에는 그 너머의 더 큰 사회관계가 침투되어 있다. 그러나 사회관계는 일상 세계 내부에서는 관찰되지 않는다(Smith, 1987: 89). 예를 들어, 기초수급 신청자의 복지공무원에 대한 불편한 경험을 있게 한 더 큰 사회관계, 즉 평가제도나 잦은 인사순환 등은 수급 신청자의 이야기에는 나타나지 않는다. 그러므로 수급 신청자 경험의 사회관계와 조직화를 보기 위해서는 동주민센터 복지공무원, 구청의 복지공무원, 구청의 인사팀장, 구청의 평가 담당 직원과 같은 다른 제도적 위치에 있는 사람들의 이야기를 듣고 이를 연결해야 한다. '문제틀'은 이 연결을 가능하게 해 주는 제도적 문화기술지의 개념적 장치이자 절차이다(Smith, 1987: 91). 제도적 문화기술지는 이 장치와 절차를 사용해 일상 속에 함축된 것을 연구의 '문제틀'로 구성하여, 그 일상 속에 사회관계와 사회적 조직화가 작동하고 있음을 밝힌다.

이처럼 일상 세계를 '문제틀'로 보는 것은 일상 세계가 더 큰 사회관계에 의해 조직화되어 있다고 보고 이 조직화 양상을 탐구하는 것이다. 일상 세계를 묘사하는 일상 세계의 언어는 사회관계에 뿌리를 두고 있기 때문이다. 따라서 '문제틀'은 개인의 일상에서는 온전히 드러나지 않는 조직화를 보게 해 준다. 예를 들어, 아래의 개와의 산책 이야기에서 '한부모 가족 주거지' '임대 단지'와 같은 용어는 사회관계에 의해 야기된 것이다(Smith, 1987: 156). 도로시 스미스는 그녀의 저서(1987)에서 자신의 경험을 예로 들어 문제틀로서의 일상 세계를 보여 준다. 그것은 개를 데리고 아침 산책을 할 때 그녀가 하는 일상의 행동 속에 사실은 사회관계가 침투되어 있고 따라서 그것은 조직화된 것이라는 요지이다.

> 내가 개와 함께 아침 산책을 할 때는 늘 이웃의 잔디 위를 걷지 않고 인도로 걸으려고 한다. 그러나 나의 개는 잔디 위를 뛰어다니고 부주의하면 이웃의 잔디에 똥을 누기도 한다. 물론 나는 이런 문제가 있다는 것을 알기 때문에 적당한 장소에서 일을 보도록 처리한다. 개가 관리가 잘된 잔디를 걷지 않도록 주의시킨다. 내가 사는 이웃은 한부모가 사는 주거지, 임대 단지가 섞여 있는데, 잔디가 잘 관리되어 있느냐 아니냐는 이것과 관련이 있다. 임대단지에 사는 사람들은 잔디를 잘 돌보지 않으며, 자기 소유지에서 사는 사람들은 잔디에 관심과 주의를 기울이고 집 앞에 꽃을 심기도 한다. 내가 개랑 거리를 걸을 때 나는 주거 소유의 형태를 꼼꼼히 바라본다. 한부모 거주지에서 나는 그 거주지 소유자들의 소유권과 연결짓고는 용의주도하게 내 개의 행동을 통제한다. 그러나 임대아파트나 독신남 단지 혹은 남학생 클럽하우스에서는 이런 주의에 다소 무심해진다……. 내가 소유 형태에 따라 행동을 달리한 것은 사회관계와 연관되어 있기 때문이다. 거기에는 내 개와 산책한 그 세팅으로 망라되지 않는 사회관계가 있다. 사회관계는 이 세팅에 개입해 이 세팅을 조직화한다. 한부모가족 거주지, 임대단지 등의 존재는 국가의 조직화, 조례, 토지사용제한법, 이웃의 부동산 특징과 연관되어 있고 이들에 의존한다……. 이처럼 일상의 장면은 해당 세팅을 넘어선 보다 일반화

된 사회관계를 포함한다(Smith, 1987: 154-156).

앞의 예에서 알 수 있듯이, '문제틀'은 일상이 복잡하게 얽혀 있다는 것, 이 복잡한 관계가 조직화되어 나타날 수 있다는 것을 보여 준다. 즉, '문제틀'은 일상이 일상 그 자체를 넘어 확장된 고리들에 연결되어 있음을 알게 해 준다. 그러나 여기서 문제가 되는 것은 '문제틀'은 분명 일상 세계 속에 존재하지만, 일상 세계 내에서는 발견되기 어렵다는 점이다. '문제틀'은 미지의 시간과 장소, 생경한 힘(power)의 형태들이 서로 통해 있음을 알게 해 주지만, 그것은 어쩌다 잠시 보일 뿐 일상에서는 거의 보이지 않는다(스미스, 2014: 73-77).

예를 들어, 앞의 예에서 국가의 조직화, 조례, 토지사용제한법, 이웃의 부동산 특징과 같은 문제틀들이 어떻게 상호 얽혀 조직화되는지는 개를 데리고 아침 산책하는 장면에서는 잘 보이지 않는다. 또는 국기법 수급 신청자의 이야기에는 부양의무자의 금융정보 등 제공 동의서를 받아오라고 다그치는 복지공무원 행태의 문제틀이 되는 동과 구청의 모호한 업무규정은 보이지 않는다. 즉, 수급 신청자의 일상에서는 그에게 수급 신청을 포기하게 만드는 '부양의무자 금융정보 등 제공 동의서'라는 문제틀이 어렴풋이 보이기는 하지만, 이 '문제틀'의 작동을 온전히 이해할 수 있게 해 주는 '모호한 업무규정'은 보이지 않는다.

이처럼 일상은 이미 조직화되어 있지만, 일상의 장면에서는 조직화가 잘 보이지 않는다. 이 조직화를 그려 줄 문제틀들이 잘 보이지 않는 것이다. 문제틀은 일상에서는 쉽게 보이지 않고, 숨겨져 있다. 그래서 연구자가 찾아내고 발견해야 한다(스미스, 2014: 73-74).

제도적 문화기술지 연구자는 사람들이 알고 행하는 것이 어떻게 그렇게 되는지 발견하려는 분석적 관심을 유지하면서 일상 세계를 '문제틀'로 바라보아야 한다(Campbell, 2016: 250).

　주목할 것은, 일상 세계를 문제틀로 보는 것과 일상 세계를 현상으로 보는 것은 다르다는 점이다. 일상 세계를 연구의 대상인 현상으로 보는 것은 일상 세계를 탐구의 세계로 한정하는 것이다. 이것은 일상 세계의 경험을 이것을 조직화하는 더 큰 사회경제적 관계와 분리하는 것이다. 이런 관점에서는 조직화를 볼 수 없다(Smith, 1987: 90). 따라서 조직화를 보기 위해서는 반드시 일상 세계를 '문제틀'로 보아야 한다.

　그러나 일상 세계를 '문제틀'로 바라보는 것이 사람들의 문제에서 연구를 시작한다는 의미는 아니다. 사람들이 경험하는 문제와 관심은 탐구의 동기를 제공해 주기는 하지만, 연구의 방향성을 정해 주지는 않는다. 연구의 방향을 정해 주는 것은 '문제틀'이다. 사람들에게 일어난 문제나 행동, 경험은 연구를 위한 시작점일 뿐이다. 개를 데리고 산책하는 일상의 경험은 '문제틀' 개념을 사용해 더 크고 넓은 사회관계와 사회적 조직화를 발견하기 위한 진입 지점일 뿐이다. '문제틀'을 형성함으로써 그 연구는 새로운 연구, 즉 제도적 문화기술지 연구가 된다(스미스, 2014: 75).

　예를 들어, 우리는 이주민들이 당하는 괴롭힘에 관해 관심을 가지고 연구를 시작할 수 있다. 연구자는 이 괴롭힘의 원인이나 의미를 탐구할 수 있다. 그러나 이주민들의 괴롭힘의 경험에 '문제틀'을 적용하면 그 연구는 괴롭힘 경험을 가능하게 한 제도적 과정의 양상으로 방향을 틀게 된다. 이 연구는 일상 속 괴롭힘 경험을 '문제틀'로 구성하여 그 속에 사회관계와 조직화가 어떻게 작동하고 있는지 밝히게 된다. 따라서 제도적 문화기술지 연구자가 문제틀 영역을 발견하여 조직화를 그리기 위해서는 가장 먼저 일상 세계를 문제틀로 바라보는 것에 익숙해져야 한다.

(2) 사람들이 경험한 실제들에 친숙해지기

① 사람들을 일상 세계의 전문가로 보기

우리가 찾아내고 발견해야 할 '문제틀'은, 비록 일상 세계에서는 잘 보이지 않지만, 일상 세계 속에 함축되어 있다. 제도적 문화기술지는 이 일상 세계 속에 함축되어 있는 '문제틀'을 밝히는 것이다. 따라서 우리가 문제틀을 찾아내려면 반드시 일상 세계에 접근해야 한다. 여기서 일상 세계는 사람들이 특정 시공간에서 몸으로 위치한 곳이다. 그것은 추상화된 형식적인 장이 아니다. 일상 세계 내 사람들을 주체로 위치 짓는다는 것은 그의 육체적 물질적 현존 속에서 그 자신의 위치를 찾는 것이다(Smith, 1987: 91, 97).

그러면 누가 이러한 일상 세계를 가장 잘 알까? 일상 세계에 대해 가장 잘 알고 있는 전문가는 누가 뭐라 해도 일상 세계 속에서 살아가는 사람들이다. 사람들은 자신의 일상 세계를 전문가처럼 그 내면 속속들이 알고 있다. 따라서 '문제틀'을 발견하기 위해서는 사람들을 일상 세계의 전문적 실천가로 보아야 한다. 제도적 문화기술지는 일상 세계에서 살아가는 사람들을 그들 삶의 전문가로 본다. 물론 그들은 그들의 삶이 직접적 경험 너머에서 어떻게 조직화되는지 알지 못한다. 그럼에도 불구하고, 이 일상 경험이야말로 그들의 삶이 어떻게 조직화되는지를 알기 위한 출발점이다.

일상 세계의 전문가에는 연구자 자신의 경험도 포함된다. 예를 들어, 가정폭력 피해여성의 사법과정을 연구한 Pence(2001)는 오랫동안 이들 여성을 옹호하는 활동을 해 왔는데, 재판 과정과 재판 결과가 이들 피해 여성을 가해자로부터 지켜 주지 못한다는 점을 알고 있었다. 이러한 자신의 경험에 근거해 Pence는 가정폭력 여성들을 대상으로 경찰과 사법부의 법적 진행 과정을 제도적 문화기술지로 연구하였다(스미스, 2014: 322-323).

이처럼 '문제틀'은 이론에서가 아니라, 일상 세계에 관한 전문적 지식이 있는, 일상에서 살아가는 사람들의 경험에서 나온다. 문제틀은 이들을 인터뷰하거나 관찰함으로써 발견된다. 인터뷰와 관찰에서 나온 일상 속 사람들의 이야기를 문제틀로 바라봄으로써 문제틀을 발견할 수 있다. 제도적 문화기술지는 이렇게 이론이나 개념으로부터 연구를 구성하지 않기 때문에 탐색(inquiry)과 발견 (discovery)을 위한 방법론이 된다(스미스, 2014: 52).

② 사람들의 경험된 '실제들'을 추적하기

이미 언급했듯이, '문제틀'은 개념이나 이론이 아니라 활동이다. '문제틀'이 활동이라는 것은 제도적 문화기술지의 존재론적 토대인 '실제(actuality)'와 연관된다. 우리가 사는 세상은 '실제들'로 이루어져 있다. 그러므로 제도적 문화기술지 연구자가 '문제틀'을 발견하기 위해서는 무엇보다도 사람들이 경험한 '실제들'에 친숙해져야 한다(Campbell & Gregor, 2004: 48). 예를 들어, 수급 신청자들을 연구할 때 수급 신청자들의 관점의 차이에 주목하는 것이 아니라, 수급 신청자들이 신청을 위해 한 구체적인 행위와 일에 주목하는 것이 '실제'에 친숙해지는 것이다.

이것은 '문제틀'을 찾아내기 위해서는 추상적 개념이나 담론으로부터가 아니라 사람들의 일상 세계에 대한 직접적이고 구체적인 경험과 그에 대한 지식을 통해 '추적'해 가야 한다는 것을 의미한다. 제도적 문화기술지는 사람들의 일상 경험을 '해석'하지 않는다. 그보다는 사람들이 일상에서 몸으로 경험하고 행동한 것들을 '추적'한다. 따라서 '문제틀'은 개인의 경험을 '추론'해서 발견되는 것이 아니라 '추적'함으로써 발견된다. 이것이 바로 제도적 문화기술지 연구가 이론에서 시작하지 않고 사람들의 '실제'에서 시작한다는 의미이다(스미스, 2014: 77, 322).

이처럼 '문제틀'이 추상적 개념이 아니라 활동인 것은 그것이 '사회관계'의 형태로 존재하기 때문이다(Smith, 1987). 여기서 사회관계는 시간과 공간을 관통해 사람들의 행동을 '조정(coordination)'하는 복잡한 실천이다. 따라서 제도적 문화기술지 연구자는 '조정'과 관련된 그들의 일상 세계에 대한 지식을 '추적'해야 한다. 즉, '문제틀'은 어떤 사람의 개별적 경험에서 출발하여 그 경험이 다른 사람들의 행위에 의해 또는 행위를 통해 어떻게 조정되는지를 발견함으로써 찾아진다.

그러므로 '문제틀'을 발견하기 위해서는 일상 세계에 대한 사람들의 경험된 실제들에 친숙해지고 이로부터 그들의 일을 조정하고 결정하고 모양새 짓는 것들을 찾아내야 한다. 제도적 문화기술지가 목표로 하는 누군가의 경험에 대한 사회적 조직화는 이들 '문제틀'과 사람들의 '조정' 행위가 어떻게 시퀀스를 구성해 나가는지 이어 맞춤으로써 가능하다.

(3) 제도적 문화기술지의 개념들을 사용하기

앞에서 '문제틀'을 발견하기 위해서는 사람들을 일상 세계의 전문가로 보고 일상에서 사람들이 경험한 실제들에 친숙해져야 한다고 했다. 그런데 의문은 어떻게 추적해야 하는가이다. '문제틀'을 발견할 수 있는 가장 중요한 방법은 제도적 문화기술지의 고유한 개념들을 사용하는 것이다. 예를 들면, 일 지식, 텍스트, 제도적 담론, 사회관계 등이 대표적이다. '문제틀'은 이들 개념을 사용할 때만 나타날 수 있고 상세하고 정교하게 발견된다(Campbell & Gregor, 2004: 50). 이들 개념이 어떻게 '문제틀'을 발견할 수 있게 하는지 간략히 살펴보자.

첫째, '일 지식'은 사람들이 자신의 '일'에 대해 아는 것과 그 일이 다른 사람들의 일과 조정되는 방식을 말한다(스미스, 2014: 377). 제도적 문화기술지 연구는 '문제틀'로 이루어지는 제도적 과정을 발견하기 위해 다양한 종류의 '일'이 어떻게 조정되는지뿐 아니라 다양한 위치에서 일어나는 여러 종류의 '일'이 제도적 과정을 만드는 데 어떻게 조정되는지를 발견한다. 따라서 제도적 문화기술지 연구자는 '일'의 개념을 사용해 '문제틀'을 발견해야 한다. 이때 '문제틀'을 찾는 연구자는 일상 세계의 '일들'이 어떻게 조직화되는가와 같은 질문들을 던지면서 연구를 진행한다.[2]

'일' 개념을 사용해 '문제틀'을 발견하기 위해서 연구자가 던지

---

2) 이것은 일상생활을 이론이나 개념의 입장에서 접근하는 근거이론 방식과는 반대이다. 도로시 스미스에 의하면, 근거이론은 일상생활에서 일반성을 가진 개념을 추출하고 일상은 이 추출된 개념의 한 예증이 되게 한다. 그녀는 근거이론의 인기가 보여주는 것은 사회과학 연구자들이 얼마나 일반성(generalizability)을 중시하는지를 증명해 주는 것이라고 다소 냉소 섞인 어투로 말하였다(Smith, 1987: 157).

는 질문들의 예는 다음과 같다. 정보제공자가 묘사하는 일이 왜 그런 형태를 띠었나? 이 일을 하는 데 요구되는 지식과 기술은 무엇인가? 이 일은 다른 사람의 일과 어떻게 연계되는가? 이 일을 발생시키는 것은 무엇인가? 이 일의 사회관계는 무엇인가? 일은 어떻게 제도적 과정과 제도적 질서로 연결되는가?(스미스, 2014; Smith, 1987). 이러한 질문들을 던지면 '일'을 조정하고 '일'을 제도적 관계로 연결 짓는 '문제틀'이 보인다.

예를 들어, 수급 신청자가 복지공무원을 만나 수급 신청에 관한 상담을 하면서 공무원의 취조하는 듯한 질문에 상처를 받아 집에 와서 울고 신청을 취소한 '일'이 있다고 하자. 연구자는 이 '일'에 대해 상기의 질문들을 던져 보면 수급 신청자의 이야기에서는 보이지 않던 '문제틀'을 발견할 수 있다. 즉, 수급 신청의 일이 복지공무원의 일과 제도적으로 밀접히 관련되어 있다는 점, 그리고 복지공무원의 일이 모호한 업무와 평가지표를 채우기 위한 무수한 일들로 둘러싸여 있다는 점을 알게 된다. 따라서 수급 신청자의 신청 포기는 복지공무원의 일을 지배하는 모호한 업무분장과 실적 중심의 평가로 인해 발생했다는 점을 알 수 있다. 이처럼 질문을 던지면 수급 신청자의 신청 포기에는 복지공무원의 모호한 업무분장 및 실적 중심 평가라는 '문제틀'이 작동하고 있음을 알게 된다. 결국, 수급 신청자의 신청 포기는 공적복지제도의 관리체계와 연결되어 있음을 알게 된다.

둘째, 제도적 문화기술지에서 사람들의 '일'은 '텍스트'를 매개로 하여 조정된다. 즉, 텍스트는 사람들의 '일'을 발생시키고, 일은 '텍스트'에 의해 매개된다. 일-텍스트-일 혹은 텍스트-일-텍스트의 시퀀스가 이루어지는 것이다. 그런데 제도적 문화기술지에서 텍스

트는 고정된 것이 아니라 활동하고 움직인다. 텍스트는 '일'을 조정
함으로써 제도적 관계를 만들어 낸다. 따라서 사회적 조직화를 탐
색하려면 텍스트가 사람들의 '일'을 조정하는 것을 '문제틀'로 바라
보아야 한다(Smith, 1987).

예를 들어, 기초 수급자인 어떤 일용직 노동자(1인 가구)가 복지
공무원으로부터 소득 상승 때문에 수급 탈락을 통보받았다. 일용
직 노동자는 자신이 소득이 올랐을 리 없다고 항변한다. 그러나 복
지공무원은 그의 이의 제기를 들어줄 수 없다. 왜냐하면 수급자가
되기 위한 소득 조건이 1인 가구 기준 50만 원 미만이어야 한다는
국기법 지침이 작동하기 때문이다. 소득 기준을 말해 주는 지침은
하나의 텍스트에 불과하지만 수급자의 일과 복지공무원의 일을 발
생시키고 조정했다. 여기서 국기법 지침의 소득인정액기준이라는
텍스트는 수급자의 수급 탈락을 결정짓는 '문제틀'이다. 따라서 '문
제틀'을 발견하기 위해서는 제도적 문화기술지의 개념인 '텍스트'
의 조정에 주목해야 한다.

셋째, 일과 텍스트는 사람들의 경험 속에서 서로 얽히면서 제도
적 관계를 만들어 낸다. 역으로 말하면, 일과 텍스트 모두 '문제틀'
에 의해 안내된다. 그러나 '문제틀'이 늘 사람들의 경험에 의존해
발견되는 것은 아니다. 제도적 문화기술지에서 '문제틀'을 발견할
수 있는 또 다른 창구는 '제도적 담론'이다. 제도적 담론은 사람들
에게 그 담론이 가진 특정 방식으로 행동하게 한다(Smith, 2006: 8).
이때 제도적 담론은 텍스트 안에 설정되고, 사람들의 활동을 계속
해서 조정한다(스미스, 2014: 191).

예를 들어, 앞의 일용직 노동자는 사회복지통합전산망에 올라온
자신의 소득을 자신이 받은 실제 소득액으로 바꾸기 위해 어떤 방

법을 사용할 수 있을까? 국기법 지침에 의하면, 공적 자료를 바꾸기 위해서는 본인이 그 자료가 잘못되었음을 입증해야 한다. 이 지침에 근거할 때, 그 일용직 노동자는 자신의 잘못 명기된 소득을 바꾸기 위해서 기업주를 찾아가 설득하고, 기업주에게 국세청에 낸 소득액을 변경신고 하도록 해야 한다. 여기서 국기법 지침은 일용직 노동자의 행동을 조정한다. 주목할 것은, 국기법 지침이라는 텍스트 안에는 '신청자 입증주의'라는 담론이 설정되어 있다는 점이다. 이처럼 제도적 담론은 사람들의 활동을 계속 조정하는 '문제틀'이다.

넷째, 일, 텍스트, 제도적 담론 이외에, '문제틀'을 발견하게 하는 제도적 문화기술지의 개념으로 '사회관계(social relation)'가 있다. 앞에서 언급했듯이, '사회관계'는 사람들 사이의 관계가 아니라, 시간과 공간을 관통해 사람들의 행동을 조정하는 복잡한 실천을 가리킨다. 이런 맥락에서 누군가가 행하는 것은 확장된 사회관계의 일부, 즉 한 조각에 불과하다. 사람들은 적극적으로 사회관계를 구성하며 동시에 알지 못하는 사이에 사회관계에 참여하기도 한다.

앞에서 예로 든, 버스 운전사와 버스를 타는 학생과의 관계는 조직화된 사회관계의 일부에 불과하다. 이것은 버스회사의 운영체계, 정부의 버스 관리 정책, 마을버스의 운행 등으로 조직화된 사회관계의 한 조각에 불과하다. 버스를 탈 때 교통카드를 보여 주고 확인하는 운전사와 학생의 행위는 버스회사의 운영체계, 정부의 버스 관리 정책, 마을버스 운행 등의 '문제틀'에 따라 조정된다(Campbell & Gregor, 2004: 30).

따라서 '문제틀'을 찾아 사태의 조직화 양상을 이해하려면 연구자는 마치 퍼즐을 맞추듯 사회관계의 빠진 조각을 찾아내어 그림을 그려 주어야 한다. 여기서 중요한 것은, 사회관계는 개념적으로 조직화된 추상적 공간에 존재하지 않고 확실한 실제적 과정 안에 존재한다는 점이다(Smith, 1987: 133). 이런 점에서 '사회관계'는 제도적 문화기술지의 기술적 용어(technical term)이자 방법적 절차이다(Smith, 1987: 183). 즉, '사회관계'는 '문제틀'을 발견하고 조직화를 이해하는 데 한 단계 나아가게 해 주는 제도적 문화기술지의 절차적 개념이다.

(4) 서로 다른 위치에 있는 사람들의 실제 경험을 '이어 맞추기'

제도적 문화기술지 연구자는 제도적 과정에 있는 다양한 위치에 있는 사람들로부터 그들의 '일'을 배우면서 연구를 진행한다. 이 과정에서 '문제틀'의 초점이 형성된다. '문제틀'은 한 개인의 특정 경험으로부터 추론해서 구성되지 않는다. 왜냐하면 제도적 문화기술지는 한 개인의 경험에서 출발하기는 하지만 그 경험이 묻혀 있는 사회관계를 탐구하기 때문에, 그 개인에게 특별하지 않은 관계들도 반드시 조사해야 한다. 이 관계들은 제도적 문화기술지 연구가 포괄하는 복잡한 관계의 일부이다. 이 복잡한 관계는 그들이 하는 활동과 관련된 다른 이들의 활동을 넘어서고 또한 그것들을 조정한다. 그러므로 제도적 문화기술지 연구는 개인의 경험에서 시작하는 것도 끝나는 것도 아니다(스미스, 2014: 77-78).

따라서 일상 세계를 '문제틀'로 보고 시작하는 제도적 문화기술지 연구는 개인의 경험이 일어나는 로컬(local) 세팅에 대한 묘사만으로 한정되지 않는다. 그것은 로컬을 넘어 더 큰 지배 관계, 조직화를 보여 주어야 한다. 이때 연구자는 제도적 위치가 다른 각 주체의 경험을 연결하고 '이어 맞추는' 작업을 해야 한다. 그래야만 '문제틀'이 보이고 사회적 조직화가 보인다. 제도적 문화기술지는 비록 개인의 경험에서 시작하지만 이렇게 여러 위치에 있는 주체의 경험을 '이어 맞춤'으로써 지배 관계를 펼쳐 보여 준다. 이렇게 '문제틀'은 제도적 문화기술지의 일반성을 확보해 준다(Peet, 2014: 60). 한 가지 주목할 것은 '문제틀'이 연구의 시작 시점에만 적용되지 않는다는 점이다. '문제틀'은 연구 질문을 형성하고, 정보제공자를 선택하고, 자료를 수집하고, 자료를 분석하는 모든 과정에 적용된다. 다시 말해, 연구 질문, 정보제공자 선택, 자료 수집, 자료분석 모두는 문제틀로부터 나온다(Grass, 2010: 38에서 재인용).

6장
기존 질적 연구와
제도적 문화기술지의 차이

제도적 문화기술지는 용어 자체만 보면 문화기술지(ethnography)의 한 지류처럼 보인다. 그러나 지금까지의 논의를 통해 알 수 있듯이, 전혀 그렇지 않다. '문화기술지'라는 용어를 함께 사용하고는 있지만, 사회에 대한 다른 존재론과 인식론을 전제로 하기 때문이다. 일반적으로 대개의 질적 연구방법들은 해석주의 패러다임으로 분류된다. 이들은 현상을 기술하고 설명하는 방법적 도구로써 '해석'을 사용한다. 제도적 문화기술지도 질적 자료를 사용하고 귀납적 방법으로 지식을 생산한다는 점에서 질적 연구방법에 속한다. 그러나 제도적 문화기술지는 해석적 패러다임 밖에 위치한다. '해석'을 거부하기 때문이다.

제도적 문화기술지는 '해석' 대신에 실제의 시퀀스들(sequences)을 연결하고 이어 맞춘다. 우리가 살아가는 세계는 해석보다는 '실제'의 시퀀스들이 어떻게 연결되고 조직화되는가를 통해 이해될 수 있다고 본다. 우리가 흔히 말하는 '문화기술지'와 제도적 문화기술지의 차이는 이 둘 간의 차이에서 나온다. 전자가 '의미' '해석' '경험의 공통성'을 강조한다면, 후자는 '사회적 조직화' '실제' '경험의 차이'를 강조한다. 여기서는 이 둘 간의 차이를 좀 더 구체적으로 살펴보고, 이어 제도적 문화기술지가 어떤 유용성이 있는지에 대해 살펴본다.

1. 일반 질적 연구와 제도적 문화기술지의 차이[1)]

1) 연구자가 누군가의 입장에 서서 연구한다

제도적 문화기술지와 일반 질적 연구(이하 해석적 질적 연구를 말함)와의 가장 큰 차이는 '입장'의 선택 여부에 있다. 일반 질적 연구와는 달리 제도적 문화기술지는 누군가의 입장을 선택해 그의 입장에 서서 지식을 생산한다. 연구자가 보편적 위치에 서서 연구하지 않고, 연구참여자의 위치로 내려와 그의 입장에 서서 거기서 그려지는 지식을 생산한다.

물론 일반 질적 연구들도 연구참여자의 입장에 서서 연구한다고 말한다. 그러나 일반 질적 연구에서 연구참여자의 입장에 선다는 것과 제도적 문화기술지에서 입장에 선다는 것에는 커다란 차이가 있다. 일반 질적 연구에서는 양적 연구와는 달리 연구문제를 형성할 때나 자료수집과 분석을 할 때 연구자가 가진 이론적 틀의 영향

---

1) 이 부분은 김인숙(2016) 『사회복지연구에서 질적 방법과 분석』(집문당)의 168~178쪽의 내용을 토대로 하여 수정, 보완, 추가하였다.

을 최소화하여 연구참여자들이 말하는 이야기들을 충분히 반영한다. 이것은 일반 질적 연구가 귀납적 지식 생산을 지향하기 때문이다. 일반 질적 연구는 바로 이렇게 연구참여자의 경험에 집중하고 그것을 존중하는 태도와 방법으로 연구를 진행해 가기 때문에 연구참여자의 입장에 선다고 말한다. 그리고 이러한 방식으로 연구된 연구결과는 연구참여자의 목소리를 대변하기 때문에 일반 질적 연구야말로 연구참여자의 입장에 서서 연구하는 방법이라고 말한다.

다시 말해, 연구의 전 과정에서 연구자의 선입적 지식을 가능한 자제하고, 그들의 경험과 목소리를 최대로 존중하는 방법을 사용한다는 의미에서 연구참여자의 입장에 선다는 것이다. 물론 이 말은 맞다. 그러나 일반 질적 연구가 이루어지는 절차를 엄밀히 검토해 보면 연구참여자의 입장에 선다는 말이 부분적으로만 옳다는 점을 알 수 있다. 이것은 결정적으로 일반 질적 연구가 연구자의 해석을 도구로 하여 이루어지는 방법을 사용한다는 점에서 찾을 수 있다. 일반 질적 연구에서 세계는 해석을 통해 움직이고 해석을 통해 알 수 있으므로 연구자의 연구참여자 이야기에 대한 해석은 불가피하다. 결국, 일반 질적 연구에서 드러난 세계는 연구자의 해석을 통해 드러난 세계, 즉 통역된 세계이다. 양적 연구와 비교할 때 정도의 차이는 있으나 일반 질적 연구자 역시 보편적 위치에서 연구한다.

제도적 문화기술지의 '입장'은 이와 다르다. 연구자는 보편적 위치에서 내려와 연구참여자의 위치에 선다. 여기서는 연구참여자라는 주체는 살아 있으나 연구자는 사라진다. 연구자가 연구참여자의 위치에 서서 연구참여자의 삶의 실제를 따라가고 추적한다. 따라서 제도적 문화기술지는 추상화나 범주화와 같은 환원의 과정을 통해 연구자의 해석이 개입되는 것에 반대한다. 해석으로는 '실제'로 이루어진 이 세계를 설명하는 데 한계가 있다고 본다. 해석은 실제를 사라지게 만들고 개념들만이 주인이 되게 한다.

따라서 연구자가 정말로 연구참여자의 입장에 서려면 해석이 아닌 다른 방법을 고안해야 한다. 제도적 문화기술지는 이를 위한 다양한 방법적 개념들을 고안했다. 입장, 일 지식, 텍스트, 문제틀이 대표적이다. 이로써 제도적 문화기술지는 연구자의 해석을 통한 통역된 세계가 아니라 연구참여자의 입장에 서서 펼쳐지는 실제의 세계를 묘사한다. 연구 과정에서 이 개념들을 사용하면 연구자는 보편적 위치에서 내려와 연구참여자의 위치에 서게 된다. 비유적으로 표현하면, 일반 질적 연구에서 연구참여자의 입장은 연구자의 해석 망을 통해 드러나고, 제도적 문화기술지에서 연구참여자의 입장은 연구자의 투명한 렌즈를 통해 그대로 드러난다고 볼 수 있다.

제도적 문화기술지가 누군가의 입장에 서서 연구한다고 할 때, '누군가'는 일반적으로 제도적 질서 내에서 지배받는 위치에 있는 사람들이다. 이런 점에서 제도적 문화기술지 연구자는 정치적 입장에 깊이 관여한다. 연구자는 자신이 선택한 사람의 입장에 서서 그로부터 전개되는 지배 관계의 모습을 보여 줌으로써 자신의 정치적 관여를 세계에 천명하게 된다. 물론 일반 질적 연구도 연구참여자를 옹호한다. 그러나 일반 질적 연구에서 옹호되는 것은 연구자의 해석을 통해 드러난 결과에 입각하지만, 제도적 문화기술지에서는 연구참여자 삶의 실제에서 드러난 결과를 옹호하기 때문에 훨씬 더 연구참여자의 입장에 다가가 있다. 이처럼 제도적 문화기술지는 누군가의 입장에 섬으로써 연구자의 정치적 입장을 분명히 드러낸다.

  그런데 제도적 문화기술지는 누군가의 입장에 서기 때문에 정치적이고 편파적이고 객관적이지 못한 지식을 생산한다는 비판에 직면하기도 한다. 그러나 도로시 스미스는 오히려 제도적 문화기술지는 누군가의 입장에 서기 때문에 더 객관적인 연구방법이라고 말한다. 왜냐하면 모든 사람은 자신이 서 있는 위치에 따라 일상생활에 대해 경험하는 것이 다르고, 이 다른 경험을 연결하고 이어 맞추어 경험 이면의 조직화를 발견하기 때문에 오히려 연구자의 주관성이 개입될 소지가 줄고 일반성이 확보되기 때문이다. 즉, 제도적 문화기술지는 누군가의 입장에 서지만, 객관적인 연구방법이다. 어떤 연구방법이든 순수하게 혹은 본질적으로 객관적인 연구방법은 없다. 그러나 제도적 문화기술지는 기존의 질적 연구방법보다 객관적인 연구방법임은 분명하다.

2) 연구의 초점이 경험을 넘어 제도적인 것을 향한다

  제도적 문화기술지는 연구의 초점을 '경험'에서 '제도'로 이동한다. 일반 질적 연구에서 연구의 목적은 경험 자체에 관한 기술이나 설명이 되지만, 제도적 문화기술지의 목적지는 경험 자체에 있지 않고, 경험이 어떻게 제도적으로 조정되고 조직화되어 나타났는가에 있다. 그러나 제도적 문화기술지가 제도의 총체성을 보여 주는 것은 아니다. 제도적 문화기술지는 경험을 설명하려는 것도 아니지만 그렇다고 제도의 총체성을 그려 내려는 것도 아니다. 어떤 특정 제도의 총체성이 아니라, 여러 다양하고 복잡한 제도적 장치와 사람들의 행위가 상호조정을 통해 만들어 내는 일종의 매트릭스

(matrix)를 그려 낸다(Smith, 1987: 154).

제도적 문화기술지에서 경험은 연구의 출발점에 불과하다. 경험은 제도적인 것으로 들어가는 입구일 뿐이다(Smith, 2006: 91-92). 이 입구를 통해 들어가면 제도적인 것들과 만날 수 있고 조직화를 볼 수 있게 된다. 예를 들어, 제도적 문화기술지 연구자는 조현병 환자들이 겪는 경험의 공통성을 탐구하지 않는다. 이런 연구는 개인의 경험에 초점을 둔 연구이다. 물론 제도적 문화기술지 연구자도 조현병 환자의 개인적 경험이 필요하고 바로 여기서 연구가 시작된다. 그러나 제도적 문화기술지 연구자가 탐구하고자 하는 것은 조현병 환자들의 바로 그 경험이 어떻게 그러한 경험으로 되었는지 그것을 가능하게 만든 제도적 관계들, 특히 그것들의 조직화 양상을 그려 내고자 한다. 이처럼 제도적 문화기술지 연구는 일반 해석적 질적 연구와는 달리 경험 그 자체에 머무르지 않는다. 그들의 일상 경험이 어떻게 제도적으로 조정되고 조직화되는지를 연구함으로써 '경험'을 '제도'로 나아가게 한다.

제도적 문화기술지는 이를 위한 여러 방법론적 개념적 도구를 제시한다. 가장 대표적으로 문제틀과 사회관계가 그것이다. 이 두 개념은 이미 앞에서 설명했듯이, 제도적 문화기술지 연구가 경험 자체에 머무르지 않고 경험 너머의 것들과 어떻게 연결되어 있는지, 그러한 복잡한 연결이 어떻게 사람들의 경험을 만들어 내는지 알게 해 준다. 제도적 문화기술지는 이들 개념적 도구를 사용함으로써 일상 세계에서의 사람들의 경험을 조직화하는 지배 관계를 찾게 된다. 제도적 문화기술지 연구는 이론과 개념에서 시작하는 기존 연구들과는 달리 사람들의 직접적 경험에서 시작하므로 경험이 매우 중요하고 필수적이지만 여기에 머무르지 않고 경험을 넘어 '제도적인 것(the institutional)'을 향한다.

3) 경험을 개념이나 이론으로 해석하지 않는다

앞서 언급했듯이, 제도적 문화기술지는 경험을 '해석'하려 하지 않고, 경험의 조직화를 그려 내려 한다. 기존의 해석적 질적 연구방법들은 경험의 공통 패턴을 찾아내고, 맥락을 끌어들여 이 경험을 이해한다. 이때 연구자는 경험과 맥락을 연결 짓는 과정에서 '해석'이라는 방법적 도구를 사용하고, 이 과정에서 이론적 개념과 범주를 적용한다.

그러나 제도적 문화기술지는 경험의 공통성이나 패턴을 찾아내려 하지 않는다. 그보다는 경험의 조직화, 즉 일상과 제도적 관계의 조정에 의한 지배 관계를 그려 내려 한다. 따라서 제도적 문화기술지가 그려 내려는 실재는 '해석된' 것이 아니라 '조직화된' 것이다. 도로시 스미스에 의하면, 우리가 살아가는 세계는 해석을 통해서는 온전히 이해될 수 없다(스미스, 2014: 91). 해석은 해석하는 주체에 의존하게 되는데, 이 주체가 지배적 위치에 있는 경우 그로부터 배제된 혹은 억압된 위치에 있는 사람들의 경험을 왜곡하게 될 가능성이 있다. 또 해석을 사용하면 '실제'는 사라지고 해석 주체가 해석한 개념만이 남기 때문에 우리 삶의 구체성은 사라지게 된다.

이때 말하는 해석은 범주화나 추상화를 통한 해석이다. 확실히 제도적 문화기술지는 범주화나 추상화를 통한 해석을 거부한다. 대신 우리가 일상으로 사용하는 상식적 의미의 해석은 어느 정도 적용하는 것이 불가피하다. 예를 들어, 제도들이 어떻게 서로 연결되어 있는지 이해하기 위해 해당 영역에 관한 사전지식을 적용한다든가, 텍스트가 일을 조정하는 방식을 설명한다든가 하는 면에서는 불가피하게 상식적 수준의 해석이 작용한다. 이처럼 엄밀히 보면, 제도적 문화기술지 연구 과정에서 '해석'이 완벽히 배제되지는 않는다.

이와 관련해 McCoy(2006)도 자신의 제도적 문화기술지 연구의 분석 경험에 관해 이야기하면서, 제도적 문화기술지 과정에서도 해석이 작용하는 부분이 있다고 말하였다. 그녀에 의하면, 사람들의 이야기에서 제도적 흔적을 뽑아내고, 사람들의 일이 제도적 접점에서 어떻게 형체화되는지 파악할 때 해석적 과정이 이루어진다. 여기서 해석적 과정은 제도적 흔적을 뽑아내기 위해서 해당 제도 영역에 대한 지식이 필요하고, 그 지식의 적용을 통해 접점을 찾아낸다는 의미이다. 예를 들면, 환자는 약물치료를 받기 위해 의사를 찾아 상담하고 매월 예약하는데, 이 '일'은 환자의 경험과 건강보호 서비스 '일 과정' 사이의 접점에 있다. 환자의 경험이 어떻게 제도적 조직화로 이루어지는지 알기 위해서 연구자는 건강보호제도에 대한 지식을 환자의 경험에 적용해 이해할 필요가 있는데(McCoy, 2006: 109-125), 제도적 문화기술지의 해석은 바로 이러한 상식적 수준의 해석에 국한될 뿐, 우리가 해석적 연구라고 부를 때 사용되는 추상화와 범주화를 포함한 '해석'은 단호히 거부한다.

제도적 문화기술지는 조직화된 실제를 그려 내기 위해 해석이 아닌 '묘사(description)'를 사용한다. 묘사의 방법으로 조직화의 실제 모습을 보여 주는 것이다. 그리고 이를 위해 기존의 다른 질적 연구방법에는 없는 일 지식, 텍스트, 문제틀을 끌어들인다. 이런 맥락에서 제도적 문화기술지는 분석적 연구방법이기는 하지만 해석적 코딩 방법을 사용하지는 않으며, 분석은 무엇의 예증이 아니라 항상 과정과 조정으로 이루어진다(DeVault & McCoy, in Smith, 2006: 39).

4) 경험의 의미가 아니라 경험의 사회적 조직화를 발견한다

제도적 문화기술지에서 발견하려는 것은 경험의 '의미'가 아니라, 경험의 '사회적 조직화'이다. 기존의 해석적 질적 연구는 개별 행위자와 집단을 대상으로 일상생활 안의 사건과 관계들의 '의미'를 발견하고자 한다. 의미를 발견하기 위해 연구자는 해석하고 추상화한다. 이를 통해 연구자는 연구참여자의 발화 이면에 무엇이 존재하는지 찾는다. 이때 연구자는 '통역'하는 사람이다(Graham, 1998). 사람들이 알지 못하는 발화 속에 숨겨져 있는 경험의 의미를 찾아 그 경험을 새롭게 해석해 주기 때문이다.

그러나 제도적 문화기술지는 이와 다르다. 제도적 문화기술지는 사람들의 경험을 활용해 조직화를 구체적으로 탐구한다. 여기서 조직화란 사람들의 행위가 조정되어 나타나는 복합적 양상인데, 이를 보여 주려면 해석하여 의미를 도출하는 방법으로는 불가능하다. 그러면 조직화는 어떻게 보여 줄 수 있을까? 일반 질적 연구들이 추상화하고 해석해서 의미를 보여 준다면, 제도적 문화기술지는 사람들의 서로 다른 일 지식에서 조정이 어떻게 이루어지는지 묘사함으로써 조직화를 보여 준다. 제도적 문화기술지는 사람들의 경험이 어떻게 조직화되는지를 발견하기 위해 입장, 문제틀, 사회관계, 지배 관계와 같은 고유한 개념들을 사용한다.

5) 경험의 공통성이 아니라 경험의 차이로부터 조직화를 발견한다

　제도적 문화기술지와 일반 해석적 질적 연구의 가장 뚜렷한 차이 중의 하나는 경험의 공통성을 찾느냐 아니면 경험의 차이를 찾느냐는 점에 있다. 일반 해석적 질적 연구가 사람들의 경험에서 공통성을 발견하려 한다면, 제도적 문화기술지는 사람들의 경험의 '차이'에서 조직화를 발견하려 한다. 일반 질적 연구가 경험의 공통적 패턴을 찾는 것은 그 공통성 이면의 '의미'를 이해하기 위해서이다. 그러나 제도적 문화기술지는 서로 다른 관점과 경험을 가진 정보제공자들 사이의 일치점을 찾지 않고, 관점과 경험의 차이가 어떻게 조정되어 가는지를 추적한다. 정보제공자들의 관점과 경험의 차이는 조정이라는 제도적 형태에 사람들이 어떻게 참여하고 있는가를 발견하는 데에 핵심적이기 때문이다.

　앞서 언급했듯이, 경험은 제도적 문화기술지의 연구의 목적은 아니지만 분명한 연구 자료이다. 제도적 문화기술지도 사람들의 경험을 자료로 사용한다. 그러나 누구의 경험이 필요한가 하는 점에서는 차이가 있다. 일반 질적 연구는 같은 상황에 있는 사람들의 경험이 필요하다면, 제도적 문화기술지는 여러 다양한 제도적 위치에 있는 사람들의 경험이 필요하다. 왜냐하면 다양한 제도적 위치에 있는 사람들의 경험의 '차이'를 이어 맞춤으로써 경험의 조직화를 그려 낼 수 있기 때문이다.

　예를 들어, 수급 신청자 일의 사회적 조직화를 연구하려는 연구자는 수급 신청자만이 아니라 이들과 연관된 동주민센터 복지공무원, 구청 복지공무원, 보건복지부 기초수급 담당 공무원의 경험이 필요하다. 연구자는 이들 서로 다른 경험들의 차이를 이어 맞춤으로써 수급 신청자 경험의 사회적 조직화를 보여 주게 된다. 이처럼 제도적 문화기술지는 사람들의 경험의 '차이'를 통해 '사회적 조직화'를 발견하려 한다.

제도적 문화기술지가 경험의 공통성이 아니라 경험의 차이를 모으는 이유는 조직화를 발견하기 위해서이다. 조직화는 서로 다른 위치의 사람들이 '조정'과 '사회적 조직화'에 어떻게 관여하는지를 발견함으로써 이루어지기 때문이다. 실제로, 경험의 차이는 조정이라는 제도적 형태에 사람들이 어떻게 참여하고 있는가를 발견하는 데에 핵심적이다. 경험의 '차이'는 상호 보완되어 조직화되는 행위의 시퀀스를 보여 준다. 이렇게 사람들이 가진 경험의 차이를 자료로 하면 경험의 사회적 조직화, 지배 관계를 그려 낼 수 있다(스미스, 2014: 236).

6) 맥락을 바라보고 다루는 방식이 다르다

제도적 문화기술지와 일반 해석적 질적 연구는 '맥락'을 바라보고 다루는 방식에서 차이가 있다. 일반 질적 연구의 가장 중요한 특징 중의 하나는 맥락을 끌어들여 경험을 이해하는 것이다. 이때 맥락은 타인이나 가치, 구조, 제도 등을 포함하는 개인의 주관적 경험을 둘러싸고 있는 거시체계이다. 즉, 일반 질적 연구는 개인의 주관적 경험을 기술하면서 이를 거시적 틀로 해석한다. 여기서 거시적 틀은 사람들의 외부에서 인과적으로 관여하는 이론적 실체이기 때문에 사실 사람들의 경험은 행위자의 경험만을 중심으로 기술된다(스미스, 2014: 326).

그러나 제도적 문화기술지는 제도나 거시체계를 끌어들여 경험을 설명하려는 것이 아니다. 행위자의 경험을 제도를 끌어들여 이론적 개념을 적용해 해석하지 않는다. 제도적 문화기술지는 일상의 경험을 제도나 거시체계와 연결할 때 거시를 끌어들여 미시를 해석하고 설명하는 대신 미시와 거시가 어떻게 서로 조정되면서 조직화되어 가는지 그 구체적인 실천의 모습을 그리려 한다. 즉, 경험이 아니라 사회적 조직화의 연결 양상 자체를 그리고자 한다. 따라서 제도적 문화기술지는 제도적 질서가 어떻게 구성되는지 묘사하고 분석하며, 이런 점에서 행위자의 경험과 맥락을 연결함으로써 거시와 미시의 경계를 허문다(스미스, 2014: 69). 즉, 제도적 문화기술지에서 행위자는 이미 맥락의 일부이다. 마찬가지로 미시는 거시의 일부이다.

7) 이론의 개입을 거부하고, 그 자리에 문화기술지가 들어선다

제도적 문화기술지는 이론적 틀로 결정되는 연구를 거부한다. 이미 앞에서 언급했듯이, 제도적 문화기술지 연구는 기존의 개념이나 이론 혹은 연구자의 선입적 지식에서 시작하지 않는다. 사람들의 일상에서의 경험이 바로 연구의 출발점이다. 제도적 문화기술지는 연구의 출발에서만이 아니라 연구를 진행하는 일체의 과정, 즉 자료를 수집하고 분석하고 글을 쓰는 과정에서도 이론을 개입시키려 하지 않는다. 제도적 문화기술지 연구는 다른 연구들이 연구의 과정 곳곳에 개념과 이론을 끌어와 적용하는 것과는 달리 '문화기술지' 방식, 즉 실제가 어떻게 조정되는지 '묘사'함으로써 조직화를 보여 준다.

그러나 일반 질적 연구는 이와 다르다. Glaser가 아무리 질적 연구의 귀납성을 강조했어도(글레이저, 2014), 대다수의 질적 연구는 연구자의 선입적 지식과 기존의 개념이나 이론을 끌어와 연구 주제를 정하고 연구문제를 형성하고 자료를 분석하고 해석한다. 해석적 질적 연구방법에서 제왕의 자리에 있는 근거이론 접근만 보아도 이론과 밀접하게 연관된다. 근거이론은 비록 이론에서 연구를 시작하지 않으나 이론 형성이라는 이론적 목적지를 갖는다. 그리고 여기서 산출된 이론은 기존의 이론적 지형과의 연관성 하에서 의미가 있다. 이렇게 질적 연구가 개념이나 이론과 밀접한 관계를 갖고 지식을 생산하는 방식은 절대로 잘못된 것이 아니다. 그것은 지식을 생산하는 강력한 방법이다. 일반 질적 연구는 연구자의 선입적 지식 없이 기존의 개념이나 이론과 상관없이 연구해야 한다는 널리 퍼진 생각은 현실에서 이루어지는 실제 연구 방식과 유리된 잘못된 믿음이다.

제도적 문화기술지는 근거이론처럼 이론을 형성하려는 이론적 목적지를 갖지도 않고, 분석과 해석 과정에서 이론이나 개념을 적용하려 하지도 않는다. 이론과 개념으로는 제도적 문화기술지가 목표로 하는 경험의 조직화를 그려 낼 수 없기 때문이다. 이론과 개념은 '사회는 실제를 토대로 존재한다'는 제도적 문화기술지의 핵심적 존재론인 입장과 충돌한다. 따라서 제도적 문화기술지는 자료를 수집하고 분석하고 글을 쓰는 과정에서 개념이나 이론 대신 실제를 보여 주는 방식, 즉 묘사를 중심으로 한 '문화기술지'가 들어선다. 도로시 스미스에 의하면, 이론이나 개념이 의미가 있으려면 충분한 실제들의 바탕 위에서 가능하다. 이런 점에서 제도적 문화기술지는 개념이나 이론을 사용할 때도 그것을 추상적 개념이 아니라 일련의 활동들(activities)을 가리키는 것으로 본다(Peet, 2014: 90).

이렇게 이론의 자리에 문화기술지가 들어서면서 연구는 '발견'과 '탐구'를 향해 나아간다. 제도적 문화기술지가 어떤 질적 연구방법보다 탐구와 발견을 위한 방법론이라고 여겨지는 이유이다. 그런데 여기서 한 가지 의문이 제기될 수 있는데, 조직화된 실제를 '묘사'만 하면 제도적 문화기술지의 학문적 기여는 어디서 찾을 수 있는가이다. 즉, 연구결과가 단순히 조직화 양상을 묘사만 하면 어떻게 학문의 핵심인 개념과 이론의 축적에 기여할 수 있느냐 하는 것이다.

이 의문에 대한 답은 앞의 도로시 스미스의 말에서 찾을 수 있다. 이론이나 개념이 의미가 있으려면 충분한 실제들의 바탕하에서 가능하다는 말은 거꾸로 충분한 실제를 바탕으로 하여 이론과 개념을 산출할 수 있다는 의미이다. 제도적 문화기술지 연구는 충분한 실제들을 바탕으로 하여 경험의 조직화가 어떻게 일어나는지 보여 주는데, 바로 이 조직화 과정에서 관찰되는 조정과 조직화의 기제와 방식을 개념적으로 설명함으로써 이론적 축적에 기여한다. 이처럼 제도적 문화기술지는 사람들의 경험을 추상화하고 해석하지 않고도 실제들을 묘사함으로써 사회에 대한 이론적 설명이 가능하다는 점을 보여 준다.

8) 담론을 사람들의 경험을 조직화하는 조직가로 본다

제도적 문화기술지는 항상 주체자의 경험이 어떻게 조직화되는지 탐구한다. 이 조직화를 탐구하기 위해 제도적 문화기술지

는 텍스트에 기반한 담론에 집중한다. 왜냐하면 사람들은 일상생
활을 하면서 담론적 활동에 참여하기 때문이다. 도로시 스미스는
Foucault의 담론과 제도적 문화기술지의 담론은 다르다고 말한다.
Foucault의 담론이 텍스트 속에 있는 그리고 텍스트를 통한 일종
의 대규모 담화를 말한다면, 스미스의 담론은 텍스트와 텍스트 간
의 담화는 물론 사람들의 행동들을 포함한다. 따라서 스미스의 담
론 개념은 텍스트를 사용하는 주체자의 존재를 사라지지 않게 한
다(Campbell & Gregor, 2004: 40-41).

제도적 문화기술지는 사람들의 경험을 조직화하는 지배 관계를
보여 주고자 한다. 지배 관계는 계급적 지배 관계가 아니라 텍스트
나 언어, 객관화된 지식에 의해 이루어지는 지배를 말한다. 즉, 제
도적 문화기술지의 지배 관계는 텍스트로 매개되고, 시공간을 가
로지르고, 일상의 삶을 조직화하는 복잡하게 상호 연관된 관계이
다. 여기서 텍스트나 언어, 객관화된 지식은 담론이다. 이처럼 담
론은 제도적 문화기술지에서 사람들의 삶을 조직화한다. 또 담론
은 지배 관계를 만들어 내는 데 중요한 역할을 한다. 제도적 문화기
술지에서 담론은 텍스트로 매개되면서 지배 관계를 형성한다. 즉,
제도적 문화기술지에서 담론은 사람들의 경험을 조직화하는 조직
가이다.

이렇게 제도적 문화기술에서 담론이 자치하는 위상을 강조하
면 제도적 문화기술지가 어떤 연구방법인지 새롭게 조망된다.
Campbell과 Gregor는 제도적 문화기술지의 이러한 특징을 다음과
같이 표현하였다. "제도적 문화기술지는 일반 질적 연구방법들과
는 달리 우리가 우리의 삶에 대해 알고 있는 모든 점이 담론적으로
조직화된 것이라는 사실을 탐구하는 방법론이다. 제도적 문화기술

지는 자신의 삶에 대해 말하고 있는 누군가가 어떻게 자기 삶이 담론적으로 조직화된 것이라는 점을 빼먹는가에 주의를 기울이는 방법론이다"(Campbell & Gregor, 2004: 91).

9) 연구자와 연구참여자의 권력이 평등하다

제도적 문화기술지가 일반 질적 연구방법과 뚜렷이 다른 점은 연구자와 연구참여자의 위치가 위계적이지 않다는 것이다. 연구자는 연구참여자의 입장에 서서 그에게서 배워 가고 그 배운 것들을 서로 연결하고 이어 맞추는 역할만 하면 되기 때문에 권력의 차이가 크지 않다. 제도적 문화기술지에서는 연구자가 연구참여자의 곁으로 내려와 있다. 연구자는 보편자의 위치에서 내려와 조용히 연구참여자 곁에 있거나 혹은 연구참여자를 따라가는 위치로 내려온다. 따라서 제도적 문화기술지 연구자에게 필요한 것은 연구참여자들을 추적하고 거기서 나온 정보의 퍼즐을 이어 맞추는 능력이다.

이와는 달리, 기존 질적 연구에서 연구자는 연구참여자의 이야기를 해석한다. 이 해석하는 힘은 연구자를 연구참여자 위에 놓는다. 연구자가 연구참여자보다 더 큰 권력을 갖는 것이다. 이렇게 연구자의 해석과 추론에 의지하는 기존의 일반 질적 연구는 연구자의 해석력과 추론 능력 여하에 따라 연구결과가 달라진다. 이렇듯, 제도적 문화기술지는 기존 질적 연구보다 연구자와 연구참여자의 권력이 평등하게 배분된다. 따라서 제도적 문화기술지는 기존 질적 연구에 비해 더 평등한 연구방법이라고 말할 수 있다.

2. 휴먼 서비스 분야와 제도적 문화기술지

도로시 스미스에 의하면, 제도적 문화기술지는 휴먼 서비스 (human service) 분야에 유용하다. 그러나 오늘날 제도적 문화기술지는 휴먼 서비스 분야가 아닌 많은 학문 분야로 확대되어 가고 있다. 우리는 모두 제도와 상관없이 살아갈 수 없다. 이런 점에서 제도적 문화기술지 방법이 적용될 수 있는 분야는 무궁무진하다고 할 수 있다. 제도적 문화기술지의 유용성이 어디에 있는지 좀 더 구체적으로 살펴보자.

1) 제도 내 지배받는 위치에 있는 사람의 입장에서 변화를 도모할 수 있다

제도적 문화기술지는 연구자가 누군가의 입장, 특히 지배받는 위치에 있는 사람의 입장에 서서 지식을 생산한다. 제도적 문화기술지 연구자는 바로 이 지배받는 위치에 있는 사람의 위치에 서서 연구하는데, 이것이야말로 제도적 문화기술지의 가장 큰 기여이다 (Campbell, 2003). 지배받는 위치에 있는 사람의 입장에 서서 하는 연구가 어떻게 기여가 되는지에 대해 도로시 스미스는 Hegel이 말한 주인-노예 관계에 관한 우화를 끌어와 말한다. 노예는 주변화되고 억압받는 자신의 위치 때문에 주인보다 더 많이, 더 멀리, 더 잘 볼 수 있다. 그녀에 의하면, 사회에 대한 지식은 항상 자신이 서 있는 그 위치에서 도출되기 때문에 지배받는 위치에 있는 사람은 이 점에서 인식론적 특권을 갖는다(스미스, 2014: 27).

이렇게 주인이 경험하는 것과 노예가 경험하는 것은 비록 같은 세팅에서 살아간다 해도 서로 다르다. 제도적 문화기술지가 주체 위치에 대한 문제의식에서 출발했듯이, 연구자가 누군가 주체의 입장에 서서 지식을 생산하는가는 연구자에게 매우 중요하다. 제도적 문화기술지가 지배받는 위치에 있는 사람의 입장에 서서 지식을 생산하는 이유는 주체를 살리고 연구자에 의해 해석되지 않은 실제를 보여 주고자 하는 데서 비롯한다. 이렇게 되면 연구자는 보편적 위치와 해석하는 '독백자'의 위치에서 정보제공자의 위치로 내려와 '대화자'의 위치에 있게 된다. 그 결과 지배받는 위치에 있는 사람들의 목소리를 연구자의 해석이나 추론에 의해서가 아니라 그들 주체의 언어로 그 행적을 추적하여 보여 줄 수 있다.

예를 들어, 노숙 청소년에 대한 사회서비스들이 그들의 입장에서 조직화되어 있지 않다는 문제의식에서 출발한 Nichols(2008)는 케빈이라는 청소년 쉼터 사회복지사와의 대화로부터 연구를 시작한다. 연구자는 케빈의 제안으로 쉼터에서 청소년들을 참여관찰하고 인터뷰하다가 오린이라는 18세 청소년을 연구참여자로 선택한다. 그가 제도적 문화기술지를 연구방법으로 택한 이유는 오린이라는 청소년, 즉 누군가의 일상이 어떻게 그 일상 너머의 제도들과 맞물리는지를 발견하기 위해서였다.

대부분의 일반 질적 연구가 수사상으로는 연구참여자의 목소리를 보여 주고 대변한다고 하지만, 사실상 여기에는 한계가 있다. 대부분의 일반 질적 연구들은 연구참여자의 목소리를 연구자의 해석을 통해 이루어지는 통역의 의미가 크기 때문이다(Graham, 1998). 제도적 문화기술지는 이론과 연구자의 해석을 개입시키지 않으면서 지배받는 위치에 있는 사람들의 입장에 서서 제도적 과정을 밝힌다. 따라서 다른 어떤 연구방법보다도 휴먼 서비스 분야의 정책이나 제도를 연구자의 입장에서가 아니라, 제도 내 지배받는 위치에 있는 사람의 입장에 서서 제도들을 개선할 수 있는 구체적 방법들을 찾아낼 수 있다. 이런 의미에서 제도적 문화기술지는 사실상 모든 제도적 세팅에 적용할 수 있을 정도로 그 적용 범위가 광대하다.

2) 제도적 현장을 형성하는 힘의 실제와 그 작동을 보여 준다

앞에서 언급했듯이, 도로시 스미스는 제도적 문화기술지가 휴먼 서비스 분야에 특히 유용하다고 했다. 예를 들면 사회복지학, 의학, 간호학, 교육학, 정책학, 보건학, 유아교육학 등과 관련된 다양한 제도적 세팅이 여기에 포함된다. 그러나 휴먼 서비스의 범위를 어디까지로 보느냐에 따라 그 적용 범위는 더 확대될 수 있다. 많은 일반 질적 연구가 휴먼 서비스 분야를 대상으로 지식을 생산한다. 제도적 문화기술지만이 휴먼 서비스 분야의 지식 생산에 유용한 것은 아니다. 중요한 것은, 제도적 문화기술지가 과연 기존 연구들이 설명하지 못하는 다른 측면을 설명하느냐의 여부이다. 제도적 문화기술지는 제도적 현장에서 이루어지는 힘(power)이 구체적으로 어떻게 만들어지고 행사되는지 그것을 '실제'에 근거해 보여 준다는 점에서 기존 연구방법들과 다르다.

모든 휴먼 서비스 분야의 지식은 실천가(정책가)와 실천(정책) 현장이 직면하는 문제를 이해하고 변화를 모색할 수 있어야 한다. 그러나 많은 휴먼 서비스 분야의 연구들은 해당 분야 대상들의 속성에 치중되어 있거나 과학적 엄밀성에 치중하면서 현장의 문제들을 외면한다. 이렇게 되면 과학적 학문으로서의 위상을 제고할 수는 있지만, 현장의 문제를 방치하는 결과를 낳게 된다. 예를 들면, 정책연구에서도 정책소설(policy fiction)에만 치중할 뿐 정책사실(policy fact)은 도외시하게 된다(김인숙, 2013: 317).[2]

휴먼 서비스의 모든 실천 행위는 제도적 맥락 안에서 이루어진다. 제도는 법과 정책이라는 물적 토대를 기반으로 하며, 제도의 공급자와 수요자는 이러한 토대를 기반으로 상호역동적 과정을 통해 휴먼 서비스 현장을 구성해 간다. 휴먼 서비스 분야의 지식은 바로 이 제도적 현장에 주목하고 여기서 제기되는 '실제' 현상과 어려움을 규명하고 해결책을 도모할 필요가 있다. 이를 위해서는 제도와 제도적 현장의 구성원들이 움직여 나가게 만드는 힘을 살펴봐야 한다.

제도적 문화기술지는 휴먼 서비스 분야에서의 이러한 필요성을 충족시킬 수 있는 방법론이다. 특히 힘을 탐구할 수 있는 방법론으로 알려져 있다. 최근 제도적 문화기술지는 클라이언트와의 관계에 관심이 있는 전문가들과 그들의 일을 형성하는 힘들 혹은 변화를 위해 제도를 이해하려는 활동가들 사이에서 더욱 발전되고 있다. 제도적 문화기술지가 제도적 세팅의 전문가들이나 운동가들에게 제도를 이해하고 변화를 도모할 수 있는 근거를 제공하기 때문이다. 이에 따라 제도적 문화기술지는 제도적 체제에서 살아가는 사람들에게 문제가 되는 상황을 변화시키려는 연구자들에게 유용한 선택이 되고 있다(DeVault & McCoy, 2006).

---

2) 특정 정책의 실제 효과를 파악하기 위해서는 문서상의 정책소설(policy fiction)이 아닌 정책이 구체적 현장에서 발현되고 실현되는 정책사실(policy fact)에서 출발해야 한다(김수영, 2012, 206에서 재인용).

이 외에도 최근 제도적 문화기술지는 휴먼 서비스 분야의 실천
가가 일상생활에 존재하는 문제들을 어떻게 이해할 것인지를 배우
는 전략으로, 그리고 학생에게는 일상 세계가 어떻게 그런 방식으
로 일어나는지를 새롭게 이해하게 할 수 있는 유용한 도구로 인기
를 얻어 가고 있다. 특히 제도 내 지배받는 위치에 있는 사람의 입
장에 서서 그들의 일상 세계를 새롭게 볼 수 있는 능력을 함양하게
하는 전략적 도구로 사용된다(Campbell & Gregor, 2004: 16).

3) 휴먼 서비스 분야의 제도적 맥락과 행위자들 사이의 조직화를 보여 준다

기존의 해석적 질적 연구는 조직이나 제도, 체계, 이념과 같은 거
시적 요소를 간과하고 주로 행위자들의 주관적 경험에 집중한다.
설혹 이들 거시 맥락을 연구에 끌어들인다 해도 그것은 행위를 설
명하기 위한 자료로 사용된다. 그 결과 휴먼 서비스 분야의 제도적
장치들과 그 장치 안에서 살아가는 사람들이 어떻게 제도에 얽히
는지에 관해서는 잘 알려지지 않고 있다. 제도적 문화기술지는 휴
먼 서비스 분야의 제도나 담론, 체계, 실천과 같은 제도적 장치들을
행위나 경험을 설명하기 위한 도구로 여기지 않는다. 제도적 문화
기술지는 행위자는 제도적 맥락 안의 일부이지 제도적 맥락 밖에
있다고 여기지 않는다. 따라서 제도적 문화기술지는 기존의 질적
연구에서 보여 왔던 미시와 거시의 분리를 넘어 미시와 거시의 경
계를 허문다.

바로 이 지점에서 제도적 문화기술지는 휴먼 서비스 분야에 새
로운 지식 형성을 가능하게 해 준다. 제도적 맥락 안의 일부로서 행

위자의 경험이 어떻게 제도적으로 조직화되는지를 보여 줄 수 있기 때문이다. 이는 미시와 거시의 단순한 '연결'을 넘어서 이 양자가 어떻게 '조직화'되어 가는지를 보여 줌으로써 휴먼 서비스 분야의 전문가들과 이용자들이 다양한 제도와 어떤 연관 속에서 살아가는지를 보여 주게 된다.

예를 들어, 휴먼 서비스 전문직에서는 주로 텍스트와 양식, 보고서를 가지고 일한다. 현장에서는 이런 텍스트를 작동시키는 과정에서 정책과 정책의 전제들이 실행되고 조직적인 파워가 행사된다. 제도적 문화기술지 연구자는 이러한 역동적 관계를 그려 냄으로써 사태가 어떻게 조직화되고, 사람들의 삶이 어떻게 지배되는지 확인하게 된다(Campbell & Gregor, 2004: 33-36). 일례로, 제도적 문화기술지를 이용하면 정신보건센터에서 사용하는 다양한 양식이 어떻게 정신이상을 만들어 내고 조직화하는지 보여 줄 수 있다(McLean & Hoskin, 1998).

제도적 문화기술지는 휴먼 서비스 분야의 제도적 세팅에서 쉽게 관찰될 수 있는 전문적 실천가들의 '일 지식', 현장을 움직이는 '텍스트'의 역할, 텍스트를 매개로 움직이는 제도적 담론의 작동 양상을 '실제'에 근거해 그 조직화 양상을 보여 준다. 연구자가 알고자하는 조직화의 범위는 연구자의 선택 여하에 따라 얼마든지 확대될 수 있다. 이처럼 제도적 문화기술지는 이 방법론을 구성하는 독특한 개념적, 방법적 장치들로 인해 그동안 간과되고 소홀히 다루었던 행위와 구조의 경제를 허물면서 지배 관계, 조직화를 보여 주는 강점이 있다. 이러한 강점은 휴먼 서비스 분야에 그동안 비어 있던 새로운 형태의 지식을 제공함으로써 다양한 제도적 변화를 도모할 수 있는 동인을 만들어 줄 수 있다.

2부

⋮

제도적 문화기술지의 실행

7장ㅣ 제도적 문화기술지 연구의 시작

8장ㅣ 자료수집과 표집

9장ㅣ 자료수집과 인터뷰

10장ㅣ 자료수집과 관찰

11장ㅣ 자료분석의 전략과 방법

12장ㅣ 자료분석의 과정

제도적 문화기술지는 사람들이 그들의 삶 속에서 하는 행동과 경험에서 출발해 그들 삶 속에 실제로 존재하지만, 우리 눈에 쉽게 관찰되지 않는 사회관계와 조직화를 발견하는 방법이다. 이러한 제도적 문화기술지 연구를 수행하는 단 하나의 길은 없다. 몇몇 절차상의 원칙들이 있기는 하지만, 연구는 여러 가지 방식으로 이루어진다. 그 어떤 것에도 정통은 없다(Smith, 2006: 1). 이런 점에서 제도적 문화기술지 연구는 연구를 수행하는 방법을 설명하기 어렵다. 연구자들은 단계별로 무엇인가를 찾아낼 수 있기를 기대하지만, 제도적 문화기술지 연구를 실행하기 위한 과정은 패키지로 깔끔하게 묶이지 않는다. 왜냐하면 제도적 문화기술지는 사전에 계획되는 경우가 거의 없기 때문이다. 이런 미계획성이 제도적 문화기술 연구가 어려운 이유이다(DeVault & McCoy, 2006; Campbell & Gregor, 2004).

그래서 제도적 문화기술지 연구자들이 조언하는 것은 연구를 실행하는 방법론적 도그마를 찾으려 하지 말고 탐구하고 발견하고 배운다는 점을 염두에 두는 게 좋다고 말한다. 물론 이는 전적으로 옳은 말이다. 그래서 2부를 기술하는 것이 다소 조심스럽기도 하다. 그러나 초심 연구자는 무어라도 연구 실행을 위한 실마리를 잡고 싶어 한다. 따라서 2부에서는 다소 형식화의 위험을 무릅쓰고 연구 실행에서 초심 연구자들에게 도움이 될 만한 방법과 절차를 소개하기로 한다. 즉, 제도적 문화기술지 연구를 어떻게 시작할지(7장), 어떻게 자료를 수집하고(8~10장) 분석할지(11~12장)에 관한 방법과 절차를 기존 논의들을 토대로 제시하고자 한다. 그러나 반드시 유념할 것은 여기서 제시하는 것을 정통이나 도그마로 사용해서는 안 되고, 자신만의 방법을 찾아가는 데 안내 역할을 하는 이정표로 사용할 것을 권한다.

7장
제도적 문화기술지 연구의 시작

　제도적 문화기술지는 기존 연구들과는 달리 구체적인 누군가의 실제 경험에서 시작한다. 이 장에서는 제도적 문화기술지 연구자가 연구를 시작할 때 어떠한 점들을 알고 있어야 하는지 그 내용을 살펴본다. 연구자는, 첫째, 누군가의 경험에서 시작하는 것의 의미를 이해하고, 둘째, 누군가의 경험이 단절의 경험임을 발견하며, 셋째, 누구의 입장에 서서 연구할 것인지 결정하고, 넷째, 문헌 검토의 방식을 이해하며, 다섯째, 연구문제를 어떻게 구성하는지에 대해 알아야 한다. 이들에 대해 하나하나씩 살펴보자.

1. 누군가의 실제 경험에서 시작한다

　제도적 문화기술지 연구는 개인들의 구체적인 경험, 즉 누군가의 일상적 경험에서 시작된다. 누군가의 일상적 경험에서 연구가 시작된다는 말은 특별할 것 없는 그저 그런 말로 보일 수 있다. 왜냐하면 대부분의 연구가 사람들의 경험을 근거로 하여 수행되기 때문이다. 그러나 제도적 문화기술지에서 이 말은 기존의 연구들과 제도적 문화기술지 연구를 구별하게 만드는 첫 번째 언명이다. 그렇다면 이 말에 내포된 구체적 의미는 무엇일까?

1) 이론이나 개념에서 시작하지 않고 실제 경험에서 시작한다

모든 경험적 연구는 사람들의 '실제 경험(actual experience)'을 자료로 삼는다. 질적 연구건 양적 연구건 모든 연구는 사람들의 경험 속에서 우리 눈에 보이지 않는 어떤 관계, 질서, 구조를 찾아낸다. 제도적 문화기술지도 마찬가지이다. 사람들의 경험을 자료로 삼아 제도적 문화기술지가 던지는 질문에 대한 답을 찾아낸다. 그러나 결정적으로 차이점이 있다. 제도적 문화기술지가 '경험'을 연구의 '자료'로 삼는 것은 다른 연구와 공통적이지만, 경험을 연구의 '시작점'으로 삼는다는 점에서 결정적 차이가 있다. 경험을 연구의 자료로 삼는 것과 경험을 연구의 시작점으로 삼는 것은 다르다.

경험을 연구의 자료로 삼는 것은 경험을 수집해서 연구자가 던진 질문에 대한 답을 찾아내기 위한 것이다. 기존의 연구에서 누군가의 경험은 연구자가 던지는 질문을 명료화하기 위한 보조물 혹은 자극제에 지나지 않는다. 누군가의 경험들이 더 쓸모 있을 때는 연구 질문에 대한 답을 찾기 위해 파고들어야 할 자료로 사용될 때이다. 그러나 제도적 문화기술지에서 누군가의 경험은 자료로 사용될 뿐만 아니라, 연구의 시작점이 된다. 누군가의 경험이 연구의 시작점이 된다는 것은 누군가의 경험 그 자체에서 연구가 시작된다는 것을 말한다. 제도적 문화기술지 연구는 사람들이 일상에서 하는 생생하고 실제적인 경험들 자체에서 연구가 시작된다. 이것은 문헌검토를 통해 연구자의 머릿속에서 재구성된 개념이나 이론에서 시작하는 연구들과는 전혀 다른 접근이다.

예를 들어, 복지전담공무원이 찾아가는 복지를 할 수 없어서 괴롭고 고통스럽다면 '찾아가는 복지'를 할 수 없는 바로 그 경험이 제도적 문화기술지 연구의 시작점이 된다. 제도적 문화기술지 연구는 복지공무원의 '소진'이라는 이론적 개념에서 연구가 시작되지 않을 뿐만 아니라 이를 연구의 대상으로 삼지도 않는다. 그저 복지공무원이 찾아가는 복지를 행할 수 없는 바로 그 경험 자체를 해명하고자 한다.

이 외에도, 우리가 살아가는 일상 세계에는 사람들이 겪는 무수히 많은 경험이 있다. 이런 실제의 경험들에서 제도적 문화기술지 연구는 시작된다. 많은 서비스가 있음에도 불구하고 청소년이 노숙 상황에 처한다든가(Nicols, 2008), 노숙인들이 거처를 찾아 회전한다든가(김진미, 2019), 정신보건 사회복지사들이 사례관리에 실패한다든가(하지선, 2016), 보육교사가 아이들을 돌보지 못하고 거꾸로 부모를 돌보게 된다든가(이은영, 2019)와 같은 경험들이 연구의 시작점이 된다. 이렇게 누군가의 경험에서 연구를 시작하는 것은 이론이나 개념이 연구의 시작점이 되는 대다수 연구와는 다르다.

대부분의 양적 연구와 상당수의 질적 연구가 연구를 시작할 때 가장 먼저 문헌을 검토한다. 문헌에 대한 검토를 통해 연구해야 할 개념을 찾아낸다. 연구자가 현실에서 벌어지는 실제 현상에 대한 문제의식이 있다 해도 그 자체가 연구의 시작점이 되지는 않는다.

그는 연구를 시작하기 위해 문헌을 통해 연구해야 할 개념적, 이론적 대상을 찾는다. 여기서 문제를 이론적으로 형성하는 것은 흔히 형식적으로 이루어지고, 경험적 엄밀성과 같은 절차를 요구한다. 그 결과 많은 연구가 문헌에서 도출된 이론이나 개념을 연구의 시작점으로 삼는다.

예를 들어, 청소년의 적응에 영향을 미치는 요인, 이주여성들의 임파워먼트 과정에 관한 질적 연구에서 알 수 있듯이 '적응'이나 '임파워먼트'와 같은 추상적인 이론과 개념을 연구의 시작점으로 삼는다. 어떤 경우에든, 제도적 문화기술지는 이러한 절차를 거치지 않는다. 제도적 문화기술지 연구는 이론에서 시작하지 않고, 연구의 초점이 되는 사람들의 삶의 실제에서 시작한다(스미스, 2014: 322).

그렇다면 왜 제도적 문화기술지 연구는 누군가의 경험에서 시작할까? 누군가의 경험에서 시작하는 연구와 이론이나 개념에서 시작하는 연구의 차이는 사소해 보여도 사실은 큰 차이가 있다. 이것은 제도적 문화기술지가 출발한 배경과 관련이 있다. 제도적 문화기술지는 여성을 비롯하여 사회 내 억압받는 사람들의 경험과 목소리가 주류 학문 연구에 반영되지 못한다는 데서 출발했다. 기존 학문 영역의 개념과 언어들은 제한되어 있는데, 이 제한된 개념과 언어로 '아직 이름 붙여지지 않은' 실제 경험을 이해하는 것은 어렵다는 것이다. 즉, 누군가의 경험 중에는 기존의 이론이나 개념으로는 포괄될 수 없는 영역이 존재한다는 것이다. 도로시 스미스는 이를 "우리가 배운 텍스트에는 없는 것도 있고 없는 사람도 있다." (Smith, 1987: 107)라고 표현하였다.

예를 들어, Mykhalovskiy와 McCoy(2002)는 에이즈 감염인들이 자신들의 건강을 돌보기 위해 행하는 '일'에 대해 연구했다. 그들은 에이즈 감염인들이 하는 일을 '건강에 대한 일(health work)'로 불렀다. 사실, 사람들이 자신의 건강을 돌보기 위해 행하는 일상의 구체적 행위들은 너무 작고 사소해 기존의 개념이나 이론이 포괄하는 범위 밖에 위치한다. 그러나 제도적 문화기술지는 이들의 건강에 대한 일들을 검토하고, 이로부터 이 일들이 사회적으로 어떻게 조직화되고 공식적 담론의 지배를 받고 있는지 탐구한다. 이렇듯, 제도적 문화기술지는 누군가의 '이름 붙여지지 않은 경험들'을 살려 내어 이들을 해명하고, 이 경험들이 더 큰 사회관계의 한 조각임을 보여준다. 제도적 문화기술지 연구자는 에이즈 감염인들의 건강을 돌보는 실제의 일 경험 속에서 그들의 일상적 일을 틀 지우고 결정하는 사회관계 또는 조직화를 찾는다.

2. 누군가의 경험이 '단절'의 경험임을 발견한다

1) 단절의 경험

앞에서 언급했듯이, 제도적 문화기술지는 누군가의 구체적인 개인의 실제 경험에서 시작한다. 연구자는 일상의 삶에서 이루어지는 누군가의 경험과 맞닥뜨린다. 누군가는 연구자 자신일 수도 있고, 타인인 어떤 개인일 수도 있다. 이 경험이 연구의 출발이 된다. 예를 들어, 가출 청소년들이 복지서비스의 망을 벗어나 이탈되는 경험, 기초수급 신청자들이 신청 과정에서 탈락되는 경험, 사례관리자들이 사례관리 과정에서 좌절하고 실패하는 경험, 보육교사들이 아이들을 돌보고자 해도 돌볼 수 없는 경험, 간호사들이 점심시간에도 휴식할 수 없는 경험, 학생들의 학업을 위한 노력이 제대로 평가받지 못하는 경험 등 우리의 삶에서 만날 수 있는 무수히 많은 경험이 제도적 문화기술지 연구의 출발점이다.

그러나 제도적 문화기술지 연구자가 연구를 시작하려면 개인의 구체적인 경험 그 자체에만 머물러서는 안 된다. 누군가의 실제 경험이 제도적 문화기술지의 시작점인 것은 사실이지만, 이 경험이 제도적 문화기술지 연구로 방향을 틀려면 그 경험이 '단절(disjunction)'의 경험임을 발견해야 한다.

도로시 스미스에 의하면, 단절은 실제가 말이나 이미지로 옮겨가는 변환의 과정에서 일어난다(스미스, 2014: 296). 예를 들어, 장기요양센터의 사회복지사가 요양등급을 판정할 때, 정신보건 사회복지사가 정신장애인의 욕구사정 진단표를 작성할 때 실제는 단절된다. 요양보호 등급을 받는 노인의 실제 삶은 등급판정이라는 텍스트를 통해 변환이 일어나고, 욕구를 사정받는 정신장애인의 실제 욕구는 진단표를 통해 변환이 일어난다. 그 결과 노인의 실제 삶을 반영하지 못하는 등급판정이 이루어질 수도, 정신장애인의 욕구가 왜곡되어 욕구진단이 이루어질 수도 있다. 이 과정에서 사람들의 실제는 법, 지침, 정책, 담론들, 혹은 여타의 언어자료들에 의해 틀 지워지면서 단절된다. 그래서 도로시 스미스는 단절을 경험 세계와 경험 세계 너머의 사회적 결정들 '사이'에 있는 것, 사람들의 실제 경험과 이 실제 경험을 틀 지우는 사고, 개념, 제도적인 것들 사이의 간극으로 정의하였다(Smith, 1990: 54).

그런데 이러한 단절은 우리가 사는 사회의 불가피한 속성이다. 즉, 사람들의 삶의 실제가 제도적 실재(institutional reality)로 전환될 때 필연적으로 단절이 일어난다. 이렇게 단절이 일어나면 해당 제도의 영향을 받는 사람들의 경험은 버려지거나 왜곡된다. 그렇다고 해서 사람들의 삶의 실제와 제도적 실재 간의 불일치가 늘 나쁘지는 않다. 응급센터에 전화한 신고자가 전화상담원의 적절한 대응으로 성공적인 서비스를 받을 때 제도적 과정에 접촉한 신고자는 도움을 받을 수 있기 때문이다(스미스, 2014: 296).

만일 어떤 제도적 문화기술지 연구자가 사회복지전담공무원으로부터 정부의 정책은 '찾아가는 복지', 즉 수급자를 찾아가라고 하는데 정작 주민센터에서는 수급자들을 찾아갈 수 없어 괴롭다는 이야기를 들었다고 하자. 그는 복지공무원의 이 경험에서 연구를 시작할 수 있다. 이때 연구자는 복지공무원의 경험이 단절의 경험임을 확인해야 한다. 복지공무원들은 거의 모든 업무를 전산망에 입력해야 하고, 2년마다 순환되는 보직 때문에 개정되는 법령들의 내용을 파악하기 어렵고, 보건복지부가 중앙 부처들의 복지업무를 맡으면서 관련 일들까지 복지공무원들이 처리해야 하는 등 '찾아가는 복지'를 구현하기 위해 구축된 정책과 지침들을 따라야 한다. 즉, 복지공무원은 이들 제도적 범주와 틀에 자신들의 실제 일을 끼워 맞춰야 하는데, 이 과정에서 사람들의 실제 삶에는 관심을 가질 수 없어 발생하는 간극, 즉 단절이 일어난다. 연구자는 복지공무원의 경험이 바로 이 단절의 경험임을 발견해야 한다.

우리는 일상 세계 속에서 살고 있으나 우리의 일상은 그 일상 세계 너머와 복잡하게 얽혀 있다. 즉, 우리가 일상의 경험 세계에서 하는 일들은 우리가 거의 알지 못하는 과정에 의해 조직화된다. 그러므로 우리의 일상 경험은, 분명 존재하긴 하는데 우리에게는 보이지 않는, 일상 너머와 단절된 것처럼 보인다. 따라서 제도적 문화기술지 연구자는 사람들의 일상 경험이 어떻게 단절된 것인지 파

악하는 것에서 연구를 시작한다. 이처럼 제도적 문화기술지 연구
자는 사람들의 일상의 '실제 경험'에서 연구를 시작하지만, 이때 일
상의 실제 경험은 지배 관계 혹은 사회관계 속에서 체현되어 나온
것이라는 점을 유념해야 한다(Smith, 1987: 49-50).

앞에서 복지공무원이 수급자를 찾아가지 못하는 경험에 대해 연
구자는 그 경험이 경험 너머의 지배 관계에 기인한 것임을 알아채
야 한다. 그러나 연구 초기에 누군가의 경험이 단절의 경험임을 상
세히 알지는 못한다. 왜냐하면 제도적 문화기술지 연구자가 최종
적으로 밝혀야 할 것은 단절되어 보이는 누군가의 경험이 사실은
단절된 것이 아니라, 일상 너머의 질서와 연결되어 있다는 것을 보
여 주는 것이기 때문에 연구 초기부터 단절이 명료하고 구체적으
로 보이지 않는다. 그러므로 연구 초기에 누군가의 경험이 단절의
경험임을 발견하는 것은, 연구자가 해당 분야에서 오랫동안 일한
경험이 없는 한 개략적일 수밖에 없다. 연구 초기에 개략적으로 보
이던 단절의 경험은 연구가 진행되어 가면서 단절이 붕괴된 모습,
즉 조직화와 지배 관계의 모습이 드러난다.

이처럼 연구자가 누군가의 실제 경험을 제도적 문화기술지 연구
로 방향을 틀고자 한다면, 누군가의 경험이 단절의 경험임을 알아
채야 한다. 이를 알아채려면 연구자는 자신의 경험을 통하거나 혹
은 누군가와 우연히 만나 이야기하거나, 또는 정보제공자를 인터
뷰하거나 관찰해야 한다. 다시 말해, 제도적 문화기술지 연구를 시
작하려는 연구자는 누군가의 경험은 제도적 관계에 말려들고, 제
도적 관계를 구성하는 특정 개인의 일상 경험이라는 점을 기억해
야 한다(DeVault & McCoy, 2006: 18). 제도적 문화기술지 연구자가
이 단절을 확인하기 위해서는 추상화된 개념이 아닌 '실제'에 익숙

해져야 한다. 추상화된 이론과 개념은 단절의 경험 기저에 작동하는 복잡한 사회적 조직화를 보지 못하게 하여 단절을 더욱 강화하기 때문이다.

이처럼 제도적 문화기술지는 '단절'에 주목한다. 그러나 엄밀히 보면, 제도적 문화기술지는 단절을 거부한다. 왜냐하면 제도적 문화기술지 연구자의 목표는 단절을 붕괴시켜 전체의 모습을 보여 주기 때문이다. 단절은 외양으로 드러나는 현상일 뿐, 사실은 단절되어 있지 않다는 것이다. 단절로 보이는 경험들 사이에는 복잡한 맥락들과 담론, 조직화가 작동하고 있는데, 그것들이 우리 눈에 쉽게 보이지 않을 뿐이다. 따라서 제도적 문화기술지의 목표는 일상 세계에서 경험하는 단절의 경험 기저에 작동하는 복잡한 조직화 양상을 드러내 보여 줌으로써, 사람들의 일상적 삶이 어떻게 제도적인 것들에 얽혀 있는지를 보여 주는 데 있다(김인숙, 2013).

이는 사회과학에서 실재를 파악하는 두 가지 방법, 즉 경험적 관점(experiential perspective)과 지배적 관점(ruling perspective) 중 지배적 관점에 속한다. 경험적 관점이 사람들의 일상 경험 자체에서 실재를 파악하는 것이라면, 지배적 관점은 사람들의 일상 경험은 경험 너머의 더 큰 지배 관계가 체현된 것이라고 보는 관점이다. 따라서 제도적 문화기술지는 지배적 관점으로 실재를 파악하는 연구 방법이다(Campbell & Gregor, 2004: 48).

2) 사례: 단절의 경험을 발견하기

이제 좀 더 구체적으로 기존 연구에서 단절의 경험을 어떻게 발견했는지 살펴보자. 즉, 기존 연구들에서 제도적 문화기술지 연구자들은 어떻게 단절의 경험에 주목하고 단절의 순간을 발견했을까? 다섯 가지 연구사례를 대상으로 이를 살펴보자.

첫째, George W. Smith(1988)의 연구에서 우리는 '단절'을 볼 수 있다. Smith는 토론토의 목욕탕에서 동성애자들이 행한 성적인 유희가 어떻게 범죄행위로 변형되는지를 보여 준다. 목욕탕에 있던 동성애자들의 성적 유희 행위는 경찰에 의해 보고서가 작성되었는데, 이 보고서에서는 동성애자들은 물론 목욕탕 주인과 당시에 목욕탕에 있던 사람들 모두를 범법자로 규정하였다. Smith에 의하면, 동성애자들은 단지 그들의 성적인 즐거움을 위해 목욕탕에 있었을 뿐이다. 성매매를 목적으로 음란 행위를 한 것이 아니었다. 그러나 이런 내용은 경찰보고서 내용에는 없다(스미스, 2014: 306-310).

여기서 우리가 알 수 있는 것은 동성애자들의 실제 경험과 경찰 보고서에 나타난 범법자 사이에는 '단절'이 있다는 점이다. 이 단절은 경찰관들이 「성매매금지법」이라는 제도적 틀을 적용하면서 만들어진다. 이 규제적 틀이 적용되는 순간 동성애자들의 실제 경험은 사라지고 공공장소에서 음란 행위를 하는 범법자만 남게 된다. 동성애자들은 그들이 왜 범법자로 고발되는지 이해할 수 없는 황당한 경험을 한다. 제도적 문화기술지 연구자는 이들의 황당한 경험을 보고 어떻게 동성애자들은 범법자가 되는가와 같은 질문을 던지면서 연구를 시작할 수 있다. 이때 연구자는 이들 동성애자의 경험이 단절의 경험임을 알아채야 한다.

둘째, 어떤 제도적 문화기술지 연구자는 자신의 경험에서 연구를 시작하기도 한다. Grass(2010)는 교정시설인 감옥 안에 있는 병원에서 작업치료사로 10년을 일한 경험이 있다. 그런데 작업치료사를 포함한 정신건강 보호 서비스를 제공하는 일선 직원들은 끊임없이 자신들의 일이 방해받는다는 좌절을 경험한다. 그는 이들 일선 직원의 좌절 경험에 주목한다. 그러다가 어느 날 함께 일하는 동료와의 대화에서 정신건강 보호 서비스를 제공하는 일선 직원들은 이곳만이 아니라 전국에서 조직적으로 파괴되고 있으며, 그 배경에 안전과 사례관리를 우선하는 정책 등 조직 구조가 자리하고 있음을 알게 된다. 이때 그는 정신건강 보호 일선 직원들이 경험하는 좌절이 단절의 경험임을 발견하게 되고 제도적 문화기술지로 연구의 방향을 잡는다. Grass는 바로 이 단절의 경험에 초점을 두고 제도적 문화기술지 연구를 진행해 갔다. 그는 정신건강 보호를 제공하는 일선 직원들의 경험과 조직 구조 사이의 단절을 연구하였다(Dieleman Grass, 2010).

셋째, 연구자의 직접 경험에서 출발한 또 다른 연구로, 재가 방문을 하는 작업치료사의 경험에서 출발한 연구가 있다(Carrier, Freeman, Levasseur, & Desrosiers, 2015). 사실 재가 방문 작업치료사에게 가장 중요한 점은 클라이언트 중심의 치료를 제공하는 것이다. 모든 재가 방문 작업치료사에게 클라이언트 중심 접근은 필수적이다. 그러나 이들은 클라이언트 중심의 접근을 하기가 매우 어렵다. 클라이언트 중심 접근이 어려워짐에 따라 작업치료사들은 치료서비스 제공에서 좌절을 경험한다. 연구자는 이들의 좌절의 경험에서 연구를 시작한다. 그리고 이들의 경험이 표준화된 의뢰 양식과 관련되어 있다는 것을 작업치료사와의 인터뷰를 통해 알게 된다. 연구자는 작업치료사들이 경험하는 좌절이 단순히 개인적인 것이 아니라 텍스트 형태의 제도적 장치 그리고 이들 장치 속에 포함된 효율성 담론과 연관되어 있음을 알게 된다. 작업치료사들이 경험하는 좌절이 단절의 경험임을 발견한 것이다. 이로써 연구자는 이 단절의 경험을 해명하기 위해 제도적 문화기술지 연구를 선택한다(Carrier, Freeman, Levasseur, & Desrosiers, 2015).

넷째, 우연한 상황에서 경험한 사건에서 연구가 시작될 수도 있다. 예를 들어, 간호보조사에 관한 연구가 없음을 안 연구자가 자신의 집 근처 커피숍에서 휴식시간을 갖고 있던 간호보조사들과 인터뷰를 하기로 약속했다. 그런데 갑자기 이들이 나타나지 않았다. 알고 보니 휴식시간 동안에도 요양원 건물을 나갈 수 없다는 '규칙'이 발효되었기 때문이었다. 연구자는 바로 이 순간이야말로 간호보조사들의 경험이 단절의 경험임을 발견한 순간으로 여겼다. 즉, 연구자는 간호보조사들의 경험이 그들의 실제 경험 너머의 지배관계와 연결된 것으로 보고 제도적 문화기술지 연구로 방향을 틀었다(Diamond, in Smith, 2006: 46).

다섯째, 제도적 문화기술지 연구는 연구자 이외에 다른 누군가의 경험에서 시작되기도 한다. 연구자는 수급 신청자를 상담하는 구청의 복지공무원을 만나 우연히 수급 신청에 관한 이야기를 듣게 된다(김인숙, 2018). 수급을 신청한 사람들 70여 명이 같은 주소의 건물에 거주지를 두고 있기도 하며, 수급 신청을 위한 의사 진단서를 받기 위해 의사의 팔을 물어뜯기도 하고, 고의로 이혼을 하기도 한다는 이야기를 듣게 된다. 이 대화를 통해 연구자는 수급 신청자들의 이러한 경험이 사실은 근로능력 기준이나 부양의무자 기준과 같은 정책 지침과 연관되어 있음을 발견하게 된다. 바로 이 발견의 순간이 수급 신청자들의 경험이 단절의 경험임을 발견하는 순간이다. 이때 연구자는 이들이 어떻게 그러한 경험을 하게 되었는지를 제도적 문화기술지로 연구한다.

이처럼 제도적 문화기술지 연구자는 누군가의 경험을 포착하고 이 경험이 단절의 경험임을 발견함으로써 연구를 시작한다. 따라서 연구자는 실제 경험이 단절의 경험임을 발견하는 최초의 '단절의 순간(moments of disjunction)'을 포착해야 한다. 여기서 주목할 것은 이 단절의 경험은 이론적으로 발견되지 않는다는 점이다. 제도적 문화기술지는 누군가의 실제적 경험에서 시작하지만, 그것은 이론적으로 구성되는 것이 아니고 사람들의 구체적인 일상의 경험에서 나온다. 따라서 누군가의 실제적 경험을 알려면 인터뷰나 참여 관찰을 통해 누군가와 대화하고 관찰해야 한다. 사람들의 일상의 실제적 경험이 단절의 경험임을 발견하는 것도 이와 마찬가지다. 제도적 문화기술지 연구로 방향을 잡게 하는 단절의 경험에 대한 발견도 해당 경험과 연관된 사람들을 만나 일상적 대화를 하거나, 인터뷰나 관찰을 함으로써 발견된다.

3) 단절을 발견하려면 문제틀이 필요하다

(1) 단절의 발견과 문제틀

그런데 단절의 경험은 저절로 발견되지 않는다. 누군가의 실제 경험이 단절의 경험임을 알기 위해서는 사람들이 경험하는 일상 세계를 특정 방식으로 바라보는 어떤 틀이 필요하다. 도로시 스미스는 단절을 발견하기 위한 틀인 분석적 도구를 제시한다. 그것은 바로 '문제틀'이다. 문제틀은 연구자의 초기 시선을 단절에 맞추려는 분석적 도구이다(Peet, 2014: 59).

도로시 스미스는 제도적 문화기술지 연구자는 일상 세계를 '문제틀'로 바라보아야 한다고 말한다. 앞의 5장에서 언급했듯이, '문제틀'은 일상이 복잡하게 얽혀 있다는 것, 이 복잡한 관계가 조직화되어 나타난다는 점을 말해 주는 제도적 문화기술지의 핵심 개념이다. 연구 과정에서 '문제틀'을 적용하면 일상의 행위들이 어떻게 더 큰 조직이나 제도에 엮여 있는지를 알게 된다. 즉, 작은 몸짓 너머에 있는 보다 큰 관계를 찾게 된다(Diamond, 2006: 50).

어떤 연구가 제도적 문화기술지로 방향을 틀지 그 여부를 결정하는 것은 일상 속 개인들의 경험을 '문제틀'로 바라보느냐에 달려 있다. 연구자는 누군가의 실제 경험에서 시작하고, 문제틀을 적용함으로써 그 실제 경험이 단절의 경험임을 발견한다. 이처럼 단절은 문제틀을 적용하여 나타나므로 제도적 문화기술지 연구는 문제틀과 함께 시작된다고 말할 수 있다. 즉, 연구자가 연구를 시작할 때 문제틀이라는 분석적 도구를 사용하면 자신이 연구하려는 누군가의 경험이 단절의 경험임이 좀 더 또렷이 눈에 들어온다.

그러나 문제틀은 연구 초기에 적용해야 하는 분석 도구이면서 동시에 연구자가 발견해야 하는 영역(혹은 활동)이기도 하다. 연구자가 발견해야 하는 영역으로서의 문제틀은 사실 우리 눈에 쉽게 보이지 않고 숨겨져 있다. 문제틀 영역은 문제틀이라는 분석 도구를 사용할 때 드러난다. 따라서 연구자는 문제틀을 적용해 누군가의 실제 경험의 문제틀이 무엇인지 발견함으로써 그 경험이 단절의 경험임을 발견하게 된다. 이처럼 문제틀은 우리에게 마치 별개의 것으로 보이는 사람들의 경험이 사실은 우리 눈에 보이지 않는 것들과 연관되어 있다고 인식하도록 한다. 그럼으로써 누군가의 경험이 단절의 경험임을 알려 준다.

(2) 문제틀의 발견

① 제도적 과정에 참여하는 사람들과 인터뷰하고 참여관찰을 한다

제도적 문화기술지는 사람들의 일상의 '실제 경험'은 문제틀을 발견하기 위한 강력한 토대로 본다. 그러므로 문제틀을 발견하기 위해서는 사람들이 일상에서 겪는 실제 경험들로 돌아가야 한다. 이는 문제틀이 문헌이나 문헌 속의 개념, 이론에서 찾아지지 않는다는 것을 말해 준다. 사람들의 실제 경험으로 돌아간다는 것은, 인터뷰나 참여 관찰과 같은 방법을 사용해 관련된 개인들의 경험을 접하고, 문제틀의 더 넓은 세계로 들어가는 것을 말한다. 제도적 문화기술지에서 문제틀을 발전시키기 위해서는 표본이 아니라, 동일한 제도적 과정에 참여하는 몇몇 사람들과 인터뷰를 하거나 참여관찰을 한다.

예를 들어, 기초수급 신청자가 신청 과정에서 신청을 조기에 포기하는 것을 접한 제도적 문화기술지 연구자는 가장 먼저 이들의 경험을 문제틀로 바라보면서 단절을 발견한다. 그리고 단절을 발견하는 바로 그 순간에 거기에 있는 문제틀을 보게 된다. 연구자는 문제틀을 발견하기 위해 기초수급 제도와 연관된 사람들, 예를 들면 수급 신청자나 동주민센터의 복지공무원을 인터뷰하거나 관찰한다. 연구자는 이를 통해 수급 신청자들의 조기 포기 경험이 수급 신청 과정에서 처리해야 하는 여러 제도적 양식과 서류들을 포함한 제도적 텍스트들과 연관되어 있음을 발견한다. 이때 연구자가 발견한 제도적 텍스트들은 단절을 발견하게 만든 문제틀이다. 연구자는 문제틀을 발견함으로써 자신이 주목하는 누군가의 경험이 단절의 경험임을 확인하게 된다.

이처럼 제도적 문화기술지에서 인터뷰와 참여 관찰은 기존의 다른 연구에서처럼 연구 문제를 설정하고 난 후 자료를 수집하는 방법으로만 사용되지 않는다. 인터뷰와 참여 관찰은 제도적 문화기술지 연구를 시작하면서 함께 이루어진다. 왜냐하면 연구 시작과 더불어 단절의 경험과 문제틀을 발견해야 하기 때문이다. 제도적 문화기술지의 실행 과정을 설명하기 어렵다고 하는 것은 연구의 시작과 자료 수집이 순차적이지 않고 서로 얽혀 있고, 연구의 시작에서 필요한 것(예: 문제틀)이 연구의 전 과정에서 작동하는 등 고정된 선후 좌우가 없이 필요에 따라 유동하기 때문이다.

② 누군가의 경험을 제도적 질서 내에 위치시켜 본다

개인의 일상 경험에만 머무르는 연구는 제도적 문화기술지 연구가 아니다. 제도적 문화기술지는 개인의 경험에서 시작하지만, 이 경험 너머에 이 경험을 조직화하는 연결고리들을 찾는다. 여기서 조직화하는 연결고리는 앞에서 말한 문제틀을 가리킨다. 따라서 문제틀을 발견하는 것은 로컬 밖의 조직화를 그리는 데 있어 가장 핵심적이다.

그러자면 인터뷰나 관찰에서 발견한 개인들의 경험을 제도적 질서 내에 위치시켜 보는 것이 좋다. 왜냐하면 누구의 경험이든 개인들의 경험은 제도적 질서 내에서 특정 위치(location)를 갖기 때문이다. 이렇게 하면 개인들의 일상적 경험에만 머무르는 연구에서 떠나, 개인의 일상생활에 배태된 일반화된 조직화 관계를 탐구할 수 있다. 도로시 스미스는 이를 "제도적 질서에 개방되어 간다."라고 표현하였다(Smith, 2002: 25).

예를 들어, 초등학교에 다니는 자녀를 둔 수급자 엄마들이 학교가 수급자 자녀를 함부로 대하는 경험을 한다고 하자. 이 경험은 제도적 문화기술지 연구의 출발점이 될 수 있다. 이때 연구자는 이 엄마들의 경험을 학교조직이라는 제도 내에 위치시켜 보는 작업을 한다. 이를 위해 연구자는 우선 수급자 엄마, 자녀를 인터뷰하여 이로부터 문제틀을 발견한다. 여기서 발견된 문제틀에는 교장, 교사들, 학생들, 학부모 운영위원회, 이사회 등이 있을 수 있다. 이 과정에서 연구자는 엄마들의 경험이 학교조직이 움직여지는 것과 어떻게 연관되어 있는지 알게 되는데, 이로써 엄마들의 경험이 제도적 질서 안에 위치된다. 그리고 이렇게 제도적 질서 안에 위치되는 엄마들의 경험은 바로 단절의 경험이 된다.

4) 단절의 경험 기저에 흐르는 스토리를 찾아본다

제도적 문화기술지를 시작하면서 연구자는 누군가의 경험에 주목하고, 그 경험이 단절의 경험임을 발견한다. 만일 연구자의 경험에서 시작하는 연구라면 단절의 경험을 쉽게 발견할 수 있을 것이다. 연구자는 단절의 경험을 발견하기 위해 제도적 문화기술지의 '문제틀'이라는 분석적 도구를 사용한다. 이러한 과정을 거치면서 연구자는 연구 초기에 몇몇 문제틀들을 발견하게 된다. 문제틀이 정교화되는 것은 연구가 진행되면서 다양한 위치에 있는 다른 사람들의 경험을 분석하고 연결하는 과정을 통해 이루어진다. 특히, 문제틀은 제도적 문화기술지의 개념들을 사용할 때만이 나타나기 때문에 개인들의 경험에 의해서만 발견되는 것이 아니라, '텍스트'와 같은 영역에 의해서도 발견된다(Smith, 2006: 7).

이처럼 연구 초기에 발견되는 문제틀은 일반적으로 명확하고 정교한 형태보다는 개괄적인 형태를 띤다. 이때 연구자는 발견된 문제틀을 기반으로 하여 문제틀의 기저에 흐르는 '스토리'를 찾아보는 것이 연구를 진행하는 데 도움이 된다. 발견된 스토리는 마치 기저에 흐르는 주제의 개요를 감지한 것과 마찬가지로 연구자에게 그 연구가 말하려는 주제의 윤곽을 감지하게 한다. 그리고 이후에 이루어지는 분석 과정에 활용되면서 분석을 더 깊이 있고 풍부하게 만들어 준다. 물론 이 초기 문제틀을 기반으로 한 스토리는 연구가 진행되면서 정교화되고 수정될 수 있다. 여기서 발견된 문제틀의 기저에 흐르는 스토리는 글로 써 보는 것이 좋다. 이렇게 스토리를 써 봄으로써 연구자는 해당 자료에서 보이는 것들이 점차 어떻게 명확해질지를 가름하게 된다(Campbell, M & Gregor, 2004).

예를 들어, 의료보호를 받는 가난한 노인들이 거주하는 요양원에서 어느 노인의 방에 걸려 있는 모피코트를 보고 그녀와 이야기하면서 연구자는 하나의 스토리를 감지할 수 있다. "이 노인의 모피코트의 여정이 곧 사회정책의 여정이다."라는 것이다. 모피코트를 입고 다닐 만큼 부유했던 이 노인은 병원에서 요양원으로 가게 되었는데, 이 요양원에서 돈을 다 쓰게 되었다. 그런데 이 요양원은 글로벌 기업이었다. 국가의 요양원 정책은 글로벌 기업에게 요양원 운영을 허가하였다. 글로벌 기업이 운영하는 요양원에서 돈을 다 써 버린 노인은 가난한 요양원으로 옮겨 왔다. 연구자는 부유한 요양원과 가난한 요양원에서의 경험은 서로 연결되어 있다는 것을 알 수 있었다(Diamond, 2006).

이처럼 제도적 문화기술 연구자는 연구를 시작할 때 누군가의 경험을 보고 듣게 되는데, 이때 단절의 경험을 발견하면서 그것을 관통해 이어지는 어떤 스토리를 발견한다. 이 스토리는 연구자가 노인의 방에 대한 관찰과 노인과 나눈 대화를 문제틀로 바라봄으로써 나온다. 만일 연구자가 문제틀로 바라보지 않는다면 단절의 경험 속에 흐르는 스토리를 찾기 어렵다. 앞서 언급했듯이, 이 스토리는 연구의 진척을 도와줄 뿐만 아니라 연구가 진행되면서 정교해지고 혹은 수정될 수도 있다. 이렇게 단절의 경험과 스토리를 찾는 것은 연구자에게 누군가의 경험이 지배 관계와 단절되어 있지 않고 연결되어 있음을 감지하게 한다.

3. 누구의 '입장'에서 연구할 것인지를 결정한다

1) '입장'을 선택하기

이미 앞에서 설명했듯이, 제도적 문화기술지는 객관적이고 보편적인 위치에서 지식을 생산하는 것이 아니라, 누군가의 입장(standpoint)을 취하여 바로 그의 입장에서의 지식을 생산한다. 물론 이때의 '누군가'는 제도적 질서 안에 있는 개인일 수도, 조직일 수도, 지역일 수도, 국가일 수도 있다. 제도적 문화기술지는 우리는 모두 위치 지워져 있다고 본다. 위치 지워진 존재로서의 우리는 주체로서 위치에 따라 다른 이해관계를 가지며 다른 경험을 한다. 이러한 관점에서 지식은 주체의 위치에 따라 다르다. 제도적 문화기술지는 주체의 위치를 살려 내고 단절을 붕괴시키기 위해 '입장'이라는 장치를 도입한다. 즉, 누군가의 입장에 서고, 그의 경험 속에 체현된 다른 주체들의 경험을 탐구하고, 이들 모든 주체의 경험을 연결하여 단절을 붕괴시켜 지배 관계를 찾는다.

이처럼 입장은 제도적 문화기술지를 다른 질적 연구와 구분 짓게 만드는 핵심적 장치이다. 제도적 문화기술지 연구의 진정한 시작은, 연구자가 제도적 질서 내에서 '입장'을 세우면서 이루어진다 (Smith, 2002: 24). 따라서 어떤 연구가 제도적 문화기술지가 되려면 반드시 누군가의 '입장'에 서야 한다. 입장은 제도적 문화기술지 연구자가 연구를 시작할 때 반드시 선택해야 한다. 그러나 입장은 연구를 시작하는 초기만이 아니라 자료를 수집하고 분석하고 글쓰기를 하는 연구의 전 과정을 통해 취해진다. 여기서는 연구를 시작하는 연구 초기에 어떻게 입장을 세우는지에 대해 살펴보기로 한다.

앞에서 예로 든 수급 신청자의 경험에서 시작하는 연구를 생각해 보자. 연구자는 동주민센터에 가족관계증명서를 떼러 갔다가 수급 신청을 하러 온 두 분의 할머니를 목격하게 된다. 한 분은 수급을 못 받으면 자신은 죽을 수밖에 없다고 소리를 지른다. 다른 한 분은 의자에 앉아 눈물만 흘리면서 죽을 수도 살 수도 없는 처지를 복지공무원에게 나지막하게 얘기한다. 두 분 다 몸이 아파 일을 하고 싶어도 할 수 없다는 처지를 호소한다. 연구자는 이들의 좌절과 눈물이 어떻게 해서 발생하는 것인지 궁금하다.

연구자는 수급 신청을 해 보았던 한 명의 수급 신청 경험자를 소개받아 인터뷰한다. 그녀는 수급 신청에서 복지공무원이 자신을 모욕하고 경시했다고 큰 목소리로 말한다. 아무런 정보도 주지 않으면서 자신이 물어보는 것에 성의 없이 답하고, 바쁘다는 핑계로 나중에 오라고만 했다는 것이다. 우선 복지공무원에게 말을 붙이기가 어렵고 자존심 상하고 어떨 때는 죽고 싶은 마음도 들었다고 말한다. 그리고 무슨 서류들이 그렇게 복잡한지 자기로서는 막막

한 생각밖에는 없었다고 한다. 이 여성과의 인터뷰를 통해 연구자는 그녀의 좌절이 수급 제도를 구성하는 여러 서류와 연관되어 있음을 발견한다. 즉, 인터뷰를 통해 연구자는 수급 신청자의 경험이 어렴풋이 단절의 경험임을 감지한다. 여기서 연구자는 단절의 경험을 감지만 하는 수준이다.

연구자는 수급 신청자들의 수급 신청과 관련해 좀 더 알고 싶어 동주민센터 복지공무원을 만나 인터뷰를 해 본다. 연구자는 복지공무원과의 인터뷰에서 이들의 경험이 개인의 성격이나 스타일의 문제가 아니라, 국민기초수급 제도의 다양하고 상세한 제도적인 것 때문임을 알게 된다. 특히, 거주지 증명, 부양의무자, 신청자 스스로가 모든 것을 증명해야 한다는 것 등에 대해 듣는다. 복지공무원은 다양한 수급 기준과 내용을 일일이 수급 신청자에게 설명하기도 어렵고 설명할 시간도 없다고 말한다. 그러기에는 복지부와 구청에서 넘어오는 다른 일이 너무 많다는 것이다.

연구자는 복지공무원의 이야기를 문제틀로 바라보면서 기초수급을 신청하는 신청자들의 경험이 복잡한 수급 제도들과 관련된 단절의 경험임을 좀 더 분명히 발견한다. 이처럼 단절의 경험은 서로 다른 위치의 주체들을 한 번 혹은 그 이상 인터뷰하거나 관찰함으로써 발견된다. 연구자는 이들 수급 신청자의 신청 경험이 제도적 문화기술지 연구의 시작점이 될 수 있음을 확인하고, 바로 이 시점에서 수급 신청자의 입장에 서서 연구하기로 한다.

그러나 어떤 연구자는 수급 신청자가 아닌 다른 사람의 입장, 예를 들면 복지공무원의 입장에 서서 연구할 수도 있다. 연구자는 복지공무원으로부터 그들이 수급 신청자들을 상대하는 과정에서 왜 그들에게 필요한 정보와 시간을 충분히 할애하지 못하는지를 듣는다. 그들도 수급자들을 관리하는 과정에서 좌절과 우울, 무기력을 경험한다는 것, 그리고 상부에서 내려오는 다양한 평가제도와 엄청난 전산 입력, 타 부처로부터 쏟아지는 일들 등에 관한 이야기를 듣는다. 연구자는 비록 수급 신청자들의 경험에서 출발했지만, 이들의 경험이 단절의 경험임을 발견하는 과정에서 복지공무원의 입장에 서서 연구하기로 결정할 수도 있다.

이처럼 연구자는 일반적으로 동일한 제도적 질서 안에 있는 사람들을 인터뷰 혹은 관찰하는 것을 통해 단절의 경험, 문제틀을 발견해 가는 과정에서 누구의 입장에 설 것인지를 결정한다. 필요한 경우 개별 인터뷰가 아니라 포커스 그룹 인터뷰를 통해 단절과 문제틀을 발견할 수도 있다. 포커스 그룹 인터뷰는 동일한 제도 안의 다양한 위치에 있는 사람들의 이야기를 함께 들을 수 있으므로 단절의 경험과 문제틀을 발견하는 데 도움이 된다.

정리하자면, 제도적 문화기술지 연구자는 누군가의 경험이 단절의 경험임을 발견하기 위해 '문제틀'을 작동시켜야 한다. 제도적 문화기술지 연구자는 '문제틀'을 발견해 가는 과정에서 해당 제도적 과정 안에 있는 다양한 주체의 경험을 만나게 되는데, 이때 연구자는 제도적 질서 안에 있는 여러 주체 중 누구의 '입장'에 서서 연구를 진행해 갈지 결정한다. 이처럼 문제틀을 발견하려는 노력 없이 '입장'을 세울 수는 없다. '문제틀' 개념은 제도적 문화기술지 연구자에게 '입장'을 확인하고 세우도록 돕는다(Campbell & Gregor, 2004).

2) '입장' 선택의 시점: 다양성

그런데 여기서 한 가지 생각해 볼 것은 입장 선택의 시점에 관한

3. 누구의 '입장'에서 연구할 것인지를 결정한다

문제이다. 즉, 입장 선택의 시점이 모든 제도적 문화기술지 연구에
서 단일한 양상을 보이지 않는다. 제도적 문화기술지 연구에서 입
장에 대한 선택은 아주 빨리 이루어질 수도, 일련의 과정을 거치면
서 좀 더 시간을 두고 이루어질 수도 있다. 따라서 제도적 문화기술
지에서 입장이 선택되는 시점이 언제라고 일괄적으로 말하기는 어
렵다.

　누구의 입장에 서서 연구할 것인가를 결정하는 시점과 관련하
여, 만일 연구자가 해당 제도적 세팅에서 오랫동안 일을 한 경험이
있는 경우 입장 선택은 쉽고 빠르게 이루어진다. 이 경우, 연구자는
이미 단절의 경험과 그 경험을 설명해 주는 문제틀에 대해 잘 알고
있을 가능성이 크기 때문이다. 이런 경우에는 연구 시작과 더불어
입장이 결정되거나 아니면 연구 초기에 빠르게 결정된다. 어떤 연
구자는 연구를 시작하면서 이미 누구의 입장에 서서 연구할 것인
지를 결정하며, 어떤 연구자는 심지어 연구를 시작하기 전부터 이
미 자신이 가지고 있는 사전지식과 경험에 근거하여 자신이 누구
의 입장에 서서 연구할지가 결정되어 있을 수도 있다.

　그러나 모든 제도적 문화기술지 연구자가 이런 방식으로 입장을
선택하는 것은 아니다. 어떤 연구자들은 여러 위치에 있는 누군가
의 이야기를 듣고 봄으로써 입장을 선택한다. 앞의 수급 신청자의
예에서, 연구자는 수급 신청자, 동주민센터 복지공무원, 구청 복지
공무원과의 인터뷰를 거치고서야 입장을 결정할 수도 있다. 이 연
구자는 복지공무원들을 인터뷰하지 않고 수급 신청자 한두 명의
경험만 가지고는 누구의 입장에 서서 연구하는 것이 바람직하고
의미 있는 것인지 결정하기 어려울 수 있다.

　이처럼 입장을 선택하기 위해 누군가의 이야기를 듣고 보는 데

걸리는 시간과 과정은 개별 연구자와 연구의 특성에 따라 다르다. 유념할 것은, 제도적 문화기술지를 시작할 때 작동되는 개념적 도구인 단절, 문제틀, 입장은 순차적 과정을 거치는 것이 아니라는 점이다. 그것은 연구의 상황에 따라, 연구자의 머릿속에서 자료에 대해 사고하는 정도에 따라 순환적으로 상호작용하면서 진행되기 때문에 단계별로 설명되기 어렵다. 특히, 연구 시작 과정에 대한 논의에서 문제틀과 입장의 적용이 마치 순차적 과정인 것처럼 보이지만, 사실은 이 둘은 연구의 시작에서 동시적으로 고려해야 하는 쌍두마차와 같다. 즉, 문제틀과 입장은 제도적 문화기술지 연구를 시작할 때 고려해야 하는 필수적 요소이자 동시에 연구 과정이다.

3) 입장을 선택하기 위해서는 어떻게 해야 하는가

연구자가 누군가의 입장에 선다는 것은 연구자가 누군가의 위치에 서는 것을 말한다. 연구자가 누군가의 위치에 선다는 것은 연구에서 연구자는 사라지고 연구 대상인 주체가 살아나는 것을 말한다. 우리가 아는 대부분의 연구는 연구자가 주제를 정하고 자료를 수집하고 분석하여 연구자의 해석으로 마무리된다. 이때 연구자는 누군가의 위치에 서는 것이 아니라 보편적 위치, 즉 거리를 둔 객관적 위치에 서서 연구할 내용의 틀을 짜고 연구 자료를 해석하는 막대한 권력을 행사한다.

그러나 제도적 문화기술지는 연구자가 보편적, 객관적 위치에 서지 않는다. 제도적 문화기술지 연구자는 연구 대상이 되는 누군가의 위치에 선다. 이를 위해 제도적 문화기술지는 누군가의 실제 경험에서 연구를 시작한다. 연구자의 머릿속에서 구성된 것을 연구하는 것이 아니라 누군가가 일상의 삶에서 한 실제의 경험에서 연구를 출발한다. 이것이 바로 누군가의 입장에 서서 연구를 시작하는 것이다. 제도적 문화기술지는 연구를 시작하는 시점에서부터 누군가의 입장에 선다. 이렇게 해서 연구자라는 주체가 아닌 '누군가'의 주체가 살아난다.

나아가 제도적 문화기술지 연구자는 누군가의 경험이 단절의 경험임을 발견하는 데서도 '누군가' 혹은 그 '누군가'의 삶 속에 들어 있는 '또 다른 누군가'인 주체의 실제 경험에 주목한다. 이렇게 '누군가'와 '또 다른 누군가'에 주목하면 연구자는 사라지고 그들 주체가 살아난다. 누군가의 입장에 서서 주체를 살리는 것 안에는 일상 속 사람들의 경험은 추상적인 것이 아니라 체현된 것이라는 점, 그리고 주체는 수동적인 존재가 아니라 능동적인 존재라는 점이 함축되어 있다.

따라서 제도적 문화기술지 연구자는 연구 초기에 누군가의 입장에 서기 위해, 첫째, 누군가의 실제 경험에서 시작하고, 둘째, 추상화된 개념이 아니라 누군가의 일상 속 실제 경험을 따라가고, 셋째, 그들의 몸과 행동이 무엇을 만들어 내고 발생시키는지를 따라가 보아야 하며, 넷째, 누군가의 경험 안에 들어 있는 또 다른 주체들의 경험을 따라가 보고 연결 지어 보아야 한다. 이렇게 제도적 문화기술지는 비록 개인들의 실제 경험에서 시작하지만, '입장'을 취함으로써 개인적 일상을 뛰어넘어 보다 큰 사회관계, 조직화에 관한 지도를 그릴 수 있게 된다.

4. 문헌 검토

제도적 문화기술지에서 문헌을 이용하는 방식은 기존 양적 연구나 질적 연구와는 다르다. 양적 연구에서 문헌은 자료수집 이전에 철저히 검토해야 할 대상이다. 기존 질적 연구에서도 문헌은 연구의 시작에서부터 자료를 수집하고 분석하고 글을 쓰는 연구의 전 과정에서 검토된다. 제도적 문화기술지 연구에서 문헌 검토도 이와 유사하게 연구 과정 전반에서 검토된다. 그러나 제도적 문화기술지에서 문헌의 이용은 기존 질적 연구에서 문헌을 이용하는 것과 다르다. 제도적 문화기술지에서 문헌 검토는 제도적 문화기술지의 개념적 도구와 밀접히 연관되어 이루어진다. 제도적 문화기술지 연구 과정에서 문헌이 어떻게 이용되는지를 살펴보자.

1) 문헌 검토와 입장

제도적 문화기술지 연구는 일반적으로 누군가의 경험과 맞닥뜨림에서 시작된다. 이에 따라 문헌에 대한 검토도 이 맞닥뜨림과 함께 혹은 이후에 이루어진다. 그러나 어느 시점에서 문헌을 검토하는지는 연구자에게 달려 있다. 어떤 연구자는 경험을 맞닥뜨린 직후에 해당 경험을 둘러싸고 어떤 논의와 지식이 있는지를 검토하고, 또 어떤 연구자는 문제틀을 발견하면서 해당 경험이 단절의 경험임을 확인하는 과정에서 혹은 확인한 후에 문헌을 검토한다. 그리고 어떤 연구자는 누구의 입장에 서서 연구할지를 좀 더 분명히 하고자 할 때 문헌을 검토한다.

연구 초기의 문헌 검토는 크게 두 가지 측면을 갖는다. 하나는, 연구자의 입장을 확고히 하는 데 도움을 준다는 점이다. 예를 들어, 우연히 듣게 된 간호사들의 불평 속에서 관리적 언어들(예: "병원이 비용을 아끼려고 하는 거야.")을 들은 연구자가 몇몇 간호사들을 인터뷰하고 이에 대해 생각하면서 간호사들의 관리적 일이 어떻게 조직화되는지 탐구해 보고 싶은 생각이 들었다고 하자. 아마도 연구자는 간호사들과의 인터뷰를 통해 몇몇 문제틀을 발견했을 것이고, 이를 간호사의 입장에 서서 연구하고자 했을 수 있다. 이때 연구자는 병원의 관리 활동이나 관리 노력에 대한 정보가 궁금해질 것이고, 이에 따라 이와 관련된 기존의 문헌을 검토하게 된다.

이렇게 문헌을 검토함으로써 누구의 입장에 서서 연구해 갈지가 좀 더 명확해진다. 제도적 문화기술지는 일반적으로 연구를 시작할 바로 그 당시에 곧바로 문헌 고찰을 하지는 않지만, 문제틀이 발견되면서 입장을 세워야 할 즈음에 문헌을 검토함으로써 연구자의 입장을 보다 더 명확히 하는 데 도움을 준다(Campbell & Gregor, 2004: 50-51).

문헌 검토가 제도적 문화기술지 연구에서 하는 또 다른 역할은 연구자가 선택한 입장에서 기존의 문헌들을 비판적으로 고찰함으로써 기존 문헌들이 가진 지배적 관점에 종속되지 않는다는 점이다. 일반적으로 문헌을 고찰하는 목적은 해당 분야와 관련된 지식의 범주들을 발견하고 이해하는 데 있다. 물론 제도적 문화기술지에서 문헌을 검토하는 것에는 이러한 목적도 포함된다. 그러나 이보다 더 중요한 것은 연구자가 선택한 입장에서 문헌을 검토하는 것이다(Campbell & Gregor, 2004: 51-52). 예를 들어, 기초생활 수급자의 입장에 서서 기존 문헌들을 검토한 연구자는 기존 연구들이 제도 설계

및 관리의 입장에서 연구되었고 그 결과 제안되는 방안들이 수급자
의 이해관계와는 거리가 먼 것들이라는 점을 확인할 수 있다.

이처럼 누군가의 입장에 서서 문헌을 검토하는 것은 양적 연구
처럼 객관적 태도를 유지하는 것이나, 질적 연구처럼 연구 대상자
들의 주관적 이해를 찾아내는 것과는 다르다. 제도적 문화기술지
연구자는 기존의 문헌들을 단순히 분류하고 방향과 흐름을 이해하
는 데서 그치지 않는다. 문헌의 사회적 조직화(social organization)
를 분석한다. 즉, 문헌에서 발견된 주된 개념들을 창출한 집단이
누구인지, 누가 그와 같은 방식으로 해당 문제를 바라보는지, 산
출된 주된 지식의 정치적, 실천적 배경은 무엇인지에 대한 질문을
던지면서 문헌을 고찰한다. 이렇게 하면 기존의 지식이 어떤 이해
관계와 연관되어 있는지, 누구의 입장에서의 지식인지를 비판적
으로 바라보게 되어 기존 입장에 종속되지 않게 된다(Campbell &
Gregor, 2004: 51-52). 제도적 문화기술지의 문헌 검토가 이러한 방
식을 취하는 것은 제도적 문화기술지 연구의 출발이 문제틀과 입
장을 세우면서 이루어지기 때문이다.

예를 들어 보자. 자쿠벡은 아프리카에서 정신보건 직원으로 일
했는데, 자신의 경험을 되돌아보면서 세계보건기구를 비롯한 국제
기구에서 출간된 정신보건 문헌들을 읽었다. 그녀는 이들 문헌 속
에 드러나는 주된 개념이 '질병 부담'이라는 것, 그리고 개발도상국
들의 정신건강에 대한 지식이 선진국에서 나온 개념을 토대로 이
루어지고 있음을 알게 되었다. 그녀는 아프리카에서 정신보건 직
원으로서의 경험이 '질병 부담'이라는 주류 개념으로는 설명될 수
없다는 것을 알게 되었다. 이 개념으로는 아프리카의 정신보건에
서 실제로 일어난 일들이 이해될 수 없었다. 만일 그녀가 이 개념을

아프리카의 정신보건 이해에 끌어왔다면, '질병 부담'이라는 지배적 관점을 아프리카의 경험에 덮어씌우는 결과를 가져왔을 것이다(Campbell & Gregor, 2004: 5-53).

자쿠벡은 아프리카의 정신보건에 관한 제도적 문화기술지 연구를 시작하면서 문헌을 검토하였고, 문헌에서 발견된 것과는 반대의 위치에 자신을 위치 지웠다. 그녀는 문헌을 읽고 검토함으로써 아프리카의 정신보건 전달자의 입장에 선다는 것이 무엇을 의미하는지 좀 더 명확히 할 수 있었다. 이처럼 문헌 검토는 제도적 문화기술지 연구자가 누구의 입장에 서서 연구해야 할지를 좀 더 분명하게 하도록 돕고, 그럼으로써 지배적 관점에 종속되지 않고 연구의 초점을 어디에 두어야 할지 분명히 해 준다(Campbell & Gregor, 2004: 5-53).

2) 문헌 검토와 문제틀

제도적 문화기술지에서 문헌 검토는 입장을 분명히 해 주는 것과 함께 문제틀을 명확히 하는 수단이 된다. 이미 앞에서 누누이 언급했듯이, 문제틀은 입장과 함께 제도적 문화기술지 연구를 시작할 때 반드시 고려해야 한다. 연구자는 누군가의 경험에서 출발해 그 경험이 단절의 경험임을 발견하는데, 이때 연구자가 사용하는 방법론적 개념이 문제틀이다. 연구 초기에 발견되는 초기 문제틀은 단절의 경험을 발견하게 해 주고 탐구해야 할 문제의 초점을 명확히 해 준다. 제도적 문화기술지에서 연구 초기의 문헌 검토는 사람들의 경험에서 발견되는 이와 같은 문제틀을 명확히 해 주는 수단이 된다(Campbell & Gregor, 2004: 53).

우선, 제도적 문화기술지에서 문헌 검토는 연구자가 발견한 문제틀이 기존 연구에서 어떤 위치를 차지하는지 비판적으로 검토하기 위해 이루어진다. 연구자는 문헌 검토를 통해 자신이 발견한 문제틀에 관련해 아무런 연구가 이루어지지 않았다는 점을 알게 될수도 있고, 발견된 문제틀과는 정반대 쪽의 논의들이 기존 연구의주류를 이루고 있다는 것을 발견할 수도 있다. 또는 인터뷰나 참여관찰에서는 발견하지 못한 어떤 것이 문제틀로 상정될 수 있을 것이라는 통찰을 문헌 검토에서 얻을 수도 있다.

앞에서 예로 든 간호사들의 일에 관한 연구에서 연구자는 우연히 들은 간호사들의 불평에서 '관리 언어들'을 듣게 되었다. 연구자는 그 관리 언어들을 실마리로 하여 문제틀을 발견하고자 간호사들의 일을 둘러싼 관리체계와 관리 활동에 관한 문헌들을 검토하였다. 이렇게 문헌 검토를 하면 간호사들이 말한 관리 언어가 전체관리 활동과 체계 내에서 어떤 위치에 있는지 알게 되고, 나아가 문헌들 속에서 가능한 문제틀을 보게 되어 간호사들과의 인터뷰 자료에서 문제틀을 찾고 명확히 하기가 수월해진다.

한 가지 주목할 것은, 문제틀을 발견하는 것이 늘 누군가의 경험에 의존해야만 하는 것은 아니라는 점이다(Smith, 2006: 8). 왜냐하면 문제틀은 제도적 담론의 형태로도 발견되기 때문이다. 제도적 담론은 사람들이 사안을 보는 방식을 제공한다. 따라서 누군가의경험이 아닌 기존의 제도적 담론에서 문제틀을 찾을 수 있다. 이러한 제도적 담론은 대개 문헌에서 찾을 수 있다. 연구자는 문헌을 검토함으로써 현재 통용되는 제도적 담론을 알 수 있다. 그리고 그러한 담론이 누군가의 경험 속에서 어떤 형태로 드러나는지, 또 어떻게 작동하는지를 포착할 수 있다. 이 경우, 문헌고찰은 제도적 문화기술지의 문제틀이 될 수 있다(Campbell & Gregor, 2004: 53).

앞에서 예로 든 자쿠벡의 경우, 연구자는 문헌을 검토함으로써 보건 관련 국제기구들이 발행한 문헌들에서 '질병 부담'이라는 담론을 알게 되었다. 연구자는 이렇게 문헌을 통해 알게 된 '질병 부담'이라는 담론이 실제 아프리카의 정신보건 전달자의 일을 조직화하는 문제틀로 작동할 수 있음을 통찰했다. 그녀가 아프리카의 정신보건 직원들을 인터뷰한 자료에서 '질병 부담' 담론이 어떻게 어떤 모습으로 작동하는지 관찰할 수 있다면, '질병 부담' 담론은 문제틀이 된다.

앞에서 살펴본 바와 같이, 제도적 문화기술지 연구를 시작할 때 문헌 검토는 연구자의 입장을 구축하게 돕고, 문제틀을 명확히 하는 도구로 사용된다. 그러나 문헌 검토의 이러한 역할이 연구의 초기 과정에서만 작동하는 것은 아니다. 제도적 문화기술지 연구는 상기와 같은 초기 과정을 거쳐 연구가 계속 진행되는 과정에서 문제틀을 더 구체적이고 상세하게 발견하고 확장해야 한다. 제도적 문화기술지는 입장을 세우고 연구의 전 과정을 통해 문제틀을 발견하고 확장해 가는 과정이라 해도 과언이 아니다. 따라서 문헌 검토는 연구의 초기만이 아니라 이후의 과정에서도 지속적으로 활용된다.

5. 연구문제 구성하기

1) 연구 목적에서의 차이를 이해하기

제도적 문화기술지의 연구문제는 제도적 문화기술지의 목적과 개념들을 이해해야 구성될 수 있다. 기존 질적 연구와 제도적 문화기술지의 연구 목적은 다르다. 기존의 질적 연구가 경험의 공통성과 패턴을 찾아 경험 이면의 의미를 찾고 해석하는 것을 목적으로 한다면, 제도적 문화기술지는 경험의 조직화, 즉 그 경험이 어떻게 그러한 경험이 되었는지를 묘사적으로 그려 내는 것을 목적으로 한다. 제도적 문화기술지의 목표는 사람들의 일상의 삶이 제도에 의해 어떻게 말려들고 조직화되는지를 탐구하는 데 있다.

이처럼 제도적 문화기술지는 개인의 경험을 자료로 삼고 그 경험으로부터 출발하지만, 기존 질적 연구에서처럼 개인의 경험을 연구하지 않는다. 그렇다고 제도적 문화기술지가 제도를 연구하는 것도 아니다. 제도적 문화기술지는 사람들의 일상 경험이 어떻게 그렇게 일어나게 된 것인지, 그들의 삶 속에 실제로 존재하지만 관찰되지 않은 조직화 양상을 연구한다. 즉, 제도적 문화기술지는 일상 경험에 내재한 사회적 조직화(social organization)를 탐구한다 (Smith, 2006).

'사회적 조직화'는 사람들의 행동이 그들의 동기나 의도 너머에 있는 그 어떤 것에 의해 조정된다는 것을 알게 해 주는 개념이다 (Campbell & Gregor, 2004: 30). 따라서 사회적 조직화를 탐구한다는 것은 일상의 경험에서 제도를 찾아내는 것이 아니다. 그것은 오히려 기존 질적 연구의 접근이다. 예를 들어, 기존 질적 연구는 기초수급자의 일상적 경험을 인터뷰한 자료 속에서 국민기초생활보장법은 물론 빈곤정책과 관련된 제도들의 흔적을 발견한다. 그리고 연구자가 이렇게 발견된 제도들의 흔적을 사용하여 개인들의 경험을 설명한다.

그러나 제도적 문화기술지는 개인의 경험을 설명하기 위한 수단으로 경험 속에서 제도들을 찾아내는 것이 아니다. 제도적 문화기술지에서 '조직화'는 일상의 경험이 일어나는 세팅만이 아니라, 그 세팅을 넘어 보다 광범위하게 조직화된다. 예를 들어, 복지공무원들이 수급자를 찾아가지 못함으로써 경험하는 좌절은 행정자치부의 총액인건비 제도, 정부 사회보장위원회의 결정들과 복잡하게 연결되어 있다. 그들의 좌절이 이러한 제도나 위원회 때문에 발생한다고 단순하게 설명하는 것은 제도적 문화기술지 연구가 아니다. 제도적 문화기술지 연구가 되려면 복지공무원들의 좌절이 총액인건비제도나 사회보장위원회와 '어떻게' 연결되어 있는지 그 구체적인 모습을 보여 주어야 한다. 제도적 문화기술지는 이 연결을 단지 '설명'하는 것이 아니라, 연결의 모습을 정교하게 '묘사'한다.

제도적 문화기술지에서는 이 연결에 '텍스트'가 작용한다고 보고, 텍스트의 조정 행위에 초점을 둔다. 그리고 이렇게 해서 조직화된 것을 '초지역적 관계' 혹은 '지배 관계'라고 부른다. 제도적 문화기술지에서 '제도적(institutional)'이라는 말은 바로 초지역적(trans-local)이고 지배 관계 양상으로 조직화되어 가는 상태를 말한다. 제도적 문화기술지는 이 '제도적인 것'을 찾아 묘사하는 것이다. 이처럼 일상의 경험에서 제도를 찾아내는 것과 초지역적인 것을 발견하는 것은 다르다(Diamond, 2006: 54). 제도적 문화기술지는 개인의 일상 경험에서 초지역적인 조직화를 발견하는 것이다.

제도적 문화기술지 연구자는 상기와 같은 제도적 문화기술지의 목표를 숙지하고 있어야 연구문제를 구성할 수 있다. 만일 연구자가 제도적 문화기술지의 여러 개념과 연구에서 보여 주고자 하는 것이 무엇인지 모른다면 연구문제를 제대로 구성할 수 없다. 기존의 해석적 질적 연구의 목표가 사람들의 행위 이면의 '의미'를 찾는 것에 있듯이, 제도적 문화기술지의 목표는 사람들 경험의 조직화를 그려 내는 데 있다는 것, 그리고 왜 그러한 조직화를 그려 내야 하는지 그 이론적 토대에 대해 충분히 이해해야 한다.

2) 연구문제 구성 방식 이해하기

제도적 문화기술지의 초심자들은 기존의 질적 연구 접근에서 하던 것과는 다르게 연구문제를 바라보는 방법을 배워야 한다(Campbell & Gregor, 2004: 11). 기존의 질적 연구가 경험들 이면에 흐르는 의미와 본질에 관심을 가지고 연구문제를 형성한다면, 제도적 문화기술지는 그 경험들이 어떻게 그렇게 일어나는지 그 시퀀스들의 조직화를 염두에 두고 연구문제를 형성한다.

예를 들어, 바우처 도입으로 인한 사회복지사들의 정체성 변화라는 주제에 대해 기존의 질적 연구는 그들의 경험을 통해 정체성 변화의 핵심이 무엇이며, 그 변화의 기저에 작동하는 기제(관료화, 시장화 등)가 무엇인지를 묻는다. 그러나 제도적 문화기술지는 복지사들의 정체성 변화와 관련된 경험들이 어떠한 시퀀스들의 조직화를 통해 그렇게 이루어지는지 알기 위해 기존의 질적 연구와는 다르게 질문을 던진다. '바우처 실천을 하는 복지사들의 행동은 더 큰 사회정치적 맥락에서 어떻게 조직화되는가?'와 같은 연구 질문을 던진다. 이를 좀 더 구체적으로 표현하면, '바우처 실천을 하는 복지사들의 일 과정은 어떠한가?' '복지사들의 일 과정에서 그들이 사용하는 양식은 복지사들의 일을 어떻게 조정하는가?'와 같은 연구 질문을 던질 수 있다. 그런데 이러한 연구 질문은 기존의 양적 연구나 해석적 질적 연구 접근으로는 탐구될 수 없는 사각지대의 지식을 우리에게 제공해 준다.

한 가지 주목할 것은, 제도적 문화기술지의 연구문제는 연구 초기에서 결정되는 것이 아니라 연구가 진행되어 가면서 구체화된다는 점이다. 제도적 문화기술지의 연구문제는 문헌이나 이론 검토에서 시작하지 않으며, 이를 통해 구성되지 않기 때문이다. 그것은 개인의 경험을 '문제틀'로 바라보면서, 문제틀의 양상과 범위를 확장해 가면서 서서히 명료해진다. 이처럼 제도적 문화기술지에서 문제틀은 연구문제의 관심사를 방향 짓는 핵심이지만, 관건은 그러한 문제틀이 "그저 보이는 것이 아니라 경험된 세계의 실제들 속에 잠재되어 있다는 점이다"(Smith, 1987: 47).

이처럼 제도적 문화기술지의 연구문제는 연구 과정에서 문제틀이 드러나면서 구체화된다. 따라서 연구 초기에는 연구문제가 구체화되지 않을 수 있고, 나중에 문제틀이 명료화되면서 더 구체화되고 상세히 된다. Bisaillon(2012)는 연구문제가 어떻게 드러나게 되었는지에 대한 자신의 경험을 이야기한다. 그녀는 입장 정보제공자들의 삶과 사건이 비록 괴롭고 짜증나는 것이었지만, 그것들에 대한 그들의 묘사를 듣고서야 그들의 문제틀에 대해 배웠다고 말한다. 그녀는 연구해야 할 질문의 초점이 분명히 드러난 것은 시간을 들여 비판적으로 사고하고 필드와 문헌을 이리저리 왔다 갔다 하면서 이루어졌다고 하였다(Bisaillon, 2012: 45).

제도적 문화기술지의 이러한 특징은 제도적 문화기술지가 다른 어떤 접근방법보다 귀납적이고, 발견을 지향하고 있음을 말해 준다. 제도적 문화기술지의 연구문제는 문제틀이 발견되어 가면서 출현한다. 이런 점에서 제도적 문화기술지는 근거이론의 Glaser 방법을 닮았다. Glaser의 방법에서 연구문제는 선행연구의 검토를 통해 미리 결정되지 않고 자료를 수집하고 분석을 해 나가면서 저절로 출현한다.

우리는 이 장에서 제도적 문화기술지 연구자가 연구를 시작할 때 무엇을 염두에 두고 유념해야 하는지에 대해 살펴보았다. 그러나 반드시 유념할 점은 이 장에서 언급한 것을 순차적인 것으로 오해해서는 안 된다는 점이다. 때로는 일부 순차적이기도 하지만 동시적으로 발생하며 또는 지그제그 식으로 왔다 갔다 하는 양상을 띠기도 한다. 따라서 여기서 소개한 일련의 방법들을 도그마로 받아들여서는 안 되고, 연구자가 제도적 문화기술지의 이론적 토대를 충분히 이해하고 연구자 나름의 방식으로 자료와 씨름해야 한다.

8장
자료 수집과 표집

제도적 문화기술지의 관심은 사람들이 말하고 경험하는 것들이 어떻게 그런 방식으로 일어나는지를 이해하는 데 있다. 즉, 제도적 문화기술지는 로칼 세팅에서 실제로 발생하는 것과 그러한 발생을 일으키게 만드는 것이 어떻게 연결되어 있는지를 경험적으로 연구한다. 여기서 연결은 조정과 통제의 복잡한 영역으로서 도로시 스미스는 이를 지배 관계로 불렀다. 따라서 제도적 문화기술지의 표집 혹은 정보제공자 선택(혹은 표집)의 논리는 양적 연구나 기존 질적 연구에서의 자료수집과는 다르다. 제도적 문화기술지에서 정보제공자는 로칼 세팅 안에서는 물론 로칼을 넘어선 세팅에서 선택되어야 한다. 제도적 문화기술지에서 로칼 세팅의 자료는 제도적 문화기술지가 목표로 하는 사회관계로 들어가는 '입구'이다(Smith, 2006: 91-92). 제도적 문화기술지는 이 입구를 지나서 더 멀리 있는 자료를 수집한다. 이 장에서는 제도적 문화기술지의 자료수집의 특징과 정보제공자 선택에 대해 살펴보기로 한다.

1. 제도적 문화기술지 자료수집의 특징

1) 자료수집은 제도적 문화기술지의 존재론과
주요 개념들에 대한 이해를 바탕으로 이루어진다

제도적 문화기술지의 자료수집은 제도적 문화기술지의 존재론과 주요 개념들에 대한 이해를 바탕으로 이루어진다(Campbell & Gregor, 2004: 69-70, 59). 제도적 문화기술지는 사회(the social)란 '실제'를 토대로 존재하며, 사람들의 실제적 활동들이 '조정'되는 곳에 있고, 사람들의 실제 행동들을 조정하는 것은 대화나 텍스트 같은 '언어'라고 본다. 제도적 문화기술지는 '사회'를 알기 위해 입장, 문제틀, 일, 텍스트와 같은 개념적 도구를 사용한다. 제도적 문화기술지에서 자료는 이러한 개념들을 충분히 이해해야 수집될 수 있다. 따라서 연구자는 자료를 수집하고 분석하기 전에 이들 개념에 대한 이해가 필수적이다.

만일 어떤 제도적 문화기술지 연구자가 자료수집을 위해 인터뷰를 한다고 생각해 보자. 그는 제도적 문화기술지는 이 세계가 실제에 토대하고 있다고 보기 때문에 추상적 개념이 아닌 '실제'를 보여주는 자료를 수집해야 한다는 생각을 가져야 한다. 그리고 이 실제들은 '일'과 '텍스트' '조정'의 개념을 적용할 때 더 구체적으로 드러날 수 있음을 알아야 한다. 인터뷰 중에 그는 인터뷰이가 자기의 일에 대해 상세히 묘사하도록 이끌어야 하고, 인터뷰이를 둘러싸고 드러나는 텍스트들에 주목해 그것이 무엇을 발생시키는지, 어디로 이동해 가는지, 사람들의 행동을 어떻게 조정하는지 등을 염두에 두고 인터뷰를 진행해야 한다.

　　제도적 문화기술지 연구자는 자신이 이야기를 나눈 사람들을 연구하지 않는다(스미스, 2014: 323). 그들의 경험이 어떻게 경험 너머와 연결되어 조직화되는지를 연구한다. 이를 위해 연구자는 '문제틀' 개념을 자료수집에 적용한다. 이 사람에게 이러한 경험을 하게 한 문제틀이 무엇인지 마음속으로 질문을 던지면서 인터뷰를 이끌어가야 한다. 특히, 문제틀은 연구자가 누구의 '입장'을 선택했는지에 따라 다를 수 있으므로 자신이 선택한 사람의 '입장'에서 자료를 수집한다는 점을 염두에 두어야 한다.

　　인터뷰나 참여 관찰과 같은 자료를 수집하는 순간에 이러한 모든 것을 염두에 두고 인터뷰나 참여 관찰을 진행하기는 쉽지 않다. 왜냐하면 사람들의 이야기나 행동은 순식간에 일어나고 빠르게 진행되기 때문에 시간적 여유를 가지고 생각하면서 자료를 수집하기 어렵기 때문이다. 따라서 제도적 문화기술지 연구자가 자료를 풍부하고 적절하게 수집할 수 있는 최선의 방법은 제도적 문화기술지의 여러 이론적 개념을 충분히 이해하고 그것들에 익숙해지는 것이다. 제도적 문화기술지는 다른 어떤 연구방법보다 그 존재론과 방법적 개념들에 의존해 세계가 어떠한 모습인지를 보여 주는 방법론이기 때문이다.

2) 모호하고 추상적인 자료 대신 '실제'를 보여 주는 자료를 수집한다

　　일반적으로 질적 연구의 모든 자료는 모호하고 추상적이고 관념적이어서는 소용이 없다. 제도적 문화기술지도 여기서 예외가 아니다. 그러나 제도적 문화기술지의 자료는 그 존재론적 기반을 '실제(the actual)'에 두기 때문에 더더욱 그러하다. 제도적 문화기술지의 존재론은 우리들의 일상생활은 특정한 방식으로 조정되는 사람들의 행위를 통해 구성된다는 것이다. 따라서 제도적 문화기술지의 자료수집은 이들 행위에 대한 상세한 이야기를 포착해야 한다(Campbell & Gregor, 2004: 69).

개인들의 이야기는 제도적 문화기술지의 풍부한 자료이다. 그 속에는 그들이 실제로 행한 것, 그 행위의 조건과 맥락들, 그들의 주관적 느낌 등이 들어 있다. 개인적 이야기 속에는 그들이 아는 모든 것이 들어 있는데, 이 모든 것이 바로 제도적 문화기술지의 자료이다. 제도적 문화기술지 연구자는 개인들이 아는 모든 것을 배우는 자세로, 그 이야기의 '실제' 모습을 끌어내야 한다. 그렇지 않으면 자칫 이 풍부한 자원이 소용없게 될 수 있다.

예를 들어, "바우처는 복지의 시장화를 촉진해요."라는 말은 너무 크고 모호하고 추상적이어서 그 '실제'를 알기 어렵다. 이러한 자료는 제도적 문화기술지에서 소용이 없다. 제도적 문화기술지에서 필요한 자료는 '시장화'라는 개념이 아니라, 시장화가 구체적으로 어떻게 일어나고 진행되는지 그 실제 모습을 상세하게 묘사하는 것이어야 한다. 그러자면 연구자는 "혹시 현재 근무하시는 기관에서 시장화라고 말할 수 있는 일이 어떤 것인가요? 있다면 그게 어떻게 일어나는지 구체적인 과정을 상세히 얘기해 주실 수 있나요?"와 같이 질문을 던져 시장화의 '실제' 모습을 끌어내야 한다.

제도적 문화기술지에는 우리가 살아가는 일상의 '실제들'을 포착할 수 있게 해 주는 개념적 장치가 있다. 그것은 '일 지식(work knowledge)'과 '텍스트(text)'이다. 연구자가 이 두 개념을 사용하면 정보제공자의 모호하고 추상적인 이야기를 실제적이고 구체적인 이야기로 전환할 수 있고, 특정 담론에 갇히지 않고 일상생활의 실제에 초점을 맞추면서 자료를 수집하게 된다.

이미 앞에서 언급했듯이, '일 지식'은 질적 연구의 자료인 사람들의 '경험'을 보다 '실제'에 입각해 접근하기 위해 사용된 비유적 표현이다. 정보제공자가 자신이 한 것들을 '일'의 형태로 생각하든 생각하지 않든 그리고 연구자가 인터뷰할 때 '일'이라는 용어를 사용하든 사용하지 않든, '일' 개념을 염두에 둔 연구자는 '실제'에 부합하는 자료를 더 많이 수집할 수 있다.

'텍스트' 또한 마찬가지다. 제도적 문화기술지는 현대사회는 텍스트에 기반한 지식과 담론이 조직화되면서 이루어진다고 본다. 제도적 문화기술지에서 텍스트는 '문제틀'을 설명하기 위해서 아주 유용한 자료 출처이다. 텍스트는 사실적 정보의 출처이기도 하지만, 조직화된 관계를 볼 수 있는 매개체다. 텍스트가 사람들의 일 과정에서 무엇을 발생시키고 일을 어떻게 조정하는가와 같은 질문을 염두에 두면, 연구자는 '실제'에 부합하는 자료를 얻을 수 있다.

'실제'를 파악하기 위해 제도적 문화기술지 연구자가 자료수집 과정에서 유념해야 할 또 다른 것은 제도적, 전문적 담론에 말려들지 않아야 한다는 것이다. 흔히 정보제공자들은 자신들이 하는 것들을 얼버무려 숨기기도 하고, 해당 정책이나 규율과 관련된 용어로 말한다. Pence(2001)는 이를 '이데올로기적(ideological)'이라고 불렀다. 이런 자료는 쓸모가 없는데, 왜냐하면 무엇이 실제로 일어났는지를 빠뜨리기 때문이다(Campbell & Gregor, 2004: 71). 예를 들어, 동주민센터의 복지공무원이 "찾아가는 복지는 허구이고 정치적 수사에 불과해요."라는 이야기는 멋지게 보일지 몰라도, 이러한

자료는 무엇이 일어났는지 그 '실제들'을 보여 주지 않기 때문에 제
도적 문화기술지에 거의 쓸모가 없다.

흔히 전문가들은 이념적이고 관념적인 언어로 그들의 일, 일터,
클라이언트에 대해 유창하게 말한다. 이럴 때 연구자는 정보제공
자의 이야기를 끊고 무엇이 실제로 일어났는지로 방향을 틀어야
한다. 자긍심을 가지고 그렇게 말하는 정보제공자의 이야기를 끊
고 방향을 틀기는 쉽지 않다. 사람들은 실제적이고 구체적인 이야
기보다는 추상적이고 관념적인 이야기에 더 익숙해져 있기 때문이
다. 이렇게 하려면 연구자는 자신이 연구하는 영역의 제도적, 전문
적 담론에 훈련되어 있어야 한다(Campbell & Gregor, 2004: 70-71).
그래야 인터뷰이가 하는 이야기들이 어떠한 담론에 포획되어 말하
는 것인지를 알아차릴 수 있기 때문이다.

3) 텍스트 자료에 대한 수집과 검토가 필수적이다

흔히 양적 연구와 질적 연구에서 텍스트는 보조자료로 사용된
다. 텍스트는 대부분의 연구에서 고려해도 되고 안 해도 큰 변수가
되지 않을 만큼 중요한 것이 아니다. 그러나 제도적 문화기술지에
서 텍스트 자료는 없어서는 안 될 필수요소이다. 텍스트는 제도적
문화기술지가 목표로 하는 사람들의 경험을 더 큰 사회관계와 연
결하여 지배 관계를 가능하게 하는 것이기 때문이다.

제도적 문화기술지에서 텍스트는 경험을 조정하고 조직화하는
데 중요한 역할을 한다. 텍스트를 자료로 본다는 것은 텍스트를 그
저 고정된 물질로 보는 것이 아니다. 제도적 문화기술지에서 텍스
트는 사회 행동의 일부이다. 그것은 움직이고 행동하고 조정하고

매개하고 조직화한다. 예를 들어, Turner(2006)는 도시 토지개발에서 거주자의 참여 양상을 연구하였는데, 여러 가지 텍스트(신청서, 규정, 허가증, 소회의, 계획보고서 등)가 어떻게 거주자들이 그 개발 과정에서 통제되고 참여할 수 있었는지 그 조직화를 보여 주었다(Peet, 2014: 103).

도로시 스미스는 텍스트를 제도적 표준화의 도구로 보았다. 즉, 텍스트는 시간과 공간을 넘어 어떤 특정 제도적 기능을 행사한다. 이 과정에서 텍스트는 사람들의 '일'에 들어와 사람들을 움직이는 등 특정 위치를 차지한다. 따라서 제도적 문화기술지에서 텍스트 자료에 대한 수집과 검토는 필수적이다. 제도적 문화기술지 연구자는 본격적으로 자료를 수집하기 전이나, 혹은 인터뷰 및 참여 관찰을 통해 자료를 수집하는 과정에서 텍스트를 수집하고 검토하는 작업을 반드시 해야 한다(Smith, 1987).

4) 자료수집은 연구의 시작과 함께 시작된다

앞에서 살펴보았듯이, 제도적 문화기술지 연구는 누군가의 경험에서 시작한다. 이 누군가의 경험이 제도적 문화기술지 연구로 방향을 틀려면 해당 경험이 단절의 경험임을 발견해야 한다. 그런데 단절의 경험은 문헌을 검토하거나 이론적으로 발견되지 않는다. 그것은 사람들의 실제 경험을 통해 발견된다. 따라서 연구자는 해당 제도적 세팅에 있는 사람들을 만나 인터뷰를 하거나 관찰을 통해 자료를 수집해야 한다. 즉, 제도적 문화기술지는 연구의 시작과 함께 반드시 자료를 수집하고 그것을 분석하는 과정을 거쳐야 한다.

또 제도적 문화기술지 연구는 단절의 순간을 확인하기 위해 문제틀을 발견하고, 더 나아가 누구의 입장에 서서 연구할 것인지를 결정해야 한다. 문제틀을 발견하고 입장을 세우기 위해서는 자료를 수집하고 자료에 대해 숙고하거나 분석해야 한다. 이처럼 제도적 문화기술지 연구는 시작부터 자료를 수집하고 분석하는 과정을 거치는 특징이 있다. 이는 문헌을 검토하고 나서 그다음 단계로 자료를 수집하는 일반적인 절차적 관례와 대조를 이룬다. 물론 '입장'을 세운 이후의 자료수집은 그 이전의 자료수집과 마찬가지로 동일하게 이루어진다. 차이가 있다면, 입장을 세운 이후의 자료수집은 선택된 '입장'에서 조직화 양상을 그려 내기 위해 이루어진다는 점이다.

5) 자료수집은 분석 과정의 한 단계이다

제도적 문화기술지에서 자료수집은 분석 과정의 한 단계로 설계된다(Grass, 2010: 40). 앞에서 언급했듯이, 제도적 문화기술지의 자료수집은 연구의 시작과 함께 시작된다. 연구의 시작과 더불어 시작되는 자료수집은 자료수집에서 그치지 않고 자료를 분석하는 데까지 나간다. 왜냐하면 수집된 자료를 분석하는 과정을 통해 단절의 경험, 문제틀을 확인해야만 제도적 문화기술지로 방향을 틀 수 있기 때문이다. 여기서 단절의 경험을 발견하고 문제틀을 확인하기 위해서는 자료에 대한 분석이 이루어져야 한다. 그리고 자료분석의 결과를 기반으로 그다음 자료수집을 누구에게서 할지가 결정된다. 이처럼 제도적 문화기술지의 자료수집과 분석은 반복적이고 동시적으로 이루어지면서 자료수집이 자료분석의 첫 단계이자 분석 과정의 한 단계가 된다.

2. 제도적 문화기술지 연구에서 표집

일반적으로 질적 연구에서는 '표집(sampling)'이라는 용어 사용을 꺼리는 경향이 있다. 그것은 아마도 표집이 양적 연구에서 일반화를 목적으로 모집단을 대표하는 표본을 뽑는 방법을 가리키는 것으로 인식되기 때문일 것이다. 그래서 질적 연구자 중에는 표본이나 표집이라는 말을 쓰지 말고 '자료 선택' 혹은 '연구참여자 선택'(제도적 문화기술지에서는 연구참여자를 연구의 대상이 아니라 조직화를 보여주기 위한 정보를 제공하는 사람이라는 의미에서 정보제공자라는 용어를 사용한다)이라는 용어를 사용하자고 주장하기도 한다. 그러나 표집이라는 용어의 준거를 꼭 양적 연구에 둘 필요는 없다. 검증과 함께 발견도 과학적 연구의 방법으로 인정되듯이, 준거의 범위를 확장하여 사용할 수 있다. 도로시 스미스도 표본이라는 용어 사용의 외연을 넓혀 '입장 표본(standpoint sample)'(연구자가 입장에 서기로 한 사람들을 일컫는 입장 정보제공자 표본을 말한다)이라는 용어를 사용하였다. 따라서 여기서는 표집과 정보제공자 선택 둘 다를 받아들여 혼용해 사용하기로 한다. 제도적 문화기술지의 표집은 기존의 양적 연구나 해석적 질적 연구에서 이루어지는 방법과는 다르다.

1) 자료는 두 수준에서 표집된다

(1) 자료의 종류와 정보제공자

제도적 문화기술지 연구자는 우선 로칼 세팅의 일상 경험에서 시

작해서 그에 관한 자료를 수집한다. 그러나 연구자는 로칼 세팅에
서 알 수 있는 것 너머의 것들을 발견해야 한다. 왜냐하면 제도적
문화기술지 연구자는 로칼 세팅에서 일어나는 것의 문제틀을 발견
해 그 로칼 경험의 지배 관계를 밝혀내야 하기 때문이다. 따라서 제
도적 문화기술지 연구자는 두 수준에서 자료를 표집한다. 하나는
로칼 세팅의 일상 경험에 관한 자료이고, 다른 하나는 로칼 세팅 너
머에서의 경험에 관한 자료이다.

　　제도적 문화기술지에서는 로칼 세팅에서 수집되는 자료를 진입
수준의 자료(entry-level data), 제1수준의 자료(entry-level data)라 하
고, 로칼 세팅 너머(extra-local 혹은 trans-local)에서 수집되는 자료
를 제2수준의 자료(level-two data)라 한다. 여기서 로칼 세팅의 자료
를 진입 수준의 자료로 부르는 이유는 그것이 일상 세계의 문제틀,
사회관계로 진입하게 해 주기 때문이다. 제도적 문화기술지 연구자
는 진입 수준의 자료에 주의를 기울임으로써 세팅을 조직화하는 사
회관계로 진입할 수 있다(Campbell & Gregor, 2004: 59-60). 이에 따
라 정보제공자도 로칼 세팅에서 제1수준의 자료를 제공하는 정보제
공자와 로칼 너머의 세팅에서 제2수준의 자료를 제공하는 정보제공
자로 구분된다. 전자를 '일차 정보제공자(primary informant)', 후자를
'이차 정보제공자(secondary informant)'로 부른다.

　　그런데 이러한 구분은 자료가 수집되는 세팅에 따른 구분으로
정보제공자의 특징을 보여 주지는 못한다. 그래서 많은 연구자
가 도로시 스미스의 '입장 정보제공자(standpoint informant)' 용어
를 사용한다. '입장 정보제공자' 용어는 제도적 문화기술지의 핵
심 교의를 반영한 것으로서 해당 연구가 누구의 입장에 서서 연구
하고 자료를 수집하는지를 잘 보여 준다. 이에 더하여, 어떤 연구

자들은 '이차 정보제공자'를 엑스트라 로칼 정보제공자(extra-local informant)로 부르기도 한다. 엑스트라 로컬 정보제공자는 두 부류로 구분된다. 하나는, 입장 정보제공자와 개인적, 직접적으로 접촉한 사람이고 다른 하나는, 입장 정보제공자와 개인적, 직접적으로 접촉하지 않은 사람이다. 엑스트라 로칼 정보제공자는 이 둘을 모두 포함한다(Bisaillon, 2012; Bisaillon & Rankin, 2013).

제도적 문화기술지의 정보제공자를 구분하는 다양한 용어가 사용되지만, 이 책에서는 혼란을 피하기 위해 입장 정보제공자와 이차 정보제공자로 표기하기로 한다. 일차와 이차, 로칼과 엑스트라 로칼, 입장과 엑스트라 로칼이라는 조합이 일관성 있어 보이기는 하지만 제도적 문화기술지 연구의 다양한 형태를 고려할 때 가장 명료하게 의미를 전달할 수 있는 것은 입장 정보제공자와 이차 정보제공자의 조합이기 때문이다. 제도적 문화기술지 연구 중에는 거시체계까지 연구의 범위를 확장하지 않고 미시체계에 국한한 연구가 많다. 이 경우 표집이 이루어지는 범위는 로칼에 한정된다. 예를 들어, 장기요양시설의 간병인을 입장 정보제공자로 하는 경우, 같은 요양시설 내의 사회복지사, 간호사, 생활복지사가 이차 정보제공자가 된다. 이들은 같은 로칼에 있지만 이차 정보제공자이다.

제도적 문화기술지는 이들 정보제공자에 대해 '표본'이라는 이름을 붙일 수 있다. 그러나 이때의 표본은 양적 연구에서 말하는 그런 표본과는 다르다. 제도적 문화기술지의 정보제공자란 모집단을 대표하는 표본이 아니라, 누군가의 입장에서의 제도적 질서를 채우기 위한 수단이다. 그리고 이러한 입장은 연구자가 연구 초기 입장을 선택한 이후에도 마찬가지로 진행된다는 점에서 '입장 표본

(standpoint sample)'으로 불린다(Smith, 2002: 26 in May).

이처럼 제도적 문화기술지에서도 표본이라는 용어를 사용한다. 그러나 이때의 '표본'은 모집단이 아닌 제도적 질서를 향하며, 전체를 대표하지 않고 전체의 한 조각으로서의 표본이다. 즉, 제도적 문화기술지에서 표본은 제도적 질서를 '대표'하지 않고 그 질서를 채우기 위한 '하나의 조각'이다. 제도적 문화기술지 연구자는 다양한 제도적 위치에 있는 사람들, 즉 표본들을 표집하고 이들을 연결하여 제도적 질서의 모습을 그려 낸다. 이렇게 제도적 문화기술지는 표본이라는 용어에 덧씌워진 고정된 의미를 해체하고 확장한다.

(2) 두 수준의 정보제공자 선택하기

제도적 문화기술지는 제도와 관련된 사람들의 일상 경험으로부터 시작한다. 유아들을 돌보고 싶어도 돌볼 수 없는 보육교사들(이은영, 2019), 노숙시설들을 회전문처럼 전전하는 노숙인들(김진미, 2019), 수급자를 찾아가고 싶어도 찾아갈 수 없는 복지공무원들(김인숙, 2017), 사례관리에 실패하는 정신보건 사회복지사들(하지선, 2016)의 경험이 그것이다. 여기서 보육교사들, 노숙인들, 복지공무원들, 정신보건 사회복지사들은 모두 입장 정보제공자이지만, 이들은 모집단을 대표하는 표본이 아니다. 이들은 앞으로 누구를 선택해 자료를 더 수집해야 하는지를 알려 주는 출발점이다(스미스, 2014: 253).

연구자는 입장 정보제공자로부터 그들의 일상 경험과 그들이 상호작용하는 사람들에 관한 자료를 수집한다. 이때 입장 정보제공자와 직접 접촉을 통해 자료를 수집한다. 그러나 만일 직접 접촉

을 통해 정보제공자를 접촉할 수 없는 경우는 소셜 미디어나 e-게
시판과 같은 매체를 사용할 수 있다. 입장 정보제공자는 각각 저마
다의 다른 스토리를 가지고 있다. 연구자는 이 서로 다른 스토리가
서로 연관되어 있다고 생각해야 한다. 즉, 그들이 유사한 방식으로
조직화된 실제 속에 있다는 점을 인식해야 한다. 로칼 세팅의 경험
을 조직화하는 사회관계로의 진입은 바로 이 입장 정보제공자가
제공하는 자료에 주의를 기울임으로써 촉진될 수 있다(Campbell &
Gregor, 2004: 60, 81).

예를 들어, 어떤 연구자가 동주민센터 복지공무원의 입장에 서
서 이들이 수급자를 찾아가지 못하는 좌절을 경험하는 것에서 출
발해 제도적 문화기술지 연구를 시작했다고 하자(김인숙, 2017). 이
연구에서 입장 정보제공자(혹은 일차 정보제공자)는 동주민센터 복
지공무원이다. 이 연구에서 제1수준의 자료는 연구자가 다양한 지
역의 동주민센터 내 복지공무원들을 인터뷰하거나 관찰함으로써
얻어진다. 만일 복지공무원들의 이야기 속에 구청 복지공무원, 희
망복지지원단 복지공무원, 구청의 인사팀장, 사회보장위원회가 등
장했다면, 연구자는 이들 중에서 복지공무원의 일에 관한 정보를
가지고 있거나 연관성이 있는 사람을 선택해 그들로부터 제2수준
의 자료를 수집할 수 있다. 이들의 스토리는 복지공무원들의 스토
리와 다르겠지만, 연구자는 이들의 서로 다른 경험과 스토리를 별
개의 것으로 보지 말고 조직화된 실제의 일면으로 보고 그들의 경
험이 어떻게 연결되어 있는지에 대해 고민해야 한다.

제도적 문화기술지 연구를 위한 정보제공자 표집의 가장 뚜렷한
특징은 입장 정보제공자만으로 충분치 않고, 이들 너머에 있는 이
차 정보제공자를 표집해야 한다는 점이다. 기존의 질적 연구에서

도 연구참여자 주변의 다른 사람들로부터 표집할 수 있지만, 이는 하나의 보조자료로 사용된다. 그러나 제도적 문화기술지에서 이차 정보제공자 자료는 단순한 보조자료가 아니라 제도적 문화기술지 연구라면 반드시 수집해야 하는 주된 자료이다. 입장 정보제공자가 제공한 자료는 로칼 수준에서의 조정을 보여 주지만, 이 로칼 경험을 바로 그 경험으로 만드는 문제틀과 조직화는 어렴풋하게만 보일 뿐, 더 분명하고 상세한 조직화는 입장 정보제공자들의 경험에서는 빠져 있다. 따라서 제도적 문화기술지 연구는 이 빠져 있는 곳을 메우기 위해 이차 정보제공자로부터의 자료가 필요하다.

이차 정보제공자가 제공하는 자료(제2수준의 자료)는 입장 정보제공자로부터의 자료에서는 어렴풋한 정도로만 보이는 문제틀을 보다 분명하고 구체적으로 보여 준다. 이들로부터의 자료는 연구자가 문제틀을 염두에 두고, 로칼 세팅 너머의 더 넓은 세팅을 좀 더 깊이 탐색함으로써 확보된다. 즉, 제2수준의 자료는 제1수준에서 인터뷰했던 사람들과 연관된, 그러나 제1수준의 자료에서 빠졌던 사람들이나 문서기록, 혹은 현장연구를 통해 얻을 수 있다. 연구자가 제2수준의 자료를 제공하는 정보제공자를 표집하기 위해서는 개인의 경험이 일어나는 그 세팅이 어떻게 조직화되는지 질문을 던지고 이에 관한 자료를 찾아야 한다. 제2수준의 자료는 제1수준의 자료와 연결되어 있고 조직화의 디테일을 보여 줄 수 있어야 한다(Campbell & Gregor, 2004: 60).

예를 들어, 동주민센터 복지공무원에 관한 입장 정보제공자의 자료에서 연구자는 이들의 일이 깔대기처럼 밀려오고 있고, 구청은 이들의 일에 대한 업무분담 지침을 마련하지 않고 있으며, 복지부는 사회복지통합전산망을 빌미로 타 부처의 많은 일을 가져오고 있고, 복지 인력을 늘리려고 해도 행정안전부의 총액인건비제도와 공무원 노조의 반대로 추가 인력을 확보하기 어렵다는 것을 알게 되었다고 하자. 이 경우 연구자가 제2수준의 자료를 확보하기 위해서는 구청, 복지부, 행안부, 공무원 노조와 같은 보다 넓은 세팅들의 관련 담당자나 문서를 깊이 파고들어야 한다. 그러기 위해서 연구자는 구청의 복지공무원, 복지부의 전산망 관리 담당자 혹은 사회보장위원회 총무, 공무원 노조 간부, 행안부의 인력 담당자들로부터 자료를 수집할 수 있다. 그래야 제1수준의 자료에서 어렴풋이 드러난 문제틀과 조직화 양상을 보다 명확하고 정교하게 이어 맞출 수 있게 된다. 이렇게 함으로써 복지공무원이 수급자를 찾아가지 못하는 좌절의 경험이 어떻게 제도적 질서 안에서 조직화되어 일어난 것인지 보인다.

이처럼 제도적 문화기술지 연구자는 두 수준의 정보제공자로부터 두 수준의 자료를 생산해 이들을 서로 연결함으로써 사회적 조직화, 지배 관계를 밝혀낸다. 이때 지배 관계는 연구자의 선택 여하에 따라 그 범위가 결정된다. 연구자가 탐구하고자 하는 제도적 질서의 범위를 어떻게 결정하느냐에 따라 달라진다. 따라서 제도적 문화기술지에서 정보제공자 표집은 객관적으로 끝낼 절대적 지점이 없다. 연구자가 밝히려는 제도적 과정의 지배 관계가 실제로 제도적 틀 안에서 어떻게 작동하는지 충분히 기록될 때까지 수집한다. 제도적 문화기술지 연구가 그려 내고자 하는 조직화와 지배 관계는 이렇게 제1수준의 자료와 제2수준의 자료를 연결함으로써 드러난다.

2) 표집의 기준과 방법

제도적 문화기술지 연구에서 자료를 표집할 때는 두 가지를 고려해야 한다. 하나는 인구집단이 아닌 제도적 과정을 표집하는 것이고, 다른 하나는 표집이 반복적으로 이루어진다는 것이다.

(1) 인구집단이 아닌 출현하는 제도적 과정을 준거로 표집한다

대부분의 연구에서 표집은 주로 어떤 특징을 가진 인구집단을 대상으로 이루어진다. 기초수급을 받는 수급자, 동주민센터에서 일하는 복지공무원, 다문화센터에 나오는 이주여성 등이 그 예이다. 그리고 이 인구집단을 연구의 대상으로 삼아 이들의 경험을 설명한다. 그러나 제도적 문화기술지의 표집은 특정 인구집단을 기준으로 하지 않는다. 왜냐하면 제도적 문화기술지의 목표가 특정 인구집단의 경험을 분석하는 데 있지 않고, 그 경험을 가능하게 한 지배 관계를 발견하는 데 있기 때문이다. 이처럼 제도적 문화기술지에서 표집은 기존 양적 연구나 질적 연구에서 사용하는 기준이나 방법과 다르다.

제도적 문화기술지에서 표집의 기준은 인구집단이 아니라 제도적 과정이다. 여기서 제도적 과정을 표집한다는 것은 연령이나 소득과 같은 정보제공자의 특징을 표집 기준으로 하는 것이 아니라, 문제틀의 발견과 확장을 통해 드러나는 제도적 질서의 양상을 표집 기준으로 삼는다는 것을 의미한다. 이를 위해 표집의 기준은 제도적 질서 내 다양한 경험의 유형이나 사회적 위치(social location)가 된다. 제도적 문화기술지에서는 이러한 표집 방법을 제도적 표집(institutional sampling)으로 부른다. 제도적 표집은 그 다음번 정보제공자 표집의 기준을 우리에게 제시한다. 그것은 출현하는 제도적 관계(혹은 제도적 질서)를 기준으로 이루어진다. 즉, 제도적 문화기술지에서 표집은 출현하는 제도적 관계 혹은 질서의 모습이 어떠한지에 달려 있다.

예를 들어, 어떤 연구자가 초등학생 자녀를 둔 수급자 엄마가 학교로부터 자녀의 일상생활에 관해 보고하라는 요청을 받는 등 차별을 경험하는 것에서 연구를 시작했다고 하자. 연구자는 우선 수급자 엄마들의 경험이 제도적 위치에 따라 다를 수 있음을 고려하여 수급자 중에서도 일반 수급자 엄마와 조건부 수급자 엄마 그리고 이들의 자녀를 대상으로 각 세 명씩 인터뷰할 수 있다. 연구자는 이 인터뷰 자료를 분석하면서 엄마들의 경험이 학교장의 훈시, 교사들의 지도방식, 학생부장의 엄격한 처벌 등과 같은 학교의 조직문화와 연결되어 있다는 문제틀 영역을 발견한다. 제도적 문화기술지 연구자는 이들 제도적 영역이 수급자 엄마들의 차별 경험을 설명해 줄 수 있는 질서의 일면으로 보고 이를 준거로 하여 다음에 자료수집을 할 대상을 표집할 수 있다. 연구자는 학교장, 담임교사, 학생부장 교사 등 다양한 제도적 위치에 있는 사람들을 표집 대상으로 선택한다.

이 제도적 표집 과정에서 연구자가 고려해야 할 것은 사람들 경험의 공통성이 아니라 경험의 다양성과 차이를 근거로 하여 표집해야 한다는 점이다. 즉, 다양한 제도적 위치에 있는 행위자들과 그들의 경험을 표집해야 한다. 앞의 예에서 일반 수급자와 조건부 수급자 엄마와 자녀들, 그리고 자녀가 다니는 학교의 학교장, 담임교사, 학생부장 교사 등 다양한 위치에 있는 다양한 사람으로부터 자료를 수집하는 것이다. 이렇게 함으로써 연구자는 비록 어떤 개인 수급자 엄마의 경험에서 연구를 시작했지만, 그 개인의 경험이 어떻게 제도적인 것과 연결되어 있는지를 보게 된다. 연구자는 이로부터 그 경험이 어떻게 사회적 혹은 제도적으로 조직화되는지를 설명해야 한다(DeVault & McCoy, 2006). 여기서 조직화는 제도적 질서 내 서로 다른 위치에 있는 사람들이 하는 경험의 차이들이 퍼즐처럼 맞춰지면서 그려진다.

이때 연구자의 표집 과정은 일반적으로 로칼 세팅에서 수집된 자료로부터 거슬러 올라가 거꾸로 추적하는 방식을 사용한다(Campbell & Gregor, 2004: 81). 예를 들어, 수급자 엄마의 사례에서 먼저 엄마와 자녀들로부터 자료를 수집하고 이 자료에서 드러난 다른 제도적 위치의 다양한 정보제공자를 찾아 표집한다. 이 경우는 흔히 먼저 입장 정보제공자들로부터 자료를 수집하고 이어 이차 정보제공자로부터 자료를 수집하는 과정을 거친다. 왜냐하면 입장 정보제공자들의 경험을 충분히 들어야 누구를 대상으로 어떤 제도적 관계를 더 탐구할 것인지가 보이고 퍼즐을 맞출 수 있기 때문이다.

그러나 기존의 제도적 문화기술지 연구들을 검토해 보면 연구자에 따라 거꾸로 추적하는 방식을 변용해 표집하기도 한다. 입장 정보제공자와 이차 정보제공자를 필요에 따라 번갈아 가면서 자료를 수집하는 것이 가장 대표적이다(DeVault & McCoy, 2006). 예를 들어, 수급자 엄마와 자녀 각 세 명씩을 표집한 다음에 학교장을 표집해 자료를 수집하고, 이어 다시 다른 수급자 엄마와 자녀를 표집하는 방식이다. 이때 번갈아 가면서 교차적으로 하는 절차가 고정된 것은 아니고, 연구 상황에 따라 연구자의 결정에 따라 다르다. 제도

적 문화기술지는 개인의 경험에서 시작해 제도적 질서로 나아가야
하는데, 이 과정에서 자료수집을 위한 표집도 연구자의 작업 방식
에 따라 변이가 있을 수 있다.

(2) 표집은 반복적으로 이루어진다

앞서 언급했듯이, 제도적 문화기술지에서 표집은 연구 초기에
한 번에 이루어지지 않고 연구가 진행되면서 발견되는 사회적 조
직화의 모습이 출현하면서 선택된다. 따라서 제도적 문화기술지에
서 정보제공자 표집은 우연히 일어나는 것이 아니라 다양한 제도
적 위치에 있는 개인들의 활동을 얼마나 충실히 연결하느냐에 의
해 안내된다고 말할 수 있다. 이 말을 표집이라는 측면에서 보면,
자료수집이 '반복적(iterative)'으로 이루어진다는 의미이다. 자료수
집이 반복적으로 이루어진다는 것은, 현장에서 수집된 자료에서
'무엇이 일어나고 있는지' 초기 분석을 하고, 그 분석 결과를 사용
해 그다음의 자료수집을 안내받는 방법을 말한다. 그런데 이러한
'반복적' 방법은 질적 연구에서 이상적인 분석 절차로 알려져 있다
(Grass, 2010: 49).

그러므로 제도적 문화기술지의 정보제공자 표집 수는 정해져 있
지 않다. 정보제공자가 제공하는 자료에서 사회적 조직화의 모습
이 얼마나 드러나느냐에 따라 정보제공자의 유형 및 수는 달라진
다. 즉, 표집 수는 정보제공자들이 이야기하는 그들의 일 지식이 얼
마나 조직화의 모습을 충분하고 빠르게 보여 주느냐에 달려 있다.
따라서 제도적 문화기술지의 표집은 사람들의 경험, 다양성, 사회
적 위치와 같은 측면들을 강조하면서 조직화의 모습이 드러날 때

까지 이루어진다.

이처럼 정보제공자 표집에서 중요한 요소 중 하나는 연구되는 이슈나 과정에 대해 경험이 있는 사람을 표집하는 것이다. 또 정보제공자의 다양성을 확보하면 제도적 관계의 모습을 잘 드러내 보여 주기 때문에 분석할 때 유용하다. 왜냐하면 제도적 문화기술지의 관심은 사회의 제도가 어떻게 사람들의 삶을 지배하며, 그러한 것들이 어떻게 사회적으로 조정되는지를 해명하는 데 있기 때문이다. 특히, 입장 정보제공자와 이차 정보제공자는 서로 다른 방식으로 교차하고 상호작용하기 때문에 다른 위치에서 나오는 자료는 매우 중요하다(Bisaillon, 2012: 125).

앞에서 알 수 있듯이 제도적 문화기술지의 정보제공자 표집 방법은 마치 근거이론 연구에서 자료의 표집을 출현하는 개념이나 이론을 기준으로 표집하는 이론적 표집(theoretical sampling)의 원리를 닮았다. 즉, 초기 자료분석에 근거해 반복해서 추가로 자료를 누적적으로 확보해 가고, 이를 통해 범주나 이론을 정교화하는 근거이론의 이론적 표집과 같은 논리이다. 즉, 반복의 논리가 작동한다. 제도적 문화기술지에는 범주나 이론 대신 조직화가 들어선다. 근거이론의 이론적 표집이 출현하는 개념과 이론을 표집의 준거로 삼는다면, 제도적 문화기술지의 제도적 표집은 드러나는 제도적 질서의 조직화를 표집의 준거로 삼는다.

3) 일반성의 확보

도로시 스미스는 제도적 문화기술지란 사람들이 행하는 일상의 특성들이 제도적 질서의 '일반화된 형태'로부터 연유하는 방식을 탐구하는 것이라고 정의하였다(Smith, 2002: 26 in May). 그녀의 이러한 정의는 제도적 문화기술지가 목표로 하는 제도적 질서는 일반화된 혹은 보편적 형태를 띤다는 점을 강조한다. 이는 만일 연구자가 제도적 문화기술지를 통해 실제의 제도적 질서를 그려 낸다면 그것은 일반성을 확보한다는 의미로 해석할 수 있다. 달리 표현하면, 제도적 문화기술지에서 일반성은 제도적 질서 혹은 조직화를 얼마나 잘 그려 내느냐에 의해 확보된다고 할 수 있다.

이를 좀 더 살펴보면, 제도적 문화기술지는 로칼만이 아니라 로칼 너머의 초지역적 관계까지 밝혀내는데, 여기서 로칼 너머의 제도적 질서는 특정한 로칼을 넘어서 일반화된다. 복지공무원이 수급 신청자에게 죽고 싶다는 생각을 불러일으킨 로칼 너머의 제도적 질서는 우리 눈에 쉽게 보이지 않지만 분명 거기에는 일반성이 있다. 제도는 다양한 로칼 세팅을 포괄하는 일반적이고 보편적인 사회적 조직화의 형태이다. 제도가 가지는 이러한 일반적이고 보편적 특성은 로칼의 특수한 상황에서 다르게 작동될 수 있지만 어떤 제도적 문화기술지에서도 드러난다(스미스, 2014: 78).

이처럼 제도적 문화기술지는 일상 세계를 문제틀로 바라봄으로써 로칼 세팅에 국한하지 않고 사회와 사회관계에 관한 일반적이고 전형적인 진술을 끌어낼 수 있다. 근거이론은 질적 연구에서 이러한 일반성과 전형성을 기발한 방식으로 구성하여 체계적 연구절차의 선두에 섰다. 근거이론은 사회적으로 조직화된 로칼 세팅에서 일반화할 수 있는 개념을 증류하여 만들어 낸 것이라 할 수 있다. 여기서 로칼 세팅은 그로부터 추출된 일반 원칙의 한 예증이 된다. 근거이론의 인기는 사회과학자들이 느끼는 일반성의 문제가 어느 정도인지를 증명해 준다. 그러나 제도적 문화기술지 연구는 근거이론처럼 특수성 속에서 일반성을 확보하기 위해 개념적이고 방법론적인 것에 의지하지 않는다. 일반성은 제도적 문화기술지가 밝히려는 사회적 조직화의 속성이다. 그러므로 제도적 문화기술지에서 특정 '사례'는 우리에게 더 큰 사회경제적 과정에 진입하는 지점, 주체의 위치를 보여 주는 것이다(Smith, 1987: 157).

이처럼 제도적 문화기술지에서의 일반성은 지배 관계가 로칼 세팅을 넘어 어떻게 존재하고, 정보제공자들이 말하는 경험들이 어떻게 조직화되는지에 대한 발견에 의존한다. 제도적 문화기술지의 궁극적 목적은 내부자의 관점에 대해 혹은 내부자의 관점으로부터 이야기를 생산해 내는 것이 아니다. 물론 제도적 문화기술지 연구자도 사람들이 일하는 로칼 세팅에 대해 문화기술적으로 이해한다. 그러나 근거이론처럼 이론화를 목적으로 하지 않는다. 제도적 문화기술지 연구는 정보제공자의 경험이라는 경계를 넘어 확장되어 있는 사회관계를 찾아내고 추적하고 묘사하는 것이다(Campbell & Gregor, 2004: 89-90).

앞에서 알 수 있듯이 제도적 문화기술지의 일반성은 사회적 조직화와 사회관계의 모습을 발견해 그것을 얼마나 잘 묘사해 주었느냐에 달려 있다. 그것은 표집 방법에 달려 있지 않다. 여기서 일반성의 문제와 관련해 다루어야 할 문제는 엄격성이다. 엄격성은 넓게 정의하면, "연구가 알아내고자 하는 것을 얼마나 정확하게 반영하였는지 그 정도"(Porter, 2007: 79)이다. 엄격성에 관한 관심은 연구결과의 정확성, 일반성, 신뢰성에 대한 실증주의적 회의주의로부터 기인한다. 질적 연구의 엄격성을 평가하는 보편적 접근은 없다. 그래도 해석적 질적 연구에서 연구자들은 엄격성을 확보하기 위해 이런저런 노력을 한다.

　제도적 문화기술지 문헌에서는 엄격성을 확보하는 방법들에 관한 논의가 거의 없다. 연구의 일반성을 확보하기 위해 엄격성을 강조하지 않는다. 엄격성은 제도적 문화기술지 연구자들 모임에서 논의되는 토픽이 아니다. 연구자가 사람들의 일상의 삶 속에서 조직화가 어떻게 일어나는지 명확히 보여 주면 그 자체로 제도적 문화기술지는 엄격성이 있다고 얘기된다. 따라서 제도적 문화기술지 연구자는 연구 과정에 제도적 문화기술지의 존재론적 관여가 충실히 이루어졌음을 보여 주어야 한다(Bisaillon, 2012: 110-111).

9장
자료수집과 인터뷰

제도적 문화기술지에서 자료를 수집하는 방법은 기존 질적 연구의 방법들을 사용한다. 즉, 개별 인터뷰, 포커스 그룹 인터뷰, 참여관찰, 문서를 비롯하여 연구자 자신의 경험을 연구에 반영하는 등의 기법을 사용한다(DeVault & McCoy, 2006). 그러나 제도적 문화기술지에서 자료를 수집하는 구체적인 방법은 기존의 질적 연구에서 하는 것과는 다르다. 왜냐하면 제도적 문화기술지의 자료수집은 제도적 문화기술지 고유의 존재론과 주요 개념에 근거해 이루어지기 때문이다. 이는 인터뷰를 통한 자료수집에도 적용된다. 인터뷰는 기존의 다른 질적 연구방법에서와 마찬가지로 제도적 문화기술지에서 자료를 수집하는 가장 대표적인 방법이다. 제도적 문화기술지에서 자료의 형태는 경험(일)과 텍스트이다. 따라서 제도적 문화기술지 인터뷰도 일과 텍스트에 대한 인터뷰로 구분해 이해할 필요가 있다. 제도적 문화기술지 방법의 활용이 다양한 학문 분야로 확장되면서 인터뷰의 중요성은 더 중요해지고 있다. 여기서는 제도적 문화기술지 인터뷰의 특징과 질문 방법, 그리고 일과 텍스트를 중심으로 인터뷰할 때 유념해야 할 사항들을 살펴본다.

1. 제도적 문화기술지에서 인터뷰의 특징

1) 인터뷰의 목적이 사람들의 경험을 일반화하는 데 있지 않다

제도적 문화기술지에서 인터뷰의 목적은 사람들의 주관적 경험을 알려는 데 있지 않다. 인터뷰의 목적은 서로 다른 제도적 세팅에서 일하는 개인들 사이의 연결점을 찾아내고, 상호 연관된 행위들의 시퀀스를 추적하는 데 있다. 그리고 이러한 추적을 통해 어떻게 해서 그 경험이 그렇게 되었는지에 대한 명확한 설명을 얻어 낸다. 이런 점에서 제도적 문화기술지 인터뷰는 인터뷰한 사람들의 경험을 일반화하는 데 목적이 있지 않다. 그보다는 일반화 효과를 지닌 제도적 과정을 찾아내어 묘사하는 데 목적이 있다(DeVault & McCoy, 2006: 18).

2) 인터뷰는 정보제공자를 지명하는 수단이다

제도적 문화기술지 연구자는 인터뷰를 정보제공자의 지명 수단으로 사용한다. 즉, 연구자가 선택한 사람의 입장에 서서 드러나는 제도적 과정을 채우기 위한 수단으로 본다. 따라서 제도적 문화기술지에서 인터뷰이는 연구대상이 아니라 정보제공자로 여겨진다.

그렇다고 정보제공자를 일반적 의미의 표본으로 생각하지도 않는다. 이미 앞에서도 언급했듯이, 제도적 문화기술지의 정보제공자는 모집단을 대표하는 표본이 아니라, 누군가의 입장에서의 제도적 질서를 채우기 위한 수단이라는 점에서 '입장 표본'으로 불린다. 제도적 문화기술지에서 인터뷰를 위한 정보제공자 선택은 연구 초기에 한 번에 이루어지지 않고, 연구가 진행되면서 사회관계와 사회적 조직화에 대해 알아 가면서 선택된다. 즉, 연구자의 제도적 과정에 대한 지식이 발전되어 가면서 정보제공자 선택이 이루어진다. 이처럼 제도문화기술지 연구에서는 인터뷰를 정보제공자의 지명 수단으로 사용한다(DeVault & McCoy, 2006: 19-24).

3) 서로 다른 위치에 있는 서로 다른 경험들을 인터뷰한다

제도적 문화기술지 연구자는 자신이 이야기를 나눈 사람들을 연구하는 것이 아니다. 그러나 자신이 이야기를 나눈 사람들의 입장에 서서 그들의 경험이 어떻게 그렇게 되었는지를 탐구한다. 이를 위해 연구자는 자신이 선택한 사람의 입장에 서서 그 사람의 경험의 '실제'를 인터뷰한다. 이때 연구자는 자신이 선택한 입장에 속한 사람들('입장 정보제공자')만 인터뷰하지 않는다. 제도적 문화기술지는 입장 정보제공자만을 대상으로 연구하지 않기 때문이다. 연구자는 인터뷰할 때 '입장 정보제공자'의 활동에 뿌리를 두고 질문을 한다. 이때 입장은 조직화가 어떻게 이루어지는지를 해명하는 전 과정을 통해 유지되어야 한다(Bisaillon & Rankin, 2013).

이처럼 제도적 문화기술지 연구는 '입장 정보제공자'에 대한 인터뷰에서 끝나지 않는다. 연구의 초점이 협소하게 되지 않도록 다른 위치에 있는 다른 사람들의 경험들을 인터뷰한다(스미스, 2014: 322-323). 즉, 로칼 밖의 '이차 정보제공자'를 선택해 인터뷰한다. 이렇게 다양한 위치에 있는 사람을 인터뷰하는 것은 연구의 객관성과 일반성을 달성하기 위해서가 아니라, 서로 다른 제도적 장치나 위치에 있는 사람들이 연구자가 연구하려는 것에 대해 말하도록 하기 위함이다(Nicols, 2014: 22).

4) 인터뷰는 '일'과 '텍스트' 개념으로 안내된다

제도적 문화기술지에서 인터뷰는 넓은 의미로 '사람들과 이야기를 나누는 것(talking with people)'이다. 이는 일대일로 이루어지기도 하고, 포커스 그룹과 같은 집단 대화를 사용하기도 한다(DeVault & McCoy, 2006: 22-23). 어떤 방식의 인터뷰건 간에 제도적 문화기술의 인터뷰는 주로 '일(work)'과 '텍스트'를 중심으로 이루어진다. '일'과 '텍스트'는 인터뷰를 안내하는 개념적 틀이다. 훌륭한 제도적 문화기술지 인터뷰는 '일'과 '텍스트'의 실천에 대한 상세한 묘사를 끌어낸다(McCoy, 2006: 111). 이러한 상세한 묘사는 말하는 사람의 살아 있는 경험뿐만 아니라 그들의 경험 속에 들어 있는 제도적 연결고리와 흔적들을 볼 수 있게 해 준다.

5) 입장 정보제공자를 먼저 하고 이어 이차 정보제공자로 넘어간다

일반적으로 제도적 문화기술지는 입장 정보제공자에 대한 인터뷰를 먼저 하고 이어 이차 정보제공자 인터뷰로 넘어간다. 이렇게 하는 이유는 입장 정보제공자에서 나온 의문이나 관심사, 질문들을 이차 정보제공자에게서 파악하기 위함이다. 이때 이차 정보제공자는 그동안 입장 정보제공자에게서 수집한 내용 중에서 빠져 있던 부분을 채워 준다. 예를 들어, Bisaillon(2012)는 캐나다로 이주하려는 이주신청자들에 대한 HIV 감염 검사가 어떻게 조직화되는지를 연구하면서 먼저 입장 정보제공자들(이주신청자들)이 가져온 여러 가지 서류가 어떻게 작동하는지 그들의 지식을 따라갔다. 그랬더니 거기에는 이와 관련된 서비스 제공자, 정부 기관과 직원들, 그리고 HIV 검사와 이주 신청 과정에서 주요한 역할을 하는 사람들을 확인할 수 있었고, 이에 근거해 그들을 대상으로 인터뷰를 하였다.

그러나 이러한 인터뷰 과정이 입장 정보제공자 모두에 대한 인터뷰를 먼저 다 하고서 그다음 이차 정보제공자를 인터뷰해야 한다는 의미는 아니다. 예를 들어, 인터뷰가 어디를 향할지 분명히 모르는 경우 우선은 입장 정보제공자와 인터뷰를 하고 이 인터뷰한 내용을 근거로 하여 이차 정보제공자인 정부 관료와 인터뷰를 한 다음 다시 입장 정보제공자와 인터뷰하는 식으로 교차적으로 인터뷰를 진행할 수 있다(DeVault & McCoy, 2006: 29). 물론 많은 연구자가 먼저 입장 정보제공자에게서 자료를 얻고 이어 이차 정보제공자로 넘어간다. 인터뷰를 순차적으로 하든 아니면 교차적으로 하든 일반적으로 입장 정보제공자에 대한 인터뷰는 이차 정보제공자에 대한 인터뷰에 앞서 이루어진다.

2. '일'에 대한 인터뷰

1) '일' 개념을 중심으로 한 인터뷰의 효과

　제도적 문화기술지의 인터뷰는 경험이 아니라 일, 일 지식이라는 개념을 염두에 두면서 한다. '일' '일 지식'의 개념을 염두에 두고 인터뷰를 하면 제도적 문화기술지 연구와 관련해 어떤 이점이 있을까? 일과 일 지식을 제도적 문화기술지 연구에 사용할 때 얻을 수 있는 이점은 앞에서도 (3장을 참조) 언급했지만, 여기서는 인터뷰를 염두에 두고 살펴보기로 한다.

　첫째, 정보제공자가 바라보는 체계에 대한 전체적인 시퀀스가 보인다. 일 개념을 염두에 두고 인터뷰를 하면, 정보제공자의 실제와 실제의 조정을 볼 수 있다. 실제와 실제의 조정은 특정의 시공간에서 정보제공자의 체현된 경험을 보다 구체적으로 볼 수 있게 해 줌으로써 정보제공자가 일상에서 만나고 접촉하는 로칼 안팎의 주체들을 보게 해 준다. 이로써 정보제공자와 연관된 체계와 그 체계에서의 전반적 시퀀스를 볼 수 있게 해 준다.

　예를 들어, 복지공무원을 일 개념을 염두에 두고 인터뷰하면 행정직, 공무원 노조, 구청 복지부서, 보건복지부와 같은 전반적 체계와 그들 사이에서 이루어지는 일의 조정을 볼 수 있다. 만일 연구자가 이들의 일 조정을 좀 더 구체적으로 알고 싶으면 이들을 인터뷰하여 이로부터 전반적인 일의 시퀀스를 찾으면 된다. 연구자는 이들 자료를 종합적으로 검토하여 정보제공자 경험을 조직화하는 지배 관계를 발견할 수 있다.

둘째, 제도적 담론이 끼어들지 못하게 함으로써, 숨겨져 있던 활동 영역들을 볼 수 있게 한다. 즉, 담론 때문에 숨겨져 보이지 않았던 실제의 행동들이 드러난다. 예를 들어, Mykhalovskiy와 McCoy (2002)는 에이즈 환자들이 자신들의 건강을 돌보기 위해 하는 '일'을 연구함으로써 기존 학술 담론으로는 보이지 않는 활동들을 볼 수 있었다. 즉, 그들은 약을 먹는 것을 타인에게 들키지 않도록 숨기고, 병에 대한 공포와 혐오감을 극복하는 다양한 활동을 하고 있었다.

이러한 활동들은 기존 학문적 담론으로는 설명되지 않는 활동들이었다. 만일 연구자가 일 개념을 염두에 두지 않고 인터뷰를 했다면 정보제공자의 주관적 경험에만 몰두하여 일과 일의 조정을 볼 수 없었을 것이다. 연구자는 일 개념을 사용하여 인터뷰함으로써 보이지 않았던 것들을 볼 수 있게 되었고, 이는 기존 연구의 영역을 확장하는 효과를 가져온다.

셋째, 일 개념으로 인터뷰를 하면 일의 의도성과 일에 대한 사고방식을 볼 수 있고, 사람들의 실제 행위의 조건, 맥락, 상황, 역사, 제도를 더 잘 볼 수 있다. 특히, 일에 관한 상세한 묘사를 하다 보면 그 안에는 사람들의 살아 있는 경험만이 아니라 제도적 연결고리와 흔적들을 발견할 수 있다. 연구자는 이렇게 발견된 제도적 흔적들에 질문을 던져 봄으로써 문제틀을 명확히 하고, 조직화와 지배관계의 윤곽을 잡을 수 있게 된다.

예를 들어, 어느 인터뷰에서 이혼한(실질적으로 이혼했으나 서류상으로 이혼하지 않은) 수급 신청자는 수급을 신청할 때마다 전남편이 자신에게 부양비를 주지 않음을 복지공무원에게 문서로 입증하기 위해 남편에게 연락해야 하는데, 이 일은 정말 죽기보다 하기 싫고 괴롭다고 토로한다. 이 인터뷰에서 우리가 알 수 있는 것은 이 여성의 일(남편에게 연락하는 것, 복지공무원에게 입증 문서를 제출하는 것, 괴롭고 싫은 것)이 무엇인지 알 수 있을 뿐만 아니라, 이 일들의 의도("왜 남편에게 연락해야 하지?"라는 질문을 던져 보면 법적으로 1촌 직계 혈족은 부양의무자이고, 이 부양의무자가 소득이 없음을 입증해야 수급 신청을 할 수 있음을 알게 됨), 이 행위를 하게 되는 조건(이 여성이 남편에게 연락해야 하는 근거는 「국민기초생활보장법」의 안내지침과 부양 의무자 기준이라는 조건이 작동하고 있기 때문임을 알게 됨)을 알 수 있게 된다.

넷째, 일을 염두에 두고 하는 인터뷰에는 조직화와 지배 관계로 나아가는 핵심 작용인 '텍스트'와 '조정'을 볼 수 있다. 일에 관한 이야기 속에는 그 일이 어떻게 이루어지는지, 다른 사람들의 일과 어떻게 조정되는지, 텍스트로 인해 일이 어떻게 조정되는지에 대한 지식이 들어 있다(Campbell & Gregor, 2004: 79). 예를 들어, 앞의 수급 신청 여성의 경우 기초수급을 신청하려면 이 여성은 남편에게 연락하고 그 결과를 복지공무원에게 전달하는 등 그녀의 일이 다른 사람들과 연결되면서 그 여하에 따라 조정됨을 알 수 있다. 그리고 이 장면에서는 직접 보이지 않으나 문제틀을 염두에 두면서 자료를 보면, 수급 신청 여성이 남편에게 연락하는 일을 발생시킨 것은 사실상 국기법상의 부양의무자 기준이라는 텍스트임을 알 수 있다. 이처럼 일 중심으로 인터뷰를 하면 자연적으로 텍스트가 딸려 오는 것을 볼 수 있고, 그 텍스트가 정보제공자의 일을 어떻게 조정하는지도 볼 수 있다.

여기서 '조정'은 연구자 혼자서 발견하는 것이 아니라, 정보제공자와 연구자가 함께 발견한다. 왜냐하면 '일' 개념을 염두에 두고 하는 제도적 문화기술지 인터뷰에는 '실제'를 중심으로 연구자와 정보제공자가 함께 '대화'하는 방식으로 이루어지기 때문이다. 이렇게 하면 연구자가 의식적으로 조정이 어떻게 일어나는지 분석하지 않고도 정보제공자의 이야기 속에 이미 조정이 보인다. 이런 점에서 일 중심 인터뷰는 정보제공자와 연구자가 함께 하는 일종의 '대화'이다. 기존의 질적 연구가 해석된 분석 결과의 진위를 정보제공자에게 물어보아야 한다면, '일' 개념으로 하는 제도적 문화기술지 인터뷰는 실제로 행해지고 있는 것을 듣기 때문에 연구자가 해석해야 하는 부담이 기존 질적 연구보다 줄어든다.

다섯째, 만약에 연구자가 다양한 위치에 있는 사람들이 어떤 일을 하는지, 그들의 일에 대한 지향에 어떤 차이가 있는지를 알고 싶으면 포커스 그룹 인터뷰(focus group interview)를 사용하면 좋다. 이때 포커스 그룹은 같은 제도적 위치에 있는 사람이나 혹은 서로 다른 제도적 위치에 있는 사람으로 구성할 수 있다. 제도적 문화기술지에서 포커스 그룹 인터뷰는 동일한 정책이나 지침이 적용되는 제도적 위치에 있는 사람들의 '일 지식'의 차이를 찾는 데 도움이 된다. 이런 차이를 통해 포커스 그룹 인터뷰에서는 다양한 사회적 위치에 있는 사람들이 가진 규범적 담론이 활성화된다. 따라서 연구자는 포커스 그룹 인터뷰가 이루어지는 장에서 서로 다른 위치에 있는 정보제공자들이 가진 담론과 담론의 차이를 포착하는 기회를 얻게 된다. 이처럼 제도적 문화기술지에서 포커스 그룹 인터뷰는 문제틀을 발견해야 하는 연구의 초기 단계에서 사용할 때 유용하다(Mykhalovskty & McCoy, 2002).

2) '일' 개념을 중심으로 인터뷰 질문하기

(1) 인터뷰 가이드에 지나치게 얽매이지 않는다

앞에서 언급했듯이, 제도적 문화기술지 인터뷰는 구조화되지 않은 채 '사람들과 이야기를 나누는' 것을 강조한다. '사람들과 이야기를 나누는 것'은 공식적으로 이루어지기도 하고, 때로는 버스를 타고 가면서 이야기하는 것과 같이 비공식적으로 이루어지기도 한다. 또는 "저는 틈새로 미끄러졌어요."라든가 "저를 담당하는 사회복지사는 암캐예요."와 같은 비유적 표현처럼 자신들의 일에 대해 말하지 않으려고 할 때는 친밀한 대화를 할 수 있을 때까지 기다렸다가 식사를 하면서 하는 자연스런 대화를 통해 이루어질 수도 있다(Nicols, 2014: 22-23).

특히, 연구 초기에 제도적 세팅에서 일하는 사람들과 인터뷰를 할 때는 인터뷰 가이드(interview guide)를 사용하기보다는 평상시에 하는 하루의 일에 대해 말해 달라고 하는 것이 좋다. 왜냐하면 이렇게 질문을 던지면 정보제공자는 자신이 하는 일을 추상적 용어로 설명하지 않고 일의 실제에 대해 묘사할 가능성이 크기 때문이다. 이때 연구자는 정보제공자가 하는 이야기를 따라가면서 머릿속에서 제도적 과정에 관한 그림을 그린다.

그러나 연구자와 정보제공자와의 대화가 자연스럽게 이루어져야 한다는 것이 인터뷰 가이드를 가지지 말라는 것은 아니다. 누구를 인터뷰하느냐에 따라 인터뷰 가이드는 다양한 방식으로 사용되어야 한다. 연구자는 인터뷰를 거듭하면서 제도적 질서에 대한 지식이 쌓여 간다. 이렇게 여러 정보제공자로부터 배운 지식은 서로 이어 맞춰야만 제도적 질서가 그려진다. 따라서 연구자는 이어 맞추기 위해 자료를 수집해야 하는데, 이 경우 인터뷰 가이드가 필요하다.

특히, 이차 정보제공자를 인터뷰할 때 우리는 입장 정보제공자들의 이야기에 근거해 질문할 내용을 정리하게 되는데, 이럴 때는 일정 정도 인터뷰 가이드를 준비하고 사용해야 한다. 예를 들어, 수급 신청자가 동주민센터에서 작성한 '지출실태보고서'가 구청의 조사팀 복지공무원에게 가서 어떻게 사용되고 처리되는지 알 필요가 있을 때 연구자는 이에 대해 구청의 조사팀 복지공무원에게 질문해야 한다. 연구자는 이 질문을 인터뷰 가이드에 포함할 수 있다.

(2) 인터뷰 질문은 표준화될 필요가 없다

제도적 문화기술지에서 인터뷰의 목적은 다양한 세팅에서의 행위들의 조정이 어떻게 일어나는지 이해하는 데 있다. 제도적 문화기술지의 인터뷰 각각은 조직화된 관계를 구성하는 고리의 한 조각으로 본다. 이 조각들을 이어 맞추면 조직화와 조정 과정에 대한 그림이 발견되고 발전된다. 따라서 정보제공자와의 인터뷰는 확장된 조직화 과정의 모습을 한 조각씩 이어 맞추는 방법이다.

그러므로 제도적 문화기술지의 인터뷰 질문은 표준화될 필요가 없다. 제도적 문화기술지의 인터뷰가 엄격하게 구조화된다든가 인터뷰 가이드에 얽매이는 것은 바람직하지 않다. 왜냐하면 연구자가 지나치게 인터뷰 가이드에 얽매이는 것은 연구자를 기대했던 것에 가두고 발견의 과정을 막기 때문이다(Caspar, Ratner, Phinney, & MacKinnon, 2016: 953). 제도적 문화기술지는 문제틀이 발견되면서 인터뷰 질문이 발전되기 때문에 질문 내용을 미리 구조화하여 결정해 놓는 것은 발견의 과정을 가로막을 수 있다. 일반적으로 이차 정보제공자에게 하는 인터뷰 질문은 입장 정보제공자의 이야기에 근거해 구성된다. 그러므로 표준화된 질문보다 이전 인터뷰에서 배웠던 것에 근거해 인터뷰를 구성하는 것이 좋다(DeVault & McCoy, 2006: 23-24).

(3) '일' 개념을 직접 사용할 때 역효과가 날 수 있음을 유념한다

늘 그런 것은 아니지만, 정보제공자에게 일 개념을 직접 사용하면 역효과가 일어날 수 있다. Mykhalovskiy와 McCoy(2002)는 에이즈 감염인들의 '건강 일(health work)'에 관한 연구에서 정보제공자에게 일 개념을 사용하자 해당 일에 관해 널리 퍼져 있는 규범적인 것, 즉 자신들의 건강을 돌보려는 일상의 실제 행위들이 아니라 금전적인 것과 관련된 공식적이고 형식적인 일을 자극하게 되어 실제로 행해진 것을 찾기가 어려웠다. 이는 사람들이 '일' 개념에 관해 가지고 있는 관습적인 통념 때문이다. 제도적 문화기술지는 '일'을 통해 '실제들'을 찾아내야 하는데, 만약 일 개념을 사용하여 오히려 실제를 찾지 못하고 방해가 된다면 즉시 사용을 중지하는 것이 좋다.

(4) 인터뷰 질문은 조직적 사고를 따라가면서 한다

연구자는 인터뷰하는 과정에서 정보제공자들이 하는 일이 어떻게 그렇게 하게 되었는지를 물을 수도 있고, 특정 사건의 일을 회상하게 하여 말하게 할 수도 있으며, 연구자 자신이 이해한 것을 확인하는 질문을 할 수도 있다(Campbell & Gregor, 2004: 78). 예를 들어, Graham은 이주여성을 위한 연방기금의 직업훈련이 어떻게 조직화되는지 연구하였는데, 관련된 사람들을 인터뷰하면서 그때그때 행한 일을 묻고, 왜 그것을 하는지 묻고, 누군가 텍스트 자료에 관해 이야기하면 그것을 얻어 그것으로 무엇을 하는지 일 과정을 묻고, 그 일 과정이 다른 것들과 어떻게 연결되는지 물었다. 그는 인터뷰가 어디를 향할지 분명히 모른 채, 일선 담당자와 인터뷰한 내용을 관리자와 행정가의 인터뷰에서 듣고 다시 일선 담당자와 인터뷰하는 식으로 교차 인터뷰를 하였다(DeVault & McCoy, 2006: 29).

이처럼 인터뷰에서 중요한 것은 처음에 알지 못하던 것을 인식하고 조직적으로 사고하면서 질문하는 것이다. 이때 연구자는 사람들이 행하고 말하고 이해하는 모든 것이 조직화된 과정을 통해 형성된다는 제도적 문화기술지의 전제를 염두에 두어야 한다. 이렇게 조직적으로 사고하면 인터뷰를 할 때 사건의 시퀀스에 해당하는 질문을 던지게 되고, 여러 사이트에서의 활동이 어떻게 조정되고 연결되어 조직화에 이르는지를 알 수 있게 된다. 제도적 문화기술지의 일에 관한 인터뷰에서 질문의 형태는 이렇게 조직적 사고를 통해 실제들이 어떻게 조직화되는지 찾을 수 있어야 한다.

(5) 담론이나 모호한 말이 끼어들지 못하게 한다

사람들은 자신도 모르는 사이에 사회적 혹은 제도적 담론에 포획된다. 연구자가 만일 제도적 담론에 포획된 사람을 인터뷰할 때는 인터뷰 중에 담론들이 튀어나온다. 이때 연구자는 그 담론에 주목하여 그 담론이 구체적으로 어떠한 일들로 구성되고 어떻게 행해지는 것인지를 질문해야 한다. 일반적으로 일 중심으로 인터뷰를 계속하면 이러한 담론 끼어들기가 해소될 수 있다. 그러나 늘 그런 것은 아니다. 어떤 경우에는 일 중심으로 인터뷰할 때조차 담론이 끼어들 수 있는데, 이때 연구자는 이러한 담론이 끼어들지 못하게 해야 한다.

예를 들어, 사회복지공무원은 '찾아가는 복지'라는 공공복지 담론에 포획되어 있을 수 있다. 그는 인터뷰 중에 "저희는 찾아가는 복지를 할 수 없어요."라는 말을 했다고 하자. 이때 연구자는 "찾아가는 복지는 어떤 과정을 통해 이루어지는지 구체적으로 얘기해 주시면 좋겠어요."와 같은 질문을 던짐으로써 그 세팅에서 실제로 무엇이 일어났는지 그 구체적인 행위들을 파악해야 한다. 왜냐하면 제도적 문화기술지의 탐구 대상은 '활동(activity)'이기 때문이다. 이는 정보제공자가 모호한 말을 사용할 때도 마찬가지이다. "저희는 늘 일을 적당히 할 수밖에 없어요."라는 말을 들은 연구자는 '적당히'라는 것이 어떤 것인지 구체적으로 이야기해 줄 수 있는지 물어봐야 한다.

(6) 필요한 경우 인터뷰 가이드나 그림을 사용하기도 한다

제도적 문화기술지 연구자는 늘 사람들의 경험의 '실제'를 보여주는 자료를 끌어낸다는 생각을 놓지 말아야 한다. 그러나 이러한 자료를 끌어내는 것이 그리 쉬운 일만은 아니다. 특히, 제도적 담론에 포획되어 있거나 이차 정보제공자들에 대한 인터뷰에서 그러하다. 이를 위해 연구자가 사용할 수 있는 장치가 인터뷰 가이드이다. 인터뷰 가이드는 일반 질적 연구에서 항용 사용하는 방법으로 이는 제도적 문화기술지에서도 유용하게 사용할 수 있다. 그러나 제도적 문화기술지 인터뷰가 기본적으로 사람들과 함께 이야기하는 대화라는 점에서 보면 너무 지나치게 구조화된 인터뷰 가이드는 필요한 자료를 수집하는 데 방해가 될 수 있다.

제도적 문화기술지에서는 입장 정보제공자보다 이차 정보제공자들이 인터뷰 가이드를 요구하는 경우가 많다. 물론 입장 정보제공자 중에도 자신에게 무엇을 물을지 질문들을 사전에 요구하기도 한다. 이렇게 인터뷰 가이드를 요구할 경우, 연구자는 가능한 한 상세하고 친절하게 가이드를 작성해야 한다. 인사말부터 시작해서 내용별로 상세하게 묻고 싶은 것을 기술해야 한다. 특히, 제도적 문화기술지에서는 텍스트가 중요하기 때문에 텍스트별로 소제목을 달고 그 아래 상세하게 질문사항을 제시하는 것이 좋다. 이차 정보제공자에게도 알고 싶은 항목별로 번호를 매겨 일목요연하게 제시한다(Bisaillon, 2012: 342-343).

그러나 어떤 정보제공자는 연구에 대해 부정적인 생각을 가지고 있어서 인터뷰 참여를 거부하기도 한다. 이 경우 연구자는 연구 내용을 전반적으로 설명해야 하는데, 이럴 때는 글보다 연구 요지와 전반을 한눈에 볼 수 있게 그림을 그려 보여 주면서 연구의 취지를 설명하는 게 좋다. 그러면 정보제공자가 마음을 열고 인터뷰에 참여할 수 있다(Bisaillon, 2012: 153-154).

3) 다양한 제도적 위치에 있는 사람들의 '일'에 대한 인터뷰

제도적 문화기술지 인터뷰는 전형적으로 '일' 개념을 둘러싸고 이루어진다. '일'은 인터뷰를 안내하는 개념적 틀이다. 이때 인터뷰 관심의 핵심은 정보제공자의 활동이다. 정보제공자의 활동은 상호 관련된 다른 정보제공자의 활동을 드러내 보여 주기 때문에 유용하다(DeVault & McCoy, 2006: 25). 제도적 문화기술지 연구자는 이들 서로 다른 정보제공자들의 일을 인터뷰한다. 그래야 제도적 문화기술지가 목표로 하는 조직화, 지배 관계를 그려 낼 수 있기 때문이다.

따라서 제도적 문화기술지에서 '일'에 대한 인터뷰는 서로 다른 제도적 위치에 있는 사람들을 대상으로 이루어진다. 여기서 서로 다른 사람들의 제도적 위치는 크게 네 가지로 구분해 볼 수 있다. 첫째, 로칼 내 일상생활을 하는 사람들의 일에 대한 인터뷰, 둘째, 제도 내 일선 전문가들의 일에 대한 인터뷰, 셋째, 지배적 위치에 있는 사람들의 일에 대한 인터뷰, 넷째, 일 과정이 교차되는 지점에서 일어나는 일에 대한 인터뷰가 그것이다. 일에 대한 인터뷰는 인터뷰이가 어떤 제도적 위치에 있느냐에 따라 다소 달라진다. 이들에 대해 살펴보자.

(1) 로칼 내 일상생활의 '일'에 대한 인터뷰

로칼 안에서 살아가는 사람들의 일상생활에서 일어나는 일에 관한 인터뷰를 할 때 연구자는 정보제공자가 일상에서 실제로 무엇을 하는지 배우려고 해야 한다. 이를 위해 연구자는 질문보다는 어떤 것에 관해 이야기를 듣고 싶다고 말하는 것이 좋다. 예를 들어, 재활서비스를 받는 과정이 어떻게 이루어지는지 듣고 싶다든가 하는 것이다. 연구자는 사람들의 이야기가 진전되면서 일상생활의 구체성이 보이기 시작하면 이때 상세하게 질문으로 들어간다. 재활서비스를 받는 과정에 누가 관여했고, 관여한 방식은 무엇이고, 누가 무엇을 했고, 누가 누구를 접촉했고, 누가 무엇을 주선했는지 그리고 그것이 어떻게 이루어졌는지를 묻는다. 만일 연구자가 기관의 협력에 관심이 있다면, "기관의 협력을 어떻게 했나요?"처럼 묻지 말고 협력의 절차를 가능한 한 상세하게 그릴 수 있도록 묻는다(Breimo, 2015: 17). 그러면 정보제공자도 이러한 질문에 훈련된다.

정보제공자는 자신이 행한 것들을 '일'로 생각하지 못할 수 있는데, 이때는 '일' 개념에 관해 설명을 해 줄 수도 있으나 '일'이라는 말을 고집할 필요는 없다. 오히려 '일' 개념을 사용했을 때 역효과가 나는 경우도 있다(DeVault & McCoy, 2006: 25-27). 정보제공자가 관습적인 일 개념을 가지고 있음을 알아챈 즉시 연구자는 일 개념을 자신의 머릿속에 두고 일상생활에서의 실제적 일들을 끌어내야 한다. 이를 위해 연구자는 이념적이고 일반화된 언어를 사용하는 사람보다는 구체적이고 묘사를 즐겨 사용하는 사람을 정보제공자로 선택하는 것이 좋다. 제도적 문화기술지에서 좋은 인터뷰이는 묘사를 즐겨 사용하는 사람이다.

(2) 제도 내 일선 전문가들이 하는 '일'에 대한 인터뷰

제도적 문화기술지는 흔히 일선 전문가들(사회복지사, 교사, 간호사, 공무원 등)을 정보제공자로 인터뷰한다. 그런데 이들은 개념이나 범주를 사용해 말하는 것에 훈련되어 있고, 해당 현장에 퍼져 있는 지배 담론의 관점에서 말하는 것에 익숙해 있다. 이들은 클라이언트와 지배 담론을 연결해 주는 가교 역할을 하므로 제도적 문화기술지에서 중요하다. 이들은 지배 담론을 클라이언트와 연관시킴으로써 해당 제도 내 클라이언트들의 일에 영향을 미치기 때문이다.

제도 내 일선 전문가들은 그들의 일상적 지식을 통해 세계를 알게 되나 또 동시에 개념적이고 이념적인 이해를 통해 세계를 안다 (Smith, 2006: 3). 따라서 이들 정보제공자가 자신이 가진 개념적이고 이념적인 이해를 연구자에게 말하는 것은 매우 자연스러운 것이다. 예를 들어, 정신의학과 그 병원 세계의 언어에 친숙해진 일선 정신의학 전문가는 그 세계를 구축하는 당연한 전제들을 인식하지 못한다(Bisaillon, 2012: 154).

제도적 문화기술지에서 문제가 되는 것은 바로 이것이다. 즉, 이들이 제도적 담론에 포획되어 있고, 그 상태로 이야기하는 것이 문제가 된다. 따라서 일선 전문가들을 인터뷰할 때 직면하는 가장 큰 도전 중의 하나는 매일의 일 과정(work process)을 묘사하지 않고 추상적 개념들로 얘기하는 것이다. 이들은 자신들이 일하는 제도적 세팅의 제도적 담론을 말하길 즐겨 한다. 이렇게 되면 그들 행위의 실제는 사라지고 개념이나 담론만 남게 된다.

그러므로 제도적 문화기술지 연구자는 제도적 담론에 포획된 일선 전문가들의 이야기를 그대로 받아들여서는 안 되고 그들의 담론적 언어를 실제의 언어로 풀어내야 한다. 즉, 제도적 문화기술지 연구자는 인터뷰에서 이들 담론과 연관된 일 과정의 실제에 대한 묘사를 끌어내야 한다. 연구자는 이들이 사용하는 제도적 언어 뒤에 무엇이 실제로 일어났는지를 파악해야 한다(DeVault & McCoy, 2006: 27-28).

예를 들어, "우리 기관에는 많은 ADHD 아이가 있어."라고 했을 경우 연구자는 정보제공자에게 'ADHD 아이'가 무엇인지 묘사하게 하고, 그들이 무엇을 필요로 하는지, ADHD 개념이 일에서 어떻게 적용되는지, ADHD가 학교행정에서 어떤 범주로 어떻게 작동하는지 묻고 파악해야 한다. 그러자면 물질적, 경험적으로 관찰 가능한 사람들의 행동과 사건에 주목해 질문을 던져야 한다. 이처럼 인터뷰 도중 제도적 언어를 만나는 제도적 문화기술지 연구자는 첫째, 제도적 언어 뒤에 존재하는 실제를 묘사하도록 유도하고, 둘째, 그 제도적 언어와 담론이 해당 제도적 세팅에서 어떻게 작동하는지를 파악해야 한다(DeVault & McCoy, 2006: 37-38).

(3) 지배적 위치에 있는 정보제공자의 '일'에 대한 인터뷰

제도적 문화기술지 연구자는 많은 경우 일상생활을 조직화하는 거시적 차원의 제도들을 추적한다. 이를 위해 연구자는 일선 세팅에서의 상호작용과 변화 너머에 있는 것들에 관심을 가져야 한다. 또 연구자는 지배적 위치에 있는 정보제공자의 일이 무엇이며, 그것이 어떻게 이루어지는지에 관심을 가져야 한다. 제도적 문화기술지 연구에서 연구자는 흔히 지배적 위치에 있는 정보제공자, 즉 정책을 결정하는 관리자나 행정가를 상대로 인터뷰하게 된다. Bisaillon과 Rankin(2013)은 연구자가 선택한 입장의 사람들에 대한 인터뷰를 '입장 인터뷰', 지배적 위치에 있는 사람들에 대한 인터뷰를 '엑스트라-로칼 인터뷰(extra-local interview)'로 부르면서, 이 두 인터뷰는 본질적으로 다르다고 주장한다.

예를 들어, 어떤 연구자가 난민의 입장에 서서 제도적 문화기술지 연구를 진행하고 있다고 하자. 이 경우 난민에 대한 인터뷰는 '입장 인터뷰'이고, 난민을 관리하는 정부 관료에 대한 인터뷰는 '엑스트라-로칼 인터뷰'이다. 난민이 알고 있는 일 지식은 체현되어 있고 경험적이고 일상적이며 로칼에 대한 주관적 앎으로 가득 차 있다. 이와는 달리 난민 담당 정부 관료의 일 지식은 난민들의 실제 경험과는 거리가 있다. 그들의 지식은 난민들의 실제가 보고서나 문서로 매개되어 발생한다. 그들이 가진 지식은 난민들의 실제 경험을 변형하고 추상화한 것이다(Bisaillon & Rankin, 2013).

이처럼 지배적 위치에 있는 정보제공자의 이야기는 불가피하게 지배 관계 안에서의 위치와 그러한 지배 관계로부터 만들어지는 추상적 지식에 의해 조직화된다. 그리고 이들 정보제공자의 지식은 다시 그들의 해석을 구조화한다. 따라서 제도적 문화기술지 연구자는 인터뷰 중에 지배적 위치에 있는 정보제공자가 추상적 이야기로 나아갈 때 이것을 그들의 사고와 결정들이 담론적으로 조직화된 것임을 엿볼 수 있는 유용한 것으로 여기고 여기에 주의를 기울여야 한다(Bisaillon, 2012:149-150).

지배적 위치에 있는 정보제공자들의 이러한 특성 때문에 제도적 문화기술지 연구자가 이들의 '일'을 인터뷰할 때는 여러 가지 어려움에 직면하기 쉽다. 특히, 이들이 추상적인 용어들을 사용해 응답할 때 그 추상적 용어에 내포된 '실제'를 끌어내는 과정에서 저항에 직면할 가능성이 크다. 지배적 위치에 있는 사람들은 그들이 가진 권위와 전문적 능력 때문에 자신들이 한 말을 가로채어 구체적으로 들어가는 질문을 할 때 저항을 느낄 수 있기 때문이다.

지배적 위치에 있는 정보제공자와의 인터뷰가 가지는 특징 중 하나는, 일반적으로 연구의 후반부에서 이루어지기 때문에 클라이언트와 일선 전문가로부터 얻은 정보를 사용하여 이루어진다(DeVault & McCoy, 2006: 29-30). 지배적 위치에 있는 정보제공자에 대한 인터뷰의 또 다른 특징은 '입장의 정치' 때문에 인터뷰 허락을 받기 어려울 때가 많은데, 그 이유는 제도적 문화기술지 연구가 자신이 속한 조직에 해가 되고 문제를 일으킬 것을 우려하기 때문이다.

(4) 상호교환 과정에서 일어나는 '일'에 대한 인터뷰

제도적 문화기술지 연구자가 인터뷰할 때 주의 깊게 보아야 할 것은 정보제공자의 이야기를 토대로 그려지는 시퀀스의 한 지점에서 다른 지점으로 이동할 때 '일'과 일의 조정이 어떻게 일어나는지 하는 것이다. 즉, 제도적 과정의 상호교환 과정에서 일하는 전문가들을 인터뷰할 때 그들이 그 교차점에서 무슨 일을 어떻게 하는지 질문하여 이를 파악하는 것이 필요하다. 그 이유는 사례가 한 사이트에서 다른 사이트로 넘어가는 교환 과정에서 일하는 사람들의 일을 파악하면 거기에 제도적 체계의 모습과 그 작동이 드러나기 때문이다(Pence, 2001; Smith, 2014).

예를 들어, Pence(2001)는 가정폭력의 사법적 과정을 연구하면서 이 과정에서 일어나는 '상호교환 과정(processing interchange)'에 관심을 가졌다. 여기서 상호교환 과정이란 Pence가 명명한 용어로서, 한 실천가가 사건과 관련한 문서를 받은 후, 어떤 문서를 만들고, 그 문서로 어떤 것을 하고, 다음 단계의 조직적 업무로 문서를 전달하는 일련의 과정이다. Pence는 가정폭력 사례가 처리된다는 것은 폭력피해 여성이 처리되는 것이 아니라 파일이 처리되는 것으로 생각해 특정 부서에서 다른 부서로 넘어가는 교차점에서 이 파일들이 어떻게 처리되고 생산되는지에 주목했다(DeVault & McCoy, 2006: 30-31). 즉, 상호교환 과정은 하나의 텍스트가 제도적 과정에 있는 특정 개인의 일에 개입하여 진행되고 또 다른 개인의 일과 관련된 새로운 텍스트로 통합되는 제도의 특징적 일 과정을 가리키는데(스미스, 2014: 375), 연구자는 바로 이 지점을 주의 깊게 살펴보아야 한다.

Pence는 그의 연구를 통해 가정폭력 사법과정 내 전문가들의 일이 어떻게 이루어지고 진행되는지 그 상호교환 과정을 상세히 묘사함으로써 가정폭력피해 여성의 안전이 사법 절차에서 분리되고 있고 오히려 위태롭게 만들고 있음을 보여 주었다. 여러 상호교환 과정 중 하나의 국면을 예로 들어 보면, 위기 상황에서 911에 전화한 피해 여성은 응급교환원과 대화하지만, 응급교환원은 당시의 폭력장면에 없는 이야기나 과거의 폭력 이야기는 제외하고 컴퓨터 연결시스템에 입력하기 때문에 과거의 경험은 이후의 사건 파일이나 보고서에서 빠지게 된다. 그 결과 사건 파일이 처리되는 전 과정에서 학대하는 누군가와 사는 피해 여성의 현실과는 분리된 처리가 이루어지게 된다(Pence, 2001).

여기서 알 수 있듯이, 제도적 문화기술지 연구자는 인터뷰할 때 이러한 상호교환 과정에서 일어나는 일을 상세하게 질문함으로써 고도로 전문화된 노동 분업하에서 제도가 추구하는 이념이 어떻게 달성되는지를 알 수 있다. 앞의 예에서 우리는 사법절차가 가정폭력피해 여성들을 위해 존재하는 것이 아니라, 사법적 과정을 거치면서 피해 여성들을 위험에 처하게 하는 결과를 가져올 수 있다는 점, 그리고 이것이 하나의 제도적 이념적 체계로 작동하고 있다는 점을 알 수 있다. 이처럼 제도적 문화기술지 연구자는 어떠한 제도적 체계가 사람들의 삶에 영향을 미치는지 분석하기 위해 제도적 시퀀스 과정에서 일어나는 '상호교환 과정'에 관심을 가지고, 그 교차점에서 어떤 일이 일어나는지 인터뷰를 통해 상세히 찾아내야 한다.

3. '텍스트'에 대한 인터뷰

1) 연구와 관련된 텍스트들을 사전에 검토한다

제도적 문화기술지에서 텍스트는 고정된 것이 아니라 활동하고 움직이는 것이다. 제도적 문화기술지 연구자는 인터뷰 중에 정보제공자로부터 텍스트에 대해 듣게 되는데, 이때 텍스트를 활동하는 것으로 여기고 질문을 던져야 한다. 만일 연구자가 정보제공자로부터 텍스트를 들을 때 아주 생소하여 처음 듣는 것이면 연구자는 그 텍스트가 어떤 것인지를 몰라 당황하거나 엉뚱한 질문을 던질 수 있다. 또 그 텍스트에 대해 인터뷰이에게 물어보아도 인터뷰이가 모를 때가 있다. 인터뷰 중에 일어나는 이러한 상황을 방지하기 위해서는 '텍스트 검토(textual review)', 즉 연구자가 미리 자신의 연구와 관련된 텍스트들이 어떤 것이 있는지 사전에 검토해 보는 것이 필요하다.

예를 들어, 사회복지전담공무원을 인터뷰할 때는 수급 신청 과정과 수급 유지 과정에서 그들이 사용하고 처리하는 텍스트들을 미리 검토해 보는 것이다. 캐나다로 이주하는 사람들에게 강요되는 HIV 검사에 관한 제도적 문화기술지 연구를 한 Bisaillon(2012)도 캐나다로 이주하려는 사람들에게 시행하는 HIV 검사와 관련된 텍스트들을 사전에 찾아보았다. 그 결과 캐나다 정부가 만들어 낸 텍스트가 많다는 것을 알게 되었고 이것이 인터뷰를 진행하는 데 많은 도움을 얻을 수 있었다.

그런데 이렇게 미리 텍스트들을 검토해 보는 것은 단순히 인터뷰를 원활히 진행하기 위해서만은 아니다. 텍스트들을 사전에 검토해 봄으로써 '일 과정'을 가늠해 보는 데도 도움이 되기 때문이다. 텍스트에는 일이 따라오고 일에는 텍스트가 따라온다는 제도적 문화기술지의 원리를 적용하면 텍스트 검토를 통해 우리는 개략적이나마 일 과정을 그려 볼 수 있다. 이를 통해 연구자가 앞으로 그려 내려는 일의 시퀀스를 연구 초기에 짐작해 보는 기회를 가질 수 있다.

그렇다고 '텍스트 검토'가 연구 시작 전이나 초기에만 이루어져야 한다거나, 초기 시점에서 모든 텍스트를 찾아 검토해야 하는 것은 아니다. 이렇게 하는 것은 불필요하고 심지어 연구자에게 부담을 주어 연구 진척을 방해한다. 제도적 문화기술지는 입장 정보제공자를 인터뷰하고 이어 이차 정보제공자를 인터뷰한다. 이런 점에서 텍스트 검토는 인터뷰의 전 과정에서 필요에 따라 이루어져야 한다. 예를 들어, 수급 신청자가 입장 정보제공자인 경우, 연구자는 수급 신청자를 인터뷰할 때 이들이 만나게 되는 텍스트들을 사전에 검토하고, 이어 이차 정보제공자인 구청 조사팀의 복지공무원을 인터뷰하기 전에 이들이 사용하는 텍스트들을 사전에 검토해 보는 것이다.

2) 정보제공자가 말한 텍스트에 대해 듣고 묻는다

(1) 정보제공자로부터 텍스트에 대해 듣기

제도적 문화기술지는 텍스트적 실천(textual practice), 즉 텍스트가 제도적 질서 내에서 어떻게 작용하는지에 깊은 관심을 기울인다. 제도적 문화기술지의 기여는 텍스트에 기반한 지식과 담론이 조직화와 지배 관계에 핵심적임을 알려 준 데 있다. 텍스트에는 브로슈어(brochure)와 같은 사실적 정보를 주는 것도 있지만, 대부분의 제도적 문화기술지에서 텍스트는 사실적 정보의 출처로서보다는 구체화된 사회관계로 여겨진다. 인터뷰는 이 점에서 텍스트가 사람들의 일을 발생시키고 행하는지 알고자 할 때 중요한 전략이다.

텍스트는 사람들이 하는 이야기 속에서 나타나는데, 왜냐하면 텍스트는 사람들이 행하고 아는 것의 일부이기 때문이다(Campbell & Gregor, 2004: 80). 연구 초기 단계에서 연구자는 텍스트와 텍스트가 매개하는 과정에 대해 정보제공자로부터 이야기를 듣는다. 이때 연구자가 텍스트를 갖고 인터뷰를 이끌어 가면 이 과정은 좀 더 쉽게 파악된다. 이를 위해 연구자는 연구 시작 전에 자신의 연구와 관련된 텍스트들을 수집해 미리 검토해 보는 것이 좋다. 어떤 연구자들은 연구의 초기 단계에서 텍스트가 발생시키고 행하는 일련의 과정에 관해 들은 것을 토대로 지도를 그리기도 한다(DeVault & McCoy, 2006: 34-35).

(2) 정보제공자에게 텍스트에 관해 질문하기

제도적 문화기술지 연구자가 텍스트에 대해 인터뷰할 때는 정보제공자로부터 텍스트에 대해 듣는 것만이 아니라 텍스트에 질문을 던져야 한다. 이때 질문은 텍스트로 인해 통제받는 사람과 텍스트를 가지고 일하는 사람을 대상으로 한다. 예를 들어, 부양의무자 기준 텍스트에 대해서 수급 신청자와 복지공무원에게 질문을 던진다. 이렇게 연구자가 인터뷰 동안에 텍스트에 대해 질문하면, 연구자는 그 개인이 텍스트를 가지고 무엇을 하는지에 대해 배우게 된다.

그러나 텍스트에 질문을 던진다고 하여 텍스트를 마주하고 텍스트에 관한 토론을 하는 것은 아니다. 그보다는 정보제공자들이 경험한 관찰 가능하고 실제로 일어난 일에 초점을 두고 대화하다 보면 텍스트들이 나타나고 그 텍스트로 인해 어떤 일이 발생했는지가 보인다(Bisaillon, 2012: 134). 그러면 연구자는 그 텍스트의 활동을 좀 더 구체적으로 파악하기 위해 질문을 던지면 된다.

제도적 문화기술지 연구자가 인터뷰 중에 텍스트에 관해 물을 때는 주로 텍스트 안의 내용이 무엇이며, 정보제공자가 이 텍스트를 가지고 어떻게 일하는가를 질문한다. 예를 들어, "의뢰양식은 어떤 것들로 구성되어 있나요?" "의뢰양식을 사용해 당신이 하는 일은 무엇인가요?" "그다음에는 어떤 일을 하나요?" "이 일을 해야 한다는 것을 어떻게 아나요?"와 같은 질문을 던진다(Carrier, Freeman, Levasseur, & Desrosiers, 2015: 284). 연구자가 이렇게 인터뷰이가 이야기한 텍스트에 관해 물으면 자연스럽게 사람들이 가지고 있는 일 지식이 드러난다. 그리고 이러한 질문을 던지다 보면, 연구자는 그 개인의 로컬 경험이 어떻게 텍스트와 일에 의해 조정되는지를 알게 된다(Walby, 2013: 143).

물론 모든 텍스트가 제도적 문화기술지 연구의 자료가 되는 것은 아니다. 일반적으로 다수의 제도적 문화기술지 연구자는 전문적, 관료적 세팅에서의 표준화된 텍스트들에 초점을 두고 연구한다(DeVault & McCoy, 2006: 34). 표준화된 텍스트는 시간과 공간을 넘어 그 텍스트가 발생시키는 것을 확장함으로써 제도적 문화기술지가 목표로 하는 지배 관계의 모습을 보여 주기 때문이다. 사회복지기관에서 사용하는 인테이크(intake) 양식이나, 평가양식, 사회복지통합전산망 등도 표준화된 텍스트의 예이다.

3) 정보제공자와 함께 텍스트를 보면서 인터뷰한다

연구의 초기 단계에서 연구자는 제도적 과정에 대해 배우기 시작하면서 텍스트와 텍스트가 매개하는 과정에 대한 정보제공자의 준거를 파악하는 데 주의를 기울인다. 이때 연구자가 구체적인 양식이나 문서를 갖고 정보제공자와 이야기를 하면 보다 더 텍스트의 과정이 쉽게 파악된다. 예를 들어, 쉼터의 인테이크 양식을 가지고 쉼터 직원과 인터뷰하면서 그들이 어떻게 이 양식을 통해 일하는지 묻는다(Nicols, 2014: 25). 또 텍스트가 담고 있는 구체적인 내용을 정보제공자와 함께 보면서 질문해 갈 수 있으므로 텍스트의 작동과 흐름을 좀 더 상세하게 파악할 수 있다. 이것은 앞에서 언급한, 정보제공자와 텍스트 자체를 놓고 토론하는 것과는 다르다. 연구자는 텍스트를 놓고 토론하지 말고 텍스트에 질문을 던져야 한다.

그러므로 제도적 문화기술지 연구자는 텍스트의 과정을 그리기 위해, 보다 적극적으로 정보제공자와 함께 앉아서 양식이나 보고서와 같은 텍스트를 놓고 이에 대해 구체적으로 질문하는 게 좋다. 연구자는 텍스트 속에 어떤 내용이 들어 있으며, 정보제공자가 어떻게 그 텍스트와 일하는지에 대해 구체적으로 질문한다. 여기서 만일 문서가 표준화된 형태일 경우, 흔히 빈 양식을 가지고 질문하지만 어떤 연구자는 빈 양식 대신 채워진 양식을 가지고 이야기하기도 한다. 연구자는 보고서나 메모를 가지고 질문할 수도 있다(DeVault & McCoy, 2006: 36-37).

4) 텍스트가 활성화하는 궤적이나 흐름을 쫓아간다

제도적 문화기술지 연구자는 사람들이 행하고, 말하고, 이해하는 모든 것이 조직화된 과정을 통해 형성됨을 믿는다. 그는 실제로 일어나는 것이 어떻게 그렇게 일어나는지를 탐구한다. 그들이 수집하는 자료는 일상 세팅의 경계 안팎이 서로 연결되어 있음을 발견하고 조망하는 데 사용된다. 제도적 문화기술지는 이러한 과정에서 텍스트가 결정적 역할을 한다고 본다. 즉, 텍스트는 일상 세팅에서 사람들의 일을 조정함은 물론 일상과 일상 너머를 연결함으로써 지배 관계의 토대를 형성한다.

이러한 연결과 지배 관계를 발견하기 위해서 연구자는 텍스트가 활성화하는 궤적이나 흐름을 쫓아가야 한다. 연구자가 텍스트가 활성화하는 흐름을 쫓아가다 보면 텍스트의 시퀀스를 보게 되고, 이 시퀀스들이 조직화와 지배 관계에 닿아 있음을 알게 되기 때문이다. 어떤 연구자는 연구 초기 단계에서 텍스트 과정을 그리고 싶어 하는데, 이 경우 '지도를 그린다(mapping)'라는 비유적 틀을 사용하면 초기 인터뷰에서 텍스트의 과정을 그릴 수도 있다(DeVault & McCoy, 2006: 34-35).

따라서 연구자는 텍스트에 관해 인터뷰할 때 텍스트가 무엇을 활성화하는지에 주목하고 그 궤적과 흐름을 쫓아가서 그것이 제도적 질서 내 어떤 것들과 맞닿아 있는지 살펴야 한다. 이를 위해 연구자는 정보제공자는 물론 자신에게도 질문을 던져야 한다. 예를 들어, '텍스트는 어떻게 정보제공자에게 왔고 어디로 가는가?' '정보제공자는 텍스트를 사용하기 위해 무엇을 알 필요가 있나?' '정보제공자는 텍스트와 함께, 텍스트를 위해서, 텍스트 때문에 무엇을 하는가?' '텍스트는 그 처리 과정에서 다른 텍스트와 어떻게 교차하고 의존하는가?' '텍스트를 조직화하는 개념적 틀은 무엇인가?'와 같은 질문을 던진다(DeVault & McCoy, 2006: 36-37).

연구자가 이러한 질문을 던지면 조직화와 지배 관계를 더 쉽게 볼 수 있다. 물론 이때의 조직화와 지배 관계는 일상과 무관한 추상화된 것이 아니라, 실제의 시공간에 존재하는 '실제적인 것(the actual)'이다. 제도적 문화기술지에서는 이들 실제를 묘사한다는 의미에서 '문화기술지'라는 용어를 끌어왔다. 제도적 문화기술지에서 묘사가 필요한 것은 바로 이 때문이다. 추상화와 범주화로는 텍스트가 활성화하는 궤적이나 흐름, 실제의 모습을 보여 주기 어렵다 (Campbell & Gregor, 2004).

5) 제도적 언어를 사용하는 경우 텍스트의 작동을 찾는다

연구자가 인터뷰를 이어가다 보면 어떤 경우에는 텍스트 과정이 정보제공자의 묘사 뒤에 숨겨져 있을 때도 있다. 특히, 제도적 언어를 사용하는 정보제공자의 경우가 그러하다. 인터뷰에서 제도적 언어를 사용해 자기의 일을 설명하는 일은 매우 흔하다. 이때 연구자는 정보제공자가 언제 제도적 언어를 사용하는지 알아야 한다. 또 제도적 언어는 텍스트가 무엇을 행하는지 숨기기 때문에, 연구자는 제도적 언어로 드러나지 않는 '일 과정'에 대한 실제적 묘사를 하도록 유도해야 한다(DeVault & McCoy, 2006: 33-37).

예를 들어, 복지공무원이 "수급 신청자들은 부양의무자가 있는 가족과 단절되었음을 입증해야 해요."라고 말할 때, 연구자는 단절을 입증할 수 있는 텍스트가 있는지, 만일 있다면 그 텍스트는 어떤 절차와 과정을 통해 마련되며 복지공무원은 그 텍스트를 사용해 어떤 일을 하는지, 그 텍스트가 어디로 이동하는지 등에 대해 질문해야 한다.

6) 텍스트에 들어 있는 담론의 실제를 찾는다

제도적 문화기술지는 제도적 일 과정을 그리는 것 외에도, 그러한 일 과정이 어떻게 텍스트에 들어 있는 개념이나 담론, 이념에 의해 조직화되는지 파악하는 데 관심을 기울인다. 이를 위해 연구자는 텍스트의 이동은 물론이고 서로 다른 텍스트들 사이에 어떤 위계적 관계가 있는지, 텍스트들을 조직화하는 개념적 틀은 무엇인지를 파악해야 한다. 정보제공자와 텍스트를 두고 인터뷰하는 것은 이러한 제도적 문화기술지의 관심사를 파악하는 중요한 방법이다.

앞에서도 언급했듯이, 이 과정에서 가장 유의할 것은 연구자가 제도적 담론에 포획되지 말아야 한다는 것이다. 전문가들은 흔히 자기의 일을 묘사하면서 매일 매일의 일 과정을 묘사하기보다는 제도적 언어를 사용하는 것을 좋아한다. 따라서 제도적 언어를 만나는 제도적 문화기술지 연구자는 두 가지 목표를 가져야 한다. 하나는, 제도적 언어 속에서는 드러나지 않지만, 그 언어 속에 전제된 '실제'를 묘사하는 것이고 다른 하나는, 제도적 언어와 담론들이 제도적 세팅에서 어떻게 작동하는지를 파악하는 것이다(DeVault & McCoy, 2006: 37-38). 이런 점에서 제도적 문화기술지에서 텍스트는 사람들이 하는 담론적이고 이념적인 이야기의 대안으로 그리고 해독제로 여겨진다(Campbell & Gregor, 2004: 80).

이상에서 알 수 있듯이, 제도적 문화기술지에서 핵심적 도전은 사람들이 말하는 사변적이고 이념적인 이야기 너머로 가서 거기에 숨어 있는 것을 따라가는 것이다. 이것은 비단 텍스트와의 인터뷰에만 국한되는 것은 아니다. 제도적 문화기술지의 자료수집과 분석의 전 과정에서 고려되어야 한다. 이는 제도적 문화기술지에서 정보제공자의 이야기는 불가피하게 지배 관계 내에서의 위치와 그러한 지배 관계로부터 만들어지는 추상적 지식에 의해 조직화된다는 점에 근거한다. 정보제공자의 지식은 그들 삶에서 일어나는 물질적 사건들과 연결되는 혹은 연결되지 않는 일상지식과 개념적 이해로 형성된다. 사람들이 하는 추상적 이야기는 사람들의 활동과 실천을 보여 주는 증거가 아니다. 왜냐하면 그들은 사태가 어떻게 일어나는지에 대해 설명해 주지 않기 때문이다(Bisaillon, 2012: 149-151).

4. 인터뷰 과정에서 '입장의 정치성'

제도적 문화기술지는 연구자가 반드시 누군가의 입장에 서서 연구를 시작한다. 입장을 세우지 않는 연구는 제도적 문화기술지 연구가 아니다. 제도적 문화기술지 연구는 이렇게 입장을 세움으로써 객관적이고 보편적인 지식이 아니라 입장에 선 사람의 위치에서 지식을 생산한다. 이런 전제의 연장선에서 제도적 문화기술지 연구자는 입장 정보제공자와 이차 정보제공자 모두를 인터뷰하여 자료를 수집한다. 입장 정보제공자를 인터뷰할 때 연구자는 정보제공자의 경험, 즉 일과 일 지식을 충실히 따라가고 포착한다. 예를 들어, 수급 신청자들이 수급 신청을 하는 과정에서 누구를 만나고 어떤 일을 겪고 어떻게 행동했는지 인터뷰한다. 이때 연구자가 정보제공자의 경험을 따라가고 추적하면 연구자는 어렵지 않게 정보제공자의 입장에 서게 된다.

이렇게 누군가의 입장에 서서 지식을 생산하는 것은 제도적 문화기술지 연구의 특징이자 방법이다. 여기서 주목할 것은 제도적 문화기술지의 입장에는 어떤 정치성이 함축되어 있다는 것이다. 객관적이고 보편적인 입장에서의 지식이 아니라 누군가의 입장에서의 지식은 그의 입장을 옹호하게 되고 그것은 그만큼 정치성을 띤다. 입장이 가지는 이러한 정치성은 인터뷰와 같이 자료를 수집하는 과정에서 이를 어떻게 다루고 처리해야 하는가의 문제를 발생시킨다.

특히, 이차 정보제공자를 인터뷰할 때 입장 정보제공자를 인터뷰할 때와는 다른 상황이 펼쳐질 수 있는데, 이때 문제가 발생할 수 있다. 예를 들어, 연구자가 수급 신청자의 입장에 서서 이차 정보제공자인 동주민센터 복지공무원을 인터뷰한다고 하자. 연구자가 수급 신청 과정에서 있었던 일과 노력을 수급 신청자에게 들을 때와는 달리 동주민센터 복지공무원은 수급 신청자들이 자신들에 관한 정보를 숨기는 버릇이 있다고 말한다. 이러한 수급 신청자들의 행위에 대한 복지공무원의 이해는 수급 신청자의 '실제' 경험과는 거리가 있다.

이 경우 연구자는 복지공무원이 가진 이 '일 지식'을 어떻게 받아들이고 이해해야 하는지 혼란을 느끼게 된다. 입장 정보제공자인 수급 신청자로부터 배운 지식과 대조되기 때문이다. 이렇게 되면 연구자는 복지공무원에게서 들은 일 지식을 어떻게 맥락적으로 이해해야 하는지에 어려움을 겪는다. 연구자는 자칫 입장 정보제공자가 아니라 이차 정보제공자의 위치에서 그의 입장에 서서 자료를 수집하고 분석할 수도 있다. 이때 제도적 문화기술지 연구자가 유념할 것은 입장 정보제공자의 일 지식과 이차 정보제공자의 일 지식이 형성되는 조건과 기제가 다르다는 점을 이해하는 것이다.

앞의 예에서, 수급 신청을 직접 경험한 수급 신청자의 일 지식과 달리 이차 정보제공자인 복지공무원의 일 지식은 신청을 상담하고 접수하는 것에 관한 이해를 통해 형성된다. 그러므로 연구자는 복지공무원이 하는 이야기는 그가 다루는 다양한 텍스트에 의해 조정된 지식이라고 볼 필요가 있다. 여기서 연구자는 이차 정보제공자와의 인터뷰 과정에서 해당 일 지식과 관련된 조정이 어떻게 일어나게 되는지 탐구해 들어가야 한다. 즉, 복지공무원이 가진 일 지식이 어떻게 하여 그러한 일 지식을 갖게 되었는지 파고들어 가야 한다. 그래야만 자신이 누구의 입장에 서서 연구하는지에 관해 혼란을 겪지 않고 연구자가 선택한 사람의 입장에서 자료를 수집하게 된다.

예를 들어, 복지공무원이 수급신청자들은 거짓말을 한다고 말할 때 연구자는 이를 액면 그대로 받아들이지 말고 어떻게 해서 그런 견해를 갖게 되었는지 더 파고들어 가야 한다. 그러면 복지공무원이 그렇게 생각하게 된 것은 공적 자료 이외의 소득을 파악하기 위해 사용하는 지출실태조사표 작성 과정에서 수급신청자들이 지출 내용이 그때마다 달라 말을 자주 바꾸는 것을 보았기 때문임을 알게 된다. 연구자가 이러한 점을 알게 되면 복지공무원이 하는 말의 조건과 기제를 알게 되어 복지공무원의 입장에 서지 않고 수급 신청자의 입장에 계속 머무르며 자료를 수집할 수 있다.

10장
자료수집과 관찰

　제도적 문화기술지에서 모든 관찰은 참여 관찰이다. 참여 관찰은 인터뷰와 함께 제도적 문화기술지에서 자료를 수집하는 대표적 방법이다. 제도적 문화기술지에서 참여 관찰은 지배 관계가 어떻게 작동하는지를 이해하는 데 고유한 방식으로 도움을 제공한다는 점에서 제도적 문화기술지 연구의 자료를 수집하기 위한 강력한 방법이다. 참여 관찰은 인터뷰와 마찬가지로 제도적 문화기술지의 개념적 도구들(실제, 입장, 문제틀, 일 지식, 텍스트, 사회관계, 조직화 등)에 관한 이해가 선행되어야 한다. 제도적 문화기술지 연구에서 참여 관찰은 어떤 특징을 가지고 어떻게 이루어지는지, 관찰한 것을 어떻게 기록하는지에 대해 살펴보자.

1. 제도적 문화기술지에서 참여관찰의 방법

1) 참여관찰의 육체성으로부터 사회관계, 문제틀을 발견한다

인터뷰에 근거한 연구는 한계를 가진다. 왜냐하면 사람들이 삶에서 경험하는 '실제'를 언어를 통해 거르기 때문이다. 제도적 문화기술지는 사람들의 삶에서 그들이 행하는 것을 배우고 사람들이 실제로 행하는 것을 관찰하는 것이 중요하다. 제도적 문화기술지는 몸이 있는 곳을 강조하고, 몸을 자료의 일부로 여긴다. 왜냐하면 사람들이 몸으로 행하는 것은 그들의 경험 안에 사회관계와 지배관계를 분석하기 위한 기반을 제공하기 때문에 제도적 문화기술지 자료의 핵심 출처이기 때문이다(Bisaillon, 2012: 140). 그러므로 제도적 문화기술지의 자료는 말 그 자체가 아니라, 그 말이 체현된 경험 속에서 어떻게 살아있는지에 관한 것이어야 한다(Diamond, 1999 in DeVault & McCoy, 2004: 758).

참여 관찰은 몸이 있는 특정 시간과 공간에서 일어난다. 그 속에서 연구자는 물건, 물체, 타인의 몸, 움직임 등과 맞부딪히면서 자신을 자유자재로 드러내어 자료를 생산해 낸다. 그런데 이 자료 생산의 방식은 제도적 문화기술지의 존재론과 매우 부합한다. 그것은, 첫째, 참여 관찰은 구체적 세팅에서 시작하므로 이것 자체가 지도상의 출발점, 즉 '당신이 서 있는 지점'을 가리킨다. 이를 다른 말로 표현하면, 참여 관찰은 지배 관계 발견의 출발점이 되는 위치 혹은 장소를 제공한다고 할 수 있다. 즉, 참여 관찰은 사람들의 육체적 실제가 어떻게 제도적 관계와 얽혀 있는지를 발견하기 위한 공간적 출발점을 제공한다(Diamond, 2006: 59).

둘째, 참여 관찰은 구체적 장소인 공간만이 아니라 '시간'에도 관여한다. 즉, 참여 관찰에는 시간이라는 요소가 포함되어 있다. 시간은 고정된 사회가 아니라 움직임의 형태로 존재하는 '사회'를 탐구하는 제도적 문화기술지 연구에서 중요하다. 여기서 사회는 시간의 흐름에 따라 끊임없이 조정되고 변화하는데, 참여 관찰은 바로 이 움직임의 형태를 육체성에 기반해서 보게 해 준다. 인터뷰의 스토리가 화자나 연구자에 의해 재구성되는 것인데 반해, 참여 관찰의 내러티브는 실제 시간과 장소에서 움직임의 형태로 일어난다(Diamond, 2006: 60).

이처럼 사회를 실제를 토대로 끊임없이 조정되는 것으로 보는 제도적 문화기술지는 인터뷰보다 참여 관찰이 그 존재론을 방법론적으로 반영할 가능성이 더 크다. 참여 관찰은 인터뷰와 달리 '문제틀'의 육체성, 즉 개인들의 경험이 일어나고 조직화되는 '장소'를 보고 만나게 한다(Campbell & Gregor, 2004: 75-76).

이는 사람들의 실제가 어떻게 제도적 관계와 얽혀 있는지 문제틀을 발견하기 위한 독특한 방법을 제공한다. 참여 관찰을 사용하는 제도적 문화기술지 연구자는 실제의 시간과 장소에서 끊임없이 움직이면서 일어나는 실제의 사건들을 볼 수 있고, 이 실제들에 질문을 던지고 다른 위치에 있는 사람들의 이야기를 더하면서 그 속에서 문제틀을 발견할 수 있다. 이것이 도로시 스미스가 제도적 문화기술지 연구에서 참여 관찰 방법을 강조한 이유이다.

예를 들어, Diamond(2006)는 요양원을 참여 관찰하면서 샤워가 끝난 다음의 냄새, 거주자와 직원들이 한밤에 느꼈던 배고픔, 일상의 권태 등을 몸으로 보고 느꼈는데, 이 관찰 결과들은 요양원에 관한 조직적인 정책이 요양원 거주자들에게 어떻게 영향을 미치는지를 비판적으로 볼 수 있게 해 주었다. 또 다른 예로, 복지공무원이 일하는 동주민센터를 참여 관찰한 연구자는 진상 민원인에게 폭언을 들으면서 보이는 복지공무원의 안절부절한 몸짓, 진상 민원인의 폭언을 말리기는커녕 구경만 하는 행정직 공무원의 얼굴 표정, 자격 조건이 안돼 수급 신청자를 돌려보내면서 보이는 복지공무원의 눈물 고인 눈을 본다. 연구자는 수급 신청자들의 복지공무원에 대한 불만만 듣다가 동주민센터를 관찰하고는 과연 누구의 입장에서서 연구를 진행할지 고민한다.

이처럼 제도적 문화기술지 연구자는 참여 관찰의 이러한 육체성에 주목한다. 그러나 이 육체성은 기존 해석적 질적 연구처럼 단순히 기록의 대상에 머무르지 않는다. 제도적 문화기술지에서 참여 관찰의 육체성에는 제도적 문화기술지의 목표인 지배 관계의 작동 방식과 조직화를 발견하는 가능성이 담겨 있다. 따라서 제도적 문화기술지 연구자는 참여 관찰로부터 사회적 조직화의 흔적을 찾아낼 수 있어야 한다. 즉, 작은 제스처 너머에 함축된 보다 큰 관계를 찾아내야 한다(Diamond, 2006).

앞에서 언급한 바 있는 요양원 노인의 모피코트 예를 들어 보자. Diamond(2006)는 연구를 위해 가난한 요양원에 가서 참여 관찰을 하였는데, 거기서 어떤 여성 노인의 벽장에 걸려 있는 모피코트를 본다. 연구자는 이 모피코트를 보면서 여성 노인과 대화를 나누었는데, 여기서 모피코트의 여정이 사회정책의 여정임을 발견한다. 즉, 연구자는 모피코트를 입을 만큼 부유했던 이 여성 노인이 글로벌 기업이 운영하는 요양원에서 돈을 다 쓰고 이곳 가난한 요양원

으로 오게 되었음을 알게 된다. 연구자는 요양원의 여성 노인이 벽
장에 걸어 둔 모피코트에 대한 참여 관찰을 통해 거기서 글로벌 기
업과 연관된 요양원 정책이라는 초지역적 지배 관계를 발견한다
(Diamond, 2006: 59). 이런 점에서 참여 관찰은 로칼을 넘어서 작동
하는 초지역적 지배 관계를 발견하는 유용한 도구이다.

이처럼 제도적 문화기술지의 참여 관찰에서 관심은 관찰자가
로칼 세팅에 들어가 어떻게 그것들을 넘어서는 것을 볼 수 있는가
하는 것이다. 참여 관찰이 제도적 문화기술지에서 장려되는 이유
는 스토리, 몸, 연구자, 장소, 시간, 동작, 지배 관계의 작동방식, 사
회적 조직화의 방식을 보여 줄 가능성이 있기 때문이다(Diamond,
2006: 58).

2) '일' 개념을 적용해 일의 디테일을 관찰한다

이미 앞에서 언급했듯이, 제도적 문화기술지는 사람들의 실제 경
험을 파악하기 위해 경험 대신에 '일'이라는 개념을 사용한다. 이때
일은 넓은 의미의 일이다. 제도적 문화기술지 연구자는 참여 관찰
을 할 때 바로 이 넓은 의미의 일 개념을 적용해야 한다. 이것은 사
람들은 누구든지 늘 무엇인가를 하고 있다는 관점으로 접근하는 것
이다. 이는 사람들의 구체적인 행위는 물론이고 아무것도 하지 않
는 것조차 일에 포함되므로 연구자를 개념적 사실에서 해방될 수
있게 도와준다(Diamond, 2006: 31).

이렇게 넓은 의미의 일 개념을 참여 관찰에 적용하면 사람들의
일이 문서화된 것보다 더 복잡하고 상세하다는 것을 볼 수 있다. 예
를 들어, 문서로 정리된 복지공무원의 업무를 읽고 상상할 때와 실

제로 동주민센터에서 복지공무원의 일거수일투족을 관찰하여 포
착된 그들의 일 사이에는 그 복잡성과 디테일의 정도에 있어 큰 차
이가 있다. 문서에 쓰여 있는 복지공무원의 일들은 파편적이어서
그들의 일이 어떻게 복잡하게 연결되어 시퀀스를 구성하는지를 알
수 없다. 그러나 참여 관찰을 통해 복지공무원의 일을 보게 되면 문
서에서는 포착할 수 없는 무수히 복잡하고 상세한 모습을 볼 수 있
다. 수급 신청자에게 서류 작성하는 방법을 설명하다가 동장의 호
출로 일이 중단되고, 다시 수급 신청자의 질문에 답하다가 팀장의
요구로 다른 일을 급히 처리하고, 이어 수급 신청자가 돌아가자 서
류 더미를 쌓아 놓고 컴퓨터에 무엇인가를 긴 시간 입력하는 등 참
여 관찰을 통해 복지공무원의 일이 어떻게 이루어지는지 그 상세
한 일면을 볼 수 있다. 이는 복지공무원의 일을 문서로 보았을 때와
는 다르게 일이 일어나는 상세한 시퀀스를 보게 해 준다.

  또 일 개념을 적용해 관찰하면 사람들이 일상 세계에서 실제로
행하는 것에 초점을 맞추게 되어 전문적이고 제도적인 용어로 인
해 실제가 모호해지는 것을 막을 수 있다. 예를 들어, "나는 가정경
제를 관리했다."라는 말은 일의 실제를 빠뜨리고 있다. 이러한 표
현은 그 사람이 어떻게 그것을 했는지 구체적인 이야기로 바뀌어
야 한다. 그러자면 관찰자가 전문적 용어가 나오면 그것이 무엇인
지 구체적으로 물어야 한다. 정보제공자가 구체적으로 무엇을 하
고 있는지, 왜 그것을 하고 있는지에 대해 관찰해야 한다. 이 모든
것은 제도적 문화기술지의 자료가 된다(Campbell & Gregor, 2004:
72, 75).

  이렇게 연구자가 일 개념을 적용하여 로칼 세팅을 관찰하다 보
면 행위자들이 매우 능동적이고 적극적으로 행동하고 있음을 보게

된다. 즉, 행위자의 '능동성'을 보게 된다. Diamond(2006)는 요양원
에 가서 한 참여 관찰을 통해 요양원의 거주자들이 요양원의 규칙
에 불만이 있고 저항하기도 하는 등 자신들의 삶을 이루어 나가는
데 매우 적극적인 모습을 볼 수 있었다. 그녀는 요양원 거주자들이
권태로운 삶에 맞서는 모습을 관찰하면서 이들에게서 혁명적 변화
의 가능성을 보았다. 이와는 달리 방문자나 의사, 공무원 같은 지배
적 위치에 있는 사람들의 일은 게시판이나 차트에 쓰여 있는 것을
보고 구성되는 등 텍스트로 매개된 현실만을 본다는 점을 알 수 있
었다.

3) 텍스트의 흐름과 활성화를 관찰한다

제도적 문화기술지 연구에서 텍스트를 끌어들이는 것은 일상이
어떻게 초지역적으로 조직화되는지를 보는 데 필수적이다. 제도적
문화기술지에서 텍스트는 활동하면서 일상과 지배 관계를 매개함
으로써 제도적 문화기술지의 목표인 조직화를 볼 수 있게 해 준다.
그러므로 제도적 문화기술지에서 참여 관찰은 반드시 텍스트를 중
심에 두고 이루어져야 한다. 관찰자는 텍스트가 어떻게 일 과정을
조정하며, 개인들의 일상이 텍스트를 통해 어떻게 그 일상을 넘어
초지역적인 것과 연결되는지를 관찰해야 한다. 왜냐하면 텍스트는
이들을 보여 주는 데 필수적이기 때문이다. 그러려면 텍스트가 활
성화된다는 것, 텍스트의 시퀀스를 따라간다는 개념을 가지고 관
찰에 임해야 한다. 즉, 로컬에서 초지역적인 것을 발견하기 위해서
는 텍스트가 어떻게 활동하는지, 어디로 이동해 가는지를 추적해
야 한다.

예를 들어, 재가 노인 요양보호사들의 일이 어떻게 지배 관계 속에서 조정되는지를 알기 위해 재가 노인 요양서비스를 받는 수급자 가정을 관찰한다고 생각해 보자. 관찰자는 요양보호사가 집에 오자마자 스마트폰에 무엇인가를 입력하는 것을 관찰한다. 스마트폰에 입력된 것은 하나의 텍스트이다. 그러자 요양보호센터에서 전화가 걸려 오고 전화를 받은 요양보호사는 기다리겠다고 말한다. 30분쯤 후에 젊은 남성이 상자 하나를 들고 왔는데, 그는 요양보호센터에서 수급자인 할머니가 필요로 하는 손 운동을 할 수 있는 기기였다. 젊은 남성은 상자를 내려놓고는 자신의 스마트폰에 무엇인가를 입력한다. 이 남성이 입력한 것도 마찬가지로 텍스트이다. 수급자 가정을 관찰한 연구자는 요양보호사가 입력한 스마트폰 안의 텍스트가 요양보호센터의 사회복지사를 거쳐 센터와 계약을 맺고 있는 운동 기기 업체에 전달된 것이고, 그 업체는 세계 각지에 노인용 운동 기기를 빌려 주는 글로벌 기업이라는 것을 알게 된다. 여기서 우리는 요양보호사의 스마트폰에 내장된 텍스트가 활성화되면서 사람들의 일을 발생시키고 조정하며, 그것은 글로벌 기업에 이르기까지 연결되어 있다는 것을 알 수 있다.

이처럼 제도적 문화기술지는 참여 관찰을 통한 실제와의 접촉을 통해 로칼에서 초지역적인(trans-local) 것을 밝혀낸다. 사람들의 행위 속에서 초지역적인 것을 밝혀내기 위해서 도움이 되는 것은 사람들의 일을 연결하고 있는 텍스트를 찾아내는 것이다. 참여 관찰은 사람들의 행위가 어떻게 조정되는지에 관한 분석적 조리개를 열어 줄 수 있다. 그러자면 연구자는 일 과정에서 작동하는 텍스트를 주의 깊게 관찰해야 한다. 예를 들어, Diamond(2006)는 요양원 참여 관찰을 통해 요양원의 게시판에 붙어 있는 게시물이 요양원 거주자들을 조용히 하게 만들고 이것이 하나의 이데올로기로 관통되고 있음을 발견하였다.

4) 관찰은 공개 혹은 비공개로 이루어진다

제도적 문화기술지에서 참여 관찰은 공개 혹은 비공개로 이루어진다. 공개 참여 관찰은 특정 세팅에서 자신의 신분을 알리고 관찰하는 것이고, 비공개 참여 관찰은 자신의 신분을 비밀로 하고 관찰하는 것이다. 제도적 문화기술지의 목표는 누군가의 행동을 그렇게 만드는 지배 관계를 그려 내는 것이기 때문에 기관이나 조직의 장에게 허락을 받기가 어렵다. 설혹 허락을 받는다고 해도 허락의 과정에서 지배적 위치에 있는 사람들의 이익을 일정 부분 반영할 가능성이 있으므로 연구자 중에는 공개적 관찰을 꺼려하기도 한다.

이런 이유로 제도적 문화기술지의 참여 관찰은 연구자의 신분을 밝히지 않는 비공개 방식을 선택하기도 한다. 비공개의 정도는 완전 비공개와 부분 비공개 형태가 있다. 완전 비공개 참여 관찰은 기관장과 구성원 모두에게 자신의 신분을 숨기고 들어가 관찰하는 것이다. 예를 들어, 관찰 대상인 기관에 취직하든가 아니면 자원봉사자로 들어가든가 하는 것이다. 부분 비공개 참여 관찰은 기관장에게는 신분을 공개하지만, 기관의 구성원들에게는 비밀로 하는 경우이다. 여기서 비공개 방식의 참여 관찰은 '연구윤리위원회'와 같은 연구심의 기구들이 확대되고 있어 현실적으로 어렵지만, 그래도 제도적 문화기술지 연구자 중에는 비공개 방식의 참여 관찰을 하려고 한다.

제도적 문화기술지에서 참여 관찰은 지배 관계가 어떻게 작동하는지를 이해하는 데 기여한다. 이는 연구자가 비밀리에 참여관찰자가 되는 경우도 마찬가지이다. 예를 들어, Diamond는 행정가의 허락 대신 신분을 숨기고 잠입해 가는 방식으로 지배 관계에 관한 연구를 진행하기로 하였다. 행정가의 허락은 그들과의 공모이자 지배하는 측에 서는 것으로 생각했기 때문이다(Diamond, 2006: 60).

2. 관찰한 것을 기록하기

기존의 질적 연구에서 관찰은 보통 무슨 일이 일어났는지를 기록한다. 제도적 문화기술지의 참여 관찰도 이와 다르지 않다. 그러나 제도적 문화기술지에서 관찰한 것을 기록하는 것은 기존의 질적 연구와 다른 점이 있다. 그것은 제도적 문화기술지가 물질주의적 방법이라는 데 있다. 즉, 참여 관찰을 통해 본 물질들 안에 내포된 사회관계, 조직화를 보고 이를 기록하는 것이다.

앞에서 언급했듯이, 요양원에 거주하는 어느 여성 노인의 모피코트에서 사회복지정책의 여정을 보는 것이 그 예이다(Diamond, 2006). 그리고 복지공무원이 사회복지통합전산망에 하루 중 5시간을 앉아 일하는 모습에서 찾아가는 복지의 역설을, 근무 중에 신고 있는 운동화(복지공무원 중에는 진상 민원으로부터의 폭행에 대처하기 위해 운동화를 신고 있다.)와 수돗물이 잘 안 나온다고 복지공무원에게 항의하는 민원인의 행태를 관찰하면서 복지공무원에게 부여된 명시되지 않은 '은폐된 책임 담론'의 흔적을 보는 것이 그 예이다. 연구자는 동주민센터에 대한 참여 관찰을 통해 복지공무원들의 일은 업무 규정 텍스트와 상관없이 이루어지고 있고, 이는 사회에 만

연된 복지공무원에 대한 책임 담론이 작동한다는 것 그리고 그것
은 은밀히 은폐되어 있음을 발견한다(김인숙, 2017).

　이와 같은 제도적 문화기술지의 참여 관찰 내용을 기록할 때 염
두에 두면 좋은 몇 가지 사항은 아래와 같다.

　첫째, 제도적 문화기술지의 참여 관찰을 기록할 때는 말만이 아
니라 연구자가 관찰할 때 느꼈던 느낌과 생각 등 관찰 때 보고 들었
던 것, 그리고 관찰자가 마음속에서 제기했던 질문과 그에 따라 관
찰된 사건과 활동을 기록한다. 이러한 기록들은 나중에 분석을 통
해 최종 글을 쓰는 과정에서 인용문으로 활용할 수 있다.

　예를 들어, 앞의 요양원 예에서 연구자는 요양원에 관한 참여 관
찰을 통해 그곳에서 들은 말을 글에 인용했고, 또한 그곳에서 들은
음란한 말 등을 접하면서 화나고 슬픈 어떤 억압적 느낌도 나중에
글의 인용문으로 사용했다. 이를 위해 최초의 관찰기록은 다시 읽
고 구조화해서 쓰지 않는 것이 좋다. 즉, 관찰 기록한 원자료는 틀
에 맞추어 재분류하지 않는 것이 좋다. 만일 기록할 공간이 여의치
않으면 화장실로 가서 기록하는 것도 한 방법이다(Diamond, 2006).

　둘째, 관찰자의 마음속에서 제기한 질문을 중심으로 관찰하고,
그 관찰 안에 사건과 활동들을 중심으로 보면서 기록한다. 이때 한
관찰은 이후의 인터뷰를 안내하기도 한다(Caspar, Ratner, Phinney,
and MacKinnon, 2016: 953). 예를 들어, 병원에서 간병인들이 환자
를 어떻게 돌보는지 돌봄의 방식에 대한 질문을 던지며 관찰한 경
우, 관찰에 대한 기록은 바로 이러한 질문에 답한다는 생각으로 필
드 노트를 기록한다. 이때 관찰자는 간병인이 일하는 날을 택해 그
가 환자 간병을 어떻게 시작하고 접근하는지 관찰하여 연대기적
방식으로 기록할 수 있다.

셋째, 인터뷰 동안에 일어나는 물리적 세팅에 대해 관찰하고 그것을 기록한다. 입장 정보제공자 인터뷰와 이차 정보제공자 인터뷰가 일어나는 물리적 세팅은 아주 다르다. 이차 정보제공자에 대한 인터뷰가 일어나는 세팅들은 사회적 조직화의 실마리를 제공한다. 이차 정보제공자의 사무실에서 인터뷰가 이루어지기도 한다. 그리고 이차 정보제공자 인터뷰를 준비하고 실행할 때 연구자는 입장 정보제공자가 대기하는 바로 그 방에서 기다리게 될 수도 있다. 연구자는 이러한 물리적 환경에서 인터뷰할 때 그 위치에서 무엇이 일어나고 있는지에 주의를 돌려야 한다. 자신을 맞이한 사람이 무엇을 하는 사람인지, 사무실에 팸플릿이 어디에 놓여 있는지, 게시판에 어떤 메모가 붙어 있는지 등을 관찰하여 필드 노트에 기록한다(Bisaillon, 2012: 148-149).

그러나 이렇게 관찰한 것을 기록하는 것과 관찰한 것을 가지고 글을 쓰는 것은 다르다. 참여 관찰 동안 정보제공자들은 일상생활과 초지역적 관계의 관련성에 대해 직접 말해 주지 않는다. 관찰자는 사소한 일상에서 초지역적 지배 관계를 발견해야 한다. 예를 들어, Diamond(2006)는 요양원의 간호보조사를 필리핀에서 조달한 것이 글로벌 산업이라는 점, 관리된 국제노동력이라는 점을 조심스럽게 다루었다. 그는 참여 관찰 과정에서 거주자들의 일상의 작은 행위 모두가 요양원의 코드에 의해 통제되고 있음을 볼 수 있었다. 즉, 연구자는 제도적 문화기술지 렌즈를 통한 참여 관찰을 통해서 한 개인에 대한 질문을 넘어 많은 사람이 어떻게 요양원의 규칙에 따르는지 알게 되었다(Diamond, 2006: 54-56).

도로시 스미스는 제도적 문화기술지는 인터뷰와 참여 관찰 두 방법 모두를 사용해야 한다고 말한다. 그러나 근래에 들어 제도적 문화기술지에서 참여 관찰의 중요성이 줄어들고 있다. 이를 보여 주는 대표적 현상으로 제도적 문화기술지가 마치 분화되는 듯한 흐름을 꼽을 수 있다. 도로시 스미스의 제도적 문화기술지를 '고전 적 제도적 문화기술지(classic institutional ethnography)'로 부르면서 이와는 달리 인터뷰를 중심으로 한 제도적 문화기술지를 '일반적 제도적 문화기술지(common institutional ethnography)'로 부르는 것 이 그것이다.

그런데 최근 들어 '일반적 제도적 문화기술지'가 급속히 늘어 가 고 있다(Peet, 2014: 112). 이러한 새로운 현상은 아마도 지배 관계를 밝히려는 제도적 문화기술지의 특성상 참여 관찰의 장에 들어가는 것이 현실적으로 어렵기 때문일 것이다. 제도적 문화기술지를 창안 한 도로시 스미스는 제도적 문화기술지에서 참여 관찰의 중요성을 매우 강조했지만, 제도적 문화기술지가 발전하고 진화해 나가는 과 정에서 앞으로 어떻게 될지는 미지수이다. 그러나 참여 관찰 방법 이 자료수집의 실현 가능성이라는 측면에서 다소 효용성이 떨어진 다고 하여 그 중요성이 부인되어서는 안 된다는 점은 분명하다.

11장

자료분석의 전략과 방법

제도적 문화기술지 연구에서 자료분석은 기존의 해석적 질적 연구에서의 자료분석과는 다르다. 그 이유는 각 방법론이 전제하는 인간과 사회에 대한 존재론과 인식론이 다르기 때문이다. 제도적 문화기술지의 자료분석은 제도적 문화기술지 방법론의 주요 개념들을 이해해야만 가능하다. 그렇다고 자료분석이 뚜렷한 방법이나 절차가 있는 것은 아니다. 이런 이유로 인해 초심 연구자들은 특히나 분석할 때 불안감을 경험한다. 자료분석은 제도적 문화기술지 연구 과정 중에서 가장 취약한 시기이다.

그러나 분석에 도움이 될 만한 전략과 원리가 없는 것은 아니며, 분석의 과정을 깊이 들여다보면 매우 체계적이고 분석적인 작업이 이루어짐을 알 수 있다. 도로시 스미스는 제도적 문화기술지의 분석에는 몇 가지 절차적 원리가 있지만, 이를 실현하는 방법들은 연구자에 따라 매우 다양하다고 하였다(Smith, 2006: 1). 여기서 도로시 스미스가 말한 분석의 다양성을 모두 포괄하여 제시할 수는 없지만, 그래도 연구자들이 가능한 자료분석에 접근하는 데 도움이 되는 방법들을 살펴보고자 한다. 이를 위해 자료분석을 전략과 방법(11장), 분석의 과정(12장)으로 구분해 살펴본다.

1. 제도적 문화기술지의 자료분석: 시퀀스 분석[1)]

제도적 문화기술지 자료분석의 전략과 방법을 살펴보기 전에 먼저 제도적 문화기술지 자료분석의 특징에 대해 이해할 필요가 있다. 왜냐하면 제도적 문화기술지 자료분석은 기존 해석적 질적 연구의 자료분석과는 다르기 때문이다. 그것은 전혀 다른 범주로 묶인다. 질적 자료분석은 크게 범주 분석(categorical analysis)과 시퀀스 분석(sequential analysis)[2)]의 두 가지로 구분된다. 범주 분석의 목적은 주로 현상 이면에 작동하는 '의미'를 찾아내는 데 있다. 그러나 연구자에 따라서는 현상의 의미에는 관심이 없고, 그 현상이 일어나는 '질서'와 '구조'에 관심을 가질 수 있다. 시퀀스 분석은 바로 이러한 관심사를 가진 연구자에 필요한 분석 전략이다. 현상이 일어나는 시퀀스를 분석함으로써 그 질서와 구조를 찾아내는 것이다.

---

1) 이 부분은 본 저자의 저서 『사회복지연구에서 질적방법과 분석』(집문당, 2016)의 447~456쪽의 내용을 참고로 재구성했다.
2) 국내에서는 sequential analysis를 '연속체적 분석'(플릭, 2009, 임은미 외 역)으로 번역하였으나, 분석의 특징을 전달하기 어렵다고 생각되어 sequence라는 용어를 그대로 살려 '시퀀스 분석'으로 명명하였다.

1) 시퀀스 분석: 범주 분석과의 차이

시퀀스 분석(sequential analysis)은 어느 하나의 특정 분석 방법을 지칭하는 것이 아니다. 시퀀스 분석은 현상의 '시퀀스(sequences)'를 보여 줌으로써, 사회적 행동과 상호작용들이 무엇을 의미하는지 파악하는 것을 목적으로 하는, 일련의 질적 분석방법들을 범주 분석과 구별하여 명명한 용어이다. 시퀀스 분석은 어떤 현상과 사물을 이해하기 위해 '주제'와 '이론'을 찾는 대신, '시퀀스'를 찾는다.

기존 대부분의 질적 연구는 주제와 이론을 찾기 위해 범주 분석을 사용한다. 범주 분석은 어떤 현상이나 사물을 이해하기 위해 텍스트를 '범주'로 떼어 내는 전략을 취한다. 이렇게 텍스트에서 범주들을 떼어 내는 이유는, 추상화를 통해 자료에 들어 있는 공통적 의미를 알기 위해서이다. 범주 분석을 사용하는 연구자는 사회적 행위나 현상의 의미를 알기 위해 추상화하는 과정에서 불가피하게 해석적 개입을 하게 된다. 예를 들어, 공통성을 가진 여러 행위를 묶어서 나온 하나의 범주에 대해 '억압'이라고 명명하였다면, 그 순간 연구자는 자료를 해석한 것이 된다.

그런데 연구자의 이러한 분석 전략의 선택 뒤에는 인간과 사회의 관계에 관한 존재론과 인식론이 작용한다. 자료분석의 전략이나 방법은 단순한 기술이나 기법 이상이다. 그것은 인간과 사회의 관계에 대한 존재론과 인식론에 영향받는다. 범주 분석은 인간의 행동과 사회는 해석적 과정을 거쳐 의미를 산출하는 지속적 과정을 통해 존재한다는 전제가 깔려 있다. 이 입장에서는 모든 사회적 행위가 일어나는 곳에는 '의미'와 '해석'이 작동한다. 앞에서 언급한 주제 분석과 이론적 분석은 모두 범주 분석을 사용한다.

그러나 이와는 달리, 모든 사회적 행위와 상호작용이 일어나고 전개되는 곳에 '질서'와 '구조'가 있다는 존재론적 입장이 있다. 어떤 연구자는 사회적 행위의 내용이나 의미에 관심을 가지지만, 다른 연구자는 그러한 사회적 행위를 일어나게 만드는 질서와 구조에 관심을 가진다. 전자와 후자의 연구자의 관심의 차이는, 사실상 인간과 사회의 관계에 대한 존재론적, 인식론적 차이와 연관되어 있다. 전자와 같은 질문에 관심을 가진 연구자는 범주 분석을 사용하면 되지만, 만일 후자의 질문에 관심을 가진 연구자는 어떻게 질서와 구조를 자료로부터 찾아낼 수 있을까?

예를 들어, 종합사회복지관의 사례관리자들이 실질적인 사례관리에 실패하는 경험을 들은 연구자는 사례관리가 왜 실패하게 되는지에 관심을 가지고 연구할 수 있다. 그는 사례관리자들을 인터뷰하거나 관찰하여 거기서 나온 자료에 대해 범주 분석을 할 수 있다. 연구자는 사례관리자들이 이야기한 경험들을 범주화하여 재구성한다. 연구자는 사례관리의 실패가 사례관리자 개인의 의지나 가치 때문이 아니라, 사례관리의 사회적 토대인 지역사회 자원의 부족과 서비스 제공 기관들 사이의 연계 부족, 그리고 의료적 패러다임의 지배로 인해 발생한다는 것을 보여 줄 수 있다.

그러나 범주화를 통한 이러한 분석은 사례관리가 시행되는 구체적인 절차와 구조, 그 안의 상세한 행위들을 보여 주지는 못한다. 만일 연구자가 종합사회복지관의 사례관리가 어떻게 실패에 이르게 되는지 그 절차적 과정과 질서에 대한 사실적이고 실제적인 분석을 통해 답을 얻고자 한다면, 범주 분석으로는 한계가 있다. 범주 분석으로는 단지, 사례관리의 실패를 가져오는 공통의 요소들을 발견하고, 그 요소들이 어떻게 연결되어 하나의 스토리로

이야기될 수 있다는 것을 보여 줄 뿐이다. 즉, 연구자에 의해 해석
된 실재만을 보여 주는 것이다. 왜냐하면 범주 분석을 하는 과정에
서 사례관리의 절차와 과정에서 이루어지는 상세한 행위들은 추상
화를 통해 개념 혹은 범주로 환원되기 때문이다. 이렇게 되면 사람
들의 구체적인 행위들은 추상적인 개념으로 바뀌고, 그 개념 속으
로 사라지게 된다. 따라서 범주화 방법으로는 사람들의 상호작용
과 사회적 행위들 속에 들어 있는 질서나 구조를 파악하는 데 한계
가 있다.

시퀀스 분석은 바로 이러한 한계를 극복하기 위한 전략적 방법
이라고 할 수 있다. 범주 분석과는 달리, 시퀀스 분석은 분석 자료
를 시퀀스로 구성(혹은 재구성)한다. 분석 자료를 범주로 재배치하
는 범주 분석은 자료의 전체적인 형태구조(gestalt)를 보여 주지 못
한다. 그러나 시퀀스는 맥락에 주의하여 범주만으로는 보이지 않
는 현상의 질서, 형태구조를 보여 준다. 시퀀스 분석은 상호적 행위
들이 전개되는 가운데 재생산되는 '사회적 질서(social order)'의 존
재를 전제한다(플릭, 2009: 348).

따라서 시퀀스 분석을 사용하는 연구자는 연구문제도 이에 맞게
사회적 현실의 의미가 아닌 사회적 현실을 구성하는 형식적 절차
에 초점을 둔다. 예를 들어, 앞의 종합사회복지관 사례관리에서 연
구자는 사례관리가 이루어지는 사회적 질서에 관심을 가지고, 사
례관리자들이 사례관리 과정에서 그들의 일을 어떻게 조정해 나가
는가와 같은 질문을 던진다. 연구자는 사례관리가 이루어지는 과
정에 초점을 두고 사례관리자들이 어떻게 행동하고 움직이는지를
사실적이고 상세하게 묘사할 수 있다. 이렇게 되면 범주 분석을 사
용할 때보다 훨씬 더 상세하게 사례관리가 이루어지는 시퀀스를

볼 수 있고, 그 시퀀스가 어떻게 연결되고 움직이는지를 사실적으로 볼 수 있다.

2) 시퀀스 분석의 관심: 시퀀스의 조직화

앞서 언급했듯이, 시퀀스 분석은 상호작용의 수행 그 자체를 만들어 내는 사회적 질서에 관심을 가진다. 그리고 이 질서를 그려 내기 위해 '시퀀스'에 주목한다. 여기서 시퀀스란 일반적으로 서사를 구성하는 필수적 단위이다. 서사는 시퀀스의 연쇄적 연결로 구성된다. 시퀀스 분석은 시퀀스, 즉 현상을 이루는 사건들의 연속성을 파악함으로써 그 현상 자체를 만들어 내는 '질서'나 '구조'를 파악한다.

그런데 시퀀스는 시간의 흐름에 따라 다양한 방식으로 발전한다. 가장 단순하게 시퀀스는 연대기적으로 발전된다. 연대기적 시퀀스는 시간의 흐름에 따라 시퀀스들이 선형적으로 발전한다. 그러나 서사에서 시퀀스들은 인과적으로 연결되기도 한다(리스먼, 2005). 예를 들어, '복지공무원의 가정방문이 있었고, 클라이언트는 수급자 자격을 얻었다'에서 복지공무원의 방문이 있었기 때문에 클라이언트가 수급자 자격을 얻었다고 볼 수 있다. 복지공무원의 방문과 수급자격 획득은 연속적으로 일어났고, 이 연속에서 각 시퀀스들은 서로 인과적으로 연결된다. 텍스트 속에는 이러한 인과적 연속성 이외에도 무수히 많은 시퀀스의 연쇄 방식이 존재한다.

이처럼 시퀀스 분석은 단일한 시퀀스 자체에 대한 분석이 아니라, 시퀀스 조직화(sequential organization)에 대한 분석이라고 할 수 있다. 시퀀스 조직화는 실제로 행해지는 말이나 행동들이 시퀀스상의 특정 위치(sequential position)에 있다고 전제한다(Have, 2007: 6). 사회 현실에서 시퀀스의 조직화는 단순히 연대기적으로 구성되지 않고, 다양한 방식의 계기들이 얽혀 복잡하게 구성된다. 그러나 이 복잡한 구성에는 모종의 질서가 있다. 시퀀스 분석을 하는 연구자는 바로 이러한 질서 잡힌 복잡한 모습을 그려 내야 한다.

2. 제도적 문화기술지 자료분석의 특징

1) 자료분석은 제도적 문화기술지의 개념들에 대한 이해에서 출발한다

제도적 문화기술지의 자료분석은 자료수집에서와 마찬가지로 제도적 문화기술지를 구성하는 여러 개념적 이해에서 출발한다. 연구자가 자료를 분석하기 위해서는 제도적 문화기술지의 개념들을 이해하고 있어야 한다. 만일 연구자가 이 개념들에 대한 이해가 없다면 제도적 문화기술지에서 자료분석은 불가능하다. 그러므로 분석에 앞서 연구자는 제도적 문화기술지의 개념적 도구들을 다시 검토해 보고 숙지하고 있어야 한다.

제도적 문화기술지의 자료분석은 누군가의 '입장'을 견지해야 하고, '문제틀'을 발견하여 '사회적 조직화'와 '지배 관계'를 보여 주어야 한다. 또 사람들이 로컬에서 경험하는 것을 넘어서 이들 경험과 연결된 조직화와 지배 관계를 보여 주기 위해서는 '텍스트'의 작동에 주목해야 한다. 텍스트가 어떻게 사람들의 '일'을 '조정'하는지, 어떻게 로컬에서의 경험을 로컬 너머로 매개하고 확장하는지 그 방식을 살피고, 텍스트 안에 들어 있는 틀과 담론들이 어떤 힘을 발휘하는지를 포착해야 한다. 그리고 이들 텍스트로 매개되어 조직화되는 지배 관계가 어떤 이념적 작동을 하는지가 분석되어야 한다.

이처럼 연구자가 제도적 문화기술지의 목표를 자료분석을 통해 달성하기 위해서는 '실제' '입장' '문제틀'을 비롯하여 '일' '텍스트' '사회적 조직화' '사회관계' '지배 관계' '조정' '담론' 등의 제도적 문화기술지의 주요 개념들과 그 작동 및 연관성을 이해하고 있어야 한다. 그래야 무질서한 자료 속에서 제도적 문화기술지가 목표로 하는 사람들의 경험이 어떻게 지배 관계에 얽혀 있는지 볼 수 있다.

2) 자료분석을 위한 단 하나의 길은 없다

아쉽게도, 제도적 문화기술지 연구를 수행하는 단 하나의 길은 없다. 이것은 자료분석에도 해당된다. 연구자에 따라 여러 가지 방법을 사용한다. 그러나 단 하나의 길이 없다 하여 제도적 문화기술지의 자료분석이 비체계적이고 비분석적으로 이루어진다는 말은 결코 아니다. 제도적 문화기술지에는 자료분석을 위한 공통된 몇몇 전략과 방법이 있다. 연구자는 이들 전략과 방법을 지렛대 삼아 자신에게 적합한 방법으로 자료분석을 해 나가면 된다.

또 제도적 문화기술지는 자료를 분석하는 과정을 순차적이고 단계적으로 설명하기 어렵다. 연구자들은 단계별로 무엇인가를 찾아낼 수 있기를 기대하지만, 제도적 문화기술지 연구를 실행하기 위한 과정은 패키지로 깔끔하게 묶이지 않는다(DeVault & McCoy, 2006; Campbell & Gregor, 2004). 왜냐하면 제도적 문화기술지의 자료분석은 자료수집과 분석을 왔다 갔다 하고, 분석의 요소들이 순차적으로 분석되지 않아도 제도적 문화기술지가 목표로 하는 사회적 조직화 혹은 지배 관계의 모습을 그려 낼 수 있기 때문이다.

이런 점에서 제도적 문화기술지의 자료분석은 해석적 질적 연구의 분석 방법보다 절차적 특성이 약하다고 할 수 있다. 예를 들어, 해석적 질적 연구에서 자료분석은 현상의 본질과 의미를 찾아내기 위해 원자료를 계속해서 축약하고 추상화한다. 축약과 추상화는 분석이 진행될수록 더 심화되기 때문에 일정 정도 절차적 특성을 가진다고 할 수 있다.

그러나 제도적 문화기술지의 분석 과정은 누군가의 경험이 어떻게 조직화되어 나타난 것인지 그 조직화의 퍼즐을 찾아 맞추어 가는 과정이기 때문에 반드시 특정의 순차를 거쳐야만 하는 것은 아니다. 그래서 제도적 문화기술지의 자료분석은 엄밀한 의미에서 순차적인 단계로 구성되지 않으며 각 과정에서 사용하는 분석 방법도 정해져 있는 것은 아니다. 그럼에도 불구하고, 제도적 문화기술지에서 자료분석을 하려면 반드시 거쳐야 하는 필수적 요소들이 있으므로 연구자는 이들 요소를 이정표 삼아 체계적으로 자료를 분석할 수 있다.

3) 자료분석의 과정은 반복적이고 귀납적인 과정이다

제도적 문화기술지의 자료분석은 반복적(iterative)인 과정을 거친다. 여기서 반복적이라는 것은 현장에 나가서 관찰이나 인터뷰로 정보를 모으고 녹취해 심사숙고한 다음, 그 정보에서 무엇이 일어나고 있는지 초기 분석을 하고 이어 그 분석 결과를 사용해 그다음에 모아야 할 자료를 안내받는 것을 말한다. 이 반복적 과정에서 알 수 있듯이, 제도적 문화기술지의 자료분석은 자료수집과 분석이 번갈아 가면서 진행되기 때문에 반복적이고 귀납적인 과정을 거쳐 이루어진다.

예를 들어, 어떤 연구자가 기초수급 신청 경험이 있는 중년 여성(남편과 별거에 있어 남편으로부터 아무런 경제적 도움을 받지 못하는 상태)과 인터뷰했다고 하자. 그런데 이 여성은 동주민센터 복지공무원으로부터 통장 거래 내역을 제출하라고 요청받았다. 통장 거래 내역은 이 여성이 남편으로부터 아무런 경제적 도움을 받지 않았음을 입증하기 위한 것이다. 이 과정에서 중년 여성은 복지공무원으로부터 통장 거래 내역의 항목들에 대해 취조하는 듯한 질문을 받고는 수급 신청을 포기하고 싶다고 생각했다.

연구자는 이 중년 여성의 이야기로부터 복지공무원이 통장 거래 내역이라는 텍스트의 행위자가 되어 이 여성에게 파워를 행사하고 있음을 확인한다. 연구자는 복지공무원이 행사하는 이러한 힘은 부양의무자 기준이라는 국민기초생활보장법에 근거함을 알고 이것이 이 여성의 경험을 설명할 수 있는 문제틀 중의 하나임을 알게 된다. 만일 연구자가 이 여성의 경험이 다른 조건에 있는 수급 신청 여성에게도 일어나는 일인지를 알아보고자 한다면 남편과 함께 사는 수급 신청 여성을 선택하여 인터뷰할 수 있다. 그러나 만일 연구자가 이미 여러 명의 수급 신청 여성을 인터뷰한 상황이라면 연구자는 이차 정보제공자라 할 수 있는 동주민센터의 복지공무원을 인터뷰하여 신청을 포기하고 싶다는 수급 신청자의 이야기에 대해 어떻게 이야기하는지 들어 볼 수 있다.

많은 제도적 문화기술지 연구자는 입장 정보제공자인 수급 신청자의 이야기를 먼저 충분히 듣고 이어 이차 정보제공자의 이야기

2. 제도적 문화기술지 자료분석의 특징

를 듣는다. 입장 정보제공자의 이야기를 바탕으로 이차 정보제공
자에게 질문하는 것이다. 그러나 어떤 연구자는 입장 정보제공자
와 이차 정보제공자를 교차적으로 인터뷰하여 분석해 가면서 조직
화의 퍼즐을 맞추어 나가기도 한다. 이처럼 제도적 문화기술지의
자료분석은 첫 번째 자료를 수집하는 것에서 시작해 이를 분석하
고 이어 그 결과에 기반해 그다음 자료를 수집하고 분석하는 반복
적이고 귀납적인 과정을 거쳐 진행된다.

4) 자료분석은 체계적이고 분석적으로 이루어진다

제도적 문화기술지는 분석적 연구방법으로 불린다. 그러나 기존
질적 연구의 해석적 코딩과 같은 분석 전략을 사용하지는 않는다.
제도적 문화기술지에서 분석적 관심은 일상에서의 사람들의 행위
가 어떻게 지배적 아이디어나 실천과 연관되어 조정되는지를 발
견하는 데 있다(Campbell & Gregor, 2004: 99). 그러나 제도적 문화
기술지가 목표로 하는 분석은 단일하지 않고 다양한 형태를 띤다.
어떤 연구자는 복잡한 제도의 연속행동을 그려 내는 것을, 다른 연
구자는 텍스트에 기반한 지식 형태의 기제를 기술하는 것을, 또 다
른 연구자는 지배 담론의 개념적 구조가 실제에서 어떻게 정교화
되는지를, 또 다른 누군가는 사람들의 경험이 제도적 관계 내에서
어떻게 형성되는지 설명하는 것을 분석의 목표로 한다(DeVault &
McCoy, 2006: 39).

따라서 제도적 문화기술지는 일상의 경험을 단순히 있는 그대로
묘사하는 것이 아니라, 일상의 경험과 그에 대한 사람들의 이야기
를 '분석적으로' 묘사해야 한다. 분석적으로 묘사한다는 것은 있는

그대로를 묘사하는 게 아니라 연구자의 분석을 통해 묘사가 이루어지는 것을 의미한다. 이것은 정보제공자들이 말하는 것에 대해 통계적 분석 절차를 실행하는 양적 연구나, 분석에서 주제를 확인하거나 자료를 이론화하는 해석적 질적 연구와 다르다.

제도적 문화기술지의 분석은 하나의 제도적 체계 내의 '일'이 어떻게 다른 제도적 위치에 있는 사람들의 '일'과 연계되는지를 검토하는 것이다. 그러나 제도적 문화기술지에서 분석을 성공적으로 하려면 정보제공자들이 말하는 것의 총체적 모습을 보여 주는 것에 머물러서는 안 된다. 사람들이 살아가면서 경험하는 로칼 세팅에서의 일과, 일상생활 경험의 경계 밖에 있는 일이 연결되면서 사람들의 경험이 어떻게 그렇게 될 수밖에 없는지 그에 관한 큰 그림을 보여 주어야 한다.

제도적 문화기술지가 분석적 연구방법인 것은 제도적 문화기술지의 목표만이 아니라, 이 목표를 달성하기 위해 다양한 분석적 도구를 사용한다는 점에서도 알 수 있다. 제도적 문화기술지는 사람들의 경험을 로칼과 로칼 너머를 연결하여 분석적으로 묘사하기 위해 여러 가지 분석적 도구를 사용한다. 예를 들어, 입장, 일-텍스트-일, 텍스트로 매개된 사회적 조직화, 사회관계, 문제틀, 지도 그리기(mapping)와 같은 분석적 도구들을 사용한다. 이처럼 제도적 문화기술지의 분석 목표와 사용되는 분석적 도구들을 고려할 때 제도적 문화기술지는 단연코 분석적 연구방법이다.

나아가 이러한 분석적 특징들로 인해 제도적 문화기술지의 분석은 더 체계적으로 이루어지게 된다. 흔히 질적 자료를 체계적으로 관리함으로써 자료를 보다 분석적으로 작업할 수 있게 되는데, 여기서 중요한 역할을 하는 것이 컴퓨터 소프트웨어이다. 일반적으로 제도적 문화기술지 분석에서 컴퓨터 프로그램은 자료를 분류하는 선에서 사용된다. 최근에는 매핑이 중요해지면서 다이어그램을 그릴 수 있는 컴퓨터 프로그램의 사용이 늘고 있다.

3. 제도적 문화기술지 분석의 전략과 방법

제도적 문화기술지가 분석의 자료로 삼는 것은 '일 지식'으로 표현되는 사람들의 경험이다. 제도적 문화기술지는 이러한 개인들의 경험을 바로 그 경험으로 만드는 '실제'의 '조직화' 모습을 그리는 것을 목표로 한다. 문제는 제도적 문화기술지가 밝혀내려는 실제의 조직화 모습은 사람들의 경험적 이야기들 속에 늘 존재하지만, 정작 우리의 눈에는 잘 보이지 않는다는 점이다. 따라서 제도적 문화기술지의 자료분석은 이 보이지 않는 조직화 모습을 우리 눈에 보이도록 하는 전략과 방법이 필요하다. 제도적 문화기술지 연구자가 이들 다양한 전략을 숙지하고 이를 분석에 적용해야 조직화의 모습이 나타난다. 제도적 문화기술지 연구에서 주로 사용되는 자료분석의 전략과 방법들을 일곱 가지로 구분해 소개하면 다음과 같다.

1) 범주화 방법으로 자료를 분석하지 않는다

제도적 문화기술지 연구는 기본적으로 분석적 작업을 필요로 한다. 그러나 기존의 질적 연구에서 하는 것처럼, 자료를 쪼개고 분류하여 추상화하는 것은 제도적 문화기술지 분석에 도움이 되지 않는다. 제도적 문화기술지 분석은 기존의 질적 연구에서 사용하는 해석적 코딩이나 범주화를 분석 전략으로 사용하지 않는다. 자료를 범주화하면 조직화 양상이나 사회관계를 왜곡하거나 모호하게 만들기 때문이다(Campbell & Gregor, 2004: 85).

　이미 앞에서 언급했듯이, 제도적 문화기술지의 자료는 일과 텍스트를 중심으로 한 사람들의 실제의 경험이다. 이 자료를 통해 제도적 문화기술지 연구가 달성하고자 하는 것은 그러한 실제 경험이 어떻게 조직화되는가이다. 만일 연구자가 제도적 문화기술지 자료에 대해 범주화를 시도하면 실제는 사라지고 추상적 개념만 남게 된다. 이렇게 되면 이 연구는 제도적 문화기술지가 보여 주고자 하는 실제의 조직화를 그려 줄 수 없게 된다.

　예를 들어, 복지공무원이 수급 신청자가 가져온 통장 내역서를 보면서 취조하듯 대했고, 서류가 복잡해 물어보면 쌀쌀맞게 대했다는 수급 신청자의 이야기를 보고 연구자가 '수급 신청자의 피해의식'이나 '수급 신청자에 대한 복지공무원의 낙인'으로 코딩했다고 하자. 불행하게도, 해석적 질적 연구에 익숙한 연구자는 제도적 문화기술지 자료를 놓고 너무도 자연스럽게 이런 방식으로 코딩한다.

　이렇게 코딩하면 수급 신청자가 어떻게 해서 통장 내역서를 제출하게 되는지, 복잡한 신청서류들이 수급 신청자를 어떻게 만드는지 그 실제적 절차나 과정은 보이지 않고 사라지게 된다. 즉, 자료를 해석하고 추상화하거나 범주를 찾아내는 방식으로 코딩하게 되면 행위자들(혹은 주체들)의 구체적 실제는 사라지고 '피해의식'이나 '낙인'과 같은 추상적 개념만 남게 된다. 그 결과 제도적 문화기술지 연구의 목표인 실제의 조직화를 보여 줄 수 없게 된다. 그러므로 제도적 문화기술지 연구자는 자료분석에서 기존 질적 연구방법의 분석 전략인 범주화, 추상화를 사용해서는 안 된다.

2) 정보제공자 개인에서 일반적인 것에 대한 분석으로 이동한다

기존의 해석적 질적 분석에서 분석의 초점은 정보제공자 '개인'에 있다. 각각의 개인들이 어떤 경험을 했는지, 그들 경험의 공통성이 무엇인지를 찾아낸다. 그러나 제도적 문화기술지의 자료분석은 이와 다르다. 제도적 문화기술지에서 분석의 관심은 정보제공자 '개인'에게 있지 않다. 제도적 문화기술지 분석의 관심은 개인의 경험을 넘어 확장된 사회적 조직화, 지배 관계의 모습을 그려 내는 데 있다. 따라서 제도적 문화기술지의 자료분석은 정보제공자 개인에게 초점을 두어서는 안 된다. 그렇게 되면 연구자는 개인들이 겪는 경험의 공통성만 볼 뿐 개인을 넘어서 확장된 조직화의 모습을 볼 수 없다.

그런데 우리는 자료에 대해 분석을 하다 보면 자신도 모르게 분석의 초점을 정보제공자 개인에게 두고 있는 것을 알 수 있다. 즉, 분석의 초점이 제도에서 정보제공자로 이동되는 의도치 않은 분석이 발생한다. 이런 연구자는 정보제공자가 한 행위의 의미를 찾거나 그들의 행위를 유형화하려고 한다. 이렇게 되면 분석은 정보제공자 개인의 경험에 초점을 두게 될 뿐 그 경험을 만들어 낸 제도적 관계에서는 멀어진다.

예를 들어, 기초수급 신청자들을 인터뷰한 자료에는 그들에게 상담을 제공하는 동주민센터 복지공무원에 관한 이야기가 많다. 어떤 복지공무원은 세대를 분리하면 수급 가능성을 높일 수 있다고 생각해 신청자에게 이와 관련된 제도적 정보를 제공하지만, 또 어떤 복지공무원은 신청자들의 질문에 퉁명스럽게 답하고 아무런 정보를 주지 않기도 한다. 만일 연구자가 이러한 복지공무원의 행태에 대해 '수동적 태도'나 '능동적 태도'로 유형화하면 복지공무원 개인의 행동 특성에 초점을 둔 분석으로 전락하게 된다.

이는 제도적 문화기술지가 보여 주려는 것이 아니다. 이렇게 유형화하면 분석 자체가 이 수준에서 끝나고, 수동적 혹은 능동적 태도가 실제에서 어떻게 하여 발생하게 되었는지를 보여 주지 못한다. 제도적 문화기술지는 개인들의 경험을 넘어 연결된 것들의 조직화 양상을 펼쳐 보여 주는 것이다. 따라서 제도적 문화기술지 연구에서 분석의 초점은 개인이 아니라 제도에 두어져야 한다. 연구자가 제도적 초점을 잃지 않으려면 자료를 '일' 중심으로 보고 분석해야 한다. 만일 연구자가 제도에 초점을 두지 않고 정보제공자에 초점을 두면 제도적 관계와 경험의 사회적 조직화라는 관점에서 빠져나가게 된다.

제도적 문화기술지는 일상생활의 퍼즐을 탐구하기 위해 일상생활이 사회적으로 조직화되어 있다는 점을 이용한다. 이를 위해 제도적 문화기술지 연구는 두 수준의 서로 다른 자료를 연결한다. 하나는 사람들이 살고 경험하는 로컬 세팅이고, 다른 하나는 일상생활 경험의 경계 밖에 있는 엑스트라 로컬 세팅이다(Campbell & Gregor, 2004: 29). 전자가 일상생활 경험에 대한 '특정한 것'을 분석하는 것이라면, 후자는 일상 경험과 그 너머를 연결하는 보다 '일반적인 것'에 대한 분석이다.

제도적 문화기술지 분석은 특정한 것에 대한 분석에서 일반적인 것에 대한 분석으로 이동함으로써 이루어진다(DeVault, 2006). 따라서 제도적 문화기술지 연구자는 늘 정보제공자 개인이 경험한 특정한 것에 대한 분석에 머무르지 않고 일반적인 것을 찾기 위해 노력해야 한다. 그런데 '일반적인 것'에 대한 분석으로 이동하기 위해서는 특정 절차가 필요하다. '사회관계'와 '텍스트로 매개된 사회적 조직화'라는 개념을 분석에 사용하는 것이 바로 그것이다.

3) '사회관계' 개념을 사용한다

제도적 문화기술지 분석이 정보제공자 개인에 대한 분석에서 제도적인 것에 대한 분석이 되기 위해 사용하는 전략 중의 하나는 '사회관계' 개념을 사용하는 것이다. 이미 앞에서 언급했듯이, 제도적 문화기술지에서 '사회관계'란 선생과 학생, 부모와 자녀 같은 사회적 관계가 아니다. 사회관계는 사회적으로 조직화되어 실제적으로 이루어지는 모든 행동과 실천을 말한다. 제도적 문화기술지가 탐구하는 것은 사태나 행위들이 어떻게 사회적으로 조직화되었는지 혹은 어떻게 그들이 일어나게 되었는지이다. 따라서 제도적 문화기술지 분석의 목적은 정보제공자의 경험이라는 경계를 넘어 확장되어 있는 '사회관계'를 찾아내고 추적하고 묘사하는 데 있다.

이를 위해서는 개인들의 경험과 사회적 조직화 간의 연결점을 찾아 이해하는 것이 필수적이다. 그러나 이는 쉽게 달성되지 않는다. 연구자는 자칫 관습적으로 개인들의 경험만을 이해하려고 한다. 앞에서도 언급했듯이, 연구자는 제도적 질서는 놓치면서 정보제공자에 관해 분석하거나, 아니면 제도적 담론에 사로잡혀 정보제공자의 경험적 이야기를 제도적 담론으로 전환하게 된다. 만일 연구자가 자료를 이렇게 관습적으로 접근하면 제도적 문화기술지 연구에서 벗어난다. 즉, 연구가 사회적 조직화를 그리는 것에서 비껴가게 된다(Campbell & Gregor, 2004: 80-90; McCoy, 2006: 109-110).

이를 방지하기 위해서는 '사회관계'라는 제도적 문화기술지의 기술적 용어를 이용하는 것이 매우 유용하다. 특히 다양한 정보제공자들의 일 지식을 연결하면서 여기서 어떤 사회관계가 작동하는지 질문을 던져 본다. 연구자는 사회관계 개념을 사용함으로써 연구의 목적을 사람들의 일 지식을 묘사하는 것 자체에 두지 않고 제도적 과정에 있는 다른 사람들, 다른 경험들, 다른 일들과 연관된 행위의 시퀀스를 찾게 된다(G. W. Smith 1995, Smith, 2014: 253쪽에서 재인용).

도로시 스미스는 제도적 문화기술지 연구자가 사회관계 개념을 사용함으로써 어떻게 행위의 시퀀스를 찾아 나갈 수 있는지 자신의 연구를 예로 들어 설명한다. Smith와 Alison Griffith는(2005)는 한부모 가족의 자녀가 학교에서 결함을 가진 존재로 여겨지는 그들의 경험이 어떻게 해서 그렇게 되는지에 관심을 가졌다. 이를 위해 우선 한부모 가족의 엄마들을 인터뷰했는데, 이를 통해 그들은 엄마들이 집에서 교사들의 일을 보완한다는 것을 알게 된다. 이어 이들은 이 엄마들의 경험적 이야기 속에 포함된 교사, 학교 이사회, 교육위원회 행정가들의 이야기를 듣는다.

Smith와 Griffith는 교사들, 학교의 이사들과 인터뷰하면서 이들이 가진 일 지식, 관점, 이해관계가 서로 다르다는 것을 보게 된다. 예를 들어, 중산층 지역의 교사들은 엄마들이 아이들의 학습을 보완하는 것을 당연한 것으로 여겨 엄마들을 쓸모 있는 존재로 여겼지만, 저소득층의 교사들은 엄마들로부터의 지원을 당연한 것으로 여기지 않았다. 행정가들 또한 저소득 지역과 중산층 지역에 대한 기대를 달리하였다. 이러한 서로 다른 일 지식에 대해 연구자가 '사회관계' 개념을 적용하면 이렇게 서로 다른 기대가 어떻게 생겨난 것인지, 이들이 서로 어떻게 연결된 것인지 그 사회관계에 대해 사고하게 된다. 제도적 문화기술지 연구자는 서로 다른 위치에 있는 사람들의 일 지식을 탐구함으로써 이들의 상호보완적인 일로부터 행위의 시퀀스를 모으게 된다(스미스, 2014: 64-67, 253).

이때 제도적 문화기술지 연구자가 유념할 것은 사람들이 목격하고 경험하는 사건은 사회관계의 한 조각에 불과하다는 점이다. 그러므로 연구자가 해야 할 일은 다른 조각들을 찾아 이어 맞추는 것이다. 예를 들어, 학생이 학교 식당에서 식권을 보여 주고 음식을 가지러 가는 행위는 하나의 실제적 행동이다. 그러나 이 행동은 사회관계의 한 조각에 불과하다. 우리 눈에 직접 보이지는 않지만, 학교 식당에서 식권을 보여 주는 행동이 가능해지는 것은 학교 당국과 식당 업체와의 계약, 학생회 조직으로부터의 요구, 학교 당국의 입주 기업에 대한 정책들이 복잡하게 연결된 망 내에서 일어나는 하나의 행동에 불과하다.

그런데 이러한 사회관계는 우리 눈에 잘 보이지 않는다. 이때 연구자가 '사회관계'라는 개념을 사용하면 조정된 행동에 대한 이해를 한 단계 앞으로 나아갈 수 있다. '사회관계' 개념은 로칼 세팅에서의 사람들의 행동을 로칼 너머로 확장한다. 따라서 '사회관계' 개념은 제도적 문화기술지 분석의 방법론적 절차이기도 하다. 연구자는 반드시 사람들이 행하고 있는 것이 확장된 '사회관계'의 일부라는 사실을 기억해야 한다. 따라서 연구자가 무슨 일이 일어났는지 알려면 '사회관계'의 빠진 조각들을 찾아내어 그림을 맞춰야 한다(Campbell & Gregor, 2004: 31-44).

이처럼 제도적 문화기술지에서 '사회관계' 개념은 제도적 문화기술지가 궁극적으로 그려 내고자 하는 것이기도 하지만, 자료분석의 도구이자 분석의 한 절차이다. 이러한 사회관계 개념을 분석에 적용할 때 연구자가 사용할 수 있는 유용한 방법은 자료를 문제틀로 바라보고, 자료에 질문을 던지는 것이다. 나아가 연구자는 문제틀이 되는 세팅을 좀 더 깊이 파고들어야 한다.

또 사회관계라는 개념을 사용해 자료에 질문을 던지는 것도 유용하다. 예를 들어, '이 자료에서 사회관계는 무어라고 말할 수 있을까?' '이 경험들을 조정하는 사회관계는 무엇인가?'와 같은 질문을 던져 보는 것이다. 앞의 예에서, 학교 식당에서 식권을 내고 음식을 먹는 경험을 조정하는 사회관계는 무엇인가라는 질문을 던지고 이에 대해 추적해 들어가면 사회관계의 모습이 좀 더 분명하게 나타난다. 즉, 정보제공자의 경험을 조정하는 다양한 문제틀과 사회관계가 연구자의 머릿속에서 형체를 갖추고 결합되어 나타나게 된다.

4) '텍스트로 매개된 사회적 조직화' 개념을 사용한다

제도적 문화기술지가 정보제공자 개인에 대한 분석이 되지 않고 보다 제도적이고 일반적인 것에 대한 분석이 되기 위해서 사용할 수 있는 전략적 개념은 '텍스트로 매개된 사회적 조직화(textally-mediated social organization)' 혹은 '텍스트로 조직화된 세계(textually-organized world)'이다. 도로시 스미스에 의하면, 제도적 과정은 반드시 텍스트에 의해 그리고 텍스트에 기반해 매개된다(Smith, 2006: 6). 따라서 제도적 문화기술지 연구자는 자료분석을 통해 세계가 어떻게 텍스트로 매개되고 조직화되는지에 관한 질문을 던져야 한다.

제도적 문화기술지는 사람들의 삶이 어떻게 그들 외부의 힘에 의해 지배되고 조정되는지 분석하는 데 일상의 경험들을 끌어들인다. 그리고 이 일상의 경험 속에서 텍스트가 사람들의 행동을 어떻게 조정하는지를 분석함으로써 조직화 양상을 그려 낸다. 현대 사회에서 모든 종류의 텍스트는 사회적 조직화가 이루어지는 어느 곳에서든지 작동한다. 특히, 휴먼 서비스 전문직에서는 주로 양식, 지침, 보고서를 가지고 일하기 때문에 이런 텍스트들을 작동시키는 과정에서 정책과 정책의 전제들이 실행되고 조직적인 파워가 행사된다(Campbell & Gregor, 2004: 29-33). Smith(2006)에 의하면, 제도적 문화기술지 분석에 텍스트를 끌어들이면 연구자는 미시와 거시, 로칼과 로칼 너머에서 이루어지는 조직화를 관찰할 수 있다.

이처럼 제도적 문화기술지는 사람들 삶의 일상활동을 조정하는 지배 관계의 핵심이 텍스트의 매개에 있다고 본다. 즉, 텍스트를 통해 지배 관계로 들어간다. 도로시 스미스에 의하면, 텍스트에 의한 매개는 사회를 조직화하는 조직가로서 사회를 발생하게 만든다. 또 텍스트의 매개는 사람들의 로칼 활동을 규제함으로써 여러 다양한 사이트로 옮겨 가고 이것이 지배의 조직화를 만든다(Smith, 1999: 79, 93). 따라서 텍스트의 매개는 개별적이고 로칼적인 경험에서 로칼 너머의 사회관계로의 이동을 발견하는 데 있어 핵심 요소이다.

그러면 텍스트를 매개로 조직화되는 세계를 그리기 위해서 좀 더 구체적으로 연구자는 어떻게 해야 할까?(이 질문에 대한 유용한 정보를 얻으려면 텍스트에 관한 4장을 참조) 첫째, 가장 먼저 텍스트가 일상에서 무엇을 발생시키고 사람들의 일을 어떻게 조정하는지 분석해야 한다. 제도적 문화기술지 연구자는 자료를 분석할 때 반드시 텍스트를 끌어들여 텍스트가 어떻게 발생하고 어떻게 행위의 시퀀스의 일부가 되는지를 의식적으로 사고해야 한다. 이때 '텍스트-일-텍스트' 개념을 사용하면 일과 텍스트가 어떤 방식으로 결합하고 텍스트가 일을 어떻게 조정하는지에 대해 질문을 던지고 구체적으로 사고하는 데 도움이 된다.

둘째, 텍스트가 로칼을 넘어 어디로 가며 거기서 어떻게 사람들의 일을 조정하고 파워를 행사하는지 분석해야 한다. 제도적 문화기술지의 목표인 지배 관계의 모습을 그리기 위해서는 로칼과 로칼 너머가 어떻게 연결되어 있는지에 대한 분석이 필요하다. 텍스트의 매개를 통한 조정 역할이 로칼을 넘어 보다 더 광범위한 지배 관계로 나아갈 때 우리는 텍스트로 매개되는 지배 관계의 모습을 그려 낼 수 있다.

이렇게 텍스트로 매개되는 조직화의 모습을 그리기 위해 연구자는 무엇보다도 텍스트를 관찰의 대상으로 보아서는 안 된다. 텍스트가 사람들의 행동을 어떻게 조정하고 규제하는지, 사람들이 텍스트를 갖고 무엇을 하는지에 대한 질문을 던지고 그에 대한 답을 찾아야 한다. 그리고 연구자는 텍스트에 포섭되지 말아야 한다. 만일 연구자가 텍스트에 포섭되면 텍스트의 행위자가 되기 때문에 현실 속 사람들의 실제 경험이 텍스트에 포섭되어 버리고 만다. 그러면 연구자는 주체인 사람들은 물론 그들의 실제 경험을 보지 못하고 텍스트의 눈으로 그들을 보게 된다. 그러므로 이때 제도적 문화기술지 연구자에게 필요한 것은 텍스트를 관찰의 대상이 아니라 문제틀로 보는 것이다. 연구자는 텍스트를 문제틀로 바라봄으로써 텍스트로 매개된 사회적 조직화를 그려 내게 된다.

5) 분석적 매핑을 사용한다

(1) 매핑이란 무엇인가

① 매핑: 재현의 도구

제도적 문화기술지는 발견한 것과 알게 된 것에 대해 '지도 그리기(mapping: 매핑)'라는 전략을 사용한다(이 책에서는 문맥에 따라 지도 그리기와 매핑을 서로 교환하여 사용하기로 한다). 제도적 문화기술지에서 '지도(map)' '지도 그리기'는 하나의 비유이다. 제도적 문화기술지는 사람들의 경험이 어떻게 조직화되는지 발견하여 그 조직화의 모습을 보여 주는 것을 목표로 하는데, '지도'란 바로 이 조직화의 모습을 이미지화한 것이다.

도로시 스미스는 제도적 문화기술지에서 '지도'란 3차원으로 움직이는 사회관계를 추적하는 것을 이미지화한 것이라고 하면서, 제도적 문화기술지 연구는 지도라는 비유를 사용해 연구를 진행하고 자료를 분석할 수 있다고 하였다. 하나의 로칼 사이트를 다른 사이트들과 연결하여 그 관계를 지도 그린다는 비유는 제도적 문화기술지 작업에 점점 더 중요해지고 있다(Smith, 1999: 94-95). 도로시 스미스는 '사회관계'를 밝혀내어 보여 주는 제도적 문화기술지는 사실상 '지도를 만드는 것(map-making)'이나 마찬가지라고 할 만큼 매핑을 제도적 문화기술지 방법의 핵심 방법으로 보았다(Smith, 1990).

지도를 그린다는 비유에는 누군가의 입장에 서서 그려지는 조직화 양상이 마치 그가 서 있는 위치에서 지도를 그리는 것과 같다는 의미가 포함되어 있다. 그러므로 입장 정보제공자가 지도의 좌표에서 어디에 위치하느냐에 따라 지도의 모습은 달라진다. 제도적 문화기술지는 마치 지도의 좌표처럼 사람들이 로칼에서 한 일상적 경험들을 상세히 보여 주고, 이 경험들이 사회의 지배 관계와 어떻게 연결되어 있는지 그 교차점들을 보여 준다(스미스, 2014: 59).

이를 통해 제도적 문화기술지는 사람들의 실제 삶을 조직화하는 지배 관계를 발견하여 가시화하고, 사람들에게 그들이 어떻게 억눌려 있는지 우리 눈에 잘 보이지 않는 조직화에 대한 지도를 보여 준다. 이처럼 '지도 그리기'라는 비유는 제도적 문화기술지의 출발점인 누군가의 위치를 볼 수 있게 해 줄 뿐만 아니라 제도적 문화기술지가 발견하려는 그 위치에서의 복잡한 사회적 조직화와 지배 관계를 재현해 준다는 점에서 재현(representation)의 도구이다. 재현의 도구로서의 지도 그리기를 텍스트의 작동과 연관해 보면, 텍스트가 제도적 과정에서 어떻게 발생하고 사람들의 활동을 조직화하는 데 어떻게 대화적으로 작동하는지 재현하는 데 사용된다(Peet, 2014; 스미스, 2014).

이상에서 알 수 있듯이, 지도 그리기라는 비유는 제도적 문화기술지와 기존의 해석적 질적 연구와의 차이를 명확히 보여 준다. 기존의 질적 연구가 범주화를 통해 주제를 찾지만, 제도적 문화기술지의 '지도 그리기'는 사람들이 알고 있는 '실제들'에 근거해 특정 주체의 위치에서 보이는 지배 관계의 모습을 재현한다. 이것은 추상화를 통해 범주와 주제를 찾아 행위 이면에 존재하는 의미를 탐구하는 방식과는 전혀 다르다. 도로시 스미스는 이러한 방식을 기존 연구들이 현상을 설명(explanation)하려는 것과는 달리 해명(explication)에 가깝다고 하였다(Smith, 1987: 175). 여기서 해명이란 주체의 활동을 조정하고 경험을 형성하는 사회적 조직화를 발견하여 지도를 그리는 것을 의미한다(Campbell, 2016: 249).

② 매핑: 분석의 도구

그러나 제도적 문화기술지에서 '매핑'은 사회적 조직화를 재현하는 도구 이상이다. 매핑은 제도적 문화기술지의 분석을 위한 중요한 도구이다. 분석을 위한 매핑은 흔히 '분석적 매핑(analytic mapping)'으로 불린다. 분석적 매핑은 노트를 하거나 글을 쓰는 것과는 다르게 공간적 관계와 시간의 흐름을 탐색할 수 있게 해 준다. 제도적 문화기술지 연구자들은 자료를 분석하면서 여러 분석적 지도들을 산출한다. DeVault와 McCoy(2006)는 매핑을 제도적 문화기술지 연구자가 자료를 분석하면서 복잡한 지배 장치 속에 있게될 때 안내해 주는 하나의 지침과 같은 것으로 보았다(Campbell & Gregor, 2004: 61에서 재인용).

대부분의 제도적 문화기술지 분석 작업에는 매핑이라는 분석 도구가 사용된다. 최근에는 특히 매핑이나 다이어그램 기법이 제도적 문화기술지에서 인기를 얻어 가고 있다. 이들은 '조정'을 드러내 보여 주는 데 매우 유용한 분석적 도구로 여겨지기 때문이다(Clune, 2011: 42). 이런 이유로 분석 과정에서 매핑을 포함하지 않는 제도적 문화기술지 연구는 거의 없다. 어떤 연구는 덜 정교하게, 어떤 연구는 아주 정교하게 매핑하는 차이만 있을 뿐이다(Peet, 2014: 86).

제도적 문화기술지 연구자는 사회관계의 잃어버린 조각들을 찾아내어 지도를 만들어야 비로소 실제에서 일어나는 것을 더 완벽하게 이해할 수 있다. 그 결과 대부분의 제도적 문화기술지 연구를 실행하는 연구자는 매핑하는 능력이 있다. 이처럼 매핑은 제도적 문화기술지에서 하나의 비유로서, 지배 관계의 실제를 재현하는 도구이지만 동시에 자료를 분석하는 데 충실한 안내자 역할을 하는 유용한 분석 도구이기도 하다. 자료가 다르고 분석방식이 다르더라도 매핑은 제도적 문화기술지에서 공통적인 전략과 방법으로 여겨진다.

(2) 분석적 매핑에는 어떤 것들이 포함되나

제도적 문화기술지 연구자는 사람들이 경험한 것들이 어떻게 해서 그렇게 작동하는지 보여 주어야 하는데, '매핑'은 바로 이들을 구성하는 중요한 요소들을 지도로 그림으로써 실제에서 작동하는 조직화를 그리는 데 도움을 준다. 매핑을 분석의 도구로 사용하기 위해서 연구자는 우선 매핑에 필요한 것들이 무엇인지 알 필요가 있다. 일반적으로 매핑에 포함되는 것들은 다음과 같다.

① 지표로서의 '일'과 일 과정

매핑은 로컬 세팅 사람들의 경험을 지표화(indexing)한 지표들로 그려진다. 제도적 문화기술지에서 지표화는 사회 존재론의 토대인 '실제'에 근거해 이루어진다. 즉, 제도적 문화기술지의 목표인 지배 관계에 관한 지도는 항상 '실제'와 관련된 지표들로 그려진다. 따라서 연구자가 매핑을 하려면 사람들이 알고 있는 실제로 돌아가야 한다. 그런데 사람들의 실제 경험으로 돌아가기 위해서는 서로 다른 위치에 있는 사람들의 일 지식을 모아야 한다. 예를 들어, 어떤 연구자가 기초수급 신청자의 수급 신청에 관한 매핑을 할 경우, 연구자는 녹취록에서 수급 신청자들의 일을 찾는다. 이 일이 매핑을 위한 지표이다. 연구자는 수급 신청자들의 일을 모아야 지도를 그릴 수 있다. 이렇게 연구자는 사람들의 경험을 일 지식을 통해 지표화함으로써 매핑을 위한 자료를 확보하게 된다.

일 지식을 자료로 지도를 그릴 때 지도 위의 점들은 지도의 '지표성'을 보여 준다. 흔히 지도를 보는 사람은 지도상의 지표들을 보면서 자신이 어디에 있는지, 어디를 가야 할지, 어디가 더 가 볼 만한 곳인지를 알게 된다. 이와 마찬가지로 제도적 문화기술지의 '지도'도 다양한 제도적 위치에 있는 사람들의 일 지식이라는 지표들을 자료로 하여 그 지표가 어디와 연결되어 있는지 지표가 향하는 곳은 어디인지를 알게 되고, 이를 통해 제도적 체제의 양상을 보여 준다. 이렇게 제도적 문화기술지 연구자는 지표들을 사용해 우리가 어떻게 확장된 지배 관계와 연결되어 있는가를 보여 준다(스미스, 2014: 258, 380-381).

사람들의 일을 모아 행위의 시퀀스를 찾으면 일 과정(work process)에 관한 매핑을 할 수 있다. 여기서 핵심은 '모으고' '이어 맞추기'이다. 제도적 문화기술지 연구자는 개별 정보제공자 혹은 서로 다른 위치에 있는 정보제공자들의 일 지식으로부터 행위의 시퀀스를 파악하고 이를 매핑함으로써 일 과정을 그리게 된다.

이때 연구자는 서로 다른 퍼즐 조각에서 맞는 조각을 찾아 선택하듯이, 서로 다른 일 지식 중에서 그에 맞는 일 지식의 양상을 선별해 낸다. 이는 마치 직소 퍼즐처럼 조각을 하나씩 맞추면 원래의 그림이 드러나는 것과 같다. 예를 들어, Pence(2001)는 가정폭력 사례를 구성하는 제도적 행위의 시퀀스를 추적하면서 경찰과 보호관찰관을 인터뷰했는데, 이때 연구자와 경찰, 연구자와 보호관찰관 사이에서 산출되는 일 지식을 해석하지 않고 그들을 모아 서로 이어 맞춤으로써 시퀀스의 조직화를 그려 냈다(스미스, 2014: 254-255).

이처럼 매핑은 정보제공자와 연구자가 공동으로 협력하여 산출한 일 지식을 지표로 하여 이들을 모아 이어 맞춤으로써 일 과정이 그려진다. 이때 연구자는 정보제공자들의 서로 다른 일 지식을 모아야 하고, 정보제공자 각각이 사회적 조직화의 한 조각임을 기억해야 한다. 서로 다른 일 지식을 이어 맞추는 방법들은 문제틀의 열쇠인 제도적 과정 및 제도적 관계에 크게 좌우된다(스미스, 2014: 254-256).

② 텍스트의 위치

매핑에는 행위의 시퀀스상에서 텍스트가 작동하는 위치가 포함된다. 제도적 문화기술지에서 텍스트는 고정된 것이 아니라 행동하고 움직이는 것으로 행위자와 마찬가지의 위상을 갖는다. 매핑은 이러한 텍스트가 행위의 일부가 되는 위치(place)를 추적하는데 사용된다. 예를 들어, Nichols는 쉼터 청소년들의 경험이 어떻게 노숙으로 되었는지에 관한 제도적 문화기술지 연구에서 연구의 목표를 텍스트들로 매개된 관계들을 지도 그리는 것에 두었다(Nichols, 2014: 12). 이처럼 매핑에는 서로 다른 정보제공자들의 일 과정만이 아니라, 일 과정을 조정하는 텍스트들에 대한 설명이 포함된다(스미스, 2014: 380).

이와 관련해 제도적 문화기술지 연구자는 몇 가지 개념적 도구를 사용할 필요가 있다. '일-텍스트-일'(혹은 '텍스트-일-텍스트'), 상호교환 과정, 텍스트 간 위계가 그것이다. 이들 개념은 연구자가 자료를 분석할 때도 사용하지만 동시에 매핑을 할 때도 염두에 두면서 시공간적으로 지도상에 어떻게 배치할 것인지 생각하는 데 도움이 된다.

첫째, '일-텍스트-일'이다. 매핑 과정에서 텍스트를 위치 짓는 것은 텍스트 자체만으로 그려지지 않는다. 이미 앞에서 언급했듯이, 텍스트는 늘 일과 함께 일을 향하고 일에 토대한다. 따라서 연구자는 매핑에 텍스트를 위치 짓기 위해 '일-텍스트-일'의 시퀀스를 염두에 두어야 한다. 이렇게 하면 텍스트와 일의 관계 및 조정을 더 분명하게 보고 그릴 수 있다. 대부분의 제도적 문화기술지 연구자는 매핑 과정에서 '일-텍스트-일'이라는 지도 그리기 방법을 사용한다. 그리고 이를 통해 사람들의 활동 속에서 텍스트의 순환을 추적한다.

둘째, 이렇게 일과 텍스트의 순환과 그 조정에 관심을 가지면 연구자는 하나의 텍스트가 특정 개인의 일 세팅에 개입해 진행되지만, 동시에 또 다른 사람들의 일을 조정하는 새로운 텍스트로 통합되는 모습을 보게 된다. 또 연구자는 텍스트가 로컬과 로컬 밖을 넘나들면서 움직이고 이동하는 과정을 추적하면서 그 교차점에서 모종의 일이 일어나는 것을 볼 수 있다. 제도적 문화기술지에서는 이러한 제도적 과정을 '상호교환 과정(processing interchange)'이라 부른다. 제도적 문화기술지 연구자가 이 개념을 사용해 자료를 분석하면 지배 관계를 그리는 데 많은 도움을 얻을 수 있다. 텍스트의 작동을 매핑하려는 연구자는 이 상호교환 과정을 추적해야 한다(스미스, 2014: 375).

연구자는 상호교환 과정을 매핑함으로써 보이지 않는 전제가 작동하는 곳, 개입이 이루어지는 곳을 드러낼 수 있다. 연구자는 텍스트들이 서로 교차되는 지점들을 따라가고 연결함으로써 이를 보게 된다. 상호교환 과정을 보기 위해서는 서로 다른 형태의 여러 맵을 결합하고 연결해야 한다. 따라서 상호교환 과정은 광범위한 전체 과정과 연관된 사람들의 행위와 위치를 확인하는 분석을 위한 개념적 도구로 사용될 수 있다(Peet, 2014: 106).

예를 들어, 법 제도 내에서 가정폭력 사건이 어떻게 처리되는지에 관한 제도적 문화기술지 연구에서 Pence(2001)는 상호교환 과정을 잘 보여 준다. 먼저 경찰에 의해 가정폭력 상황에 대한 보고서가 작성된다. 이 보고서는 출두 명령 소환장으로 그리고 여타의 다른 자료들이 첨가되어 '파일'의 형태로 한 부처에서 다른 부처로 이동한다. 범인이 심문 장소에 나타나지 않으면 새로운 텍스트, 즉 구속영장이 도입되고 이 파일은 다음 진행 단계의 교차점으로 이동한다. 이처럼 텍스트의 이동은 누군가의 일 영역에 도착하면서 새로운 행위를 촉발한다. 그 결과는 행위를 또다시 유발하는 다음 단계로 넘어가면서 변형되기도 하고 변형되지 않기도 한다. 즉, 상호교환 과정은 조정 과정에서 텍스트들이 어떻게 유입되고 작동하며 책임 주체가 바뀌는지를 설명해 준다(스미스, 2014: 273, 286).

만일 연구자가 상호교환 과정을 좀 더 잘 보려면 텍스트에 다양한 질문을 던지고 사고해야 한다. 예를 들어, 텍스트는 어디서 왔는지, 텍스트가 사람들을 어떻게 다루는지, 텍스트가 활성화됨으로써 어떤 일이 만들어지는지, 텍스트는 어떻게 제도 속으로 진입해 들어가는지 등이 그것이다(Spina, 2017: 56-57). 연구자는 텍스트들이 만들어 내는 상호교환의 일 과정을 매핑함으로써 하나의 로칼 사이트를 다른 사이트들과 연결할 수 있고, 이는 우리에게 더 큰 관계를 보게 해 준다. 그 결과 우리가 어떻게 확장된 사회적 지배 관계에 연결되어 있는가를 보여 준다. 수급신청자의 신청의 일에 관한 제도적 문화기술지 연구(김인숙, 2020)에서 연구자는 신청자가 동주민센터에 접수한 서류들이 구청의 통합조사팀으로 넘어갈 때 어떤 일이 발생하는지 그 상호교환 과정을 깊이 살펴봄으로써 신청에 관한 더 큰 그림을 그릴 수 있다.

셋째, 이렇게 텍스트와 일의 시퀀스, 상호교환 과정을 추적하면서 연구자는 다양한 텍스트 자료를 접하게 된다. 연구자는 이들 여러 텍스트가 똑같은 힘을 행사하는 것이 아님을 알게 되면서 텍스트의 위계와 조직화를 탐색하게 된다. 이미 앞에서 언급했듯이, 텍스트 간에는 위계가 있다. 가장 상위에 있는 텍스트를 우리는 흔히 '보스 텍스트(boss text)'라 부른다. 그러나 이러한 위계가 항상 자명한 것은 아니다. 어떤 세팅에서는 위계가 명확히 보이지 않을 수도 있고 또 어떤 세팅에서는 보스 텍스트를 찾기 어려울 수도 있다. 그러나 연구자는 의식적으로 텍스트 간에 위계가 있는지 생각해 보아야 한다. 이렇게 하여 만일 텍스트 간에 위계가 있음을 발견하게 되면 매핑에 이를 반영해야 한다.

이상에서 알 수 있듯이, 매핑은 다양한 정보제공자의 일 지식, 공식적 텍스트들, 상호교환 과정에서 만들어진 텍스트들의 위치와 작동을 숙고하고 분석하는 과정을 거쳐 그려진다. 이 과정에서 많은 자료가 서로 교차적으로 검토된다. 그리고 이러한 작업은 이념적 코드와 지배 관계의 작동에 대한 큰 그림이 드러날 때까지 계속된다. 이때 연구자는 사람들의 경험에 작동하는 파워의 작동을 그려 내기 위해 다양한 자료 세트를 가로질러 증거를 매핑한다. 이렇게 매핑을 계속함으로써 연구자는 지배 관계의 작동이 드러나는 것을 볼 수 있게 된다(Spina, 2017: 57).

그런데 연구자에 따라서는 연구 초기에 텍스트 과정을 매핑하고 싶어 하기도 한다. 연구 초기 단계에서 연구자가 제도적 과정을 배우기 시작하기 때문이다. 이때 텍스트가 일 과정을 어떻게 매개하는지에 관심을 기울인 연구자는 매핑을 통해 제도적 과정을 보다 가시적으로 보고 싶어 할 수 있다. 제도적 문화기술지는 모든 텍스트를 분석에 사용하지는 않는다. 그러므로 모든 텍스트에 대한 분석이 완료돼야 매핑을 할 수 있는 것은 아니다. 이런 점에서 인터뷰 초기에도 텍스트 과정을 매핑할 수 있다(DeVault & McCoy, in Smith, 2006: 34-35). 연구 초기에 그린 매핑은 이후 연구가 진행되면서 명확해지고 정교해진다.

③ 담론

도로시 스미스에 의하면, 담론은 사람들의 위에 서서 그리고 사람들에 반대해서 그들의 삶에 지나친 파워를 행사한다. 제도적 문화기술지의 담론이 Foucault가 사용한 담론과 다른 점은 담론의 근원과 존재를 텍스트로 매개된 사회관계에서 찾는다는 점이다(스미스, 2014: 204). 매핑에는 이러한 담론을 포함해 기록할 수 있다. 담론이 일 과정의 어느 지점에서 작동하는지를 지도에 표시할 수 있다. 그러나 담론은 모든 제도적 문화기술지 매핑에 항상 포함되는 것은 아니다. 모든 제도적 문화기술지 연구가 담론의 작동에 관심이 있는 것이 아니기 때문이다. 그러나 많은 제도적 문화기술지 연구에서 담론은 중요하다. 왜냐하면 제도적 세팅에서 담론은 텍스트를 매개로 하여 실제에서 파워를 행사하기 때문이다.

④ 사람들

매핑에는 사람들(people) 혹은 행위자들에 관한 정보도 포함된다. 여기서 사람들이란 반드시 정보제공자를 가리키지 않는다. 사람들은 정보제공자와 직접적 간접적으로 상호작용한 행위자들을 말한다. 연구자는 정보제공자의 일 지식을 통해 직간접적으로 상호작용한 사람들 속에서 정보제공자를 선택할 수 있다. 매핑은 서로 다른 위치에 있는 사람들의 활동이 어떻게 연결되어 있는지를 보여 준다.

예를 들어, 연구자가 기초수급 신청자를 인터뷰한 경우 그 인터뷰 자료에는 서로 다른 제도적 위치에 있는 사람들이 등장한다. 동주민센터의 복지공무원, 구청의 조사팀 공무원, 지역사회 복지관의 사회복지사, LH 주택 관리사, 같은 동네에 사는 다른 기초수급 신청자 등이 '사람들'이다. 연구자는 이들 중 동주민센터 복지공무원과 구청의 조사팀 공무원만을 정보제공자로 선택해 자료를 수집할 수 있다.

매핑에는 정보제공자의 이야기 속에 등장하는 모든 사람을 포함해야 하는 것은 아니다. 정보제공자와 직간접적으로 상호작용한 사람들 속에서 의미 있다고 여겨지는 사람들을 포함한다. 위의 예에서 지역사회 복지관의 사회복지사나 LH 주택 관리사는 매핑에서 제외될 수 있다. 만일 연구자가 이들은 기초수급 신청자들의 일이 어떻게 조직화되는지 그 사회관계를 그리는 데 그다지 중요하지 않다고 판단하면 그렇게 할 수 있다.

⑤ 관련되는 제도들

제도적 문화기술지 연구자가 정보제공자의 이야기를 분석하다 보면 해당 이야기의 이면에 작동하는 제도들을 추적해 들어가는 경우가 허다하다. 예를 들어, 코로나19 확진으로 자가격리된 어떤 정보제공자가 "저 때문에 국가가 너무 큰 비용을 쓰게 해서 국가에 경제적 부담을 주는 것 같아 부담스러워요."라는 이야기를 했다 하자. 이 경우 우리는 이 정보제공자의 이야기 속에서 코로나19 검진의 강제성, 검진 예산 책정의 체계, 자가격리자 지원체계 등과 같은 사회적으로 조직화된 제도적 흔적들을 감지할 수 있고 이들이 어떻게 작동되는지 질문을 던질 수 있다. 만일 연구자가 이러한 흔적들을 좀 더 상세하게 발견하려면 정보제공자의 이야기 속에서 추정되거나 언급된 제도들이 무엇인지 그것이 정보제공자에게 어떻게 작동하는지에 대해 끊임없이 사고하고 추적해야 한다.

제도적 문화기술지의 매핑에는 이렇게 해서 발견된 제도적 흔적들을 숙고하여 포함한다. 물론 발견된 모든 제도적 흔적이 포함되는 것은 아니고, 매핑의 흐름과 구조에 중요하다고 여겨질 때 포함된다. 매핑은 정보제공자 개인별로도 할 수 있고, 같은 제도적 위치에 있는 집단별로도 할 수 있으며, 세팅별로도 할 수 있는 등 연구자가 필요하다고 생각하면 다양한 방식으로 여러 개의 맵(지도)을 산출할 수 있다. 연구자에 따라서는 매핑할 때 사이트(site)을 표시해 주기도 한다. 각각의 매핑에서 발견된 관련 제도들은 제도 간 및 사람들의 행위들과 연결되어야 한다. 왜냐하면 매핑은 하나의 단일한 것이 아니라 여러 개의 다양한 매핑을 연결하고 이어 맞추어야 비로소 조직화를 보여 주는 '지도'가 만들어지기 때문이다.

매핑은 사람들의 언어와 그들이 정의한 현실을 통해 그 사람의 경험이 어떻게 모양새 지워졌는지 그 구조의 제도적 역할을 밝혀야 한다. 이를 위해 연구자는 자료를 묘사하여 보고하는(reporting) 방식이 아니라, 일어나고 있는 사회관계의 조직화를 보여 주는 방식으로 제시해야 한다(Wright, 2017: 48). 여기서 로칼 세팅을 넘어

사회관계의 조직화를 보여 준다는 것은 사람들의 이야기를 그저
묘사만 하는 것도, 개념이나 이론을 거부한다는 뜻도 아니다. 이 말
이 의미하는 것은 정보제공자가 묘사한 경험적 이야기에 연구자가
확실한 증거를 대야 한다는 뜻이다(Octarra, 2017: 137).

(3) 매핑의 예

제도적 문화기술지를 위한 하나의 분석 방법이 없듯이, 매핑에
도 어떤 정해진 형태가 있지 않다. 분석 과정에서 매핑은 흔히 그림
이나 도표와 같은 다양한 형태를 띤다. 어떤 연구는 선형적 형태로,
또 어떤 연구는 단계적 형태로, 그리고 또 다른 연구는 순환적 형태
를 띠는 등 다양하다. 연구자는 연구 과정에서 요구되는 매핑의 방
법이나 형태를 자유롭게 선택할 수 있다. 이렇게 다양한 방식으로
이루어지는 매핑은 연구 과정에서 문제를 발견하는 도구로 또
연구 단계를 발전시키는 도구로 가장 많이 사용된다.

제도적 문화기술지에서 매핑에 관한 방법을 발전시킨 사람은
Turner이다(Adam, 2017: 50). 그녀가 발전시킨 매핑의 방법은 '일-
텍스트-일'(혹은 텍스트-일-텍스트)의 시퀀스를 그리는 것이다. 이
것은 제도적 문화기술지에서 가장 일반적으로 사용되는 매핑의 방
식이다. 그녀의 매핑 방법은 일어나는 것들이 어떻게 사람들의 일
과 그 일을 조정하는 텍스트의 상호관계 속에서 생산되는지를 볼
수 있게 한다. 그녀는 이러한 매핑 방법을 통해 제도적 과정이 어
떻게 이루어지는지, 그것의 제도적 속성이 어떠한지를 보여 주면
서 제도적 과정을 분석하였다. 이렇게 매핑은 일-텍스트-일의 시
퀀스를 통해 제도적 과정을 채워 나가게 되는데, 이는 구조적 재현

(schematic representation)으로 불린다(Turner, 2006: Smith, 2006: 9).

Turner는 자신이 거주하는 지역의 도시계획이 어떻게 토지개발을 조직화하고 주민과 환경 단체의 개입을 막는지 알고 싶어서 한 연구들(1995, 2003)을 통해 텍스트에 기반한 일 과정(text-based work process)을 매핑하였다. 이때 그린 여러 맵 중에서 '제도적 텍스트와 계획의 사회관계' 맵(부록 참조)에는 여러 세팅의 행위자들, 공공 세팅에서의 일 과정, 공공 세팅을 포함한 전반적인 제도적 일 과정, 일 과정에서 작동하는 텍스트들이 포함되어 있다. 이 맵을 통해 우리는 도시계획, 토지개발, 환경의 개입과 관련된 지배 관계를 볼 수 있다(Turner, 2006: Smith, 2006: 139, 146-151). 많은 제도적 문화기술지 연구가 다양한 방식으로 매핑을 하지만 그것들은 Turner의 틀을 뼈대로 하여 변형하거나 확장한 것이다.

(4) 매핑의 유용성과 한계

이렇게 자료를 매핑하고 다각화하는 과정은 시간이 많이 소비된다. 그러나 매핑은 제도적 구조 속에 감춰져 있고 정보제공자들에게는 분명하지 않은 것을 찾아내게 한다. 자료 세트들을 가로질러 읽으면서 매핑하는 분석적 작업은 정보제공자들의 경험을 분류하는 것에 머무르지 않게 하고 더 큰 지배 관계의 모습으로 나아가게 한다(McCoy, 2006: 117, Spina, 2017: 57에서 재인용).

이런 점에서 여러 사이트, 여러 규모의 장들을 가로질러 매핑하는 것은 정치적, 경제적, 사회적 관계에 대한 이해를 증진하기 위해 매우 중요하다(Billo & Mountz, 2016: 215). 제도적 문화기술지는 정해진 방법론적 과정이 없지만, 파워가 어떻게 작동하는지 그려

내기 위해 다양한 자료 세트들을 가로질러 증거를 매핑하면 일반
성을 갖춘 질적 방법이 된다. 앞의 예에서 알 수 있듯이, 매핑을 통
해 산출된 '맵'은 복잡한 사회적 조직화를 한눈에 보여 주는 연구결
과로 사용된다.

　이처럼 매핑은 제도적 문화기술지 분석에서 매우 인기가 있는
분석 도구임이 분명하지만, 그렇다고 매핑에 한계가 없는 것은 아
니다. 즉, 제도적 문화기술지 연구는 매핑을 사용해야 한다는 기대
감이 매우 큰 게 사실이지만, 그것이 표현하는 지식의 사회적 조직
화는 분명한 한계를 가진다. 3차원적으로 일어나는 사회적 조직화
를 평면상에서 그리는 것은 분명한 한계가 있기 때문이다. 매핑의
선형적, 평면적 특성은 제도적 문화기술지 연구에 일정의 한계를
가진다(Peet, 2014: 112).

　그러나 이러한 한계에도 불구하고, 제도적 문화기술지에서 매핑
은 아주 유용한 분석적 도구임은 분명하다. 혹자는 제도적 문화기
술지에서 매핑은 필수적이라고 주장하기도 한다(Carrier, Freeman,
Levasseur, & Desrosiers, 2015: 215). 심지어 Campbell(2016: 249)은 제
도적 문화기술지가 목표로 하는 '해명(explication)'은 주체의 활동을
조정하고 경험을 형성하는 사회적 조직화를 발견하고 매핑하는 것
이라고 할 만큼 제도적 문화기술지와 매핑을 동일시한다. 즉, 사회
적 조직화의 모습을 밝혀내려면 반드시 매핑이 필요하다는 것이다.
정도의 차이는 있지만, 대부분의 제도적 문화기술지 연구가 매핑을
사용한다. 어떤 연구는 매핑을 사용하여 아주 정교하게 조직화의
모습을 그려 낸다. 연구자들은 매핑을 위해 다양한 소프트웨어 프
로그램을(예: OnNote 프로그램 등) 사용하기도 한다(Spina, 2017: 51).

6) '분석적 글쓰기'를 사용한다

제도적 문화기술지 연구자는 분석에 대한 불안을 가질 수 있다. 어디에서도 제도적 문화기술지의 분석에 대해 일목요연하게 기술되어 있지 않기 때문이다. 제도적 문화기술지 연구의 분석을 위해 유용한 기법들 중 하나는 모든 것을 글로 써 보는 것이다. Campbell과 Gregor(2004)는 이를 '분석적 글쓰기(anlalytic writing)'라 불렀다.

우리는 흔히 글쓰기는 자료분석이 다 끝난 다음에 하는 것으로 알고 있다. 그러나 제도적 문화기술지는 분석의 과정에서 발견되는 것들에 대해 글을 써 보는 것 자체가 분석이다. 작은 조각의 글들을 써 봄으로써 자료에 대해 무언가 말할 수 있고, 그들을 분석적으로 사용할 수 있다. 예를 들어, 문제틀을 발견할 때나 텍스트의 작용을 분석할 때 또는 조직화 양상을 그려 볼 때도 써 보는 것이 좋다. 이렇게 써 본 작은 조각들은 나중에 전체 조직화 양상을 그려 내는 데 매우 중요한 역할을 한다.

그런데 분석적 글쓰기를 위한 정해진 기법은 없다. 분석적 글쓰기에는 연구자가 사고한 것, 정보제공자의 자료에서 발견된 문제틀을 반영하여 쓰는 것이 일반적이다. 분석한 것을 써 본다는 것이 쉬운 일이 아니다. 언제 글을 써야 하는지, 얼마만큼의 분량을 써야 하는지 규칙으로 정해진 것은 없다. 그것은 연구자의 판단과 스타일에 따라 다르다. 그러나 제도적 문화기술지 분석의 과정에서 이루어지는 일반적인 글쓰기의 양상과 진전을 묘사할 수는 있다. 우선 초기 자료를 분석할 때는 연구자에게 보이는 것을 스토리로 써 본다. 예를 들어, 보육교사들이 아이들을 돌볼 수 없는 것은 부모

들의 자녀 안전에 대한 욕구를 우선으로 하는 정책 때문이라거나
(이은영, 2019), 요양원 장기 거주자들이 점차적으로 빈곤해지는 것
은 글로벌 기업이 수익—비용 모델을 운영모델로 하기 때문이라는
(Diamond, 2006) 아주 간략한 형태의 스토리를 써 본다.

　이 스토리는 분석이 점차 진행되고 이를 글로 써 가면서 점차 명
확해지고 구체화 된다. 글을 쓸 때는 문제틀을 중심으로 자료에 대
해 사고하는 것이 중요한데, 분석이 진행되면서 더 상세한 문제틀
이 더 많이 발견되기 때문이다. 연구자는 이 발견된 문제틀을 기반
으로 조직화에 대한 일종의 스케치를 글로 써 본다. 그리고 분석이
진행되면서 구체적인 자료 조각들에 대해서도 스토리를 글로 쓴
다. 이렇게 더 많은 자료 조각들을 분석하여 글로 쓰게 되면 분석
초기에 보였던 스토리가 더욱 발전되고 명확해진다. 이렇게 하여
최종적으로 사람들의 행위가 어떻게 조정되고 조직화되는지에 대
해 글로 쓴다(Campbell & Gregor, 2004: 99).

　제도적 문화기술지 연구에서 분석과 글쓰기를 가르는 것은 잘못
이다. 글을 쓰는 동안 분석은 계속해서 이루어진다. 분석가는 글을
써 봄으로써 자료에 대해 무언가를 구성해 낼 수 있고, 그다음 분석
으로 나아갈 수 있다. 그래서 제도적 문화기술지 분석에서는 누군
가 이야기할 수 있는 사람에게 분석의 조각들에 대해 스토리를 말
해 보고, 그 말한 것을 글로 써 보라는 방법이 널리 사용되고 있다.
이렇게 스토리를 글로 써 보면 그 속에서 분석의 핵심을 만들어 낼
수 있다. 제도적 문화기술지 연구자는 "쓰고 또 써 보아라. 써 본 조
각들이 분석을 구성하는 방법이다."라는 것을 유념할 필요가 있다
(Campbell & Gregor, 2004: 84-86).

　이러한 분석적 글쓰기 기법을 자료분석 과정에 적용하는 데 있

어 도움이 되는 방법 중 하나는 자료에 관해 배운 것을 서로 얘기로 나눌 수 있는 누군가를 찾으라는 것이다. 연구자는 그에게 자신이 보고 알게 된 것을 설명하고, 질문을 듣고, 그 질문에 답해 본다. 이렇게 누군가에게 말을 하게 되면 엄청난 양의 자료에서 스토리를 조망할 수 있다. 만일 누군가의 질문에 답을 할 수 없을 때는 주의를 기울여야 한다. 이런 방식으로 스토리를 이야기해 보는 것은 '분석적 글쓰기'에 포함되어야 할 자료의 요소를 결정하는 데 도움을 준다. 자료에서 말할 수 있는 것이 무엇이고, 말할 수 없는 것이 무엇인지를 아는 것이야말로 분석에서 진정한 진전이다(Campbell & Gregor, 2004: 92).

7) 자료에 대하여 계속해서 질문을 던지고 사고한다

기존의 질적 연구와 마찬가지로, 제도적 문화기술지 분석 과정에서 빈번하게 사용되는 전략 중 하나는 질문을 던져 보는 것이다 (Campbell & Gregor, 2004: 84). 연구자는 인터뷰 자료에 질문을 던짐으로써 자신이 찾고자 하는 지배 관계에 대한 이해를 좀 더 분명히 할 수 있다. 그러면 제도적 문화기술지 연구자는 지배 관계에 대한 이해를 발전시켜 가기 위해 무엇을 향해 어떤 질문들을 던져야 할까? 제도적 문화기술지 연구자는 분석 과정에서 일, 텍스트, 사회관계와 같은 개념적 도구를 사용하여 자료에 질문을 던지고 그것에 관해 깊이 사고함으로써 사회적 조직화, 지배 관계에 관한 이해를 발전시켜 나갈 수 있다.

첫째, 제도적 문화기술지 연구자는 정보제공자의 '일', '일 지식'에 대해 질문을 던져야 한다. 제도적 문화기술지는 사람들의 일이 일상과 일상을 넘어 어떻게 연결되는지, 일의 시퀀스가 어떻게 구성되는지에 대해 일차적 관심을 가진다. 즉, 연구자는 제도적 문화기술지 자료를 분석할 때 일 개념을 사용하는데, 이렇게 하면 개인과 제도 사이의 접점, 제도적 연결고리가 보이기 때문이다. 이때 연구자가 사람들의 일상 경험에서 제도적 연결고리를 찾기 위해서는 자료에 질문을 던지고 사고해야 한다.

연구자가 던지는 질문의 예를 들어 보면 다음과 같다. 정보제공자들이 묘사하고 있는 '일'은 무엇인가? 정보제공자들에게 '일'은 무엇을 포함하는가? 정보제공자들의 '일'은 어떻게 다른 사람들의 '일'과 연계되는가? '일'에는 어떤 기술이나 지식이 요구되는가? '일'을 어떻게 느끼는가? 그 '일'을 발생시키는 것은 무엇인가? '일'은 어떻게 제도적 일 과정과 제도적 질서로 연결되는가? 이 일의 문제틀은 무엇인가? 이 일은 어떠한 사회관계의 한 조각인가? 물론 이 질문 모두를 던져야 하는 것은 아니다. 연구자가 자료에서 찾고자 하는 수준에 부합하는 질문을 던지면 된다. 연구자는 자료에 이러한 질문을 던지고 그 질문에 대한 답을 생각하고 찾는 과정에서 문제틀이 보이고, 일상과 일상을 넘어 연결된 일의 시퀀스를 볼 수 있게 된다.

정보제공자의 일에 질문을 던지는 구체적인 예를 들어 보자. 어떤 연구자가 수급 신청 여성을 인터뷰하는 과정에서 기초수급 신청을 위해 서류를 준비하는 것이 너무 힘들었다고 말하면서 그중에서도 특히 시골에 사시는 시댁에서 서류를 받느라 몸도 아픈데 시골까지 갔다 왔다고 말했다고 하자. 서류를 준비하느라 시골까지 힘든 몸을 끌고 다녀왔다는 것은 수급 신청 여성의 '일'이다.

연구자는 이 일에 대해 '어떻게 해서, 무엇 때문에 이 여성은 시골까지 가게 되었을까?'(즉, 이 일을 발생시킨 것은 무엇인가?)라는 질문을 던지고 이 질문에 대한 답을 찾는 사고의 과정을 거쳐야 한다. 이 사고과정을 통해 연구자는 이 여성이 아픈 몸을 끌고 시골의 시댁까지 갈 수밖에 없었던 것은 부양의무자의 '금융정보 등 제공 동의서'를 제출해야 부양의무자의 재산과 소득을 조사할 수 있기 때문임을 알게 된다. 결국, 이 여성의 이러한 일을 발생시킨 것은 "부양의무자 '금융정보 등 제공 동의서'"라는 텍스트 때문이며, 이는 이 여성의 경험을 설명하는 하나의 문제틀이 된다.

둘째, 연구자는 분석을 위해 텍스트에도 질문을 던진다. 제도적 문화기술지 연구는 일의 시퀀스를 그린다고 하여 그것이 목표로 하는 사회적 조직화를 그리게 되는 것은 아니다. 일의 시퀀스에서 이 일들을 조정하는 텍스트의 작동을 함께 분석해야 한다. 물론 일을 중심으로 분석하다 보면 자연스럽게 텍스트가 딸려 온다. 이때 연구자는 텍스트에 대해서 질문을 던지고 사고해야 한다. 텍스트들이 어떻게 조정하고 힘을 발휘하는지, 텍스트가 어디로 이동하여 누구의 일을 조정하는지, 텍스트로 매개되는 담론과 그것이 어떤 힘을 발휘하는지에 관심을 가지고 질문을 던져야 한다.

예를 들면, '이 텍스트는 정보제공자의 일을 어떻게 조정하나?' '이 텍스트는 어떻게 로칼과 로칼 밖을 연결(매개)하나?' '텍스트들 사이의 위계는 어떠한가?' '규제적 역할을 하는 텍스트는 무엇인가?' '규제적 텍스트 역할을 하는 텍스트에 들어 있는 담론은 무엇인가?' '이 담론이 실제에서 어떻게 사람들의 일을 규제하나?' '이 텍스트가 왜 이런 모양을 띠게 되었을까?' 등 연구 상황에 부합하는 다양한 질문을 텍스트에 던진다. 연구자는 이들 질문에 대한 답을 찾아가는 과정에서 일과 텍스트가 어떻게 결합하고 작동하여 조직화되는지를 보게 된다.

연구자는 앞에서 언급한 부양의무자 '금융정보 등 제공 동의서'라는 텍스트에 여러 질문을 던질 수 있다. 이 텍스트는 수급 신청 여성의 일을 어떻게 조정했나? 이 여성에게 어떤 힘을 발휘했나? 이 텍스트는 어디로 이동하며 누구의 일과 연관되나? 그 누구는 이 텍스트를 가지고 어떤 일을 하며, 이 수급 신청 여성에게 어떤 영향을 미치나? 이러한 다양한 질문을 던지면서 해당 질문에 대한 답을 찾아가야 한다.

연구자는 '금융정보 등 제공 동의서'가 이 여성에게 시간과 돈을 들여 먼 시골까지 가도록 했고, 복지공무원이 이 여성에게 해당 서류를 독촉하도록 했다는 것을 알게 된다. 또 더 나아가 이 텍스트는 구청의 조사팀 복지공무원에게 넘어가 부양의무자의 소득과 재산을 사정하는 근거가 됨으로써 수급 여부를 결정짓는 힘을 발휘한다는 것을 알게 된다. 이렇게 텍스트에 던진 질문에 대한 답을 찾아가는 과정에서 연구자는 그 수급 신청 여성의 개인적인 행위 너머에 존재하고 있는 더 큰 제도적 관계, 지배 관계를 그려 나가게 된다.

이처럼 제도적 문화기술지 연구자는 제도적 문화기술지의 주요 개념들을 숙지하고 이를 사용해 자료에 질문을 던지고 사고하는 것이 자료분석에서 매우 중요하다는 점을 인식해야 한다. 연구자는 문제틀을 중심으로 자료의 요소들에 대해 읽고, 생각하고, 질문을 던지고, 써 보아야 한다(Campbell & Gregor, 2004; Campbell, 2006: 98). 이러한 방법은 얼핏 애매하고 모호하게 보이지만, 이들이야말로 제도적 문화기술지 자료를 분석하는 데 꼭 필요한 것이다.

12장
자료분석의 과정

제도적 문화기술지는 일상의 구체적인 경험을 확인하고, 그 경험을 모양새 짓는 제도적 과정을 확인하며, 이 제도적 과정이 그 경험의 근거로 어떻게 작동하는지를 분석한다. 제도적 문화기술지 분석의 가장 큰 특징은 연구 시작과 동시에 분석이 이루어진다는 점이다. 제도적 문화기술지 연구는 누군가의 경험에서 시작하는데, 이 경험을 제도적 문화기술지 연구로 방향을 틀려면 그 경험이 단절의 경험임을 알아채야 한다. 그런데 단절의 경험을 알아채는 것은, 저절로 이루어지지 않는다. 연구자가 해당 경험의 유경험자라면 몰라도, 그렇지 않을 경우는 정보제공자의 이야기를 들어보거나 관찰해야 한다. 그러자면 자료를 수집하고 분석해 보아야 한다. 그러므로 제도적 문화기술지는 연구의 시작과 함께 자료를 분석하는 과정을 거친다. 따라서 이 책의 구성은 편의상 자료분석을 후반부에 배치했지만, 실제에서 분석은 연구의 시작부터 이루어지며 이어 연구 과정 동안 지속적으로 이루어진다고 보아야 한다.

또 제도적 문화기술지 분석의 또 다른 특징은 분석이 순차적으로 이루어지지 않고, 뚜렷한 절차와 과정이 있지 않다는 점이다. 따라서 제도적 문화기술지 자료분석 과정은 연구자가 앞의 11장에서 소개한 몇몇 전략과 방법을 자유자재로 사용하여 연구 질문에 대한 답을 얻어야 한다. 이것이 바로 많은 연구자가 제도적 문화기술지의 실행 과정을 설명하기 어렵고, 연구자들이 분석 앞에서 불안을 느끼는 이유이다. 그리고 이것이 바로 도로시 스미스가 제도적 문화기술지의 절차를 설명할 수 없다고 말한 이유이다.

제도적 문화기술지 자료분석의 이러한 특징 때문에 연구자마다 다소 다른 분석 과정을 거친다. 그러나 이러한 차이에도 불구하고 많은 제도적 문화기술지 연구를 검토해 보면 큰 틀에서 일정 정도 공통적 요소들을 발견할 수 있다. 따라서 이 장에서는 이들을 토대로 자료분석에 포함되어야 할 구성요소들을 분석의 절차라는 관점에서 개략적으로 제시하기로 한다. 그렇다고 여기서 제시하는 과정을 도그마로 여겨서는 안 된다. Glaser와 Strauss의 말대로 연구자가 자기만의 레시피를 만들어 가야 한다(글레이저, 2014; 스트라우스 & 코빈, 2001). 이 장에서 제시하는 분석 과정은 도식화된 분석 과정이 결코 아니며 연구자가 얼마든지 자신의 스타일에 맞게 변용해 사용할 수 있음을 유념할 필요가 있다.

앞에서 언급했듯이, 제도적 문화기술지의 자료분석은 연구의 시작과 함께 지속적으로 이루어진다. 자료분석의 전 과정에서 핵심은 지속적으로 문제틀을 찾아 이어 맞추는 것이다. 그것은 단계로 명확히 구분되지 않는다. 이러한 점을 염두에 두고 여기서는 제도적 문화기술지 자료분석의 과정을 두 과정으로 구분해 설명해 보기로 한다. 첫째, 자료를 읽고 숙고하면서 제도적 관계를 스케치하기, 둘째, 자료를 분류하고 코딩하면서 문제틀을 발전시켜 나가기이다. 사실 이 두 과정은 하나의 과정으로 볼 수도 있다. 이 두 과정 중에서 핵심은 두 번째 과정에 있다. 두 번째 과정 안에는 조직화를 그리기 위해 핵심적으로 필요한 일 과정, 텍스트의 조정, 텍스트의 위계, 텍스트로 매개되는 담론 추적하기, 종합적 이어 맞추기 모두가 포함되어 있다. 두 번째 과정을 하나의 과정으로 묶은 것은 제도적 문화기술지의 분석이 구분되는 지점이 명확하지 않은 연속적인 과정이기 때문이다. 그러면 자료분석의 각 과정에 대해 좀 더 상세하게 살펴보자.

1. 자료를 읽고 숙고하면서 제도적 관계를 스케치하기

1) 제도적 문화기술지에서 자료를 숙고한다는 것은 무엇인가

제도적 문화기술지의 첫 자료분석은 초기 자료를 전체적으로 읽고 숙고하면서 거기에서 드러나는 제도적 관계에 관한 스토리를 스케치해 보는 것이다. 제도적 문화기술지 연구자는 가장 먼저 인터뷰 녹취록 혹은 관찰 자료를 여러 번 읽거나 혹은 녹음된 것을 여러 번 들으면서 자료에 밀착하고 숙고한다. 이때 연구자는 연구의 시작과 함께 이 초기 자료에서 단절의 경험을 확인하기 위해 자료를 분석한다. 그러면 제도적 관계의 윤곽이 눈에 들어오고, 단절의 경험 기저에 어떤 스토리가 흐르는 것을 보게 되는데, 이것이 제도적 관계를 스케치하는 것이다.

　　도로시 스미스에 의하면, 제도적 문화기술지에서 발견과 재발견은 자료를 읽고 또 읽음으로써 이루어진다(스미스, 2014). 연구자에 따라 다르지만 많은 제도적 문화기술지 연구자들은 녹취록을 여러 번 읽으면서 자신이 던진 연구 질문에 대한 답을 스케치해 본다. 그러나 이것이 자료를 그저 제도적 문화기술지에 대한 아무런 지식 없이 여러 번 읽기만 하라는 의미는 아니다. 제도적 문화기술지의 전제와 여러 이론적 개념들을 가지고 자료를 읽어야 한다는 것을 의미한다.

　　이처럼 초기 분석에서 '숙고'는 자료를 그저 여러 번 읽는다고 이루어지지 않는다. 해석적 질적 분석이 자료를 숙고하면서 자료를 관통하는 주제 개요를 찾아내는 것이라면, 제도적 문화기술지의 초기 분석은 숙고하기 위해 먼저 제도적 문화기술지의 핵심 개념들을 이해하고 있어야 한다. 특히 일, 텍스트, 제도적 담론, 입장, 문제틀, 사회관계 등에 대한 이해가 없이는 '숙고'는 그저 인터뷰이가 이야기한 스토리를 이해하는 수준에 머물기 쉽다.

　　제도적 문화기술지에서 자료를 숙고해 제도적 관계를 스케치하는 것은 단순히 자료에 드러난 스토리를 이해하는 것이 아니라, 자료 이면에 어떤 제도적 관계가 작동하고 있는지 개략적으로 그려 보는 것이다. 이때 드러나는 제도적 관계는 또렷할 수도 있지만 어렴풋하고 모호할 수도 있다. 물론 연구자가 해당 연구 영역에서 오래 일한 경험이 있다면 이는 순식간에 혹은 이미 알고 있을 수 있다. 대개 이 과정에서는 개괄적인 형태의 제도적 관계가 드러난다. 이는 이후의 분석 과정을 통해 정교화되고 수정된다.

　　그런데 연구자에 따라서는 자료 숙고에 들어가기 전이나 자료를 수집하기 전에 해당 주제와 관련하여 연구자가 가지고 있는 일 지식

을 확인하고, 문헌이나 웹사이트에서 텍스트를 검토해 이들을 매핑
해 보기도 한다(Clune, 2011). 이러한 작업은 연구를 시작할 때 할 수
도 있고, 자료분석에 진입하기 전에 할 수도 있다. 자료분석에 들어
가기 전에 이러한 작업을 하면 이후 분석되는 자료에서 드러나는 것
과 비교되므로 자료분석의 내용을 더 명료하게 볼 수 있다. 그러나
이러한 사전 검토는 반드시 이루어져야 하는 것은 아니다. 이것은
연구자의 선택이다. 만일 이 사전 작업에 너무 많은 시간과 노력을
들이면 오히려 분석에 진입하기 전에 연구자가 지쳐버릴 수 있다.
초기 분석 과정에서 어떤 작업을 하든 공통적인 것은 자료에 밀착
하여 자료를 숙고하고 개략적인 제도적 관계를 스케치하는 것이다.

2) 제도적 관계를 스케치하기 위해서는 어떻게 해야 하는가

(1) 문제틀을 염두에 두고 자료 읽기

제도적 관계를 스케치하기 위해서는 연구자가 문제틀을 염두에
두고 자료를 읽어야 한다. 문제틀은 일상에서의 사람들의 일과 그
일을 형성하는 제도적 구조를 연결하는 도구이다. 우리는 문제틀
을 찾음으로써 그리고 그 문제틀들을 서로 연결하고 사고해 봄으
로써 입장 정보제공자를 둘러싼 조직화와 지배 관계를 볼 수 있다.
사실 제도적 문화기술지 분석은 처음부터 끝까지 문제틀을 찾는
과정이라 해도 과언이 아니다. 그래서 제도적 문화기술지 연구자
들은 분석에서 "끊임없이 문제틀로 돌아가라."라는 지침을 강조한
다(Octarra, 2017).

이처럼 제도적 문화기술지 분석의 전 과정에서 문제틀을 찾는 것은 가장 핵심적이다. 연구자가 제도적 관계를 스케치하기 위해서는 정보제공자의 녹취록을 문제틀을 염두에 두면서 읽어 가야 한다. 초기 분석에서의 문제틀은 연구자가 자료를 죽 읽어 가면서 문제틀을 감지하고 메모하는데, 이를 통해 드러나는 문제틀과 제도적 관계는 성글고 개괄적인 모습을 띤다. 그러나 분석이 진행되어 가면서 문제틀은 매우 정교하고 구체적인 모습을 띤다.

문제틀을 찾아 제도적 관계를 스케치하기 위해 연구자는 가장 먼저 녹취록을 읽으면서 정보제공자들이 어떤 경험을 하고 있고 어떻게 살아가는지 배워야 한다. '배운다'는 태도는 제도적 문화기술지에서 매우 중요하다. 연구자는 일차(입장) 정보제공자에게서 배우고, 그 배운 것을 토대로 이차 정보제공자에게서 배운다. 제도적 문화기술지 연구자는 정보제공자의 이야기를 사회관계 혹은 제도적 관계의 한 조각에 불과한 것으로 보아야 하므로 각각의 조각에 대해 끊임없이 배우는 태도 없이는 조각을 이어 맞추지 못한다.

이렇게 연구자가 자료를 읽으면서 배우는 과정은 비록 개괄적인 제도적 관계의 모습을 그려 보는 것이기는 해도 분석적 작업이 요구된다. 즉, 자료를 여러 번 읽으면서 '직관적으로' 떠오르는 것 속에서 제도적 관계를 그리기보다는 '문제틀'이라는 개념적 도구를 사용해 자료를 숙고할 필요가 있다. 이때 제도적 문화기술지의 개념을 사용하면 문제틀을 찾고 제도적 관계를 스케치하는 데 도움이 된다. 예를 들어, '일'을 중심으로 자료를 읽으면서 정보제공자의 그 일 지식이 어떻게 해서 발생한 것인지 질문을 던지면서 사고한다든가, 여기에 어떤 사회관계가 있는지 생각해 본다든가 하는 것이다. 이렇게 하여 드러나는 문제틀을 정보제공자의 행위와 맥락을 연결하면서 어떤 제도적 관계가 작동하고 있을 것인지에 관해 사고하면 제도적 관계의 개요가 그려진다.

(2) 문제틀의 조직화로 어떤 제도적 관계가 발생했을지 스케치

제도적 관계에 대한 스케치는 매핑을 해 보거나 간단한 글을 써봄으로써 명료해진다. 특히, 발견된 제도적 관계를 간략하게 글로써 보는 분석적 글쓰기가 도움이 된다. 이때 쓰는 간략한 글은 자료에서 발견된 제도적 관계에 관한 주된 이야기 개요(story line)로서 조직화를 구성하는 핵심 사건과 아이디어이다. 글쓰기의 형식과 정도는 연구자에 따라 다른데, 초기 분석 단계에서 자료를 얼마나 구체적으로 사고했는지에 따라 다르다. 아주 간략하게 쓰기도 하고 좀 더 구체적으로 쓰기도 한다.

예를 들어, Campbell(2006)은 장기요양 병원의 서비스 질 관리 전략이 요양보호사와 클라이언트에 어떤 영향을 가져왔는지에 대한 제도적 문화기술지 연구에서, 수개월 동안 했던 필드워크를 통해 다음과 같이 제도적 관계를 간략하게 글로 스케치하였다. "민주적임을 표방한 질 관리 전략은 표방한 것과는 달리, 돌봄에 대한 병원의 이데올로기를 바꾸었고, 이는 돌봄 제공자의 정신과 마음을 시장적 가치(경쟁, 생산성, 비용효과)로 식민화하였다"(Campbell, 2006: 93). 또 다른 예로, 입장 정보제공자인 첫 번째 수급 신청자의 일에 대한 초기 분석 결과를 글로 쓰면 다음과 같다. "국가는 기초 수급 신청자들에게 공적 자료를 우선하고 공적 자료로 입증하도록 함으로써 신청 의욕을 떨어뜨리고 신청 포기를 유도하는 등 신청 억제체제를 구축한다."

이처럼 제도적 관계를 스케치하기 위해서는 발견된 문제틀들을 보면서 이들의 조직화로 인해 어떤 제도적 관계가 발생했다고 말할 수 있는지 마음속에 질문을 던지면서 사고하는 과정을 거쳐야 한다. 글로 쓰는 스케치는 앞의 예에서 보듯이, 문제틀이 조직화되어 드러나는 임시 주제의 형태를 띤다. 예를 들어, Campbell(2006)의 스케치에는 시장화된 돌봄 제공자의 정신과 마음이, 병원의 서비스 질 관리 전략과 병원의 이데올로기라는 문제틀의 조직화로 인해 발생했을 것이라는 임시 주제가 담겨 있다. 마찬가지로, 수급신청에 관한 스케치에서는 수급 신청자들의 신청 포기가, 신청자 개인의 삶의 상황과 역사보다는 공적 자료를 우선하고 자격 있음을 스스로 입증하는 이념적 틀 속에서 반복되면서 조직화된다는 임시 주제가 표현되어 있다.

물론 기존의 해석적 질적 연구에서도 분석 초기에 임시 주제에 해당하는 주제 개요를 찾는 작업을 한다. 그러나 제도적 문화기술지의 초기 분석은 해석적 질적 연구의 초기 분석과 다르다. 기존의 해석적 질적 연구가 해석을 통한 의미 발견을 통해 임시 주제를 찾지만, 제도적 문화기술지는 자료에서 문제틀을 찾아 이들이 어떻게 조직화되는 것인지를 숙고함으로써 제도적 관계에 관한 임시 주제를 찾는다. 그 결과 해석적 질적 연구는 정보제공자의 경험을 설명하는 데 그치지만, 제도적 문화기술지는 정보제공자의 경험을 가능하게 만든 제도적 관계를 설명한다.

2. 자료를 분류하고 코딩하면서 문제틀을 발전시켜 나가기

이 두 번째 과정은 앞의 첫 번째 과정의 연장선에서 이루어진다. 즉, 개략적으로 발견했던 제도적 관계를 이제 본격적으로 상세하게 분석함으로써 누군가의 경험이 어떻게 사회적으로 조직화되는지를 밝혀낸다. 처음 분석과 마찬가지로 여기서도 분석의 핵심은 문제틀을 발견하는 데 있다. 그러나 이 두 번째 과정은 문제틀을 발견하는 데서 그치지 않고 이들을 서로 연결하여 조직화의 모습을 그려 내야 한다. 즉, 문제틀을 발견해 일 과정을 그리고, 이 일 과정에서 텍스트가 어떤 힘을 발휘하는지, 더 나아가 텍스트로 매개되는 담론들이 어떤 힘을 발휘하는지를 밝혀내야 한다. 그런 점에서 첫 번째 과정의 분석보다 훨씬 더 심화되고 상세한 분석이 요구되고 사고하고 연결 짓는 능력이 요구된다. 문제틀을 발견하고, 이들을 연결해 조직화를 그리기 위해서는 제도적 문화기술지의 많은 개념과 방법이 동원되어야 하기 때문이다. 따라서 이 두 번째 과정에서 분석은 자료를 그저 읽기만 해서는 안 되고 자료를 분류하고 코딩하는 체계적인 작업이 요구된다.

1) 분류와 코딩

일반적으로 대부분의 질적 연구에서 자료분석은 자료를 분류하고 코딩하는 과정을 거친다. 주제를 발견할 때도 이론을 발견할 때도 질적 연구자는 자료를 분류하고 코딩한다. 우리에게 가장 잘 알려진 근거이론을 예로 들더라도 자료 분류와 코딩을 위해 개방코딩, 축코딩, 선택코딩, 이론적 코딩 등과 같은 다양한 개념과 기법들을 제시하고 있다. 제도적 문화기술지도 기존 질적 연구방법들과 마찬가지로 자료를 체계적으로 분석하기 위해 자료를 분류하고 코딩하는 과정이 필요하다.

그러나 제도적 문화기술지에서 자료를 분류하고 코딩하는 것은 기존의 해석적 질적 연구에서 하는 것과 다르다. 기존의 질적 연구방법들은 범주를 찾아내기 위해 추상화라는 작업을 거치고 자료를 분류하는 것도 이러한 목적을 달성하기 위해 사용된다. 이에 반해 제도적 문화기술지는 추상화를 거부한다. 따라서 자료를 분류하고 코딩하는 목적이 범주를 찾아내는 데 있지 않다. 제도적 문화기술지에서 자료를 분류하고 코딩하는 이유는 사람들이 살아가는 삶의 실제와 그 실제 이면에 놓여 있는 사회관계, 사회적 조직화를 발견하여 묘사하는 데 있다.

따라서 제도적 문화기술지 자료분석은 기존 질적 연구와 같은 방식으로 자료를 유형화를 해서는 안 된다. 자료를 유형화하면 제도적 문화기술지가 목표로 하는 조직화는 보이지 않고, 개인의 경험만 보이면서 연구가 개인에 대한 분석이 되어 버리기 때문이다. 기존 해석적 질적 연구에서 하는 식의 분류와 유형화는 일종의 해석적 코딩이다. 연구자의 해석을 통해 코딩하기 때문이다. 그러나 제도적 문화기술지 연구자는 해석적 코딩과 같은 분석 전략을 사용하지는 않는다. 즉, 제도적 문화기술지 연구자는 자료에서 범주와 개념을 찾아내는 작업을 하지 않는다.

이처럼 제도적 문화기술지 분석에서는 인위적인 방식으로 자료를 범주화하지 말아야 하는데, 그렇게 되면 제도적 문화기술지의 핵심인 사회관계를 왜곡하고 모호하게 하기 때문이다. 이것이 바로 자료를 쪼개서 분류하는 것이 도움이 안 된다는 이유이고, 도움이 된다고 하더라도 명백히 위험한 이유이다. 자료를 쪼개서 분류하는 전략에는 제도적 문화기술지와는 다른 인식론과 방법의 흔적이 내포되어 있다(Campbell & Gregor, 2004: 85).

이에 따라 기존의 해석적 질적 연구의 자료 분석에서 자료를 관리하고 분석하는 데 도움을 주는 컴퓨터 프로그램은 제도적 문화기술지 분석에 도움을 주기보다 문제를 가져올 수 있다. 그러나 자료를 단순히 분류하는 차원에서는 컴퓨터 프로그램이 도움이 된다. 제도적 문화기술지 연구자들 사이에서 컴퓨터 프로그램을 사용하는 것에 대해 이견이 있지만, 그래도 컴퓨터 소프트웨어 프로그램들이 제도적 문화기술지 자료를 인덱스하고 분류하는 데는 도움을 준다. 그러나 이것일 뿐, 컴퓨터 프로그램이 분석적 작업을 해주지도, 글쓰기나 사유, 동료와의 토론을 담보해 주지 못하는 것은 분명하다(DeVault & McCoy, 2006: 39).

이렇게 제도적 문화기술지와 해석적 질적 연구 사이에 차이가 존재하는 것이 분명하지만, 여전히 유효한 것은 제도적 문화기술지는 근본적으로 분석적 프로젝트라는 점이다(DeVault & McCoy, 2006: 39). 여기서 '분석적'은 복잡하게 얽혀 있는 것들을 여러 요소로 나누어 살펴봄으로써 거기에서 어떤 질서를 발견한다는 의미이다. 많은 과학적 연구가 분석적 작업을 통해 이루어진다. 제도적 문화기술지도 이와 다르지 않다. 이 분석적 작업을 위해 가장 먼저 하는 것은 자료를 '분류'하는 것이다. 분류는 사물을 이해하기 위해 우리가 일상에서 습관적으로 사용하는 사고과정이다. 분류는 어떤 기준에 따라 사물을 비슷한 것끼리 묶고 다른 것끼리 나누는 사고 기제이다. 이는 자료를 주먹구구식으로 다루는 것이 아니라 체계적으로 다루는 방법이다. 제도적 문화기술지 연구자도 방대한 자료를 좀 더 체계적으로 분석하기 위해서 먼저 자료를 '분류'한다. 이때 분류의 기준이 되는 것은 일반적으로 정보제공자의 '일 지식'이지만, 꼭 이렇게 하지 않아도 된다. 연구자는 자신만의 분류기준을 선택해 자료를 분류할 수 있다.

그리고 이렇게 분류된 자료 조각에 연구자 나름의 코드를 부여한다. 제도적 문화기술지에서 코드는 기존 질적 연구에 비해 느슨하고 정형화되어 있지 않다. 분류된 자료를 제도적 문화기술지 관점에서 보면서 자기 나름의 방식으로 코드를 부여한다. 자료에 코드를 부여하는 것은 자료분석에 편리한데, 왜냐면 일 과정을 발견하고 텍스트의 작동을 찾아내는 분석에서만이 아니라, 다른 정보제공자의 자료와 통합적으로 사고할 때, 혹은 인용문을 선택해 원고를 작성할 때 유용하기 때문이다.

해석적 질적 연구의 분석은 자료를 분류한 다음 그것을 추상화하는 방식으로 코딩하지만, 제도적 문화기술지는 특별히 정해진 방식이나 기준이 없다. 연구자가 조직화를 발견하기 위해 유용하다고 생각한 방법을 선택하여 코딩한다. 예를 들어, 정보제공자 '일'의 문제틀을 코드로 할 수도 있고, 여타의 다른 방식으로 코드를 부여할 수도 있다.

제도적 문화기술지에서 자료를 분류하고 코딩하는 목적은 크게 세 가지로 구분할 수 있다. 첫째는, 일 과정 혹은 일의 시퀀스를 추적하기 위해서이고, 둘째는, 일 과정에서 텍스트의 조정을 추적하기 위해서이며, 마지막으로, 텍스트로 매개되는 담론의 파워를 발견하기 위해서이다. 제도적 문화기술지 연구는 이들 모두를 포함하기도 하지만 연구에 따라서는 이들 중 일부에 초점을 두기도 한다. 먼저 일 과정을 추적하기 위한 분석에 대해 살펴보자.

2) 일 과정을 추적하기

제도적 문화기술지가 목표로 하는 조직화는 일차적으로 정보제공자들의 자료로부터 '일 과정' 혹은 '일의 시퀀스(work sequences)'를 발견하는 것이다. 일 과정을 그리려면 입장 정보제공자와 이차 정보제공자의 자료를 종합적으로 고려해야 하지만, 일차적으로 입장 정보제공자의 일 과정을 중심으로 하여 이차 정보제공자의 자료를 이어 맞춘다. 즉, 분석은 입장 정보제공자의 자료를 분석하는 데서 시작하지만, 이후에는 여러 제도적 위치의 이차 정보제공자들에 대한 분석을 교차하여 종합적으로 분석하는 데로 이동한다. 그러기 위해서 연구자는 우선 정보제공자의 자료에서 '일'에 해당하는 자료 조각을 찾아야 한다. 일 과정을 추적하는 분석 과정을 좀더 구체적으로 살펴보자.

(1) 일 개념을 염두에 두고 일에 해당하는 자료를 발췌한다

먼저, 제도적 문화기술지 연구자는 입장 정보제공자의 녹취록을 읽으면서 일 개념을 염두에 두고 일에 해당하는 자료를 발췌한다. 일 과정을 추적하려면 사람들이 행하는 것과 다른 사람들과 상호작용하는 '일'을 발췌해야 한다. 연구자는 녹취록을 읽으면서 일에 해당하는 자료 조각에 표시해 나간다. 만일 일을 찾는 것이 너무 모호하다고 생각되면 제도와 접촉하는 일을 중심으로 발췌하는 것도

한 방법이다. 그러나 이때 제도를 너무 좁은 의미로 받아들여서는
안 된다. 그렇게 되면 일의 범위를 한정하게 되어 풍부하고 다층적
인 문제틀을 발견하는 것을 제한하기 때문이다.

제도적 문화기술지는 모든 자료를 분석에 사용하지 않는다. 사
람(주체), 일, 텍스트, 담론에 해당되는 자료 조각들을 중심으로 이
들이 어떻게 사회관계, 조직화의 조각으로 여겨질 수 있는지 생각
하면서 발췌한다. 그리고 이 발췌된 자료들을 분석에 사용한다. 어
떤 연구자는 발췌된 자료만 따로 모아 자료를 편집해 사용하기도
하는데, 이를 원자료 편집(editing)이라고 부른다. 이때 편집은 연구
자가 분석하는 데 편리하다고 생각되는 방법을 사용하면 된다. 그
러나 원자료를 별도로 편집하여 분석하는 것은 정보제공자들이 처
한 상황과 맥락을 빠뜨릴 수가 있으므로 자료에 대한 밀착이 충분
히 이루어진 상태에서 사용하는 것이 좋다.

(2) 발췌된 일의 문제틀을 찾는다

정보제공자의 일을 발췌했으면 연구자는 그 일에 대한 문제틀을
찾아야 한다. 제도적 문화기술지는 문제틀을 얼마나 확장하고 정교
화할 수 있는가의 문제로 볼 수 있을 만큼 문제틀 찾기는 중요하다.
문제틀 찾기는 앞서 언급한 초기 분석부터 이후의 모든 분석 과정
에서 행해진다. 연구자는 일의 문제틀을 찾아 녹취록이나 컴퓨터에
메모한다. 문제틀을 찾는 과정은 사고의 과정을 수반하기 때문에
떠오른 생각이나 관련 제도적 정보를 어딘가에 기록해야 한다.

일의 문제틀을 찾으려면 몇 가지 방법을 사용할 수 있다. 첫째,
'개인과 제도의 접점'을 찾는다는 생각을 가지고 자료를 읽는다

(McCoy, 2006). 녹취록을 읽을 때 개인과 제도의 접점을 찾아 표기하고 질문을 던지면 문제틀 찾기가 용이하다. 즉, 개인과 제도의 접점이라는 아이디어는 제도적인 것과 얽혀 있는 개인의 행위를 좀 더 분명히 볼 수 있게 해 줌으로써 정보제공자 경험의 문제틀을 보다 쉽게 찾을 수 있게 해 준다. 예를 들어, 어떤 여성 기초수급자의 인터뷰 녹취록을 살펴보자.

> 참: 이제……. 또 그, 아저씨가 몇 년, 5년 전인가……. 작은 애가 몇 년 됐어요. 아무튼. 그때 소득이, 내 없다가 소득이 몇 개월 떳대요. 그 래가지고 갑자기 동사무소에 저기 기사가 오라고 해가지고 갔는 데, 애들 꺼 뭐, 제 꺼 뭐 일 년 거를 은행에 거래한 거 그거를 떼 오 래요. 그래서 떼 가지고 갔는데, 집에를 갑자기 가자고 그러더라고 요. 집에를 갔어요. 그래서 인제, 작은 애가 학교도 안 가고 집에만 있었어요. 밖에도 안 나가고, 그때 우울증이 있어 가지고. 근데 상 황을 보시고 그냥 살아온 거. 좀 어떻게, 빚이 지금 뭐고, 그런 거 쓰라고 그러더라고요. A4용지 두 장. 그래 가지고 써 가지고. 막 처 음에 막 무섭게 전화, 전화 통화하고, 통화 기록까지 다 떼 오라고 그러던데요.
>
> 연: 네. 아, 그러니까 가족 관계가 어…….
>
> 참: 그때는 이혼이 안 된 상태였어요.
>
> 연: 아. 서류상으로?
>
> 참: 네네.
>
> 연: 네. 그래서 그거 다 떼서 주위에서…….
>
> 참: 아니요, 인제 보시고…….
>
> 연: 보시고.
>
> 참: 형편이 그러니까…….
>
> 연: 그래서 그거를 그 공무원이 작성해서 올렸더니, 어떻게 됐어요?

참: 회의 해 가지고 인제, 그냥 잘……..

이 인터뷰 녹취록에는 여성이 제도와 접촉하는 지점들이 여럿 있다. 예를 들어, 복지공무원의 갑작스러운 방문을 받는 것, 은행 거래내역서를 제출한 것, 살아온 내용을 A4 2장으로 쓴 것, 통화기록을 제출하라고 요구받은 것 등이다. 초기 분석을 할 때는 개략적인 초기 문제틀을 그려 보는 수준이기 때문에 그것은 희미하게 보인다. 그러나 여기서는 자료를 분류하고 코딩하면서 상세하게 분석하기 때문에 더욱 적극적이고 구체적으로 문제틀을 찾아야 한다. 이때 연구자는 이 여성은 '왜 은행 거래내역서와 통화기록을 제출하지?' '복지공무원은 왜 사전 통보도 없이 갑자기 가정방문을 하지?' '여성이 A4용지에 쓴 것은 어떤 회의로 갔지?' 등과 같은 질문을 마음속에 던지면서 사고해야 한다.

이렇게 하면 연구자는 이 인터뷰 자료에서 수급 신청자의 경험이 어떤 제도와 관련되었는지, 그녀를 둘러싼 수급 제도와 그것이 어떻게 작동하는지를 배워 가게 된다. 연구자는 이러한 사고과정을 통해 '사실조사 보고서'와 같은 제도적 텍스트, 지방생활보장위원회와 같은 제도적 장치가 이 수급신청 여성이 겪는 어려움의 문제틀임을 알게 된다. 이는 더 나아가 연구자에게 수급 신청자는 자신의 처지를 문서로 입증해야만 신청자 자격이 부여되는 입증주의 담론이 작동한다는 것까지 알게 된다. 즉, 연구자는 자료를 개인과 제도의 접점이라는 개념으로 분석하면 일, 텍스트, 제도적 담론에 이르는 다양한 형태의 문제틀을 발견하게 된다.

여기서 만일 연구자가 사실조사 보고서가 어디로 누구에게 이동하여 어떻게 작동하는지, 그리고 지방생활보장위원회가 어떻게 구성되고 거기서 무엇을 논의하고 어떤 결정을 내리게 되는지를 더 상세히 파고들 필요가 있다고 생각하면 구청의 복지공무원이나 지방생활보장위원회를 담당하는 구청의 직원을 이차 정보제공자로 하여 이들을 인터뷰하면 된다. 이들을 통해 수집된 자료는 이후 입장 정보제공자에 대한 분석 자료와 연결된다.

둘째, '사회관계'라는 제도적 문화기술지의 방법론적 개념을 사용할 수 있다. 즉, 녹취록을 읽으면서 '이 사람들이 경험하는 것의 사회관계는 무엇일까?' 와 같이 사람들의 삶 속에 들어 있는 사회관계가 무엇인지 질문을 던져 보는 것이다. 도로시 스미스는 TV를 보고, 신문을 읽고, 식료품점에 가고, 학교로 아이를 데리러 가고, 가계대출을 받고, 시내를 걷고, 불을 켜고, 컴퓨터를 전원에 연결하는 모든 일상의 행위들은 우리를 사회관계의 질서에 연결한다고 하였다(스미스, 2014: 43). 이는 일상생활의 행동들은 그 자체로 독립적이거나 분리되어 있지 않고 사회관계의 광대한 질서와 연결되어 있다는 것을 말해 준다.

그런데 앞에서도 언급했듯이, '사회관계'는 제도적 문화기술지의 절차적 도구이기도 하지만, 동시에 제도적 문화기술지가 최종적으로 탐구하려는 것이기도 하다. 사회관계는 문제틀을 찾아야 보인다. 그러므로 제도적 문화기술지 연구자는 문제틀을 찾기 위해 사회관계의 개념을 사용하고 동시에 사회관계를 그리기 위해 문제틀을 찾아야 한다. 왜냐하면 문제틀은 일상 세계 이면에 놓여 있는 사회관계로 연구의 방향을 잡도록 만들어 주기 때문이다(Smith, 1981). 사회관계 개념은 자료분석의 초기만이 아니라 전 과정을 통해 적용되어야 하는 방법론적 절차이다. 이렇게 함으로써 연구자는 정보제공자가 말하는 경험 이면에 작동하는 사회관계를 그릴 수 있을 뿐만 아니라, 사회관계를 구성하는 문제틀에 대해서도 사고를 확장할 수 있다.

예를 들어, 앞의 인터뷰에서 연구자는 복지공무원의 갑작스러운 방문을 받는 것, 은행 거래내역서를 제출한 것, 살아온 내용을 A4 2장으로 쓴 것, 통화기록을 제출하라고 요구받은 것 등을 보면서 이것들을 일어나게 하는 사회관계가 무엇인지 질문을 던진다. 연구자가 사회관계를 그리려면 그러한 행동을 가져온 문제틀이 무엇인지 찾아야 한다. 만일 연구자가 문제틀들을 찾았다면 이들을 서로 연결해 사고하면서 거기에 어떤 모습의 사회관계가 작동하고 있는지 생각해 본다. 앞의 예에서 우리는 기초수급자의 수급신청은 공적 자료 및 제도 내 전문가들에게 자신이 자격 있음을 온전히 입증하는 절차들에 둘러싸여 있음을 알 수 있다. 즉, 이들 신청자의 경험은 구조화된 자기 입증 절차라는 사회관계를 토대로 조직화되고 있음을 알 수 있다.

셋째, 정보제공자의 일 지식에 질문을 던진다. 연구자가 던질 수 있는 질문은 다양하다. 정보제공자들이 묘사하는 일은 무엇인가, 일은 무엇을 포함하는가, 다른 사람의 일과 어떻게 연계되는가, 일을 발생시키는 것은 무엇인가, 일은 어떻게 제도적 과정과 제도적 질서로 연결되는가와 같은 질문을 던지는 것이 도움이 된다. 이런 질문들은 개인의 동기에 관한 질문이 아니라 제도적 맥락에 관한 질문으로서 개인과 제도 간의 접점을 찾아내는 데 도움이 된다 (McCoy, 2006: 112, 115).

예를 들어, 연구자는 '일'이 왜 그런 형태를 띠게 되었는지 질문을 던지면서 자료를 검토하는 경우, 사람들의 이야기 속에서 제도적 흔적을 뽑아내고 그들의 일이 제도적 접점에서 어떻게 모양새 지워지는지 알게 된다. 일례로, 환자는 약물치료를 받기 위해 의사를 찾아 상담하고 매월 예약하는데, 이 '일'은 환자의 경험과 건강보호 서비스의 일 과정 사이의 접점에 있다(McCoy, 2006: 112). 이때 연구자는 환자가 매월 하는 예약의 일이 건강보호 제도의 어떤 측면과 연관되어 있는지 알게 되면서 문제틀을 확인하게 된다.

　이처럼 연구자가 문제틀을 찾으려면 일상 세계를 문제틀로 보면서 일상의 일을 사회관계, 조직화의 한 조각이라고 생각해야 한다. 그리고 무엇보다 연구자는 해당 문제틀이 사람들의 일과 행동을 어떻게 조정하는지에 초점을 두고 사고해야 한다. 예를 들어, 앞의 예에서 환자는 남의 시선에 고통을 느끼므로 매달이 아니라, 매년 두세 번 정도 의사를 만나고 싶지만 건강보호 제도의 특정 측면이 이를 강제한다면, 이 제도는 환자의 행동을 특정 방향으로 조정하는 문제틀이다.

　이렇게 문제틀을 찾다 보면 하나의 일에 대해 명확한 하나의 문제틀만 발견되는 것은 아니다. 어떤 일은 복수의 문제틀이 작용한 결과이기도 하다. 또 어떤 문제틀은 암시적 혹 잠재적이어서 분명히 보이지 않는다. 그러나 시간이 지나면서 여러 정보제공자의 인터뷰를 분석하다 보면 문제틀과 문제틀 사이의 관계도 분명히 드러난다.

　일반적으로 문제틀을 찾는 과정에는 연구자의 선지식, 선경험이 작동한다. 또 필요에 따라서는 연구자가 문제틀을 찾기 위해 문헌 및 웹사이트와 녹취록을 왔다 갔다 하기도 한다. 이는 연구자가 정보제공자와 관련된 제도와 제도적 세팅에 대해 무지의 상태에서 출발하기는 불가능하기 때문이기도 하고, 사람들의 행동과 제도들 사이의 연관을 찾기 위해서는 불가피한 작업이기도 하다. 그렇다고 여기서 찾은 것을 그대로 문제틀로 결정해서는 안 된다. 다른 정보제공자들로부터 자료를 수집해 그 구체적 '실제'를 파악해야 한다.

예를 들어, 어떤 여성 수급 신청자가 기초수급을 신청하는 과정에서 시댁과 갈등이 악화되었다고 말하면서, 시어머니가 전화해 자신의 소득과 재산을 절대로 다른 사람에게 알려 줄 수 없다고 화를 내면서 앞으로 절대 연락하지 말라고 전화를 끊어 너무 힘들다고 호소한다. 이때 연구자는 시어머니를 화나게 만든 것이 부양의무자에 대한 금융정보등제공동의서 제출 의무인 것을 알아챌 수도 있고, 잘 모를 경우에는 기존의 자료를 찾아보면서 무엇 때문에 이런 상황이 벌어진 것인지를 확인해 갈 수 있다. 이때 연구자에게 그것을 알아채게 만든 것은 그가 기초수급 제도에 대한 가지고 있던 선지식과 선경험이다. 만일 연구자가 이러한 선지식이 없었다면 그는 이차 정보제공자(예를 들면, 동주민센터와 구청의 복지공무원)에게 묻거나 아니면 기존 문헌이나 웹사이트 등 다양한 출처를 검색해 가면서 문제틀을 명확히 할 것이다.[1]

이렇게 문제틀을 찾는 과정에는 순전히 녹취록만을 분석하지 않

---

1) 이렇게 발견한 문제틀에 대해 어떤 연구자는 발견된 문제틀의 빈도를 확인하는 것이 분석에 유용하다고 말한다. 빈도를 적어 보면 다양한 문제틀 중 어떤 문제틀이 더 빈번하고 중요한지를 알 수 있기 때문이라는 것이다. 예를 들어, 수급 신청자들의 인터뷰를 분석해 보면 그들의 일 과정에서 동주민센터 복지공무원과의 상호작용 빈도가 가장 많이 나타난다. 이는 수급 신청자들에게 복지공무원의 태도나 재량권 사용 방식이 큰 영향을 미친다는 점을 알려 준다. 그러나 이런 빈도의 차이가 제도적 문화기술지 연구의 목표인 조직화에 대한 지도를 그릴 때 어떻게 적용되어야 하는지는 논의된 바가 없다. 또 빈도가 중요성의 정도를 담보한다는 보장도 없다. 빈도는 많지만 결정적인 파워를 행사하지 못할 수도 있다. 또 이 방법은 자칫 사람들의 행위의 맥락을 무시할 수도 있다. 이런 이유에서 어떤 연구자는 제도적 문화기술지에서 빈도를 고려하는 것이 넌센스라고 말하기도 한다.

고 일정 부분 연구자의 주관이 개입한다. 그러나 이것은 해석적 질적 연구에서 추상화하고 범주화하면서 하는 해석과는 전혀 다르다. 이것은 사람들의 경험이 제도적 관계 속에서 어떻게 조직화되는지를 발견하기 위해 상식적 수준에서 이루어지는 불가피한 것으로서 해석이 아니라, 정보를 탐색하고 연결하는 일련의 사고과정이다.

(3) 문제틀과 일에 근거해 일 과정을 그린다

앞에서 분석한 일과 문제틀을 근거로 자료를 전체적으로 검토하면서 일 과정 혹은 일의 시퀀스를 추적하고 이를 그려 낸다. 이때 가장 중요한 것은 정보제공자의 일을 제도적 과정에 위치 짓는 것이다. 이는 앞에서 문제틀을 찾기 위해 자료를 개인과 제도의 접점을 찾는 것과 관련된다. 즉, 연구자가 정보제공자의 일 과정을 그리거나 묘사하려면 정보제공자와 제도적 과정의 접점에 관심을 두고 분석 결과를 검토해야 한다.

그런데 정보제공자의 일을 제도적 과정에 위치 짓는다고 할 때 한 가지 유의할 것이 있다. 일 과정을 그리는 것이 제도적으로 설계된 과정에 따라 그것을 그대로 그리는 것이 아니라는 점이다. 물론 제도적 영역에 따라서는 이러한 제도적 과정에 따라 행위의 시퀀스가 그려질 수도 있다. 일 과정은 제도적으로 설계된 과정 혹은 틀에 정보제공자의 경험을 배치하거나 끼워 맞추는 것이라기보다는 제도적 맥락을 넘나들면서 정보제공자가 한 행위의 시퀀스를 추적하는 것이다. 물론 이들의 행위의 시퀀스는 제도적으로 설계된 과정에 접촉하지만, 그것은 접촉일 뿐 정보제공자들의 경험은 그들

이 처한 상황에 따라 이 접촉점에서 다양한 행위의 형태로 드러난
다. 그리고 이들 행위는 우리의 예측이나 상상의 범위를 넘어설 때
도 있다. 설계된 제도는 사람들의 삶에 맞닿으면서 설계자의 기대
와는 다른 무수한 행위들을 발생시킨다. 일 과정은 바로 이들의 행
위의 시퀀스를 추적하는 것이다.

예를 들어, 기초수급 신청자는 일반적으로 동주민센터 복지공
무원과 상담하고, 서류를 준비하고, 접수하고, 수급 여부를 통보받
는 일련의 제도적 과정을 거친다. 수급 신청자의 일 과정 혹은 일
의 시퀀스는 이러한 제도적 과정에서 수급 신청자가 무엇을 하며
그들의 행동이 어떻게 로칼 너머와 연결되는지 설명하기 어렵다.
왜냐하면 사람들의 행동은 제도적 과정에 딱 들어맞게 움직여지지
않는다. 오히려 기초수급 신청자들이 신청하는 일은 자신이 얼마
나 가난한지 소득을 입증하고, 자신의 주변에 도와줄 어떤 부양의
무자도 없다는 것을 스스로 입증하며, 이 과정에서 복지공무원을
어떻게 상대하느냐 하는 일의 과정으로 그리는 것이 더 설득력 있
다(김인숙, 2020).

일 과정을 그리고 묘사하기 위해서 연구자는 앞에서 언급한 바
있는 분석적 매핑과 분석적 글쓰기를 사용할 수 있다. 매핑은 글을
쓰는 것과는 달리 공간적 관계와 시간의 흐름을 볼 수 있게 해 주기
때문에 제도적 문화기술지에서 매우 유용한 기법이다. 일의 과정
을 그리는 것은 추상적 공간에서 이루어지지 않고 물질적 시공간
을 바탕으로 이루어지고 이 범위를 벗어나기 어려우므로 일 과정
을 찾는 데는 많은 시간과 노력이 투여된다.

제도적 관계 속에서 일어나는 일 과정을 그리려면 입장 정보제
공자 외에 다양한 제도적 위치에 있는 이차 정보제공자의 자료를

함께 고려해야 한다. 이때 제도적 위치의 다양한 사이트별로 자료를 분류하고, 이들을 하위 파일로 관리하는 것이 좋다. 하위 파일을 얼마나 세부적으로 하느냐는 연구자의 판단과 스타일에 달려 있다. 이는 서로 다른 제도적 위치에 있는 사람들은 해당 위치 여하에 따라 서로 다른 경험을 하고, 같은 제도적 위치라 해도 어떤 특징을 가진 현장에 있느냐에 따라 경험이 다를 수 있기 때문이다.

예를 들어, Bisaillon(2012)은 자신의 자료분석 과정을 논하면서 우선, 녹취록에서 정보제공자의 진술들을 복사해 파일 혹은 하위 파일에 붙이는 분류 작업을 했고, 이를 통해 입장 정보제공자의 일부 경험에서 사회관계와 지배 관계의 디테일이 드러나는 것을 보았으며, 이렇게 드러나는 것에 대해 사고하고 매핑하고 글을 써 보았다고 진술하였다(Bisaillon, 2012: 144).

이처럼 일 과정을 그리는 것은 점진적으로 발전된다. 몇 명의 입장 정보제공자에 대한 분석이 이루어졌을 때 할 수도 있고, 입장 정보제공자 전체에 대한 분석이 이루어졌을 때 할 수도 있으며, 입장 정보제공자와 이차 정보제공자 모두에 대한 분석이 완료되고서도 할 수 있다. 연구자는 필요하다고 생각되는 시점에서 계속해서 일 과정을 그려 보고 추가하고 수정하는 방식으로 일 과정을 발견한다.

3) 텍스트의 조정과 위계 추적하기

제도적 문화기술지에서 텍스트는 경험의 조정을 조직화하는 데 중요한 역할을 한다. 자료로서의 텍스트는 물질적으로 고정된 것이 아니다. 제도적 문화기술지에서 텍스트는 사회 행동의 일부이다.

이들은 행위의 시퀀스에서 지배적 역할을 한다. 자료로서의 텍스트
는 물질적으로 고정된 것이 아니다. 제도적 문화기술지에서 텍스트
는 사회행동의 일부이다. 이들은 행위의 시퀀스에서 지배적 역할을
한다(Peet, 2014: 103).

그러나 텍스트에 의해 만들어지는 조직화를 포착하고 관찰하기
는 쉽지 않다. 제도적 문화기술지는 늘 움직이고 있는 사회관계를
포착하여 잡아내야 하는데 이것이 늘 쉬운 것은 아니다. 특히, 텍스
트를 다룰 때 그러하다. 그러나 텍스트를 '텍스트-독자 대화'의 관
점을 가지고 무엇인가를 '발생시키는 것'으로 생각함으로써 우리는
계속해서 움직이는 텍스트를 관찰할 수 있게 된다. 텍스트를 이렇
게 바라봄으로써 우리는 텍스트가 추상적으로 분석되어서는 안 된
다는 단순한 규칙을 알게 된다(Peet, 2014: 107).

그런데 제도적 문화기술지에서 텍스트는 사람들이 하는 '일'과
별개로 분리되어 분석되지 않는다. 연구자가 일을 중심으로 자료
를 코드화하다 보면 자연스럽게 텍스트가 딸려 온다. 사람들의 일
상 활동 속에서 그리고 그들의 노동을 통해, 사람들은 텍스트를 만
들어 내고 사용하고 공유하고 전파한다. 따라서 분석할 때 텍스트
에 던져야 할 질문의 초점은 텍스트들이 어떻게 사람들의 행위 속
에서 활성화되는가, 텍스트가 어떻게 사람들의 활동에 진입하는가
이다. 즉, 사람들이 텍스트를 통해 만들어 내는 일이 어떻게 시간과
공간을 가로질러 행위의 시퀀스를 조정하는가이다(Bisaillon, 2012:
114-115). 이렇게 함으로써 우리는 텍스트들이 어떻게 우리의 일상
을 조정하는지, 사회관계를 통해 우리를 다른 공간에 어떻게 연결
하는지 알게 된다.

제도적 문화기술지 연구자가 텍스트와 관련하여 분석을 진행하

려면 세 가지를 염두에 두어야 한다. 하나는 텍스트가 사람들의 일을 어떻게 조정하는지이고, 다른 하나는 텍스트들 사이의 위계와 그 위계를 통해 파워가 어떻게 발휘되는지이며, 마지막으로 텍스트로 매개되는 담론이 사람들의 실제 삶과 제도적 체계에 어떠한 파워를 행사하는지이다. 이들에 대해 좀 더 구체적으로 살펴보자.

(1) 텍스트의 조정 추적하기

① 텍스트를 사회관계의 구성요소로 보기

제도적 문화기술지 분석에서 연구자는 텍스트가 일 과정을 어떻게 조정하는지 추적해야 한다. 이미 언급했듯이, 제도적 문화기술지에서 텍스트는 무엇인가를 발생시키고 일으키는 것이다. 이는 텍스트가 행위의 시퀀스에 들어와 그다음 단계에 개입하는 것이다. 제도적 문화기술지에서 텍스트는 사람들의 활동 안으로 진입하고, 사람들의 활동을 조정한다. 텍스트 자체를 사람들의 행위로 본다(스미스, 2014: 269).

따라서 연구자는 분석 과정에서 텍스트를 사실적 정보를 주는 것보다는 구체화된 '사회관계'로 여겨야 한다. 도로시 스미스는 텍스트를 '사회관계'의 구성요소로 보는 것이 텍스트를 이해하는 데 가장 유용하다고 하였다. 텍스트는 보이지 않게 연결하는 기능을 한다. 텍스트는 조직화의 형태를 규정짓는 핵심이다. 즉, 텍스트는 사람들이 특정 방식으로 행동하도록 조정하게 만드는 힘이 있다. 더 나아가, 텍스트의 상세하고 실제적인 조정 과정을 살피다 보면 맥락과 지배 관계가 드러난다. 주의할 것은 연구자는 텍스트의 조정 활동을 분석할 때 결코 텍스트를 추상화해서는 안 된다(Smith,

2006: 67-68; Campbell & Gregor, 2004: 33). 추상화하면 텍스트가 어떻게 움직이고 연결하고 힘을 행사하는지 알 수 없기 때문이다.

그런데 텍스트는 연구 분야에 따라 사용되는 정도가 다르다. 어떤 연구 분야에서는 텍스트가 너무 많이 사용되지만, 또 어떤 연구 분야에서는 사용되는 텍스트의 수가 매우 적기도 하다. 그러나 연구 세팅이 어떠하건 제도적 문화기술지 연구자는 텍스트의 조정을 추적해야 한다. 즉, 연구자는 텍스트가 사람들의 일을 조정하고 조직화하는 데 어떻게 작동하고 어떤 힘을 발휘하는지에 관심을 기울여야 한다.

② 텍스트를 매개로 초지역적인 것을 추적하기

텍스트의 조정 활동을 파악하기 위해 연구자는 '텍스트-일-텍스트' '일-텍스트-일'의 개념을 염두에 두고 마음속에 질문을 던져야 한다. 이는 일은 늘 텍스트를 지향하고 텍스트에 기반하며 텍스트를 생산하듯이, 텍스트는 항상 누군가의 일 안에서 일어난다는 도로시 스미스의 언명을 적용하는 것이다(스미스, 2014: 282-283). 제도적 문화기술지 연구자는 이를 통해 일 과정에서 텍스트가 어떻게 사람들의 일과 행동을 조정하는지 분석할 수 있다. 만일 연구자가 텍스트와 일의 연속적 결합이라는 개념적 도구를 사용하지 않으면, 정보제공자들의 경험만 따라가게 되고 정보제공자들의 공통점에만 관심을 두게 되어 제도적 문화기술지 연구에서 멀어지게 된다.

다시 말해, 연구자는 일과 텍스트가 어떤 관계로 맞물려 가면서 작동하는지, 사람들이 텍스트를 가지고 무엇을 하는지, 텍스트가 어떤 일에 개입하고 사람들의 활동을 어떻게 발생시키는지, 해당 텍스트가 로칼을 넘어 어떻게 엑스트라 로칼로 연결되는지 마음속에 질문을 던지면서 텍스트의 작동에 대해 사고하고 녹취록이나 노트에 메모해야 한다. 예를 들어, Bisaillon(2012)은 텍스트가 일을 어떻게 조정하는지 파악하기 위해 정보제공자가 어떻게 양식을 접하게 되었는지, 그 양식을 가지고 무슨 일을 하는지, 양식 사용이 끝나면 텍스트가 어떤 채널을 통해 이동하는지, 그리고 일상의 활동에서 사용되는 문서들이 어떻게 다른 텍스트들과 교차하고 상호작용하고 의존하는지와 같은 질문을 던졌다(Bisaillon, 2012: 115).

이렇게 조정을 탐색해 가는 과정에서 연구자가 특히 주의 깊게 보아야 할 것은 텍스트가 로칼과 엑스트라 로칼을 어떻게 연결하는가이다. 이를 위해 연구자는 텍스트가 어디로 이동하는지, 그렇게 이동해서 누구의 어떤 일을 조정하는지 추적해야 한다. 이때 연구자에게 필요한 것은 텍스트를 사회관계의 구성요소, 문제틀로 보아야 한다는 점이다. 연구자가 이렇게 텍스트를 추적하고 따라가다 보면 자연스럽게 관심의 초점이 엑스트라 로칼로 나아가게 된다. 분석 과정에서 드러나는 텍스트의 조정을 가시적으로 보기 위해 연구자는 매핑 방법을 사용해 제도적 과정 안에서 일과 텍스트의 결합 양상을 그린다.

이처럼 텍스트는 특정한 것으로부터 일반적인 것으로 이동하는 데 매개 역할을 한다. 도로시 스미스에 의하면, 로칼에서 제도적인 것을 찾아내는 것과 로칼에서 초지역적인 것을 발견하는 것은 다르다. 그녀에 의하면, 로칼에서 벌어지는 사람들의 일 과정이 로칼 너머와 연결되는 데 있어 텍스트가 어떤 역할을 하는지 발견하는 것이 바로 로칼에서 초지역적인 것을 발견하는 것이다(Smith, 2006; 55-56). 따라서 제도적 문화기술지 연구자는 텍스트에서 단순히 특정 제도를 발견하고 연관시키는 것이 아니라, 로칼에서 이루어지는 사람들의 일이 로칼 너머로 연결되는 데 있어 텍스트가 어떤 역할을 하는지에 초점을 두고 텍스트를 추적해야 한다.

예를 들어 보자. 다음은 수급신청 경험이 있는 수급자와의 인터뷰 일부이다.

> 참: 네. 어차피 금융 동의서는 일 년에 한 번씩 저희 하는데, 왜 굳이 꼭 그걸 때 가야 되나 싶어요. 자기네들이 어차피 하잖아요. 은행에서 조회하더라고요. 그래 갖고 날라와요, 저희한테. 은행에서. 금융거래 했다고.
>
> 연: 조회했다고.
>
> 참: 네. 저희가 그리고 또 어디다 쓴 거 있잖아요. 어쩔 때는 또 가리키면서 이거 왜, 이거 왜 보냈냐, 뭐하는 데 썼냐, 이런 걸 또 물어보고. 그럴 때도 있어요.
>
> 연: 본인 통장 그, 내역 보면서요.
>
> 참: 네. 이거는 뭔 돈이냐고. 왜 이렇게 많이...
>
> 연: 그럴 때 어떤 생각이 드세요?
>
> 참: 어휴, 이상하죠. 뭐. 무슨 죄인 같아요. 꼭 내가 도둑질 뭐 한 거 같이. 죄인 같아요, 죄인.

앞의 발췌문에서 텍스트는 두 개 등장한다. '금융정보 등 제공 동의서'와 통장 거래내역서이다. '금융정보 등 제공 동의서'는 이 여성에게 은행에 가서 통장 거래내역서를 떼어 오는 일, 복지공무원으로부터 취조받는 듯한 기분 나쁜 질문을 받는 일, 죄인이 된 듯한 일 경험을 발생시켰다. 여기서 볼 수 있듯이 '금융정보 등 제공 동의서'라는 텍스트는 로칼에서 수급 신청자의 특정 일을 발생시키면서 그녀의 일을 조정했다.

제도적 문화기술지 연구자는 여기서 멈추지 말고 더 나아간다. 연구자는 로칼 너머의 엑스트라 로칼 영역에서 '금융정보 등 제공 동의서' 텍스트가 어떤 일을 발생시키고 조정하는지에 대해 질문을 던진다. 이 텍스트가 어디로 이동하는지, 거기서 누구의 어떤 일을 조정하는지와 같은 질문을 마음속에서 던지면서 탐구해 간다. 그러면 연구자는 '금융정보 등 제공 동의서' 텍스트가 동주민센터에서 구청의 통합조사팀 복지공무원으로 이동하고, 구청의 복지공무원은 이 텍스트를 근거로 신청자에게 또 다른 조치와 행동을 취할 수 있음을 알게 된다. 연구자는 '금융정보 등 제공 동의서'에서 금융정보의 범위가 어디까지인지, 이 텍스트의 제출을 거부하면 어떻게 되는지, 구청의 통합조사팀 복지공무원은 이 텍스트로 어떤 일을 하는지, 그의 일은 수급 신청자와 어떻게 연관되는지 등 궁금한 사항에 대한 답을 얻기 위해 이차 정보제공자인 구청의 통합조사팀 복지공무원을 인터뷰하거나 관련 문헌들을 검토할 수 있다. 이것이 바로 로칼에서 초지역적인 것을 추적하는 것이다. 이렇게 함으로써 연구자는 텍스트가 로칼과 로칼 너머를 매개하면서 어떤 조정 역할을 하는지 알 수 있다.

(2) 텍스트의 위계 추적하기

① 텍스트들 사이의 힘의 위계 확인하기

앞의 분석 과정에서 연구자는 텍스트와 일이 결합되는 과정에서 텍스트가 무엇을 어떻게 조정하는지 분석했다. 즉, 텍스트는 사람들의 일을 통제하고, 텍스트가 승인한 행위 주체는 일을 조정하고 동원함으로써 파워를 만들어 낸다(스미스, 2014: 289-290)는 점을 알았다.

그러나 제도적 질서 안에서 모든 텍스트가 똑같은 위상을 갖는 것은 아니다. 어떤 텍스트는 다른 텍스트보다 상위에 있어 하위에 있는 텍스트를 규제하고 통제한다. 텍스트는 사람들의 일을 조정하지만, 동시에 다른 텍스트를 통제하면서 제도적 활동의 조정자 역할을 하기도 한다. 따라서 제도적 문화기술지 연구자는 텍스트들 사이에 위계가 있다는 점, 텍스트들 중에 규제적 역할을 하는 텍스트가 있다는 점을 인식하고 이 관점에서 텍스트들을 분석해야 한다.

이때 한 가지 유념할 것은 텍스트는 그 자체만으로 규제적 힘을 발휘하는 것이 아니라는 점이다. 다른 텍스트들과의 관계 속에서 텍스트에 권위가 부여되면서 규제적 힘을 갖게 된다(Smith, 2006: 79). 여기서 중요한 것은 규제적 역할을 하는 텍스트이다. 규제적 역할을 하는 텍스트는 상위 텍스트로서, 이들은 하위의 텍스트들을 통제하고 표준화한다(Smith, 2006: 79). 이를 통해 규제적 텍스트는 지배 관계의 핵심 조정자가 된다.

예를 들어, 동주민센터 복지공무원의 업무규정 텍스트는 보건복지부의 복지업무 지침 텍스트의 규제를 받는다. 일례로, 저소득층 주거 임대사업은 지자체의 건설교통부서에서 처리할 수도 있지만, 중앙부처의 업무를 분담하는 과정에서 보건복지부가 저소득층에 대한 임대사업의 주무 부처라는 이유로 업무지침에 복지업무로 넣게 되면, 동주민센터 복지공무원은 주거 임대사업을 맡아 처리해야 한다. 이때 보건복지부의 업무지침 텍스트는 동주민센터 복지공무원의 업무규정 텍스트보다 상위에 있으면서 동주민센터 업무규정 텍스트를 규제함으로써 동주민센터 복지공무원의 일을 조정한다. 보건복지부 업무지침이라는 상위 텍스트에 특정의 권한이 부여됨으로써 동주민센터 복지공무원의 일 과정이 만들어진다(김인숙, 2017).

이렇게 텍스트들 사이의 위계와 그 사이에서 만들어지는 힘의 역동은 동주민센터 복지공무원들의 업무를 늘리고, 그 결과 그들을 좌절과 우울로 이끈다. 동주민센터 복지공무원들의 업무분담 텍스트는 정부와 지방자치단체의 텍스트들 사이의 복잡한 위계 내에 종속된다. 그리고 이러한 텍스트들 사이의 위계는 순환되는 데, 이는 지배 관계가 조직화되는 데 필수적이다.

② 규제적 텍스트 찾기

그러면 연구자는 텍스트들 사이의 위계, 규제적 텍스트를 찾기 위해 어떻게 해야 할까? 연구자는 규제적 텍스트를 찾기 위해 마음속에 '규제적 역할을 하는 텍스트는 무엇인가?'와 같은 질문을 던져보는 것이 좋다. 로칼 텍스트에 대해 이러한 질문을 던지면서 숙고하다 보면 자연스럽게 텍스트들 사이의 위계가 눈에 들어온다. 만일 눈에 들어오지 않으면 의식적으로 위계와 그 힘의 작동에 관해 사고해야 한다.

연구자가 텍스트들의 위계에서 규제적 역할을 하는 텍스트를 찾는 주된 방법은 텍스트에 들어있는 '틀(framework)'을 확인하는 것이다. 상위 텍스트인 규제적 텍스트는 규제적 틀을 갖고 있기 때문이다. 따라서 연구자는 규제적 역할을 하는 텍스트와 틀을 찾고 그것이 어떤 실제를 만들어 내는지 추적해야 한다. 규제적 텍스트 혹은 보스(boss) 텍스트는 문서들 위계의 꼭대기에서 사람들의 활동과 일에 권한을 부여하고 조직화하는 데 핵심적 역할을 한다. 이러한 보스 텍스트는 다소 명확한 제도적 절차를 통해 권한을 부여받는다. 보스 텍스트들이 권한을 부여받아 한 행동들은 제도의 행위로 볼 수 있다. 또 보스 텍스트는 사람들의 일이 보스 텍스트의 선택적 요구에 맞춰 통제되고 조정되도록 만든다(Smith, 2010).

예를 들어, 앞에서 예로 든 인터뷰에서 우리는 '금융정보 등 제공 동의서' 텍스트가 통장 거래내역 텍스트보다 상위에 있음을 쉽게 알 수 있다. 보건복지부가 펴낸 '2020년 국민기초생활보장안내'에서 '금융정보 등 제공 동의서'(정확히는, 금융정보등(금융ㆍ신용ㆍ보험정보) 제공 동의서) 서식을 보면 이 동의서에는 지원대상 가구 구성원 모두, 그리고 부양의무자가 서명해야 한다. 동의서는 이들의 예금, 주식, 채무, 연금, 대출, 이자, 할인액, 신용카드, 보험 등 거의 모든 금융 출처를 망라한다. 이 동의서에 서명하면 앞의 사례에서처럼 보통예금 통장의 거래 내역을 복지공무원이 볼 수 있어서 친인척이 미성인 자녀에게 용돈으로 준 금액도 소득산정에 반영될 수 있다. 게다가 금융정보를 노출하기 꺼려하는 부양의무자가 동의서에 서명을 거부하기도 하여 가족원 사이의 갈등은 물론 수급신청자가 신청을 포기하는 계기가 되기도 한다.

이처럼 '금융정보 등 제공 동의서' 텍스트는 지원대상자 가구원과 부양의무자의 소득을 확인하기 위해 작성해야 하는 여러 서식(텍스트)보다 상위에 있다. 그런데 이 동의서는 가족 구성원 모두가 서명해야 한다. 미성년자인 자녀도 여기에 서명해야 한다. 그래서 복지공무원이 미성년 자녀의 통장 거래내역 제출을 요구하면 그렇게 해야 한다. 이는 곧 국가의 기초생활 지원이 사적 이전소득을 포함하여 소득이 될 만한 모든 것을 탈탈 털어 보고서 지원하겠다는 소위 '가족 우선책임'이라는 '틀'이 암묵적으로 반영되어 있음을 보여준다. 이처럼 '금융정보 등 제공 동의서' 텍스트는 기초수급 신청자들의 신청 과정에서 규제적 역할을 하는 상위 텍스트이다.

이상에서 발견된 것들을 토대로 연구자는 매핑을 해 보는 것이 좋다. 즉, 일 과정과 텍스트의 조정 및 위계에 대한 분석 결과를 결합하여 매핑해 본다. 매핑은 일과 텍스트 작동의 전체 구조를 보여준다. 일 과정에 대한 매핑에 텍스트 분석 결과와 메모를 추가하여 사회관계에서 일과 텍스트가 어떻게 연결되고 어떻게 작동하는지를 한눈에 보여 준다. 그리고 분석 과정에서 산출된 메모와 다양한 매핑들을 통합하면 이전보다 더 상세하고 세밀한 일과 텍스트의 작동을 가시적으로 볼 수 있다. 만일 연구자가 매핑이 갖는 한계를 인식하였다면 분석적 글쓰기를 해 본다. 분석적 글쓰기는 매핑 자체보다 더 역동적이고 상세하고 풍부한 이야기를 산출할 수 있다.

그러나 텍스트들의 위계를 추적하면서 어떤 텍스트가 규제적 텍스트인지는 늘 그렇게 분명한 것은 아니다. 위계가 모호하거나 보이지 않거나 하기 때문이다. 어떤 연구 현장에는 텍스트들이 적은 데다가 그 텍스트들이 엄격히 적용되지 않아서 규제적 텍스트를 찾아내는 데 많은 시간을 할애하기도 한다(김진미, 2019). 그러나 어떤 연구 현장은 텍스트들이 많고 그 위계가 명확히 보이기도 한다.

4) 텍스트로 매개되는 담론 추적하기

① 텍스트로 매개되는 담론 찾기
우리는 지금까지 일 과정, 텍스트의 조정과 위계에 관한 분석을 하면 사람들이 일상에서 경험하는 것이 어떻게 그 너머의 것들과 연결되어 있는지 볼 수 있음을 알았다. 여기에 더하여 제도적 문화기술지 자료분석은 담론이 어떻게 사람들의 삶 속에서 작동하는지, 무엇이 사람들을 담론에 참여하게 하거나 참여하지 않게 만드는지에 관심을 둔다. 따라서 제도적 문화기술지 분석을 하는 연구자는 담론이 사람들의 일 과정에 관여하면서 어떻게 사람들의 삶을 움직이는지에 초점을 둔다.

제도적 문화기술지에서 담론은 기존에 논의되는 담론과는 다르다. 제도적 문화기술지에서 담론은 주로 텍스트를 통해 매개된다. 즉, 담론의 근원과 존재를 텍스트로 매개된 사회관계에서 찾는다. 바로 이 점이 제도적 문화기술지의 담론과 기존의 담론에 관한 논의와 다른 점이다. 앞에서도 언급했듯이, 담론은 사람들의 위에 서서 그리고 사람들에 반대해서 그들의 삶에 지나친 파워를 행사한다. 담론은 사람들이 말하고 쓰는 것을 제한하고, 사람들이 말하고 쓰는 것은 담론을 재생산하고 수정한다(스미스, 2014: 374).

텍스트로 매개되는 담론은 사람들이 연구자에게 들려주는 이야기(talk) 속에 들어 있다. 사람들의 이야기 속에는 담론이 구체적인 실제의 형태로 드러나는데, 연구자는 이 실제가 어떠한 담론의 작동으로 인한 것인지를 추적해 갈 수 있다. 예를 들어, 캐나다로 이주하는 사람들은 HIV 검사를 받아야 하는데, 어떤 이주 신청자의 이야기를 들어 보자.

"제가 기억하기로는 의사가 제게 한 첫 질문은 제가 HIV 양성이라는 것을 알고 있느냐는 것이었어요. 그는 제게 성행위 때 콘돔을 사용했는지 물었어요. 저는 그 의사가 저를 마치 심문하는 것처럼 느껴져서 굉장히 당황스러웠어요. 그는 차갑게 저의 성행위에 관해 물었어요. 예를 들

어. 그는 제게 성행위를 가졌던 파트너가 몇 명인지 물었어요. 저는 마
치 제가 비난받는 그런 느낌을 받았어요"(Bisaillon, 2012: 143).

연구자는 위 이주 신청자의 이야기에서 그가 의료적 검사와 성
적지향을 묻는 것에 거부감을 가지고 있고 진실을 숨기면서 말하
려 한다는 것을 알 수 있다. 의사는 검사를 위한 텍스트를 가지고
질문했을 것이다. 그 텍스트에는 캐나다 이주정책의 방향, 틀, 지
침이 반영되어 있었을 것이다. 의사는 텍스트의 행위자로서 이주
신청자에게 질문했을 뿐이지만, 신청자는 거부감 때문에 기분이
상하고 사실을 말하고 싶지 않으려는 경향을 보였다. 만일 다른 이
주 신청자들도 이러한 일 지식을 갖고 있다면 우리는 과연 이주 신
청자들의 이러한 일 지식이 어떻게 하여 발생한 것인가라는 질문
을 던질 필요가 있다. 연구자가 이 질문에 대한 답을 얻기 위해서는
의사가 갖고 있던 텍스트가 어떤 것인지, 거기에 담겨 있는 것은 무
엇인지 그리고 그 텍스트가 이주 신청자들에게 행사하는 힘이 무
엇 때문에 발생한 것인지에 대해 질문하고 사고하고 추적해 가야
한다. 그러면 이주 신청자들의 일 지식을 만들어 낸 담론과 그 담론
의 작동을 발견할 수 있다.

② 텍스트로 매개되는 담론의 이념적 순환 추적하기

이처럼 담론은 텍스트를 통해 매개된다. 텍스트로 매개되는 담
론은 이슈를 틀 지우고, 용어와 개념을 구축하고, 사람들이 일상의
일 과정에 끌어들이는 자원이 된다(Smith, 2005: 45). 일반적으로 담
론은 규제적 텍스트로 작용하면서 텍스트의 행위로 이어진다. 즉,
텍스트가 담론을 끌어들이고, 담론은 텍스트에 해석적 틀을 제공

12장자료분석의 과정

함으로써 시퀀스를 조정한다. 결국, 담론은 사회적 조직화의 조직 자인 셈이다.

도로시 스미스는 이렇게 텍스트에 의해 매개되는 담론을 T-담론 혹은 이념적 코드(ideological codes)로 불렀다. 텍스트에 의해 매개되는 담론은 지배하고 통치하는 일종의 이념적 코드를 그들 속에 간직하고 있다. 이념적 코드는 사람들이 어떻게 담론의 실행에 얽혀 드는지, 그 실행이 어떻게 로칼 너머로 퍼져 나가는지를 설명한다. 여기서 이념적 코드는 일반화하고 당연시하게 하여 파워를 발휘한다(Smith, 1987; 1999).

예를 들어, 혈연과 법적 가족만을 가족으로 인정하는 정상가족 담론은 병원 세팅에서 수술동의서라는 텍스트를 통해서 작동한다. 가족의 사정상 혈연적 법적 가족과 연락이 불가능한 경우 그 가족 구성원의 수술은 지연되거나 취소될 수 있다. 그리고 이로 인해 또 다른 연속적인 사건들이 발생할 수 있다. 또 정상가족 담론은 기초수급자 선정 기준인 부양의무자 기준과 같은 텍스트를 만들어 내기도 하며, 이로 인해 많은 기초수급 신청자에게 다양한 어려움을 겪게 한다. 도로시 스미스는 이러한 텍스트들의 구성이 사회적으로 조직화됨으로 인해 발생한 것으로 보고, 이를 '이념적(ideological)'이라 불렀다(Campbell & Gregor, 2004: 38). 그리고 이렇게 담론이 하나의 이념적 코드로서 작동하면서 광범위한 영역에서 순환되는 것을 이념적 순환(ideological circle)으로 불렀다(Smith, 1990).

담론의 이러한 이념적 순환을 연구의 초점으로 삼는 경우 연구자는 이 '이념적 순환'의 개념을 하나의 분석 도구로 사용하기도 한다. 예를 들어, 호주 원주민의 아동분리 역사에 관한 제도적 문화기술지 연구에서 저자인 Peet(2014)는 '이념적 순환'을 분석 전략으로 사용하였다. 즉, 연구자는 이념적 코드로서의 담론이 어떻게 순환되면서 힘을 발휘하게 되는지에 관심을 가지고 분석하였다.

그런데 여기서 주목할 것은 텍스트로 매개되는 의사결정은 기본적으로 해당 조직의 이해관계를 반영하며, 그러한 이해관계는 지배적 위치에 있는 사람들의 이해관계라는 사실이다(Campbell & Gregor, 2004: 38). 이는 제도적 담론이 누군가에 의해 설계된다는 것, 그리고 그 과정은 본질적으로 정치적이라는 점을 말해 준다. 따라서 연구자는 제도적 텍스트에 들어있는 제도적 담론을 파악하고, 이것이 누구에 의해 틀 지워지고 설계되었는지 파악할 필요가 있다. 그러면 해당 체계를 떠받치고 있는 지배적 담론의 설계자와 그 의도를 이해하게 된다. 예를들어, 국가는 부양의무자 기준이라는 텍스트를 통해 정상가족 담론을 기초수급제도에 도입하여 지속적이고 광범위하게 수급신청을 억제함으로써 복지예산 절감이라는 이해관계를 충족한다. 이때 정상가족 담론은 텍스트로 매개되면서 이념적으로 순환된다.

이상에서 발견한 텍스트로 매개되는 제도적 담론과 담론의 이념적 순환을 좀 더 가시화하고 명료히 하기 위해 연구자는 매핑과 글쓰기 기법을 사용한다. 매핑을 하다 보면 담론의 지배적 파워와 그 이념적 순환을 보기가 용이하다. 또 이에 관한 분석적 글쓰기는 매핑이 보여 주는 평면적 가시화를 보완할 수 있다. 담론이 어떻게 작동하는지를 묘사함으로써 그 제도적 과정의 이념적 성격을 더 풍부하게 묘사할 수 있다.

5) 분석된 자료 세트들을 이어 맞추기

제도적 문화기술지 연구자는 사회관계, 사회적 조직화에 대한 큰 그림을 그려야 하므로 입장 정보제공자와 이차 정보제공자의 자료를 종합적으로 이어 맞추어야 한다. 이때 연구자는 문제틀, 사회관계, 사회적 조직화와 같은 개념을 이용한다. 즉, 이들 자료에서 말하는 "사회관계, 조직화는 무엇일까?"라는 질문을 던지면서 지금까지 분석에서 나온 각각의 조각들을 이어 맞추어서 큰 그림을 그려야 한다.

이를 위해 먼저 앞에서 분석한 자료들을 분석된 자료 세트별로 검토해 보는 것이 좋다. 자료 세트는 연구자가 자료를 관리하는 방법에 따라 다를 수 있으나 일반적으로 다양하게 구분된다. 가장 먼저 생각해 볼 수 있는 자료 세트는 입장 정보제공자 자료 세트와 이차 정보제공자 자료 세트이다. 또 로칼에 속한 여러 유형의 사람들로부터 자료를 수집한 경우나 엑스트라 로칼 세팅 내 서로 다른 제도적 위치에 있는 사람들로부터 자료를 수집한 경우는 하위 집단별 분석 내용을 재검토한다. 왜냐하면 제도적 문화기술지는 다양한 제도적 위치에 있는 사람들이 한 경험의 차이를 통해 보다 광범위한 제도적 관계를 그리기 때문이다. 이렇게 하위 집단별로 자료를 재검토함으로써 연구자는 정보제공자들의 일 지식이 어떻게 연결되어 조직화 양상을 나타내는지 알 수 있다.

이를 통해 연구자는 사회관계와 사회적 조직화에 관한 지도를 만들어 낸다. 달리 표현하면, 연구자가 선택한 사람들의 입장에 서서 본 지배 관계에 관한 지도를 펼쳐 보여 주는 것이다. 따라서 제도적 문화기술지 연구자는 이 과정에서 자료 세트를 관통하는 지배 관계의 '지도 그리기'라는 비유를 염두에 두어야 한다. 이를 위해 필요한 경우 녹취록을 다시 읽을 수도 있고 지금까지 분류한 자료에 대한 분류와 매핑을 일부 수정할 수도 있다. 여기서 지배 관계의 지도 그리기에 도움이 되는 몇 가지 안내를 제시하면 다음과 같다.

첫째, 이어 맞추기 혹은 퍼즐 맞추기와 같은 비유적 방법을 적극적으로 사용한다. 제도적 문화기술지는 동질적인 사람들의 경험 이면에 어떤 의미가 작동하는지를 찾아내는 것이 아니라, 이질적인 사람들의 경험 이면에 놓여 있는 구조를 찾고 이들을 연결한다. '이어 맞추기' '퍼즐 맞추기'와 같은 비유적 방법을 사용하면 제도적 문화기술지가 목표로 하는 사회관계, 지배 관계의 모습을 발견할 수 있다. 제도적 문화기술지는 모든 자료는 퍼즐의 한 조각이라고 보기 때문에 연구자는 이 퍼즐들을 맞추어야 한다. 입장 정보제공자와 이차 정보제공자에 관한 분석 결과를 이어 맞춘다.

그러자면 연구자는 사회관계, 문제틀, 사회적 조직화 같은 개념을 적극적으로 사용해야 한다. 연구자는 끊임없이 문제틀로 돌아가고, 사회관계의 개념을 사용해 연결되고 조정되는 행위들의 시퀀스를 밝혀내야 한다. 그리고 시간과 공간을 넘어 이들 행위의 시퀀스에 작동하는 텍스트와 담론의 파워 및 이들의 규칙을 찾아내 펼쳐 보여 주어야 한다. 연구자는 자신이 배우게 된 것을 개인들의 이야기를 수집한 것으로 보아서는 안 되고, 시퀀스나 사회적으로 조직화된 형태로 모아진 것으로 보아야 한다. 제도적 문화기술지 연구는 한 명 이상의 개인적 이야기에 근거하여 그들의 잠재적 차이를 보여 주려는 것이 아니라, 서로 다른 위치에 있는 정보제공자의 일을 관찰하거나 이용하고, 이들을 시퀀스로 이어 맞춰 가면서 지배 관계의 큰 그림을 그리는 것(스미스, 2014: 329)임을 잊지 말아야 한다.

둘째, 이어 맞춘 것을 매핑한다. 앞에서 언급했듯이, 매핑은 제
도적 문화기술지 자료분석에서 중요한 방법이다. 이 종합적 분석
과정에서도 매핑은 매우 중요하다. 종합적 매핑은 정보제공자별
매핑과 하위 집단별 매핑을 검토하면서 이들을 어떻게 연결할 것
인지를 사고하는 것이다. 여기서 이전보다 더 큰 그림을 그리게 된
다. 이 큰 그림은 지금까지 분석한 자료에서 말해 주는 것들을 펼쳐
보여 주어야 한다. 이 그림을 통해 연구자는 개인들의 경험을 연결
하는 하나의 스토리를 시각적으로 감지하게 된다.

셋째, 지금까지 종합적으로 검토한 자료들과 매핑을 염두에 두
면서 사회적 조직화와 저자의 최종적 주장이 포함된 글을 써 본다.
우리는 이미 앞에서 분석적 글쓰기를 여러 번 시도했었다. 연구자
는 이 작은 조각의 글쓰기들을 모아 이들을 연결해 본다. 물론 이
때도 문제틀, 사회관계의 개념을 놓쳐서는 안 된다. 연구자는 이렇
게 하는 과정을 통해 단순히 연결하는 것 이상의 주장(argument)을
산출한다. 주장은 연구자가 자기 마음대로 하고 싶은 이야기를 하
는 것이 아니라, 지금까지의 분석 결과들을 바탕으로 그것들이 지
칭하는 바 연구결과가 말해 주는 메시지 혹은 주제라고 볼 수 있다.
이러한 주장은 여러 매핑과 지금까지 쓴 글쓰기 조각들을 모아 글
로 써 봄으로써 산출된다.

넷째, 연구자가 선택한 사람의 '입장'을 놓치지 않기 위해 노력해
야 한다. 그러나 입장을 놓치지 않는 것은 쉽지 않다. 입장 정보제
공자와 이차 정보제공자의 분석 결과를 이어 맞추다 보면 연구자
가 '입장'을 놓치기 쉽다. 그렇다고 연구자가 자료분석과 최종 글쓰
기에서 입장을 놓치지 않는 구체적인 방법이 있는 것도 아니다. 어

편 제도적 문화기술지 연구는 누군가의 입장에 서서 연구를 시작한다고 말하고 있으나 분석 결과를 읽어 보면 누구의 입장에 서서 글을 쓴 것인지가 모호할 때가 있다. 이처럼 입장을 놓치지 않으려면 연구자 자신이 끊임없이 입장을 놓치지 말아야겠다고 의식적으로 노력할 수밖에 없다. 연구자마다 자신만의 방법을 찾아내는 방법밖에는 없다.

연구자들이 사용한 방법 중에는 계속해서 자신에게 질문을 던져 보는 것이 있다. 예를 들어, "노숙인의 입장에서 그려지는 풍경이 뭘까? 이것을 노숙인의 입장에서의 모습이라고 할 수 있나?"와 같은 질문을 던지는 것이다(김진미, 2019). 또 어떤 연구자는 분석 결과를 놓고 하나의 시나리오를 그리고 마치 배우가 자신이 맡은 역에서 빠져나오지 못하는 것처럼 그 시나리오의 일상을 살려고 노력함으로써 입장을 놓치지 않으려 했다(이은영, 2019). 또 다른 방법으로 분석 결과를 입장 정보제공자들에게 읽도록 하여 피드백을 받는 것을 활용할 수도 있다.

마지막으로, 이상에서 언급한 제도적 문화기술지의 자료분석 과정은 결코 기계적으로 사용하거나 도그마로 사용되어서는 안 된다. 이상에서 제시한 자료분석의 과정은 기존의 여러 제도적 문화기술지 연구자의 분석 경험을 참고로 하여 구성한 것이기 때문에, 개별 연구자마다 다른 과정을 거칠 수 있다. 기존 연구자들의 자료분석 과정에는 상당한 변이가 있다. 이 변이는 연구의 초점, 연구영역의 특성, 개별 연구자들의 스타일로 인해 발생한다.

3부

⋮

제도적 문화기술지 연구사례

13장 ι 제도적 문화기술지 연구사례
14장 ι 제도적 문화기술지의 확장

1부와 2부에서 우리는 제도적 문화기술지의 출발로부터 시작해 설계의 이론적 토대, 제도적 문화기술지의 실행과 관련된 여러 방법에 대해 알게 되었다. 이제는 이들이 실제 연구에서 어떻게 적용되는지 그 실제 연구사례들을 검토해 보아야 할 차례이다. 연구사례는 우리에게 제도적 문화기술지 연구가 얼마나 다양한 형태를 띠는지, 연구를 어떻게 진행할지, 연구를 위해 자료수집, 자료분석, 글쓰기를 어떻게 해야 할지에 대한 아이디어를 제공한다. 여기서는 다양한 형태의 제도적 문화기술지 연구를 연구내용, 자료수집과 자료분석, 그리고 제도적 문화기술지 연구에 주는 시사점을 중심으로 소개한다. 이러한 연구사례들은 제도적 문화기술지 초심 연구자에게 연구를 시작하고 실행하는 데 필요한 아이디어를 얻게 해 줄 것이다. 3부는 두 개의 장으로 구성되는데, 하나는 다양한 연구사례를 소개하는 것이고(13장), 다른 하나는 제도적 문화기술지가 어떤 형태로 발전, 확장되고 있는지에 대해 기술하는 것이다(14장).

13장
제도적 문화기술지 연구사례

제도적 문화기술지 연구는 단일하지 않다. 그것은 연구자의 관심사 여하에 따라 연구의 초점과 형태가 달라진다. 그러나 대부분의 제도적 문화기술지 연구는 일의 시퀀스, 그 시퀀스상의 텍스트의 작동, 담론의 역할이라는 요소가 포함된다. 이들은 누군가의 경험을 제도적 관계 속에서 풀어내기 위해서 포함되어야 할 요소들이다. 국내외의 많은 제도적 문화기술지 연구를 검토해 보면, 거기에는 일의 시퀀스, 이 시퀀스상에서 텍스트의 작동 그리고 텍스트로 매개되는 담론의 조직화를 다루고 있음을 알 수 있다.

그러나 모든 제도적 문화기술지 연구가 이 모든 요소를 다 똑같은 비중으로 다루는 것은 아니다. 어떤 연구는 일의 시퀀스를 상세하게 보여 주면서 이로부터 담론의 조직화가 어떻게 일어나는지를 보여 주고, 또 어떤 연구는 텍스트에 초점을 두고 텍스트들이 상호 교차되고 연결되면서 파워를 행사하는 모습을 보여 주는 데 집중하며, 또 다른 연구는 일과 텍스트의 상호 작동을 통해 제도적 담론

의 영향을 조망하는 데 초점을 둔다. 이들 연구의 차이는 연구자의
관심사가 어디에 있느냐에 따라 가장 큰 영향을 받는다. 그러나 연
구자의 관심사가 아무리 명료하더라도 제도적 세팅의 특성이 연구
자의 관심사를 변화시킬 수 있다. 예를 들어, 어떤 세팅은 텍스트가
많고 촘촘하게 작동하지만, 어떤 세팅은 텍스트가 별로 없고 느슨
하게 작동하는데 이것이 연구의 초점의 차이를 가져오기도 한다.

13장에서는 제도적 문화기술지의 연구사례들을 크게 네 가지로
구분하여 소개한다. 텍스트의 작동, 일의 시퀀스, 담론의 조직화,
입장에서 바라본 제도적 관계가 그것이다. 여기서 한 가지 유념할
것은 연구들을 이렇게 구분하여 제시한다고 하여, 해당 연구가 분
류된 바로 그 내용만을 다루는 것이라고 여겨서는 안 된다는 점이
다. 대부분의 제도적 문화기술지 연구는 일, 텍스트, 담론이라는
요소들이 포함되므로 한 연구에서 이들이 서로 다른 방식으로 혼
합, 융합되어 있다. 그리고 독자들의 편의를 위해 제시되는 연구사
례에 대해서는 세 가지 측면을 중심으로 기술하였다. 첫째, 연구의
개요를 기술하고, 둘째, 자료수집과 분석, 셋째, 제도적 문화기술지
연구에의 시사점이다.

1. 텍스트의 작동

제도적 문화기술지는 로칼과 로칼 너머의 활동을 연결하기 위해
텍스트가 어떻게 조직화하는지 그 파워를 펼쳐 보이도록 설계되었
다(DeVault, 2006: 295). 이처럼 텍스트의 작동은 제도적 문화기술
지 연구라면 반드시 검토되고 분석되어야 할 영역이다. 제도적 문

화기술지에서 텍스트는 연구자에게 로칼에서 관찰되는 것 너머에 이르게 하고, 로칼 속에 스며들어 있으면서 로칼을 통제하는 로칼 너머의 사회관계와 조직화를 발견할 수 있게 하는 데 핵심적이다 (Billo and Mountz, 2016: 204). 그러므로 모든 제도적 문화기술지 연구들은 텍스트의 작동을 분석하고 기술한다.

  그러나 연구에 따라서는 텍스트 작동에 초점을 두는 정도나 결에서 다소 차이가 있다. 여기서는 텍스트의 작동을 텍스트-일-텍스트를 중심으로 보여 준 연구, 텍스트로 매개되는 제도적 과정을 보여 준 연구, 텍스트로서의 양식(form)의 파워를 보여 준 연구로 구분하여 살펴보기로 한다. 재차 강조하지만, 여기서 제시하는 분류는 한 연구에서 서로 배타적으로가 아니라 융합되어 이루어진다. 예를 들어, 텍스트-일-텍스트와 텍스트로 매개되는 제도적 과정은 사실상 텍스트가 일을 매개한다는 의미에서 공통성을 가진다. 그러나 어떤 연구는 텍스트-일-텍스트의 과정을 묘사하는 데 중점을 두는 반면, 어떤 연구는 텍스트가 매개하면서 어떤 파워를 행사하는지에 더 중점을 두기도 한다.

1) 텍스트-일-텍스트

(1) 장기요양시설에서 조직체계가 정보교환에 미치는 영향: 제도적 문화기술지

  여기서 살펴볼 연구는 Caspar, Ratner, Phinney 그리고 MacKinnon (2016)의 "장기요양 시설에서 조직체계가 정보교환에 미치는 영향: 제도적 문화기술지"이다.

① 연구의 개요

이 연구는 장기요양 시설에서 이루어지는 '사람중심 케어(person-centered care)'가 왜 실패하는지 시설에 근무하는 간병인의 입장에 서서 그 이면을 밝혀낸다. '사람중심 케어'는 케어 수혜자의 욕구, 선호, 생애 역사에 기반한 개별화된 케어로서 장기보호 시설거주자의 돌봄의 질과 삶의 질에 매우 중요하다. 연구자들은 이 논문에서 '사람중심 케어'에서 가장 중요한 것은 돌봄의 80~90%를 직접 담당하는 간병인의 역할인데, 이들이 시설거주자들의 개별화된 정보에 접근하지 못하게 하는 조직체계로 인해 '사람중심 케어'가 어떻게 실패하는지를 펼쳐 보여 준다.

연구자들은 3개의 장기요양 시설에서 일하는 다양한 전문가로부터 자료를 수집하여 시설의 종사자들 사이에 정보교환이 어떻게 이루어지는지를 분석한다. 그리고 이런 분석들을 토대로 정보교환 맵(map)을 3개로 구분하여 연구결과를 설명한다. 모든 맵은 문서 부문과 전자 부문으로 구분되고, 외과 의사로부터 작업치료사, 간호사, 사회복지사, 간병인에 이르는 일련의 시설 종사자들이 어떤 텍스트와 접촉하고 어떤 일을 하는지 텍스트-일-텍스트의 과정을 한눈에 보여 준다. 이들 3개의 맵은 거주자의 개별화된 케어 정보가 포함된 제도적 텍스트가 어떻게 시설의 케어 실천에 영향을 주는지를 보여 준다. 즉, 텍스트들이 어떻게 서로 연결되어 있고 스태프들이 어떻게 정보에 접근하는지 케어의 미시체계들 사이의 상호연관성과 정보 흐름의 방향을 보여 준다.

이들 맵에서 보면 간병인은 공식적 케어 계획안을 볼 수도 없고, 입소 6주 후에 열리는 케어 회의에도 참여하지 못한다. 또 간병인은 교대 보고 모임에 참여하기는 하나 겨우 10분 동안에 72~85명

거주자의 정보를 받을 뿐이다. 이런 식으로 간병인이 서로 다른 구조 속에서 어떻게 정보와 차단되어 있는지를 묘사하고 있다. 결국, 간병인은 그들의 매일의 케어에 영향을 미치는 거주자의 욕구와 선호에 관한 대다수 제도적 텍스트에 대한 접근이 막혀 있다. 간병인은 또한 팀 지도자와의 접근도 막혀 있다. 거주자에 관해 가지고 있는 간병인의 이해가 케어 계획안에서 배제되고, 따라서 이들은 조직의 결정에 영향을 미칠 수 없다.

이처럼 장기요양 시설의 가장 하위에 있지만 '사람중심 케어'의 핵심인 간병인은 다수의 텍스트, 회의에의 접근이 막혀 있었다. 연구자들은 장기요양 시설에서의 이러한 결과는 시설 내 전문적 계층화가 존재하고 낮은 수준의 영역을 존중하지 않는데 기인한다고 보고 있다. 즉, 장기보호 시설의 조직문화가 '사람중심 케어'의 실행을 지지하거나 혹은 방해하는 강력한 방식은 제도적 표준화 도구(텍스트)를 통해서 이루어짐을 알 수 있다.

② 자료수집과 분석

이 연구에서 자료수집은 7개월에 걸쳐 관찰, 심층 인터뷰, 텍스트 분석(textual analysis)을 통해 이루어졌다. 3개의 장기요양 시설을 선택했는데, 그 기준은 간호사가 24시간 거주하고, 사람중심 케어 모델을 실행하고, 130~150명이 거주하는 곳이다. 연구에 참여한 정보제공자는 3개 시설의 간병인 18명을 포함하여 3개 시설에서 근무하는 다양한 종사자(시설장, 사회복지사, 간호사, 거주자 사정 코디네이터 등)이다. 3개 시설의 간병인 18명, 스태프들 24명으로 총 42명으로부터 자료수집을 했다.

자료는 관찰과 인터뷰, 텍스트 분석을 통해 수집되었다. 관찰은 간병인이 일하는 날을 택해 정보교환이 어떻게 이루어지는지를 중점적으로 보면서 사회적 조직화의 흔적을 찾으려 하였다. 관찰자의 마음속에서 제기한 질문을 중심으로 관찰하고 노트에 기록하였다. 총 104시간을 관찰했으며, 관찰을 통해 간병인이 거주 보호 정보에 어떻게 접근하는지 연대기적 이야기를 만들었다. 간병인과의 인터뷰는 "매일 하는 일을 가능한 상세하게 말해 주세요."로 시작했다. 그다음에 정보교환과 '사람중심 케어'에 대해 질문했다. 간병인과의 인터뷰 후에 시설 종사자들과 인터뷰를 했다. 그리고 텍스트 분석은 관찰과 인터뷰 동안 사용되거나 나온 빈칸으로 된 모든 문서와 양식을 복사하여 이루어졌다.

이 연구에서 자료분석은 인터뷰 자료에서 시작했고, MS Word를 사용했다. 자료를 어떻게 분류하는지는 미리 결정하지 않았고 관찰 노트, 인터뷰 녹취록, 정보교환 맵을 검토하면서 점진적으로 했다. 제도적 문화기술지의 목표를 염두에 두고 장기보호 시설거주자 케어의 일 과정, 일 지식의 형태, 조정에 초점을 두고 분석이 이루어졌다. 분석의 핵심 요지는 제도적 과정의 결과인 간병인의 경험과 '사람중심 케어' 제공이라는 제도적 목표 간의 간격을 발견하는 데 두었다. 연구자들은 분석과정에서 간병인의 입장을 선택했다는 점을 염두에 두고 간병인의 위치에서 간격을 보려고 노력했다. 무엇보다 연구자들은 자료분석의 초기 단계에서 정보교환 맵을 만드는 등 매핑을 연구의 전 과정에서 적극적으로 활용했다. 연구자들에 의하면, 이들 맵은 자료수집과 분석이 '완료되는' 것을 결정하는 데 중요한 근거가 되었다고 한다.

③ 제도적 문화기술지 연구에의 시사점

이 연구의 구성을 보면 연구 내용에 관한 기존 문헌을 고찰하지 않는다. 기존 문헌을 고찰하지 않는 대신 연구의 '개념적 틀'을 배치했는데, 이는 제도적 문화기술지의 핵심 내용을 간략히 설명하는 수준이다. 그러면서 자신들의 연구가 간병인의 입장에 닻을 내리고 그들의 경험을 연구하겠다고 말한다. 즉, 제도적 문화기술지의 핵심 교의에 기반한다는 점을 강조한다.

제도적 문화기술지 연구들의 문헌 고찰의 수준과 방식은 연구마다 상당한 차이가 있다. 이 연구처럼 아예 연구 내용과 관련된 기존의 연구들을 제시하지 않는 경우가 있고, 아주 개략적으로 제시하기도 하고, 기존 연구들을 제도적 문화기술지 관점에서 꼼꼼하게 비판적으로 고찰하기도 한다. 그러나 전자의 두 경우에는 기존 문헌들이 연구의 말미인 '논의와 함의'에서 등장한다. 따라서 이러한 논문 구성은 제도적 문화기술지 연구가 가진 귀납성을 강조하고 보여 주기 위해서라고 생각할 수 있다. 아쉽게도, 이 제도적 문화기술지 연구에서 보여 준 기존 문헌의 배치는 연역의 논리가 지배하는 우리나라의 학문공동체에서는 수용되기가 쉽지는 않아 보인다.

연구자들도 언급했듯이, 이 연구에서는 거주 보호 간병인을 전문가로 보고 배우는 태도를 견지한다. 이러한 태도는 거주 보호 간병인의 입장에 서서 그들의 경험과 관심사에 집중하는 것으로 이어진다. 제도적 문화기술지는 사람들이 일상 경험을 통해 알게 되는 '체현된 앎'에서부터 사람들의 경험 이면에 놓여 있는 '큰 그림'(조직화, 지배 관계)에 관한 지식을 산출할 수 있다고 본다. 그러나 이 큰 그림은 누구의 입장에 서서 그림을 그리느냐에 따라 다른 모습이 산출된다.

이 연구에서는 간병인의 입장이 분명히 드러나고 있다. 문제틀과 지배 관계, 제도적 담론과 같은 제도적 문화기술지의 개념이나 적용을 내세우지 않고 있으나, 연구자들이 미시체계라 이름 붙인 시설 내에서 텍스트를 중심으로 이루어지는 사람들의 상호연관과 특징들을 묘사적으로 잘 표현해 주고 있다. 이는 연구자들이 연구의 시작에서부터 최종 글쓰기까지 간병인의 '입장'에 서 있기 위해 노력한 결과로 보인다. 굳이 제도적 문화기술지의 방법론적 용어들을 빌려 오지 않고서도 연구결과만으로도 충분히 제도적 문화기술지 연구의 특징을 보여 주고 있다. 사실 방법론적 용어들을 많이 빌려 와 글을 쓰면 전문적으로 보이고 뭔가 연구자가 권위를 가진 것처럼 비추어질 수 있지만, 정작 중요한 점은 연구결과가 얼마나 제도적 문화기술지의 특징을 보여 주면서 일반 독자를 설득할 수 있느냐에 있을 것이다.

이 연구가 시사하는 것은 제도적 문화기술지 연구는 미시체계만을 대상으로도 얼마든지 유용성이 있다는 점을 보여 준다. 이 연구는 저자들의 말대로 장기요양 시설이라는 미시체계이다. 이 미시체계 내에 입장 정보제공자인 간병인과 이차 정보제공자인 시설에 근무하는 다양한 전문가가 대상이다. 달리 표현하면, 로칼 정보제공자는 장기요양 시설의 간병인이고, 엑스트라 로칼 정보제공자는 장기요양 시설에 근무하는 다양한 전문가인 셈이다. 일반적으로 제도적 문화기술지는 미시체계만이 아니라 거시체계를 포함해야 하는 것으로 인식된다. 그러나 최근 들어 제도적 문화기술지가 다양한 학문 분야에 널리 활용되면서 미시체계만을 대상으로 한 연구들이 늘어 가고 있다.

미시체계에 초점을 둔 연구임에도 자료수집의 출처가 다양하고 규모가 크다. 이는 장기요양 시설 안에 다양한 직원들이 일하고 있으므로 시설의 조직체계를 탐구하기 위해서는 불가피했을 것으로 보인다. 이 연구에서 표집의 총수는 42명이다. 이를 통해 우리는 제도적 문화기술지 연구의 범위를 미시체계로 제한해도 그 체계가 어떻게 작동하여 그러한 경험을 산출하는지 알려면 상당히 큰 규모의 표집이 필요함을 알 수 있다. 같은 제도적 세팅 안에 서로 다른 제도적 위치에 있는 사람들을 표집했기 때문이다.

2) 텍스트로 매개되는 제도적 과정

제도적 문화기술지는 로칼에서의 사람들의 경험이 어떻게 제도적 과정과 연결되어 있는지에 관심을 가진다. 이때 로칼에서의 사람들의 경험을 로칼 너머로 연결하는 것은 텍스트이다. 따라서 텍스트는 제도적 문화기술지에서 로칼과 로칼 너머를 매개함으로써 조직화의 촉매 역할을 하고 제도적 과정을 형성한다. 제도적 문화기술지 연구 중에는 앞에서 살펴본 것처럼 텍스트와 일의 상호적 시퀀스를 통해 조직화의 모습을 그려 내기도 하지만, 텍스트가 매개하면서 행사하는 파워에 더 초점을 둔 연구들이 있다. 이들 연구는 제도적 과정에서 사람들의 일이 제도적 텍스트를 매개로 하여 어떻게 조정되고 통제되는지 텍스트의 매개적 역할에 중점을 둔다.

여기서는 두 개의 연구사례를 제시한다. 하나는, Pence(2001)의 "텍스트로 매개된 법체계에서 가정폭력 피해 여성의 안전"으로서, 텍스트의 이동을 추적함으로써 텍스트 자체가 어떻게 변형되고 조정되고 파워를 행사하는지를 보여 준다. 다른 하나는, Adams(2009)의 "시민금지명령 신청과정: 텍스트로 매개된 제도적 사례관리"로서, 텍스트를 매개로 하여 사람들의 일이 어떻게 조정되고 통제되는지를 보여 준다.

(1) 텍스트로 매개된 법체계에서 가정폭력 피해 여성의 안전

① 연구의 개요

이 연구는 가정폭력을 처리하는 사법 과정 내 여러 전문가의 일이 어떻게 텍스트를 매개로 하여 조정되고 통제되는지 텍스트들의 이동을 추적함으로써 보여 준다. 즉, 텍스트의 시퀀스에 대한 추적을 통해 사법 과정 내에서 가정폭력 피해 여성의 안전이 어떻게 제한되는지를 상세하게 보여 준다. 이를 통해 여성이 폭력을 당하던 그 밤에 여성들에게 일어났던 일과, 사법제도 내 업무들 사이에는 지배의 사회적 조직화가 놓여 있음을 보여 준다. 특히 Pence는 가정폭력이 발생하고 피해 여성이 911을 누름으로써 국가의 도움을 요청하기 시작하는 시점부터 시작해 이 사건이 사법체계로 진입되면서 이루어지는 처리 과정을 상세하게 보여 준다. 이를 통해 Pence는 미국 가정폭력 반대 운동 활동가들이 취해온 법적 옹호 접근법에서의 변화를 제안한다. 그것은 사법제도 전문종사자들과 지역사회 옹호자들을 사법제도 현장의 조사에 참여시키자는 것이다.

우선 피해 여성은 911 번호를 누른다. 911을 누름으로써 피해 여성은 상담원, 경찰, 법원, 사회서비스 체계 등과 같은 국가의 법적 장치를 작동시키게 된다. 여기서 911 숫자는 국가의 법적 장치로 미국 내 보편적인 텍스트이다. 911 번호는 학대당한 여성들의 경험을 범죄성 폭행 사건으로 처리하는 데에 참여하는 많은 종사자를 조정하고, 이끌고, 지시하는 연속적인 텍스트들의 첫 부분이다. 전화를 받은 전화 교환원은 컴퓨터의 공식적 스크립트 텍스트에 따라 전화에서 들은 내용을 입력한다. 이 일련의 공식적인 스크립트들은 처음엔 전화를 건 사람과 911 접수 담당자에 작동하지만, 그 다음은 전화상담원과 요청에 응할 경찰관 사이에 이루어지는 논의를 매개한다. 이들 스크립트는 지역 경찰과 사법체계에 의한 가정폭력 사건 관리 안에서 두 번째 텍스트를 구성한다.

여기서 사법적 과정의 종사자들은 행정적 양식이나 규정, 스크리닝 장치들, 접수양식들과 같은 텍스트들에 의해 이끌어지며, 이들이 생산하는 텍스트는 다음 단계의 업무를 맡은 실천가들을 연결하고 돕도록 설계되었다. 다양한 세팅의 종사자들은 사건기록 혹은 사건 파일 텍스트를 만드는데, 이들이 생산하는 텍스트들은 사건 자체보다 텍스트를 읽을 사람들을 대상으로 제도적 임무를 완수하기 위한 것이다. 이때 사건기록 혹은 사건 파일은 발생한 것 그대로를 녹취하지 않는다. 제도적으로 의미 있는 것만 기록된다. 이렇게 하여 가정폭력 피해 여성의 삶은 실제 경험이 아니라 전문가 담론에서 창출된, 미리 만들어진 범주 안으로 엮어진다. Pence는 논문에서 이 사건 파일이 어떻게 상호교환 과정, 즉 연속적인 문서실천을 통해 처리되는지를 보여 준다.

911 교환원이 응급서비스가 필요하다고 결정하면 응급의료 전화상담원에게 컴퓨터로 전송되며 이는 다시 컴퓨터를 통해 연결된 경찰차에 연락된다. 일 처리가 끝난 경찰은 보고서를 작성한다. 이때 경찰의 보고서는 범죄요소로 구성된 틀이 있어서 고도로 선택적이고 특별한 사건에만 집중하고 전후 맥락과 배경을 빼고 작성된다. 경찰관은 가해자가 끼친 해악이 아니라 피해자가 입은 상처를 찾는다. 상처가 경찰관이 가해자를 체포할지를 판가름하는 조

건이기 때문이다. 이렇게 경찰은 다음 날까지 영장 발부 법원에 제출할 문서를 산출한다. 산출된 경찰보고서는 검사, 가정폭력과 관련된 법원의 여러 실무자(조사 실무자, 가석방 공무원 등)가 읽는다. 이들은 경찰보고서를 읽고 보고서를 쓰고, 이것은 판사에게로 넘어간다.

　이러한 일련의 복잡한 사법 과정을 거치면서 학대하는 누군가와 사는 여성의 현실은 분리된다. 사법체계의 행위자들은 전 사법 과정에서 여성과 함께 일하지도, 여성의 삶의 측면에서 일하지도 않는다. 사법 과정에서 서로 상호교환되는 텍스트들과 행위자들은 피해 여성의 안전을 책임지는 기회를 찾아보기 어렵다. Pence는 피해자 비난하기는 단지 사람들의 태도나 사고과정의 현상만이 아니라고 주장한다. 그녀에 의하면, 피해자 비난하기는 텍스트적 실재들에 묻혀 있는 이데올로기 실천의 표현에 더 가깝다.

　② 자료수집과 분석
　이 논문에는 자료수집과 분석에 관한 명시적인 언급이 없다. 누구를 몇 명 선택했는지, 인터뷰와 관찰 그리고 텍스트 분석은 어떻게 했는지, 연구를 진행하는 과정에서 어떤 방법론적 한계와 함의를 발견했는지에 대해서는 언급이 없다. 제도적 문화기술지 연구에서 방법론적 개념인 입장과 문제틀, 사회관계, 입장 정보제공자와 같은 개념도 등장하지 않는다. 연구방법에 관한 기술보다는 연구의 결과를 상세하게 분석한 내용과 그 분석에 대한 해석과 주장이 논문을 구성하고 있다. 이처럼 이 연구는 연구방법과 기법보다는 연구자가 탐구하려는 가정폭력 피해 여성의 사법적 과정의 실제를 좀 더 치밀하게 추적하는 데 노력을 기울인다. 물론 연구결과에 관한 기술에서 연구자가 어떻게 연구를 진행했는지에 대한 개략적 윤곽은 짐작할 수 있다.

③ 제도적 문화기술지 연구에의 시사점

이 연구는 우리에게 텍스트의 흐름을 쫓아가다 보면 텍스트의 작용으로 인한 지배 관계의 범위가 넓어져 간다는 것을 보여 준다. 즉, 텍스트의 이동을 추적하면 거기에 텍스트의 변형 및 조정을 보게 되고 그것은 지배 관계로 이어진다는 것이다. 특히 Pence는 텍스트들의 '상호교환(processing interchange)'이 어떻게 일어나고 진행되는지, 그 과정에서 텍스트가 변형되고 사람들의 일을 조정하는지를 상세히 보여 준다. Pence에 의하면, 사례가 한 사이트에서 다른 사이트로 넘어가는 교차점에서 일하는 사람들의 일을 보면 거기에 제도, 조직, 체계가 다 명확히 드러난다. Pence의 상호교환 개념은 많은 제도적 문화기술지 연구가 일 과정의 교차에 관해 관심을 기울이게 되는 계기를 제공했다는 점에서 제도적 문화기술지에서 독보적 위치에 있다.

Pence의 연구를 통해 발견된 '상호교환' 개념은 그 자체로 연구 결과이자 동시에 방법론적 개념이 되었다. 여기서 우리는 제도적 문화기술지 연구와 관련해 두 가지를 알 수 있다. 하나는, 제도적 문화기술지 연구는 사회의 지배 관계가 어떤 방식으로 사람들의 삶을 구속하고 통제하는지 그것을 설명하는 개념을 생산한다는 것이다. 다른 하나는, 제도적 문화기술지 연구를 통해 방법론으로서의 제도적 문화기술지를 발전시키는 개념이 발견될 수 있다는 것이다. 전자는 제도적 문화기술지가 '사람을 위한 사회학'의 일부가 되며, 후자는 방법론을 위한 개념적 장치가 된다. 따라서 훌륭한 제도적 문화기술지 연구는 사람을 위한 사회학의 지식은 물론 방법론적 장치를 확장하는 이중의 효과를 산출한다.

이 논문에는 연구자가 입장에 선 가정폭력 피해 여성은 직접 등장하지 않고 이들로부터 자료를 수집하지도 않았다. 가정폭력 피해 여성과 관련된 사법 과정에 종사하는 다양한 전문가만 등장한다. 그리고 텍스트가 이동하면서 이들의 일이 어떻게 조정되고 텍스트가 어떻게 변형되는지 그 실제가 묘사된다. 이 묘사를 통해 우리는 가해 남성과 함께 사는 피해 여성, 특히 그녀들의 안전에 관한 책임은 사법 과정 어디에서도 볼 수 없는 사법 과정의 지배 관계가 폭로되고 있음을 알게 된다. 즉, 우리는 연구결과를 읽고 이 연구가 가정폭력 피해 여성의 입장에 서서 그들의 안전을 방해하는 지배 관계의 폭로를 위해 진행되었음을 자연스럽게 알 수 있다. 따라서 이 연구가 우리에게 말해 주는 점은 제도적 문화기술지의 '입장'은 명시적으로 표현되지 않을 수 있고, 누구의 입장에 섰는가는 결국 연구결과가 말해 준다는 것이다.

그리고 제도적 문화기술지 연구를 실행하는 데 여러 방법론적 개념들이 요구됨에도 이들을 직접 부각하지 않고 연구결과 속에 녹여 낼 수 있음을 보여 준다. Pence의 연구결과는 누군가가 일상에서 겪는 경험이 어떻게 하여 그렇게 되는지 그 조직화의 모습을 매우 치밀하고 밀도 있게 이야기해 주고 있기 때문이다. 이 연구는 비록 제도적 문화기술지의 방법론적 개념이나 실행에 관한 상세한 것을 기술하지 않았더라도 제도적 문화기술지의 대표적 연구로 평가된다. 그뿐만 아니라 텍스트로 매개되는 제도적 과정에서 볼 수 있는 '상호교환 과정'이라는 새로운 개념까지 제시함으로써 제도적 문화기술지를 한 단계 진전시킨 연구로 평가받는다.

　따라서 이 논문은 우리가 제도적 문화기술지 연구를 할 때 지나치게 연구의 절차나 방법을 강박적으로 따르거나 구체적으로 제시하지 않아도 연구결과가 엄밀하고 설득력 있다면 그것은 얼마든지 신뢰할 만하고 타당성 있는 연구로 인정될 수 있음을 보여 준다. 방법은 연구의 도구이지 방법 자체가 연구의 목적이 아니기 때문이다. 물론 그렇다고 연구의 절차나 방법들이 무시되어야 하는 것은 결코 아니다. 아마도 Pence는 논문에 기술하지 않았을 뿐, 연구를 진행하는 과정에서 자연스럽고 유연하게 제도적 문화기술지의 주요 방법적, 개념적 도구들을 적용했을 것이 틀림없다. 방법적 절차를 기술하지 않고서도 연구결과의 설득력만으로도 인정되는 학문공동체의 개방성을 장려할 필요가 있다.

(2) 시민금지명령 신청 과정: 텍스트로 매개되는 제도적 사례관리

① 연구 개요
　'시민금지명령'은 캐나다에서 친밀한 파트너로부터 폭력에 맞서기 위해 발의된 법안으로서, 친밀관계에서 폭력을 경험하는 사람은 시민법정을 통해 금지명령을 신청할 수 있다. 가정법원은 일주일에 두 번 신청을 받는다. 연구자인 Adams(2009)는 시민금지명령 신청이 받아들여지지 않는 경우가 많다는 사실에 주목해 신청 과정에 관심을 가졌다. 신청 과정에 관한 기존 연구가 없다는 점, 그리고 신청자의 폭력에 대한 일상의 지식과 각 사례를 관리하는 법정 실무자에게 공식적으로 알려지는 것 사이에 단절이 있음을 발견함으로써 연구는 시작된다. 이를 바탕으로 연구자는 시민금지명령 신청 과정에서 "신청자의 일과 실무자의 일이 어떻게 조정되며,

조정 노력은 신청자에게 어떤 결과를 가져오는가?"라는 연구 질문
을 던진다.

금지명령을 얻어 내는 데 가장 중요한 것은 자신에게 일어나고
있는 것을 신청양식에 맞춰 적어 넣는 것이다. 그런데 접수 직원은
중립성을 지키기 위해 법적 질문에 답해서는 안 되고 신청자가 양
식에 무엇을 기재해야 할지에 대해서 충고해 주어서도 안 된다. 그
결과 신청자들은 자신의 상황에 대한 상세한 사항을 신청서에 충
분히 반영하지 못하고, 잘못해서 범죄 신청서를 쓰게 되기도 하고,
신청서를 채우지 못하기도 하며, 신청서 양식에 잘못된 정보를 쓰
기도 한다. 신청서가 제출되면, 신청서 양식은 사례 사정을 통해 신
청자의 살아있는 경험을 하나의 사례로 간주하게 만든다.

신청양식 텍스트는 처리 과정 동안에 있을 수 있는 것들을 제한
한다. 신청양식 텍스트에 기록된 이야기는 시공간을 가로질러 여러
번 반복해서 다양한 법정 실무자에게 전달되며 이들의 행동을 조정
한다. 즉, 피학대 여성의 실제 경험은 맥락과 구체적 상황으로부터
분리되고, 텍스트는 시간적 특이성을 상실한다. 이 과정에서 신청
자의 살아있는 경험은 탈맥락화되지만, 법정 실무자는 신청자의 위
험과 안전욕구를 사정하는 아무런 방법도 갖고 있지 않다. 이렇게
시민금지명령 신청 과정에서 일어나는 것은 신청자의 주관적인 것
이 신청양식의 객관적인 것으로 전환되면서 신청자의 실제 경험은
사라지고 제도적 틀에 맞는 사실들만이 남게 되는 것이었다.

Adams(2009)는 이 연구에서 신청서에 근거해 일하는 법정 실무
자들(접수 직원, 가정법원 서기, 판사)은 신청자의 특정 사항을 제도
적인 방식으로 읽고 쓰고 이해할 뿐, 범주와 실제 사이의 간극을 맞
추어 보려 하지도 않는다는 점을 보여 준다. 또 이들은 제도적 개념

이나 제도적 담론에 포획되어 있으므로 시민금지명령을 신청한 여성이 직면하는 실제의 위험을 마주하지 못한다. 사실 이들 실무자는 정부를 대신해 행동하는 전문가이다. 어떤 판사는 엄마가 아이를 적절히 돌보는 모습이 보이지 않으면 그녀를 비난하면서 실망한 모습을 보이기도 한다. 그는 여성이 학대 남성과 아동과의 관계를 그렇게 만들었다고 비난한다. 판사가 금지명령 신청을 사정하는 데 있어 주된 관심은 단지 아동의 안전이다. 따라서 만일 두 어른(부모) 사이에 갈등이 있으면, 판사는 금지명령 신청을 기각하게 된다.

신청자가 정보를 빠뜨리거나 과정을 이해하지 못하거나 실무자가 제시하는 방식으로 진행하기를 원치 않을 때, 실무자는 신청자에 대해 적의를 느끼는데 그 이유는 신청자가 자기의 일을 끝내지 못하고 지연시키기 때문이다. 문제는 똑같은 형태의 지원이 욕구와 상관없이 모든 신청자에게 적용된다는 것이다. 신청자들이 경험하는 위협의 수준이 상이함에도 제도적 수준에서는 그 차이를 반영하지 않는다. 판사에 따라 혹은 경청 시간(아침, 점심 등)에 따라 결과가 달라지기도 한다.

법체계에서 차별은 존재해서는 안 된다고 가정하지만, 모든 신청자는 정확한 일련의 절차를 따라야 한다. 똑같은 절차를 따르다 보면, 신청자들은 그들의 안전욕구보다 제도적 사례 처리의 요구사항을 반영하게 된다. 신청의 성공은 판사가 있는지, 법원 서기가 확신이 있는지, 신청이 목록에 들어 있는지, 신청자가 도착한 시간이 어떤지 등에 따라 이루어진다. 시민금지명령 신청은 긴급성의 수준에 따라 다양하지만, 표준화된 신청이 이를 동질화시킨다. 신청양식의 범주들은 제도적 요구사항에 따라 구체적이고 특정한 것을 선택하고 버리며, 안전욕구를 중심에 두지 않는다. 신청 과정 초기에 개인의 호소는 맥락적, 시간적 특수성을 잃고 제도적으로 인식할 수 있고 행동할 수 있는 틀로 바뀐다.

② 자료수집과 분석

이 연구의 목적은 시민금지명령 신청 과정에 관여한 여러 주체의 일이 어떻게 텍스트를 매개로 하여 조정되고 조직화되는지 보여 주는 데 있다. 이를 위해 연구에서 사용한 자료수집 방법은 대다수 제도적 문화기술지 연구들이 채택한 인터뷰, 관찰, 텍스트 분석이었다. 인터뷰는 입장 정보제공자 2명과 다양한 제도적 위치에 있는 법정 실무자들을 대상으로 이루어졌다. 그 외에 가정법원을 관찰하고 텍스트들을 수집 분석했다.

이 연구는 연구방법에 관한 부분을 논문에 일정 부분 할애하고 있다. 그러나 제도적 문화기술지 연구방법의 특징에 관한 기술이 주를 이루고 있고, 구체적으로 정보제공자의 선택을 어떤 과정을 거쳐 왜 그들을 하게 되었는지에 관한 구체적인 언급은 없다. 그래서 전체적으로 몇 명을 인터뷰하고 관찰했는지에 대한 기술이 없다. 자료분석에 대한 언급은 명시적으로 언급하지 않았으나, 글을 전개해 가는 과정에서 원리 정도를 언급하였다. 예를 들어, "우리가 관심을 가져야 할 것은 신청이 검토되는 여러 과정에서 사람들이 텍스트를 가지고 무엇을 하는지이다." "사회적 생활을 문제틀로 다루면 우리는 일상의 행동들이 어떻게 사회적 조직화와 지배 담론의 지배적 형태에 얽혀 있는지에 관한 지식을 산출할 수 있다." 가 그것이다.

③ 제도적 문화기술지에 주는 시사점

이 연구도 앞의 Pence(2001) 연구와 마찬가지로 텍스트를 매개로 하여 지배 관계가 어떻게 확장되어 가는지 텍스트가 가진 파워를 밝혀낸다. Pence의 연구가 텍스트가 제도적 과정을 거쳐 이동하면서 변형되고 새롭게 만들어지는 모습을 통해 지배 관계를 보여 주었다면, Adams(2009)의 연구는 하나의 텍스트가 제도적 과정을 거치면서 사람들의 실제 경험을 배제하는 방식으로 작동함으로써 지배 관계가 형성됨에 초점을 두었다. 두 연구 모두 텍스트가 매개되어 지배 관계가 조직화된다는 점을 폭로한다. 이처럼 우리 삶에서 텍스트는 막강한 파워를 행사한다. 제도적 문화기술지의 목표 중의 하나는 바로 이 텍스트가 조직화하는 방식을 실제에 대한 묘사를 통해 밝혀낸다. 그런 점에서 이 연구 역시 제도적 문화기술지의 전형적 특성을 보여 준다.

Adams(2009)의 연구는 누구도 주목하지 않은 시민금지명령 신청자들의 신청 경험에서 연구가 시작되었다. 물론 기존 질적 연구 접근으로도 이들의 신청 경험을 연구할 수 있다. 이 경우 연구자는 신청자들의 경험을 개념적으로 분석하고, 그러한 경험을 가능하게 한 거시적 요소들을 끌어와 설명할 수 있다. 그러나 제도적 문화기술지는 신청자들의 경험을 개념적으로 접근하지 않는다. 대신 신청자들이 한 경험의 실제에 주목해 이 실제들의 시퀀스를 밝히므로 연구결과가 훨씬 실제에 입각해 있고 상세하고 구체적이다.

Voltaire의 "악마는 디테일에 있다."라는 유명한 말이 있다. 거대 담론이나 정책의 윤곽, 지향 등이 중요한 것이 아니라 그것을 구성하는 디테일이야말로 사태의 본질과 맞닿아 있다는 의미로 우리의 미몽을 일깨워 주는 말이다. 제도적 문화기술지 연구는 이 '디테일'을 펼쳐 보여 주는 것이라 할 수 있다. 디테일을 펼쳐 봄으로써 왜 우리가 그러한 경험을 할 수밖에 없었는지, 사태가 어떻게 그렇게 되었는지를 이해한다. 제도적 문화기술지는 이 디테일을 보여 주는 핵심 도구로서 일과 텍스트에 주목한다. 특히 텍스트가 특정 제도적 세팅에서 일하는 서로 다른 사람들의 일을 매개하면서 그 사람들의 일을 조정하고 그들에게 영향을 미치는 점에 주목한다. Adams(2009)의 연구는 바로 이 텍스트의 매개를 통한 지배 관계의 폭로를 실제에 근거해 사실적으로 보여 주고 있다. 이것은 기존 질적 연구가 갖지 못한 제도적 문화기술지만의 장점이다.

이처럼 제도적 문화기술지 연구는 사람들이 보기에 사소하고 작게 보이는 것, 지배 관계 위계의 말단, 억압적 위치에 있는 사람들의 목소리를 대변한다. Adams의 연구는 제도적 지배 관계 내의 하위에 있어 억압적 경험을 하는 사람들의 억울한 목소리를 텍스트의 매개적 작동을 빌려 건조하게 진실을 드러내 밝혀 준다. 그는 제도적 지형에서 낮고 사소하고 작고 보잘것없는 것을 전면에 내세워 그것들이 어떻게 지배 관계에 연루되는지 그 전모를 펼쳐 보여 줌으로써 제도적 문화기술지 연구가 어디를 지향하고 무엇에 관심을 가져야 하는지를 보여 준다.

3) 텍스트 장치로서의 양식의 파워

제도적 문화기술지는 제도적 세팅에서 일어나는 다양한 경험 이면에 놓여 있는 사회적 조직화, 사회관계의 모습을 펼쳐 보여 준다. 이때 제도적 세팅에서 사용되는 텍스트들은 흔히 양식(form)의 형태를 띤다. 양식은 사람들의 실제 경험을 일정한 틀로 구성된 텍스트 장치로서, 그 안에 담겨 있는 내용과 그 작동은 제도적 문화기술지 연구의 중요한 관심사 중의 하나이다. 따라서 여기서는 텍스트로서의 양식이 사람들의 삶에 어떤 파워를 행사하는지 보여 주는 연구사례를 소개한다. 여기서 소개할 연구는 McLean과 Hoskin(1998)의 "정신병을 조직화하기: 양식의 틀들의 반영"이다.

(1) 정신병을 조직화하기: 양식의 틀들의 반영

① 연구 개요

이 연구는 우리의 일상과 제도적 세팅에서 쉽게 접할 수 있는 양식(form)을 텍스트 장치로 보면서, 이 장치 안에 들어 있는 '틀들(frameworks)'이 어떤 작동을 발생시키는지 정신보건 세팅의 욕구사정표 양식을 대상으로 분석한다. 분석 결과, 연구 제목에 나타나 있듯이 양식의 틀들은 정신병을 조직화하는 역할을 한다. 이를 위해 연구자들은 먼저 양식이 어떤 종류의 텍스트인지, 그리고 그 양식이 어떻게 만들어져왔는지 역사에 대해 검토한다. 즉, 양식에 대한 이론적 고찰, 양식의 어원과 역사 그리고 욕구사정표가 어떻게 양식의 복잡한 역사를 체현하는지 설명한다.

예를 들어, 연구자들은 Foucault는 시험이라는 텍스트 형태가 담고 있는 권력에 관해 이야기한다. Foucault에 의하면, 시험은 학생들 자신이 직접 써넣게 함으로써 그들이 각각 자기 자신의 진실을 드러내도록 하는데, 이후 그것은 성적 매기기를 통해 학생들 자신을 '계산 가능한 존재' 상태가 되게 한다. 연구자들이 보기에, 이러한 시험과 성적 매기기는 학교와 전문가 영역, 사업 세계와 같은 사회 영역으로 침투하게 되었고, 이는 현대의 관리주의 발명의 도구가 되었다.

문제는 이들 양식의 저작권과 구성 방식에 대해서는 누구도 철저히 검토하지 않았다는 점이다. 그 결과 양식은 꼼꼼한 편집자의 재검토와 재서술을 통해 마치 다이아몬드의 광택과 같이, 더 굳건히 자리 잡게 되고, 확고해지면서, 정상화되고, 또 중립적인 것으로 된다. 그러나 연구자들은 과연 양식이 중립적인지 의문을 제기한다. 연구자들은 정신보건 현장에서 사용되는 '욕구사정표(Needs Assessment Schedule)' 양식을 대상으로 과연 이것이 무엇을 발생시키고 우리의 삶을 어떻게 만들어가는지를 살펴본다. 연구자들은 이 욕구사정표의 틀들이 어떻게 정신이상을 조직화하는지, 그리고 실천이 어떻게 양식의 공간을 가로질러 가는지 질문을 던진다.

욕구사정표 양식이 행정처리 되는 전형적인 세팅은 정신과의 제도적 공간, 즉 지역의 정신과 병원 부서이다. 연구자들은 이 양식의 틀들이 어떻게 정신병을 조직화하는지를 보여 준다. 따라서 이 연구는 단순한 하나의 양식을 통해서도 제도적 문화기술지가 목표로 하는 조직화의 힘을 이해할 수 있음을 보여 준다. 여기서 양식은 곧 조직가이고 이차 실천이 일어나는 제도적 공간이다. 파워란 양식의 공간에서 일어나는 이차 실천을 말한다. 연구자들은 "양식은 적극적으로 파워를 조직화하는 장치"라고 말한다. 여기서 파워를 조직화하는 것은 텍스트 그 자체가 아니라 텍스트에 들어 있는 '틀'이다.

연구자들에 의하면, 욕구사정표 양식이 클라이언트의 욕구를 반영하기 위해서는 여러 전제조건이 필요하다. 질문은 모호하지 않고, 평가는 투명하고, 협의가 가능해야 하고, 즉답은 분명해야 한다. 그러나 현실의 실천에서는 질문은 모호했고, 채점은 투명하지 않았고, 협의는 어려웠고, 즉답은 보충이 필요하였다. 욕구사정표 양식은 이렇게 모호성으로 덮여 있다. 나아가 양식은 양식에 없는

일조차도 양식의 틀에 끼워 넣는다. 예를 들어, 침묵하고 응답을 거
부하는 환자에 대해 침묵도 양식의 칸에 적고 점수화해 기입한다.
이때 양식은 환자를 평가받는 사람으로 만들고, 객관적 욕구의 표
상이 된다. 그 결과 클라이언트는 정신보건 복지사의 지식의 '대상'
으로서의 위치에 있게 된다.

　클라이언트의 만족도를 점수화할 때 사회복지사는 실제와의 간
극을 경험한다. 그러나 점수는 그대로 나가고, 그 점수에 기반해 실
천은 이루어진다. 욕구사정표에 의해 클라이언트 욕구는 높은 욕구,
중간 욕구, 단순 욕구로 분류되고, 높은 욕구를 가진 사람은 계속 지
원 서비스를 제공하는 실천가들이, 중간 수준 욕구로 평가된 클라이
언트는 사례관리자들이, 단순 욕구를 가진 클라이언트로 분류된 사
람은 지역사회 정신간호사에 배당된다. 사회복지사는 좋은 실천을
하려는 것과 양식을 완성해야 하는 것 사이에서 긴장을 느낀다.

　이처럼 양식에 있는 칸을 채우는 것에는 애매함, 논란, 습관적 검
토, 임시변통 등이 개입되어 있다. 칸은 복잡하고 모호하고 불투명
하다. 클라이언트의 진짜 욕구는 양식 안에서 정의된다. 양식의 빈
칸 안에는 권력이 활성화되고, 권력이 활성화되는 과정에서 클라
이언트의 맥락은 사라져 버리며, 이 권력으로 변형된 사건들은 읽
기는 아주 쉬우나 실제는 유령이다. 양식은 일종의 규율체계를 만
들어 내며, 곳곳에 존재하는 양식들의 이 조직화에 대해 아무도 저
항하지 않는다. 결국, 양식은 양식이 가진 틀로 인해 적극적으로 파
워를 조직화하는 장치이다.

　② 자료수집과 분석
　이 연구는 많은 제도적 문화기술지 연구 중에서 매우 독특하다.

대부분의 제도적 문화기술지 연구가 사람들의 경험에서 시작하지만, 이 연구는 거꾸로 진행되기 때문이다. 즉, 텍스트 장치로서의 양식을 구성하는 칸들의 영향을 분석하지만 결국에는 이 양식으로 인해 정신보건 클라이언트의 정신병이 양식에 설정된 틀에 의해 조직화되어 그들의 삶을 특정 형태로 조형하고 경험하게 한다는 것을 보여 준다.

이 연구에는 연구방법에 관한 별도의 논의가 없다. 누구를 얼마나 왜 어떻게 선택하고 분석을 어떻게 했는지에 대한 언급이 없다. 그러나 논문을 읽어 가다 보면 연구자들이 욕구사정표를 설계한 사람과 이 양식을 이용하는 여러 전문가(계속지원 서비스 워커, 사례관리자, 시니어 임상 간호사 등)를 대상으로 인터뷰했음을 알 수 있다. 연구 절차와 방법에 대한 명확한 언급 없이도 설득력 있고 타당한 연구를 산출할 수 있음을 보여 준다. 연구 절차와 방법에 대한 언급이 없음에도 불구하고, 이 연구가 분명히 제도적 문화기술지 연구들 사이에 우뚝 설 수 있는 것은 텍스트로서의 양식이 어떻게 우리의 일을 조정하고 조직화하는지, 관련된 사람들에게 어떤 파워를 행사하는지를 분명하게 보여 주었기 때문이다.

③ 제도적 문화기술지에 주는 시사점

우리의 삶 속에는 무수히 많은 텍스트로서의 양식이 존재한다. 우리는 이 양식들과 함께 살아간다 해도 과언이 아닐 정도로 모든 제도적인 것이 실행되기 위해서는 양식이 필요하다. 이 연구를 통해 우리가 제도적 문화기술지와 관련해 알 수 있는 시사점은 우리 주변에 편재하는 텍스트가 어떤 힘을 행사하는지에 대한 탐구를 통해 낮은 제도적 위치에 있는 사람들의 삶, 혹은 그러한 텍스트를 사용하는 실천가들의 딜레마를 펼쳐 보여 줄 수 있다는 것이다. 즉, 제도적 문화기술지 연구는 아주 가까이 있는 사소하게 보이는 것들, 그래서 그냥 지나쳐 버리는 것들을 탐구의 대상으로 삼는다. 그리고 이 작고 사소하고 별 볼일 없어 보이는 것이 우리의 삶을 얼마나 통제하고 영향력을 행사할 수 있는지 보여 준다. McLean과 Hoskin(1998)의 연구는 바로 이 점을 우리에게 확인시켜 주는 대표적 연구이다.

우리의 삶에 편재하는 양식은 양식의 설계자가 있고, 그 설계자가 기대하는 틀이 반영되어 있다는 사실을 보여 줌으로써, 텍스트를 다룰 때는 그 속에 들어 있는 개념적, 이념적 틀까지도 고려해야 함을 우리에게 알려 준다. 저자들이 언급하고 있듯이, 조직화하는 것은 텍스트 자체가 아니라 텍스트에 들어 있는 틀, 즉 개념이나 담론 혹은 이념이다. 물론 이 연구는 텍스트에 들어 있는 담론을 밝히고 그것이 어떻게 실제에서 작동하는지에 초점을 두었다기보다, 텍스트에 들어 있는 틀이 사람들의 실제 삶을 어떻게 왜곡하고 변형하게 하는지 실제의 삶과 텍스트 사이의 간극에 더 초점을 두고 있다. 따라서 우리는 이 연구를 통해 텍스트의 이동이나 흐름만이 아니라, 텍스트에 들어 있는 틀이 어떻게 사람들의 삶을 통제하는지도 제도적 문화기술지의 주요 관심사가 될 수 있음을 시사 받는다.

2. 일의 시퀀스

일의 시퀀스, 일 과정(work process)은 모든 제도적 문화기술지 연구에서 반드시 분석되어야 한다. 제도적 문화기술지 연구는 사람들의 일이 어떻게 수행되며 어떻게 다른 사람들의 일과 연관되는지를 매핑하는 것을 기본으로 하기 때문이다. 그러나 제도적 문화기술지 연구의 초점은 연구의 목적에 따라 다양한 형태를 띤다. 어떤 연구자는 일의 시퀀스를 충실하게 보여 줌으로써 사람들의 경험이 어떻게 그러한 경험으로 조직화되는지를 보여 주지만, 또 다른 연구자는 일의 시퀀스를 배경으로 텍스트의 작동에 초점을 둠으로써 연구의 목적을 달성한다. 여기서는 일의 시퀀스에 대한 정교한 묘사를 통해 연구의 목적을 달성한 연구사례를 제시한다. 제시할 연구사례는 Breimo(2015)의 "돌봄에 포획되다: 노르웨이 재활 과정 참여자들의 일에 관한 제도적 문화기술지"이다.

(1) 돌봄에 포획되다: 노르웨이 재활 과정 참여자들의 일에 관한 제도적 문화기술지

① 연구 개요

2000년대 초 노르웨이 정부는 서비스 이용자의 능력 강화, 서비스 생산 행위자들 간의 협력을 강화해 맞춤형 서비스를 제공함으로써 사회참여를 강화하는 새로운 이념을 도입하였다. 노르웨이에서는 전통적으로 공공 부문이 강해 신자유주의적 개혁이 큰 힘을 발휘하지 못했지만, 유사시장을 구축하고 시스템을 좀 더 기업 친화적으로 만듦으로써 공공서비스 관리방식이 변화되었다.

이 연구는 이러한 변화로 인해 재활 과정에 있는 사람들이 직면하는 어려움을 묘사함으로써 신공공관리 이데올로기가 어떻게 '전인적' 재활정책과 상충하는지, 서비스 이용자들의 일상생활이 어떻게 더 어려워졌는지를 보여 준다. 신공공관리의 도입으로 재활 과정은 더 기술적이고 더 비인간적이 되었고 서비스 구매자와 제공자 간에 분열이 발생했고 그 결과 재활서비스를 이용하는 이용자들의 돌봄의 질을 떨어뜨렸다는 것이 이 연구의 핵심이다.

연구자는 도로시 스미스의 넓은 의미의 '일(work)' 개념이 재활 과정에서 발생하는 거대한 양의 일을 알게 해 주었다고 말한다. 그래서인지 이 연구는 일을 중심으로 재활 과정 참여자들이 직면하는 어려움을 제시한다. 단적으로 논문의 구성이 일로 구성되어 있는데, 변화에 적응하는 일, 참석의 일, 자격 있음을 입증하는 일, 범주에 들어맞게 하는 일이 그것이다.

'변화에 적응하는 일'에서는 서비스의 분절화를 막고 재활서비스들을 조정하기 위해 만든 '재활조정부서'가 오히려 서비스 이용자들이 서비스 제공자들이 제공하는 서비스를 조정하는 결과를 가져왔고, 서비스 제공자는 서비스 이용자와의 새로운 협력관계를 구축하는 데 많은 시간이 소요됨으로써 좌절을 경험하는 것으로 드러났다. 서비스 이용자는 어떤 부서가 어떤 일을 하는지 모르다 보니 케이스 워커를 세 번이나 바꾸는 일이 벌어진다.

'참석의 일'에서는 서비스 제공자가 아주 제한된 시간만 서비스를 제공하는 '스톱 워치 서비스(stop-watch service)' 때문에, 서비스 이용자들이 무수히 많은 서비스 제공자와 만나야 해서 오히려 재활을 방해한다는 것이다. 예를 들어, 뇌졸중으로 재활서비스를 받은 중년의 남자는 재가 서비스로 한 달에 거의 30명의 서비스 제공자가 왔기 때문에 자기들에게는 사생활이 없고 집은 거의 공공영역이 되었다고 토로한다. 이는 노르웨이의 재활서비스가 더욱 관리주의적으로 된 증거이다.

'자격 있음을 입증하는 일'에서는 조정부서가 서비스 이용자의 자격을 너무 자주 문서로 입증할 것을 요구하는 정책을 펼침으로써 서비스 이용자들의 돌봄의 질이 악화되었다. 예를 들어, 서비스는 1년만 지속되고, 1년이 지나면 다시 신청해야 한다. 또 구매자-제공자 분리는 서류 신청을 더 중요하게 만들었고, 신청 절차는 더 복잡해지고 표준화되고 개인적 조정이나 전문적 재량권 사용은 줄어들었다. 그 결과 재활의 과정에 있는 사람은 앞으로도 자신이 재활제도의 어디에 있을지 알지 못하게 될 것으로 전망한다.

'범주에 들어맞게 하는 일'에서는 정부가 관리적 논리에 따라 만들어 놓은 제도의 범주들(재활수당, 직업재활수당, 제한적 장애수당, 영구장애연금 등)이 재활 과정에 있는 서비스 이용자들의 실제 상황에 들어맞지 않는다는 것이다. 예를 들어, 뇌졸중으로 인해 재활 과정에 있는 남성이 이전에 일할 때로 돌아가고 싶다는 말을 하면 서비스 제공자는 "그럼 영구장애급여를 받으셔야 합니다."라고 말할 것인데, 이때 문제는 영구장애급여는 현재 받는 일시장애급여보다 수급비가 적다는 것이다. 이 남성은 어쩔 수 없이 '일시장애급여' 범주에 남을 수밖에 없다.

결국, 노르웨이에서 재활 과정에 있는 사람들은 그들의 일상 삶이 분절되고 계획되고 서비스 제공자의 스케줄에 따라 정해지는 것으로 경험한다. 그들의 일상생활은 서비스 제공자와의 예약에 따라 계획되어야 한다. 그들은 아침에는 재가보호가 시작될 때 기상하고, 낮에는 재가보호 서비스가 돌아갈 때까지 집에 머문다. 혹은 그들은 복지 당국 관련자들과의 예약시간 이외의 시간에 아이들을 만나야 한다. 이런 예약들은 다른 곳에서 시간과 에너지를 갖지 못하게 한다. 서비스 기관이 너무 많은 약속과 예약을 만들어 내는 것은 그들이 사회에 참여해야 한다는 점에서 볼 때 모순이다. 그들의 너무 많은 예약은 오히려 사회적 참여를 더 어렵게 만든다. 연구자는 이것은 마치 끝도 없고 소용도 없는 헛고생 같다고 말한다. 어려움에 직면한 개인이 가장 스트레스가 많은 일을 하게 되는 형국이라는 것이다. 결국, 연구자는 신공공관리가 노르웨이의 재활정책에 침투됨으로써 서비스 이용자와 제공자의 안정성에 대한 욕구를 포기하도록 만들었다고 주장한다.

② 자료수집과 분석

이 연구는 자료수집의 방법으로 주로 인터뷰를 사용했고, 재활 과정에 연관된 텍스트들을 검토하였다. 인터뷰와 텍스트 분석만으로도 충분히 설득력 있는 연구결과가 도출될 수 있음을 보여 준다. 고전적 제도적 문화기술지에서 강조하는 참여 관찰을 하지 않으면서 연구를 진행한 것이다. 인터뷰 대상자는 서비스 이용자와 제공자를 합하여 총 40명이다. 연구자는 인터뷰할 때 어떻게 했는지가 상세히 기술해 주고 있어 후속 연구자들에게 하나의 지침을 제공하고 있다. 자료를 분석하는 절차와 방법에 대해서는 구체적 언급이 없지만 주로 매핑의 방법을 사용하였다. 먼저 서비스 수혜자의 경험에 근거해 재활 과정을 매핑했고, 이어 서비스 제공자를 인터뷰했다.

연구자는 자신이 어떻게 인터뷰했는지를 비교적 상세하게 제시한다. 정보제공자들에게 그들의 관점에서 재활 과정을 묘사해 달라고 하였다. McCoy(2006)가 말한 대로, 가능한 한 자세하게 누가 관여했고 관여한 방식은 무엇이고, 누가 무엇을 했는지, 누가 누구를 어떻게 접촉했는지, 누가 무엇을 주선했고 그것이 어떻게 이루어졌는지를 물었다고 한다. 예를 들어, 정보제공자가 모임에 참여했다면, 누가 그 모임을 주선했고 모임의 목적은 무엇이고 누가 참여했는지 등을 묻는다. 즉, "기관의 협력을 어떻게 했나요?"처럼 묻지 않고 협력의 절차를 가능한 한 상세하게 그릴 수 있도록 물었다.

③ 제도적 문화기술지 연구에의 시사점

이 연구가 제도적 문화기술지 연구에 주는 시사점은 일의 시퀀스를 중심으로 그 실제의 일 과정을 잘 묘사하는 것으로도 충분히 설득력 있고 타당성 있는 연구를 산출할 수 있다는 것이다. 논문의 구성 자체로 다양한 '일'로 구성되어 있고, 그 일 과정에서 필요한 경우 텍스트가 등장하기는 하지만 텍스트의 역할과 파워에 집중하지 않았다. 텍스트는 일 과정을 묘사하는 중에 자연스럽게 스며들어 있고, 연구자가 그 작동을 강조하거나 해석하지 않는다. 즉, 제도적 문화기술지 연구는 텍스트의 작동에 초점을 두지 않아도 얼마든지 제도적 문화기술지가 목적으로 하는 바를 달성할 수 있음을 보여 준다.

또한 '입장'을 강조하지 않아도 연구결과에 대한 묘사에서 누구의 입장에 서서 바라본 제도적 과정인지를 알 수 있다. 자료분석에서도 문제틀이나 사회관계와 같은 개념적 도구들이 등장하지 않지만 신공공관리의 도입이 어떻게 재활 과정 참여자들의 삶을 조형하는지를 보여 준다. 이런 점에서 볼 때 이 연구는 아주 담백하게 제도적 문화기술지 본연의 목적을 달성하고 있다.

3. 담론의 조직화

제도적 문화기술지에서 담론은 대개 텍스트들을 통해 사람들의 일을 조정하며 이념적 기능을 행사한다. 제도적 담론의 한 형태인 텍스트는 '실제'를 보이지 않게 하면서 '일'을 통해 제도를 조정해 간다. 이처럼 담론은 우리 눈에 직접 보이지 않지만 여러 매체를 통해 우리의 삶을 틀 지우는 역할을 하므로 누군가의 경험 이면에 있는 지배 관계를 그려 내는 데 매우 중요하다. 우리는 담론에 포획되어 있지만, 포획된 사실을 알지 못한다. 우리는 담론에 참여하고 있지만, 이를 알지 못한다. 제도적 문화기술지는 이러한 담론의 비가시성과 간접성을 추적해 우리 앞에 실제의 형태로 드러내 보여 준다. 그래서 제도적 문화기술지는 우리의 경험을 조직화하는 행위자로서 담론에 주목한다.

여기서는 조직가로서의 담론에 관심을 가진 연구사례를 소개한다. 물론 담론의 힘에 관심을 가진 연구도 일의 시퀀스와 텍스트의 작동을 보여 준다. 담론의 조직화를 보여 주는 세 개의 연구를 소개하면 다음과 같다. 첫째, Carrier, Freeman, Levasseur 그리고 Desrosiers(2015)의 "표준화된 의뢰양식은 클라이언트 중심 실천을 제한하는가?", 둘째, Benjamin, Rankin, Edwards, Ploeg 그리고 Legault(2016)의 "장기보호 거주자의 신체활동에 관한 사회적 조직화", 셋째, Mykhalovskiy와 McCoy(2002)의 "문제의 건강 지배담론: 지역사회 기반의 제도적 문화기술지"이다.

(1) 표준화된 의뢰양식은 클라이언트 중심 실천을 제한하는가

① 연구 개요
캐나다 정부는 건강 보호 인구가 증가하자 서비스의 효율과 전문적 실천을 극대화하기 위해 관리 담론을 강화하였다. 재가방문 작업치료 영역도 여기서 예외가 아니었다. 이로 인해 지역사회 작업치료사(Community Occupational Therapists: OCT)의 의뢰양식도 표준화되었다. 기존의 작업치료 지침과 관련된 법에서는 '클라이언트 중심'(cliented-centered)의 재가보호가 포함되어 있지만, 관리담론의 도입으로 전문적 판단의 표준화와 축소를 통해 효율성을 올리는 것이 강조되었다. 그런데 표준화를 통해 전문가의 전문적 판단을 축소하는 것은 클라이언트 개인의 가치와 욕구에 맞춰 서비스를 제공한다는 측면에서 문제가 된다. 즉, 서비스의 효율성을 높이기 위한 표준화와 양식들은 클라이언트 중심 실천을 방해한다.

이 연구는 서비스의 효율성을 높이기 위해 도입된 의뢰양식의 표준화가 어떤 결과를 초래하는지 작업치료사의 '입장'에서 탐구한다. 의뢰양식의 내용과 사용이 어떻게 지역사회 작업치료사들의 클라이언트 중심 실천을 감소시켰는지 펼쳐 보여 준다. 이를 위해 연구자들은 작업치료사들의 실제 일이 어떻게 조직화되는지에 초점을 두고 분석한다. 그 결과 이들의 일은 관리주의 담론, 특히 재가보호 클라이언트를 집에 머무르게 해야 한다는 재가보호 정책의 제도적 담론으로 조직화되고 있고, 이것은 클라이언트 중심 실천을 감소시킨다는 사실을 보여 준다.

제도적 문화기술지에서 분석의 목표는 일 과정이 제도에 의해 어떻게 조정되는지 펼쳐 보여 주는 것이므로, 여기서도 의뢰양식을 가지고 실천하는 작업치료사의 일 과정이 어떻게 제도적 담론으로 조정되는지를 묘사한다. 이를 위해 연구자들은 다양한 형태와 방식으로 구성된 표준화된 의뢰양식을 묘사하고, 그 의뢰양식이 어떻게 사용되는지를 상세하게 보여 준다. 그들의 주된 일은 서비스 코디네이터, 사례관리사, 병원, 클라이언트 등에서 나온 초기 정보를 바탕으로 클라이언트의 욕구를 확인하고, 이들 정보와 우선순위 그리드를 사용해 각 의뢰의 자격 여부와 우선순위를 사정하는 것이다. 이때 작업치료사는 의뢰양식과 우선순위에 맞춰 클라이언트의 욕구를 안전과 자율성에 초점을 두고 사정한다. 작업치료사가 의뢰양식을 사용할 때 그들의 일은 '위험관리' '클라이언트를 집에 머무르게 하기/입원하지 못하게 하기'와 같은 제도적 담론으로 조직화된다. 이것이 바로 우선순위가 결정되는 방식이다. 이런 방식으로 작업치료사는 자신의 전문적 권한을 의뢰양식에 들어 있는 제도적 담론과 희석한다.

표준화된 의뢰양식은 작업치료사가 클라이언트 가정을 방문하여 클라이언트 집에서 클라이언트와 상호작용 하는 것도 조직화한다. 작업치료사는 의뢰양식과 우선순위 그리드에 맞춰 클라이언트의 욕구를 안전과 자율성에 초점을 두고 사정하고, 의뢰양식을 완성할 때는 자신이 속한 재가보호팀 동료들의 기대와 일을 반영한다. 가정방문 후 작업치료사는 사정 보고서 양식을 사용해 클라이언트 파일에 그들에 대한 개입을 기입한다.

이처럼 작업치료사의 일은 재가보호 클라이언트들이 가능한 집에서 안전하게 머무르는 것을 목표로 욕구를 사정하고 개입한다. 여기서 재가보호 클라이언트들을 가능한 한 집에 안전하게 머무르게 한다는 목표는 캐나다 재가보호 담론의 일부이다. 재가보호 담론은 재가보호 정책과 지침에 그 뿌리가 있다. 재가보호 정책은 전문가들이 개인의 선택을 지지해야 한다고 말하고 있지만, 정책문서의 내용은 기준과 서비스 과정을 표준화하고 접근의 공평성, 효율성을 확보해야 함을 강조한다. 따라서 작업치료사의 일은 사람들이 자율적으로 집에 머물고 기술적 지원을 이용해 안전을 확보해야 한다는 제도적 담론으로 조직화되고 있었다.

② 자료수집과 분석

이 연구는 2년에 걸쳐 이루어졌다. 연구자들은 연구에 본격적으로 진입하기 전 작업치료사들이 의뢰양식을 어떻게 사용하는지, 혹시 의뢰양식이 재가보호의 제도적 조직화를 가져오는지에 대해 지루한 탐색의 과정을 거쳤다. 이 논문의 제1저자는 재가보호에서 9년간 일했다.

처음에 자료는 7명의 작업치료사의 실제 일에 대한 관찰을 통해 수집되었고(첫 번째, 건강사회서비스 센터에서 8일 두 번째, 건강사회서비스 센터에서 31일 동안 관찰함), 관찰된 행동에 대해 즉석 인터뷰를 해 녹음하였다. 이때 던진 질문은 "당신의 권한은 무엇인가요?" "그 것은 어떻게 결정되나요?" "의뢰과정을 묘사해 주세요." "언제 의뢰양식을 사용하나요?" "의뢰양식을 사용해 당신이 하는 일은 무엇인가요?" "그다음에 어떤 일을 하나요?" "이 일을 해야 한다는 것을 어떻게 아나요?"였다. 그리고 사례 양식, 사정 보고 양식과 같이 10명의 작업치료사가 사용한 문서들을 수집했다. 유의 표집을 통해 3곳(한 곳은 도시, 두 곳은 농촌)에서 일하는 10명의 작업치료사를 표집했다. 그리고 이차 정보제공자는 작업치료사의 일에 포함된, 제도적 측면에 관한 관련 정보를 가지고 있는 사람으로서 작업치료사에 의해 확인된 사람들을 선택했다.

자료분석은 처음에 개인들의 일을 조정하는 제도적 측면을 가리키는 반복적 언어를 찾았다. 그리고 좀 더 파악해 보아야 할 사항, 예를 들어 작업치료사의 역할에 대해서는 메모해서 연구팀과 함께 논의하였다. 그다음에는 일 조정을 탐구하기 위해 10명의 작업치

료사를 대상으로 60~90분 동안 인터뷰한 녹음을 녹취하고 제도적
문화기술지 분석과 호환되어 사용되는 Listening Guide Technique
을 사용해 분석했다.

  마지막으로, 관찰과 인터뷰 자료를 융합하여 의뢰양식을 포함한
활동들의 시퀀스를 매핑했다. 그다음, 수집된 로칼 텍스트(건강사
회서비스센터로부터 수집한 의뢰양식과 사정 보고 양식)는 Clune의 그
리드를 사용해 분석하였다. 그리고 재가보호 정책과 정책실행과
같은 제도적 질서의 상위에 있는 문서들을 찾아서 분석하였다. 여
기서 이들 상위에 있는 텍스트들은 세 번까지 읽었는데, 처음 읽었
을 때는 그들의 내용에 대한 일반적 아이디어를 얻었고, 두 번째와
세 번째는 서체와 색깔을 달리한 코드를 사용해 읽었고, 이들 각각
을 관찰자료와 인터뷰 자료에 연결하여 제도적 담론을 밝혀냈다.
발견된 것들은 메모와 매핑을 통해 통합되었다.

③ 제도적 문화기술지에 주는 시사점

  이 연구는 의뢰양식이라는 제도적 텍스트가 어떻게 그 양식을
가지고 일하는 작업치료사의 행동을 조정하는지 그 상호작동을 보
여줌으로써 최종적으로 국가정책이 지향하는 담론이 이들을 조직
화하고 있음을 보여 준다. 따라서 이 연구는 제도적 세팅에서 일
하는 전문가들이 사용하는 무수히 많은 텍스트에 주목할 필요성
을 말해 주고 있고, 실천가들이 국가의 담론을 체화하여 혹은 담론
에 포획되어 일한다는 점, 그리고 그로 인한 제도적 일 과정을 보여
주기 위한 방법론적 도구로서 제도적 문화기술지가 유용함을 보여
준다.

  이 논문은 앞에서 살펴본 여러 연구와 달리 자료수집과 분석을

상세하게 기술하고 있다. 자료수집과 분석이 어떻게 이루어졌는지 상세하게 기술함으로써 정형화된 자료분석의 방법이 없어 불안감을 느끼는 초심 제도적 문화기술지 연구자들에게 도움을 준다는 점에서 매우 친절하다. 누구를 정보제공자로 왜 선택했는지, 인터뷰할 때는 무엇을 어떻게 물었는지, 관찰할 때는 무엇에 초점을 두고 했는지를 상세히 기술함으로써 후속 연구자들에게 하나의 지침을 제공한다.

특히 제도적 문화기술지 연구에서 활용할 수 있는 다른 분석방법을 동원해 자료를 분석한 것이 주목할 만하다. 예를 들어, Listening Guide Technique 이라든지, Clune의 그리드(grid) 방법이 그것이다. 물론 이들 방법이 제도적 문화기술지 연구에 얼마나 적합한지는 논란의 여지가 있다. 최근에는 제도적 문화기술지에서 분석의 방법들을 발전시키려고 노력하는 흐름이 있는데, 이런 측면에서 분석 방법의 다양성 확보를 위한 한 시도로도 볼 수 있을 것이다. 어떤 분석 방법이든지 제도적 문화기술지 연구의 목표 달성에 도움이 된다면 사용할 수 있다. 그런 점에서 이 연구는 제도적 문화기술지의 분석 방법을 모색하는 연구자에게 하나의 실마리를 제공해 줄 수 있다.

(2) 장기보호 거주자의 낮은 수준의 신체활동에 관한 사회적 조직화

① 연구 개요

이 연구는 장기요양보호의 거주자들은 낮은 수준의 신체활동을 한다는 기존의 많은 연구로부터 힌트를 얻고 시작한다. 특히, 장기요양 시설의 '개인지원요원(PSWs)'의 입장에서 그들의 일이 어떻게 조직화되는지 그리고 이것이 장기요양시설 거주자의 신체활동에 어떤 영향을 미치는지 탐구한다. 개인지원요원은 장기요양 시설에서 직접적으로 돌봄을 제공하기 때문에 거주자들의 일상생활에서 좀 더 많은 신체활동을 도와주는 데 가장 중요하다. 이 연구에서 던진 연구 질문은 "장기보호 거주자의 신체활동은 개인지원요원의 일 과정 안에서 어떻게 조직화되는가?"이다.

연구에 의하면, 장기요양 시설의 거주자들이 몸을 움직이지 않는 저수준의 신체활동을 하게 되는 것은 복잡한 규제정책과 책임구조 때문이다. 여기서 규제정책과 책임구조는 개인지원요원의 일상을 조정함으로써 이들 요원에게 장기보호 거주자의 일상의 신체활동을 증진하지 못하게 만든다. 장기보호 거주자들의 신체활동 수준이 낮은 이유는 개인지원요원들이 그들의 일상을 돌보는 데 있어 신체활동을 포함할 기회가 거의 없었기 때문이다. 그들은 장기보호 거주자들에 대한 사적인 지식을 알고 있으며, 거주자의 개인적 욕구, 그중에서도 목욕하고 옷 입고 먹는 등의 핵심 돌봄 욕구를 둘러싸고 조직화된다. 문제는 이 장기보호 세팅이 고도로 규제된 환경이라는 점이다.

예를 들어, 식당에 대한 기준은 거주자들이 즐거운 식사 경험을 확보하도록 요구한다. 이 외에도 거주자를 들어 올리거나 이동할 때 두 사람이 들어야 한다는 기준은 안전을 위한 것이지만 결과적으로 개인적 돌봄을 방해하였다. 또 다른 예로, 식당과 음식 서비스는 '집 같은 분위기를 만들고 거주자들이 더 나은 식사 경험을 하도록 한다'는 기준이 도입되었다. 그런데 식당에서 이런 분위기를 만드는 데는 집중적 노동이 요구되었다. 이것은 또한 개인지원요원이 거주자들의 신체활동을 보조하고 자극할 시간이 줄어드는 것을 의미했다. 또 다른 기준은 식사는 한 번에 한 코스를 제공해야 한다는 기준이었다. 보통 식사는 3~4개의 코스로 이루어져 있는데 이 기준 때문에 개인지원요원은 매 코스 후 접시를 옮겨야 했다. 식당에서의 개인지원요원의 일을 고려할 때 이러한 기준은 달성되기 어려웠다. 즐거운 식사 경험을 하도록 해야 한다는 기준이 거주자들의 신체활동을 돕는 데 방해가 된 것이다.

이 외에도 개인지원요원이 사용하는 유일한 텍스트로서 매일의 돌봄을 기록하는 '기본 돌봄표'도 장기보호 거주자들의 신체활동을 증진하는 데 방해가 되었다. 왜냐하면 개인지원요원은 매일 이 표를 다 채워야 했는데, 그 이유는 정부에서 아무 때나 와서 기본적 돌봄이 이루어졌는지 보기 때문이다. 이 용지를 채우는 데만 한 시간이 걸린다. 또한 개인지원요원은 거주자들의 일상활동, 즉 목욕, 화장실, 먹는 것과 같은 기본적 육체적 욕구에 초점을 두고 일한다. 그런데 이런 욕구를 충족시키는 것은 '스스로 한다'는 강력한 담론 안에서 조직화되고 있었다. 개인지원요원과 간호사들에 의하면, '스스로 한다'라는 담론은 거주자들이 이를 닦고 단추를 잠그도록 도와주는 것에 그쳤다. 이처럼 다양한 장기보호 기준, 평가와 책임성은 제도적 담론을 만들어 내는 강력한 조정자이다.

연구자들은 조직화의 모습과 그로 인한 거주자들의 신체활동 저하를 기술함으로써 결국 이러한 결과가 고도로 규제된 범주들로 이루어진 장기보호 거주자들의 일상생활에 대한 담론 때문임을 발견했다. 연구는 개인지원요원이 일터의 고도로 규제된 범주 및 이데올로기와 같은 담론에 어떻게 얽혀 있는지를 드러내 보여 주었다. 이처럼 담론은 틀에 박힌 규제와 지침들에 반영되고, 이들 규제와 지침은 실천가들의 일을 조정함으로써 현실에서 그 힘을 발휘한다.

② 자료수집과 분석

이 연구는 연구설계를 세 가지로 구분해 설명한다. 하나는 윤리적 승인을 어떻게 받았는지에 관한 것이다. 제도적 문화기술지는 연구를 시작하기 전에 연구윤리에 관한 심의를 받는 면에서 매우 불리하다. 왜냐하면 자료수집이 한 번에 일괄적으로 이루어지지 않고 자료수집과 분석이 반복해서 이루어지기 때문이다. 제도적 문화기술지의 이러한 특성을 고려할 때 연구자들이 윤리적 승인을 어떻게 얻었는지를 기술한 것은 후속 연구자들에게 도움이 될 수 있다.

자료수집은 2개의 장기요양 시설에서 일하는 다양한 사람(개인지원요원, 간호사 등)을 대상으로 관찰, 인터뷰를 통해 자료를 수집했다. 특히, 입장 정보제공자인 개인지원요원에 대해서는 4시간씩 2회에 걸쳐 참여 관찰을 했다. 이차 정보제공자로는 관리자, 교육자, 사무국장들을 대상으로 전화 면접을 했다. 이러한 자료수집을 통해 필드 노트, 녹취록, 문서들을 확보했다. 개인지원요원과 이차 정보제공자를 합하면 모두 35명으로부터 자료를 수집했다. 연구자들은 참여 관찰과 인터뷰 동안에 개인지원요원이 사용하는 텍스트, 장기보호 세팅을 지배하는 정책을 알게 되었다.

자료분석은 크게 세 과정으로 기술되어 있다. 첫째, 개인지원요원이 신체활동을 간과할 때 이와 관련된 증거자료를 검토한다. 둘째, 개인지원요원이 사용한 양식, 그들이 채워 넣어야 할 문서, 그들이 따라야 할 정책 등을 검토한다. 셋째, 개인지원요원이 간과한 신체활동이 어떻게 조정되는가, 즉 개인지원요원의 일 과정이 어떻게 사회적으로 조직화되는가이다. 이를 통해 개인지원요원의 일이 어떻게 진전되는지, 그 일이 어떻게 기록되고 정책과 연계되는지를 묘사한다. 이것은 개념적으로가 아니라 경험적으로 묘사되었다.

③ 제도적 문화기술지에 주는 시사점

이 연구가 제도적 문화기술지에 주는 시사점은 두 가지이다. 첫째는 연구의 출발과 관련된 것이다. 일반적으로 제도적 문화기술지 연구는 이론에서 시작하지 않는 것이 기존 연구들과 구별되는 지점이다. 제도적 문화기술지 연구는 사람들의 특정 경험에서 시작한다.

그러나 이 연구는 기존의 문헌에서 장기보호 거주자들의 신체활동 수준이 매우 낮다는 것에 주목했다. 마치 문헌에서 연구를 시작한 것처럼 보이기도 한다. 물론 이 연구의 제1저자가 제도적 문화기술지 방법을 사용해 장기보호 거주자의 신체활동에 관한 조직화로 박사학위를 받은 사람이라는 점을 밝히고 있다. 이 박사학위 논문이 장기보호 거주자들 혹은 그들을 돌보는 누군가의 경험에서 출발했다면 공동연구자들이 이를 공유하고 여기서 출발해 연구를 시작했다고 볼 수 있다. 따라서 간접적이지만 누군가의 경험에서 시작한 연구로 볼 수 있다. 제도적 문화기술지 연구는 기존의 문헌을 통해 통찰을 얻든 아니면 연관된 누군가로부터 이야기를 듣든 실제의 살아있는 사람들의 경험에서 시작해야 한다.

둘째는, 입장의 선택에 관한 것이다. 이 연구의 제목은 "장기보호 거주자의 낮은 수준의 신체활동에 관한 사회적 조직화"이다. 제목만으로 보면 이 연구는 장기보호 거주자의 입장에 서서 연구한

것으로 보인다. 그리고 연구자들이 최종적으로 주장하고 싶은 것
은 거주자들의 낮은 신체활동이 문제이며 그것은 제고되어야 한다
는 것일 것이다. 그러나 정작 연구는 '개인지원요원'의 입장에서 연
구가 이루어졌다. 개인지원요원의 일이 어떻게 조정되고 조직화되
는지를 보여 주는 것이 결과적으로 거주자들의 신체활동 증진이라
는 목적을 달성할 수 있다고 본 것이다. 이처럼 누구의 입장을 선택
하느냐는 자동적으로 혹은 기계적으로 이루어지지 않는다. 당사자
가 아닌 다른 사람의 입장에서의 조직화 모습을 보여 주는 것이 당
사자의 입장에서의 정책 제고를 주장할 수 있는 근거가 될 수 있다.

4. '입장'에서 바라본 제도적 관계

'입장'은 제도적 문화기술지에서 연구의 출발점이다. 어떤 연구
가 제도적 문화기술지로 방향을 틀려면 가장 먼저 '입장'을 선택해
야 한다. 왜냐하면 제도적 문화기술지는 모든 지식이 누군가의 입
장에서의 지식이기 때문에 입장을 선택하는 것이야말로 가장 중요
하다. 그런데 입장은 연구를 시작할 때만 중요한 것은 아니다. 자
료를 수집하고 분석하고 마지막 글을 쓸 때도 연구자는 입장을 끊
임없이 고려해야 한다. 이 모든 것을 보장해 주는 마법과 같은 기
법은 없다. 누군가의 경험에서 연구를 시작하고, 그의 행위와 일
지식을 따라가고 추적하면서 자료를 수집하고, 자신이 분석하는
것이 누구의 입장에서의 분석인지를 끊임없이 반문하고, 글을 쓸
때도 과연 이것이 자신이 선택한 사람들의 입장에서의 풍경인지를
질문하는 수밖에 없다.

제도적 문화기술지는 모든 지식은 불완전하다는 명제를 토대로 지배적 지위에서 나온 것보다 주변적 입장에서 사회를 더 명료히 이해할 수 있다고 본다. 이런 점에서 제도적 문화기술지는 주변적 위치에 있는 사람들의 입장에 서서 다양한 사회제도를 탐구하기 위한 효과적인 접근이다. 예를 들어, 원주민의 입장에 서서 아동복지를 탐구하고, 소수집단의 입장에서 건강보호를 탐구하며, 신체장애가 있는 사람의 입장에 서서 재활서비스를 탐구하고, 주변적 집단의 입장에 서서 사회서비스를 탐구하는 것 등이다(O'Neill, 1998: 131, 140).

그러나 제도적 문화기술지 연구자는 자칫 자료를 수집하고 분석하는 과정에서 이 입장을 잃어버릴 수 있다. 연구를 진행하다 보면 입장은 잊고 기계적으로 작업할 수 있다. 연구자가 자료를 수집하고 분석하고 글을 쓰는 과정에서 입장을 유념하고 그의 입장에서의 지배 관계의 모습을 그려 내기는 쉽지 않다. 자칫 누구의 입장에 서서 본 조직화인지가 모호해질 수 있다. 누군가의 입장에 서는 것을 선택함으로써 제도적 문화기술지는 사람들의 목적에 유용한 지식을 산출한다. 제도적 문화기술지 연구에 배태된 입장은 연구결과에서 표현되어야 한다. 만일 입장이 불충분하고 간과된 경우 연구자의 선한 의도는 믿을 수 없는 것이 된다. 우리가 서 있는 곳에서의 앎이 모든 결정적 차이를 만들어 낸다(Campbell, 2016: 258).

따라서 여기서는 연구자가 선택한 사람의 입장에서의 지배 관계 모습이 선명히 드러나는 연구사례를 소개하기로 한다. 소개할 연구는 Nichols(2008)의 "쉴 곳이 필요해! 청소년의 입장에 서서 사회서비스 접근 탐색하기"이다.

(1) 쉴 곳이 필요해! 청소년의 입장에 서서 사회서비스 접근 탐색하기

① 연구 개요

이 연구는 캐나다에서 사회서비스가 어떻게 노숙 청소년을 만들어 내는가에 대한 의문을 풀기 위해 오린이라는 한 청소년의 삶을 따라가면서 그 과정에서 그가 어떤 제도적 장치들에 맞닥뜨리게 되는지를 추적한다. 청소년이 노숙자가 되는 것의 문제의 원인을 제도에 대한 청소년의 요령 부족이 아니라, 노숙을 완화하기 위한 절차, 기관, 제도적 수단들에서 찾고자 한 것이다. 여기서 연구는 철저히 오린의 입장에서 그가 한 경험의 지배 관계의 모습을 보여 준다. 이렇게 오린이라는 한 사람의 체험을 중심으로 연구한 것은 한 사람의 체험이 지배 관계를 보여 주는 렌즈가 될 수 있기 때문이다.

오린은 현재 18세로, 8세에 캐나다 난민으로 왔다가 16세까지 아동부조협회의 보호를 받았지만 이후 노숙을 하게 된다. 16세에 아동부조협회의 보호가 법적으로 끝나자 오린은 일시적으로 쉼터에 머문다. 오린은 주정부에 사회부조를 신청하는 데 필요한 사회보장번호 등 각종 증명서와 정보를 요구하는 자동화된 전화 텍스트에 답을 할 수 없었다. 왜냐하면 아동부조협회에서 오린의 정보에 관한 파일 접근을 막아 놓았기 때문이다. 결국, 오린은 주정부 사회부조 신청에 실패하고 계속 쉼터에 머문다. 그러나 쉼터 실무자도 오린을 돕고는 싶지만 아동부조협회에 접근할 접근권이 없었다. 오린의 사회부조 신청을 어렵게 한 또 다른 것은 오린이 난민이었기 때문인데, 캐나다에서 난민은 10년 이상을 살아도 매년 난민 지위를 갱신해야 하고, 따라서 매년 사회보장 절차를 거쳐야 한다는 점이었다.

오린은 이주사무소에서 단기 사회보장번호와 의료보험번호를 받아 3시간에 걸쳐 주정부 사회부조에 전화했으나, 사회부조의 자격은 없고 주정부 사례관리사에 배치된다는 결정만 통보받는다. 사례관리사는 오린을 인터뷰하고 몇 가지 준수사항을 조건으로 재정지원을 한다. 준수사항은 오린이 학교에 가야 한다는 것이었으나 오린은 지치고 일도 없고 해서 등교를 자주 빼먹는다. 사례관리복지사는 오린의 이러한 행동을 불성실한 것으로 기록하면서 주정부의 직업훈련에 참여할 것을 요구한다.

직업훈련을 마치면서 우등으로 졸업한 오린은 전기기술자로 취직하고 나은 아파트로 이사하지만 4개월 만에 쫓겨난다. 오린은 아파트 임대료를 낼 수 없었고 일자리도 구해 보았으나 얻지를 못한다. 다시 주정부 사회부조에 전화해서 그간의 상황을 말해 보았으나 여전히 자격이 없다는 이야기만 듣는다. 여러 번 도와달라고 애걸했으나 성과는 없었다. 오린은 자동화된 전화에 대고 자신의 이야기를 할 수 없었다. 심지어 자동응답기 때문에 건물로 찾아가기도 했으나 사회복지사는 경찰만 대동했다. 오린은 잠잘 곳이 없었고 그러다가 노숙으로 이어진다. 잠잘 곳이 없어 여기저기 찾아다니다 결국 노숙자가 된다.

이처럼 노숙 상태의 청소년이 처한 고유한 상황과 욕구는 표준화된 서비스관리 시스템에서 전혀 수용되지 못하였고, 이 과정에서 담당 사례관리자는 노숙인 지원서비스를 경제적으로 관리하려는 취지로 조직화된 제반 관련 제도와 시스템, 방침의 집행자로 청소년의 고유한 상황을 옹호할 수 없었다. 연구자는 이를 통해 노숙

청소년이 원활한 사회서비스를 받도록 지역사회 네트워크를 관리
할 사례관리자와 일상을 지원할 멘토가 한 팀이 되어 각 개인에 맞
는 탈노숙 계획을 실천할 때, 관련 제도의 표준적 서비스의 한계로
노숙이 발생하는 문제를 일정 부분 해소할 수 있으며, 청소년의 욕
구에 부응할 수 있다고 제언한다.

② 자료수집과 분석

이 연구는 행위 주체인 오린의 경험을 통해 일상이 일상 너머의
제도적 망과 어떻게 연결되어 있고, 그 가운데서 오린이 어떻게 제
도의 복잡한 작동으로 인해 필요로 하는 것을 얻지 못하는지 보여
준다. 이때 주목할 것은 오린의 경험을 통해 오린과 제도의 엮임을
포착하기 위해 오린의 경험만을 보지 않았다는 것이다. 오린이 행
위 주체로 전면에 드러나지만, 실제는 제도적 망 안에 존재하는 여
러 전문가의 반응이 드러난다. 연구자는 오린 만이 아니라 오린을
둘러싼 제도적 행위자들을 함께 인터뷰하고 관찰하고 포커스 그룹
인터뷰를 하고, 문서의 활동성을 분석했다. 이렇게 제도적 문화기
술지는 다양한 자료수집 방법, 입장 정보제공자만이 아니라 다양
한 제도적 행위자를 끌어들이면서, 개인의 경험과 제도와의 연관
성을 드러내 보여 준다.

연구자는 이 연구가 오린의 입장에서 연구가 진행되었음을 강
조한다. 연구자는 입장은 관점이 아니라는 점, 오린의 입장에서 시
작한다는 것은 오린이 밤낮으로 일상적으로 경험하는 실제적 조건
에 분석의 닻을 내려야 한다는 도로시 스미스의 말을 끌어들여 입
장에서 시작하는 연구의 중요성을 강조한다. 즉, 관리와 효율성을
중심으로 조직화된 지배 관계가 어떻게 발생하게 되는지를 오린의

입장에서 분석하는 것이 연구의 목적임을 분명히 한다.

이를 위해 연구자는 제도적 문화기술지 연구에서 흔히 사용되는 참여 관찰, 개별 인터뷰 및 포커스 그룹 인터뷰, 텍스트 분석을 사용하였다. 케빈이라는 사회복지사와의 대화에서 시작된 이 연구는 우선 쉼터에서 참여 관찰을 한다. 저자는 참여 관찰에 많은 시간을 썼다고 하면서 쉼터 거주자들과의 암벽등반, 스태프 미팅에 참여, 방 청소, 소풍 등 쉼터의 행사를 관찰했다고 말한다. 인터뷰는 오린과 관련된 기관 전문가들(정신건강 전문가, 경찰관 등)과 쉼터를 이용한 적이 있는 청소년들을 대상으로 이루어졌다. 특히 이들 청소년 6명을 대상으로 포커스 그룹 인터뷰도 시행했다. 이런 자료수집의 초점은 늘 사람들의 일에 맞추어졌다. 아울러 쉼터 사례 파일, 접촉 노트, 정책문서 그리고 과정 계약, 편지들과 양식들을 대상으로 텍스트 분석을 했다.

연구자는 이 연구에서 40명을 대상으로 인터뷰와 포커스 그룹 인터뷰, 그리고 수백 시간에 걸친 참여 관찰하였다고 기술하고 있다. 저자의 이 이야기만 보면 제도적 문화기술지 연구는 기존 질적 연구보다 많은 시간과 노력이 들어가는 연구라고 생각할 수 있다. 확실히 제도적 문화기술지 연구는 로컬과 로컬 너머에 걸쳐 표집을 해야 하고, 또 다양한 제도적 위치에 있는 사람들을 표집해야 하므로 일반적으로 기존 해석적 질적 연구보다 표집 수가 좀 더 많을 수 있다. 그러나 모든 제도적 문화기술지 연구가 그런 것은 아니다. 표집의 수는 제도적 과정을 얼마나 일반성을 확보할 만큼 그려낼 수 있는지에 달려 있다. 참고로 Nichols의 이 연구는 그가 2014년에 출간한 〈Youth Work: An Institutional Ethnography of Youth Homelessness〉 프로젝트 실행 과정에서 수집된 자료 중 일부를 활용한 것이다.

③ 제도적 문화기술지에 주는 시사점

이 연구의 가장 큰 특징은 독자가 논문을 읽고서 오린의 입장에
서 보이는 제도적 풍경을 선명히 볼 수 있다는 점이다. 그만큼 제
도적 문화기술지의 시작점인 누군가의 입장에 서서 바라본 제도
적 관계를 아주 잘 보여 준다. 그러나 오린이라는 한 청소년의 입장
에 서서 볼 수 있는 제도적 관계의 풍경을 보여 주기 위해 연구자는
무수한 시간과 노력을 투여했다. 오린 만이 아니라, 오린과 비슷한
처지의 청소년들, 오린과 관련된 여러 기관의 전문가들, 오린이 사
는 쉼터에서의 참여 관찰 등 오린을 둘러싼 제도적 환경 속 정보제
공자들로부터 자료를 수집하고 분석했다. 이는 제도적 문화기술지
연구가 누군가의 입장을 선택해 연구하나, 그 입장에 섰을 때 보이
는 지배 관계를 그려 내기 위해서는 많은 다른 정보제공자로부터
의 자료수집과 분석이 필수적임을 말해 준다.

우리는 흔히 지식은 객관적이고 보편적이어야 한다고 생각한다.
그래서 누군가의 입장을 선택해 연구한다는 것을 편파적이고 편견
에 찬 연구로 생각하기 쉽다. 그러나 오린의 연구에서 볼 수 있듯
이, 오린이라는 한 사람의 입장에 서고 있으나, 연구는 제도적 과정
을 추적해 가면서 제도적 관계의 일반성을 보여 준다. 누군가의 입
장에 서서 연구를 진행해 나가지만 객관적으로 보인다. 그래서 제
도적 문화기술지는 객관적 연구방법으로 여겨진다. 실제로 도로시
스미스는 제도적 문화기술지가 다른 질적 연구에 비해 객관적 방
법이라고 주장했다.

물론 연구의 입장을 결정하고 제도적 과정을 추적해 가는 과정

에서 연구자의 주관성이 개입되지 않는 것은 아니다. 그러나 이것은 '상식적 수준의 해석(주관성)'으로 보아야 한다. 어느 연구방법이든 온전히 객관적인 연구방법은 없다. 심지어 양적 연구에서도 분석 결과에 대해 해석을 한다. 이러한 상식적 수준의 해석이 이루어진다 해서 그것을 객관적 연구방법이 아니라고 볼 이유는 없다.

엄밀히 말하자면, 기존의 해석적 질적 연구는 연구참여자들이 경험하지 못한 것이나, 경험하고도 이해하지 못한 것 혹은 인터뷰 자료로 확인할 수 없는 내용에 대해서는 연구자의 추론과 해석을 통해 설명된다. 이것은 해석적 질적 연구가 가진 장점에도 불구하고 어쩔 수 없는 한계이다. 그러나 제도적 문화기술지 연구는 연구자의 해석보다는 누군가와 관련된 제도 자체에 렌즈를 들이대고 그것들의 연관과 힘의 작동을 기술함으로써 그를 둘러싼 제도적 관계의 조직화를 묘사해 준다는 점에서 더 일반성과 객관성을 담보할 수 있다.

14장
제도적 문화기술지의 확장

　제도적 문화기술지는 40여 년 가까운 기간 세계 여러 나라의 다
양한 학문 분야에서 사람들의 삶의 기저에 놓여 있는 지배 관계를
드러내 보여 주고 조직화를 탐구하는 방법적 도구로 사용되고 있
다. 또 제도적 문화기술지는 사람들이 살아가는 물질적인 세계를
탐구하려는 연구자들에게 더욱 인기를 얻고 있다. 제도적 문화기
술지가 이렇게 인기를 얻는 데는 여러 가지 이유가 있으나 그중에
서도 가장 큰 요인은 연구를 이론에서 시작하지 않고 사람들의 경
험에서 시작한다는 것, 누군가의 입장에 서서 펼쳐지는 지식을 산
출한다는 것, 그리고 사람들의 경험 그 자체만이 아니라 그 경험 기
저에 작동하는 큰 그림(big picture)을 실제를 토대로 그린다는 점에
있다.

　그렇다고 제도적 문화기술지가 창안자인 도로시 스미스가 제안
한 방법적 구조 그대로의 형태로 사용되는 것은 아니다. 시간이 흐
르면서 제도적 문화기술지로 연구하는 연구자들이 늘어나면서 또

연구 경험들이 축적되면서 다양한 현실에 변용해 적용하기도 하고, 기존의 다른 방법론과 혼합하여 사용하기도 하는 등 여러 모습으로 진화되고 있다.

이런 와중에 Bisaillon(2012)은 도로시 스미스에 대한 비판이 구전으로만 순환될 뿐, 거의 찾아보기 어려우므로 연구자들이 정통에 목맨다고 비판하였다. 그러나 시간이 흐르면서 정통의 고전적 제도적 문화기술지를 다양한 형태와 방식으로 변용하고 확장하는 움직임이 늘어가고 있다. 이러한 움직임은 앞으로 제도적 문화기술지 방법론에 매력을 갖고 연구를 하고자 하는 사람들의 방법론적 선택의 폭을 넓혀주고 방법에 대한 통찰을 자극할 수 있다는 점에서 긍정적인 변화이다.

따라서 이 장에서는 이러한 변화의 움직임을 개괄적으로 소개한다. 기존의 연구들을 검토한 결과 제도적 문화기술지 변용의 흐름은 크게 네 가지로 구분되었다. 첫째, 정통 제도적 문화기술지의 변용이다. 여기에는 '일반적 제도적 문화기술지'로 명명할 수 있는 연구들만이 아니라 제도적 문화기술지의 일부 개념만을 사용한 연구들이 포함된다. 둘째, 다른 연구방법과 제도적 문화기술지를 혼합한 연구들이다. 셋째, 2차 자료를 사용한 제도적 문화기술지 연구이다. 넷째, 행동주의 연구를 위한 방법론적 도구로 사용되는 것이다. 이들에 대해 좀 더 구체적으로 살펴보자.

1. 고전적 제도적 문화기술지의 변용

1) 일반적 제도적 문화기술지

일반적 제도적 문화기술지(common institutional ethnography)는 일차적 자료를 인터뷰에 근거하여 연구하는 지배적 연구 경향을 일컫는다. 일반적 제도적 문화기술지는 Smith(1987; 1990a; 1990b; 1999)의 정통적 혹은 고전적 제도적 문화기술지(classic institutional ethnography)보다 인터뷰에 근거한다. 그렇다고 일반적 제도적 문화기술지가 분석에서 텍스트를 사용하지 않는다는 것은 아니다. 단지, 인터뷰에 기반할 뿐, 텍스트 분석이 지배하고 우선하는 것은 고전적 제도적 문화기술지와 같다. 따라서 일반적 제도적 문화기술지에는 인터뷰 자료만이 아니라 텍스트 자료를 포함한다. 예를 들어, 호주에서 2011년에 열린 3일간의 연찬회에서 제도적 문화기술지 분과는 37개 논문 9개 패널로 구성되었는데, 이 중 32개 논문이 인터뷰 기반의 개인적 이야기 접근에서 나온 자료들을 사용하였다(Peet, 2014: 103).

이러한 경향은 지리학 저널들에 실린 제도적 문화기술지 연구들을 대상으로 분석한 Billo와 Mountz(2016)의 연구에서도 나타난다. 지리학 저널에 실린 제도적 문화기술지 연구들은 대부분 인터뷰가 주된 방법으로 사용되었다. 검토된 연구의 절반만이 인터뷰, 참여 관찰, 텍스트 분석의 세 가지 방법을 다 사용한 것으로 나타났다. 흥미로운 것은 텍스트 분석 없이 인터뷰와 참여 관찰만으로 이루어진 연구가 약 30% 정도나 된다는 점이다. 이러한 지리학 분야에서의 동향을 보면 일반적 제도적 문화기술지의 범위가 매우 폭넓게 변화해 가고 있음을 알 수 있다. 사실 제도적 문화기술지의 독특성 중의 하나는 텍스트가 우리의 삶에 행사하는 영향을 파악하는 것인데, 이 영역에 대한 분석을 배제한다든가 하는 것은 제도적 문화기술지의 목적만을 가져온 연구라고 평가할 수도 있겠다.

이렇게 인터뷰를 중심에 두는 제도적 문화기술지가 늘어나는 데는 연구의 실현 가능성의 문제가 작동하는 것일 수 있다. 즉, 인터뷰는 참여 관찰보다는 연구자들이 접근하기 쉬운 자료수집의 방법이기 때문이다. 또 인터뷰를 통해 텍스트를 충분히 탐색할 수 있으므로 인터뷰 중심으로 자료를 수집하고 분석해도 제도적 문화기술지 연구로서의 독특성을 잃지 않을 수 있다. 그러나 혹자는 제도적 문화기술지도 '문화기술지'이기 때문에 참여 관찰의 중요성을 간과해서는 안 된다고 주장한다. 도로시 스미스도 제도적 문화기술지에서 참여 관찰의 중요성을 강조했다. 그러나 오늘날의 흐름은 여기서 다소 빗겨 가는 상황이라고 볼 수 있다. 아마도 앞으로 인터뷰 중심의 일반적 제도적 문화기술지는 지금보다 더 여러 학문 분야로 확장될 것으로 보인다.

2) 제도적 문화기술지의 일부 개념만 사용하기

제도적 문화기술지 방법을 변용하는 연구 중에는 제도적 문화기술지의 일부 개념만을 가져와 사용하기도 한다. 이는 먼저 제도적 문화기술지가 사람들의 경험 기저의 '큰 그림'의 구체적 실제를 보여 주는 목표에 동의하는 데서 비롯한다. 이러한 목적을 충족하면서 연구자들의 이목을 집중시키는 것은 제도적 문화기술지에서 텍스트의 역할이다. 제도적 문화기술지에서 텍스트는 기존의 다른 연구접근에서 다루는 텍스트에 대한 전제와 전혀 다르다. 제도적 문화기술지에서 텍스트는 행위자이면서 조직가이고 심지어 텍스트로 매개되는 담론을 통해 이념적 기능을 행사하는 것이다. 따라서 제도적 문화기술지의 일부 개념만을 연구에 적용하는 경우는 대부분 제도적 문화기술지에서의 텍스트의 역할을 사용한다.

예를 들어, Brideson, Willis, Mayner 그리고 Chamberlain(2016)의 "호주의 항공기 간호 이미지: 제도적 문화기술지를 사용한 연구"를 들 수 있다. 1940년 초기부터 대중매체는 항공기 간호를 로맨틱하고 멋지나 비전문적인 것으로 그려냈다. 이는 미개척지를 개간하는 영웅에 대한 호주의 문화적 윤리를 반영한다. 그러나 항공기 간호에는 다방면의 전문적 지식이 요구된다. 혼자서 모든 연령의 환자에게 서비스를 제공해야 하므로 많은 어려움이 있다. 문제는 이들 항공기 간호사가 하는 일이 여러 오해로 인해 저평가되고 있다는 점이다. 연구자들은 '항공기 간호사들과 항공기 간호는 대중매체에 의해 어떤 모습으로 그려졌는가?' '이러한 이미지가 항공기 간호의 일에 대한 잘못된 문화적 이해를 가져왔는가?'라는 질문을 던지고, 이를 탐구하기 위해 제도적 문화기술지 방법을 사용해 항공기 간호 이미지를 텍스트를 통해 분석한다.

연구자들은 책, 대중잡지, 카툰, 만화책, 필름 포스터 그리고 다양한 데이터 베이스(프로 퀘스트, 구글 스칼라, 호주 국립박물관 아카이브 등)로부터 자료를 수집해 분석했다. 그런데 아쉬운 것은 연구결과가 한 쪽 남짓이라는 점이다. 연구결과도 인상비평처럼 보여서 제도적 문화기술지의 텍스트를 끌어들이기는 했으나 텍스트가 사람들의 행동을 어떻게 이끄는지가 아니라 텍스트에 대한 내용

분석 정도로 제시되어 있다. 이 연구를 통해 알 수 있는 것은 제도
적 문화기술지의 일부 개념만 끌어다 사용하는 경우 자칫 표면적
인 결과만을 도출할 수도 있다는 점이다.

이 논문에서 주장하는 것은 항공기 간호의 이미지와 신화가 초
지역적 세팅에서 생산되었다는 것이다. 이들 이미지는 실제 경험
과는 거리가 먼 이상적인 간호사의 이미지였다. 이들 신화는 처음
에 광범위한 초지역적 당국(공군을 통한 정부)에 의해 만들어졌고,
이어 로칼 세팅에 적용되었다. 신화는 로칼 세팅으로 수용되고 흡
수되었다. 이 과정은 항공기 간호사들에게 불이익을 주었는데, 그
들은 계속 전문가라기보다는 멋지고 모험적이고 로맨틱하다는 것
으로 채색되었다. 이런 이미지에 도전한 경우는 없었고, 그로 인해
이 영역에 전문화되어 있는 항공기 간호사들의 불이익이 항공보건
부서 내에서 숨겨지고 보이지 않은 채로 남아 있다.

2. 다른 연구방법론과의 혼합

1) 제도적 문화기술지와 다른 문화기술지와의 혼합

제도적 문화기술지와 다른 연구방법을 혼합하여 사용하는 연구
들이 증가하고 있다. 보통 혼합방법론이라면 양적 연구방법과 질
적 연구방법을 혼합하는 의미로 사용된다. 그러나 주지하다시피,
문화기술지와 근거이론, 현상학적 연구와 근거이론 등 해석적 질
적 연구의 여러 방법은 이미 오래전부터 서로 혼합되어 사용되고
있다. 연구방법론 영역에서의 이러한 현상들은 같은 패러다임의

인식론 내에서는 물론이고 인식론이 다르더라도 얼마든지 혼합하
여 사용되고 있음을 보여 준다.

그런데 기존의 해석적 질적 연구를 비판하고 나왔을 뿐만 아니
라, 사회가 어떻게 존재하는지에 대한 존재론 자체가 서로 다른 제
도적 문화기술지도 여타의 해석적 질적 방법들과 혼합하여 사용하
는 경향이 늘어가고 있다. 이것은 어찌 보면 도로시 스미스의 정통
제도적 문화기술지와 정면 배치되는 것일 수도 있다. 그러나 한편
으로 연구란 연구자가 탐구하고자 하는 질문들에 타당한 답을 찾
아야 한다는 점을 생각해 보면 혼합 방법은 현실에서 찾을 수 있는
가능한 방법일지도 모른다.

제도적 문화기술지와 다른 연구방법의 혼합은 크게 두 가지로
구분해 볼 수 있다. 첫째, 다른 문화기술지와의 혼합이고, 다른 하
나는 근거이론과 같은 질적 연구 내 다른 방법과의 혼합이다. 여타
의 문화기술지와의 혼합은 기본적으로 제도적 문화기술지가 '문
화기술지'라는 점에서 공통분모를 찾는다. 예를 들어, Montigny
와 Tabe(2010; 2011)는 지배 관계 연구를 위해 자문화기술지(auto-
ethnography)의 전략을 끌어다 썼다. 그리고 DiCarlo(2018)는 "신
체, 훈련 그리고 쾌락의 함양: 스포츠 학교에 대한 제도적 문화기술
지"라는 연구에서 제도적 문화기술지와 공간적 문화기술지라는 두
질적 연구방법을 혼합적으로 사용하였다.

2) 제도적 문화기술지와 해석적 질적 연구와의 혼합

둘째, 근거이론이나 주제 분석과 같이 문화기술지 이외의 다른
해석적 질적 방법과 제도적 문화기술지를 혼합한 경우이다. 예를

들어, McNeil(2008)은 "아동보호에 제도적 문화기술지 적용하기"라는 연구에서 근거이론을 사용해 아동보호에서 일어나고 있는 것을 묘사하고, 제도적 문화기술지를 사용해 아동보호에서 일어나는 것과 이들 경험을 지시하는 구조와 제도를 연결한다. 연구자는 한부모들이 아이를 제대로 돌보지 못한다는 죄책감과 외로움을 경험하는데 왜 그렇게 경험할 수밖에 없는지에 대한 연구가 없는 이유는 방법론적이고 분석적인 틀이 부적합했기 때문이라고 진단한다. 이를 토대로 연구자는 아동보호 경험을 설명하는 개념들은 Glaser의 귀납적 근거이론을 통해 발견하고, 이 경험과 구조적이고 제도적인 것들의 연결은 제도적 문화기술지로 발견한다. 이렇게 연구방법의 혼합은 연구자가 궁금해하는 질문에 답을 제공할 수 있다.

해석적 질적 연구방법과의 혼합의 또 다른 예로 Arnd-Caddigan과 Pozzuto(2008)의 "지식의 유형, 실천의 형태"를 들 수 있다. 이 연구는 사회복지사가 실천에서 지식과 이론을 어떻게 사용하는지 연구한 대규모 연구의 일부이다. 연구대상은 아동복지 분야의 석사학위를 소지한 여성 사회복지사 막스 한 명이다. 이 여성은 아동학대 혐의가 있는 중년 남성에 대한 사정과 계획에 대해 기록하면서 자신은 아무런 이론에도 기대지 않고 전문적 관점만 사용했다고 주장한다. 이 연구에서의 질문은 사회복지사는 사례를 어떻게 개념화하는가이다. 즉, 한 사람의 사회복지사가 사례를 개념화하면서 어떻게 다른 형태의 지식과 이론을 사용했는가이다. 연구자들은 제도적 문화기술지의 텍스트(사회복지사들이 생산하는)에 주목했다.

자료분석은 주제분석과 제도적 문화기술지에서 사용되는 아이디어에 근거했다. 우선 막스의 개념화가 공식이론과 일치하는지를 알기 위해 해석적 연구에서 사용되는 주제분석을 했다. 그리고 막스가 실증주의 이론과 기능적 실천을 사용했는지, 발견적이고 반성적인 실천을 사용했는지를 알아보기 위해 제도적 문화기술지의 개념들을 사용하여 분석하였다. 주제분석의 결과, 막스는 구조적 가족치료의 체계, 경계, 하위체계의 개념을 사용한 것으로 드러났다. 제도적 문화기술지 분석의 결과, 막스가 이론을 사용하지 않았다고 믿은 것은 그녀가 보고서를 현실에 대한 객관적 묘사로 보았기 때문이다. 얼핏 보면 막스의 보고서는 객관적인 사실들로 구성된 것처럼 보인다. 그러나 막스의 보고서에는 글쓴이도, 글쓴이의 사회적 위치도 없다. 여기서 제기되는 질문은 막스가 이렇게 객관적이라고 믿는 것이 어떻게 해서 그렇게 되는가 하는 것이다. 연구자들은 도로시 스미스가 말한 객관성을 취하는 두 수단에 비추어 이를 분석했다.

분석 결과는, 첫째, 텍스트의 행위자인 자기 자신을 지운다는 것이다. 즉, 자신을 주관적 입장을 지닌 사람이 아니라, 보고서 속의 물적인 존재로 보는 것이다. 막스는 보고서에서 수동적인 목소리를 사용하고 주관적인 입장을 지닌 사람을 지워 냄으로써 객관성을 취했다. 둘째, 막스가 객관성을 확보한 두 번째 수단은 텍스트를 읽는 독자에게 교훈을 주는 것이다. 마치 독자가 어떤 편견도 없는 인터뷰의 증인인 것처럼. 연구자들은 막스의 처음 묘사는 구체적이고 사실적이었지만 이후 더 해석적인 멘트로 옮겨 갔음을 보여준다.

여기서 주목할 것은 이 연구에서 제도적 문화기술지를 끌어온 방식이다. 제도적 문화기술지를 분석 방법으로 사용한 논문이라기보다는 제도적 문화기술지를 하나의 이론적 관점으로 보고 사용했다고 볼 수 있다. 특히, 제도적 문화기술지의 출발점이라 할 수 있는 객관성에 대한 의문, 이 객관성에 대한 믿음을 해체할 수 있는 것 중 하나인 텍스트, 그리고 행위자로서의 텍스트와 같은 제도적 문화기술지의 아이디어를 연구에 끌어왔다. 저자들은 연구를 통해 막스 자신이 생산한 보고서 텍스트에서 자신이 텍스트의 생산자인데도 그런 줄 모르고 계속 객관성을 유지하려 한다는 점을 보여 줌으로써 그녀가 실증주의적이고 기능적인 이론 및 실천에 관여하고 있다고 주장한다.

따라서 이 연구를 통해 우리는 제도적 문화기술지의 다양한 개념이 다양한 형태와 방식으로 다른 연구방법과 혼합되고 있음을 알 수 있다. 연구방법의 혼합은 늘 단일한 형태로 이루어지지 않으므로 어떤 연구방법들의 무엇과 무엇을 혼합했는지의 질문을 던지는 것이 필요하다는 것을 보여 준다. 이런 연장선에서 이 연구는 마치 정통이라는 것은 없다는 말을 실제 연구에서 구현하고 있는 듯하다. 우리에게 이해될 수 없는 형태로 우리 앞에 놓인 '질문'에 대한 답을 찾기 위해서라면 서로 다른 다양한 연구방법은 기꺼이 하나의 도구로 사용될 수 있음을 보여 준다.

3. 2차 자료를 사용한 제도적 문화기술지

제도적 문화기술지는 과연 2차 자료를 사용해 연구할 수 있을까? 이 질문에 많은 연구자가 의구심을 가질 것이다. 왜냐하면 제도적 문화기술지는 도로시 스미스가 말한 것처럼, 경험하는 주체에서 시작하여 그 경험의 고유성과 물질적 조건과 구조를 그려 내는 것을 목표로 하기 때문이다. 2차 자료를 사용해 연구한다는 것은 우선 경험하는 주체가 없고, 그 주체의 물질적 조건이나 구조를 직접 만날 수 없다. 그래서 혹자는 이러한 2차 자료와 같은 문서만 가지고는 제도적 문화기술지 연구라고 보기 어렵다는 지적을 하기도 한다. 이러한 일반적 인식에도 불구하고 최근 2차 자료를 사용하여 제도적 문화기술지 연구를 시도한 연구가 있다.

Peet(2014)의 "호주 원주민 아동 분리 역사에 대한 제도적 문화기술지"가 그 예이다. 이 연구는 호주 원주민 아동 분리의 역사가 어떻게 구성되었는지를 밝히는 데 목적이 있다. 호주 정부는 20세기 초부터 중후반까지 백인과 원주민 사이에서 태어난 아이들을 원주민 부모에게서 강제 분리해 백인 가정에 입양시키는 정책을 시행했다. 이로 인해 분리된 아동은 공공 담론에서 '잃어버린 세대(Stolen Generation)'로 알려져 있다. 호주 정부는 이후 원주민 아동을 가족에게서 분리한 것에 관한 전국 조사(1996~1997)를 시행했고, 이 조사의 제안으로 이들에 대한 구술사 프로젝트(Bringing Them Home Oral History Project, 1998~2002)를 실시했다. 여기서 인터뷰한 사람은 총 340명이다.

연구자가 이 연구를 통해 밝히고자 한 것은 호주 원주민 아동 분리 역사에 작용한 지배 관계이다. 여기서 지배 관계는 구술사 프로젝트에 참여한 사람들의 경험적 이야기를 생산하고 모양새 짓는 것이다. 연구자의 목표는 이 경험적 이야기를 조직화한 지배 관계를 밝히는 데 있다. 이를 좀 더 구체적으로 표현하면, 구술사에 참여한 사람들의 경험이 어떻게 여러 텍스트를 통해 이념적으로 조직화되는가 하는 것이다. 이를 위해 연구자는 호주국립도서관에 있는 구술사 프로젝트 인터뷰 자료를 사용하였다.

이처럼 이 연구는 20년 전 과거의 문서, 즉 2차 자료를 가지고 작업한다. 거기에는 사람들의 참여와 이야기가 있지만, 그것은 과거의 이야기로 문서 형태로 존재할 뿐이다. 따라서 이 연구는 실제의 사람들과 인터뷰할 수도 없고 인터뷰이의 물질적 조건에서 출발할 수도 없다. 따라서 이들 자료는 지배 관계를 밝히려는 이 연구와 직접적 연관이 없어 보인다. 그러나 이 자료에는 강제로 분리된 아동들의 경험에 관한 담론이 들어 있다. 그리고 그러한 담론을 담고 있는 텍스트들도 찾을 수 있다. 연구자는 이를 근거로 하여 이 연구에서 밝히고자 한 잃어버린 세대의 경험을 조직화한 지배 관계를 펼쳐 보여 준다.

연구자는 자신의 연구가 일반적인 정통의 제도적 문화기술지와는 세 가지 점에서 다르다고 말한다. 첫째, 연구자가 로컬에서 일어나는 조정과 담론을 읽는 독자의 입장에 서서 연구한다는 점이다. 여기서 연구자는 로칼 사람들을 인터뷰하지 못하므로 대부분의 제도적 문화기술지 연구의 초점인 일 지식을 사용하지 않는다는 점에서 차이가 있다. 둘째, 인터뷰를 통해 연구에 진입하지 않고 2차 자료에 있는 로칼 너머의 텍스트들을 통해 연구에 진입하고 연구가 진행된다는 점이다. 셋째, 과거 이야기 속의 내러티브 및 기억을 자료로 하여 지식의 사회적 조직화를 보여 줌으로써 제도적 문화기술지의 영역을 확장하는 역할을 한다는 점이다. 연구자는 자신의 연구가 정통의 고전적 제도적 문화기술지 연구 모델을 떠나서 시작하지만, 결과적으로 제도적 문화기술지의 확장을 가져올 것이라고 주장한다.

4. 행동주의 연구를 위한 방법론적 도구

제도적 문화기술지가 사용되는 또 다른 경우는 비판적 패러다임 중 하나인 행동주의(activism)를 지향하는 연구를 위한 방법론적 도구가 필요할 때이다. 연구의 문제의식과 연구 질문이 비판적이지만, 이를 실행할 수 있는 방법론적 도구가 없을 때 제도적 문화기술지는 연구를 위한 유력한 수단이 된다.

예를 들어, Bisaillon(2012)의 "방역선 혹은 건강정책? HIV 이주민은 어떻게 법에 정해진 캐나다 HIV 심사정책에 의해 조직화되는가?"라는 연구에서 이를 볼 수 있다. 연구자는 이론이나 이념에 의지하지 않는 정치적 행동주의 문화기술지(political activist ethnography)에 관심이 있었고, 제도적 문화기술지가 이런 행동주의 접근을 포괄하고 있는 것으로 이해하여 연구방법으로 선택한다. 연구자는 이 연구가 제도적 문화기술지와 정치적 행동주의 문화기술지의 이론적 방법론적 틀 내에서 구성되었음을 분명히 한다.

그러나 Campbell(2016)은 제도적 문화기술지는 변환(transformation)이나 행동주의 자체를 목표로 하지 않는다고 말한다. 도로시 스미스(1992)도 제도적 문화기술지의 목적과 변환적 연구와는 다르다고 말한다. 제도적 문화기술지는 사람들의 삶에 관한 '진실을 말하는 것'을 목표로 한다는 것이다. 제도적 문화기술지는 행동주의와는 달리 사람들이 한 경험이 어떻게 조직화되는지를 발견하는 것으로서 '사태가 실제로 어떻게 이루어지는지'에 관해 이야기한다는 것이다. 따라서 제도적 문화기술지는 행동주의 목표와 비교해 볼 때 겸손해 보이고 심지어 표적을 정하지 않는다는 점에서 차이가 있다고 말한다.

이렇게 행동주의에 입각한 연구를 위해 제도적 문화기술지를 사용하는 것의 차이를 강조하고 있기는 하지만, 실제 연구 현장에서는 여러 행동주의 연구자들이 제도적 문화기술지에 관심을 가지고 연구를 수행한다. 왜냐하면 제도적 문화기술지는 사람들의 삶 이면에 놓인 지배 관계, 더 큰 사회적 조직화가 어떻게 작동하는지를 실제적이고 구체적으로 그려 보여 줄 수 있는 방법론적 도구를 가지고 있기 때문에 실제 현실에서 제도나 정책의 변화를 가져오려는 사람들에게 매력적인 방법론이기 때문이다.

5. 제도적 문화기술지 연구방법의 전망

이상에서 살펴본 바와 같이, 제도적 문화기술지의 진화와 확장은 최근 들어 더욱 확대되고 있다. 제도적 문화기술지는 사람들의 경험과 그 저변의 더 큰 사회적 조직화가 어떻게 작동하는지를 상세히 묘사하고 분석한다. 이를 위해 제도적 문화기술지만의 고유한 여러 개념과 방법적 장치들을 사용한다. 이러한 방법론적 장치들은 비판주의에 관심을 가진 연구자들의 고양된 문제의식을 풀어낼 만한 방법론적 도구가 없는 경우에 더욱 유용하게 사용될 수 있다. 즉, 제도적 문화기술지는 앞서 언급한 행동주의는 물론 여성주의를 비롯한 다양한 비판주의 패러다임의 자장 안에 있는 연구자들의 관심사를 풀어낼 수 있는 방법론적 도구로 사용되고 확장될 가능성이 매우 크다.

이 외에 어떤 연구는 이러한 제도적 문화기술지의 개념들을 사용하지 않고서도 제도적 문화기술지 연구의 목표를 달성한다. 즉, 제도적 문화기술지 방법론을 직접 사용하지는 않았지만, 제도적 문화기술지 연구로서의 뚜렷한 특징을 갖는 것이다. 이 또한 제도적 문화기술지가 연구자들의 문제의식을 연구로 전환할 수 있는 방법론적 도구로서의 가능성을 가지고 있어 앞으로 더욱 그 영역이 확장될 것으로 예상할 수 있다.

예를 들어, Gubrium(1992)의 "통제를 벗어나다"가 이의 좋은 예이다. 이 연구는 두 개의 가족치료 시설에 대한 문화기술지이다. 서로 다른 '가족 장애(family disorder)'에 대한 개념이 어떻게 두 치료센터의 직원과 클라이언트들에 의해 만들어졌는지를 아주 잘 보여 준다. Gubrium의 이 문화기술지 연구는 하나의 제도가 어떻게 '가족 장애'를 권위의 결핍, 불충분한 정서적 개방성으로 보게 했는지를 보여 준다. 두 치료센터(사이트)에서의 다양한 정책과 상호작용들이 어떻게 동일한 문제에 대해 서로 상반되는 두 개의 해석을 가져왔는지 보여 준다(Marvasti, 2004: 59). 이 연구는 비록 제도적 문화기술지라는 방법론을 끌어들이지 않았지만, 제도적 문화기술지 연구의 특징을 상당히 많이 보여 준다.

스미스(2014)는 제도적 문화기술지 연구들이 서로 다른 각도에서 서로 다른 관심사를 가지고 지배 관계를 탐구하고 있어 많은 연구가 축적되고 있음에 고무되었다. 그녀에 의하면, 제도적 문화기술지가 진화함에 따라 분산되고 파편화되어 있어 보이는 연구들이 제도적 문화기술지의 공통의 목적에 초점이 맞춰져 있음을 알게 해 주었다. 제도적 문화기술지에서 가장 중요한 점은 지배 관계 현상의 영향인데, 많은 연구가 새로운 지배 관계, 즉 널리 알려진 자본 축적의 역동만이 아닌 텍스트와 담론을 비롯한 다양한 방식으로 상호연결되어 있음을 보여 주고 있다.

도로시 스미스는 제도적 문화기술지에 남아 있는 문제는 제도적 문화기술지 연구자들이 어떻게 연구에 좀 더 쉽게 접근할 수 있게 하는가의 문제라고 말한다. 그녀는 학술적 출판에 한계가 있기는 하지만, 그렇다고 이 문제를 과소평가해서는 안 되며 학생들의 교육에서 꼭 필요하다고 하였다. 이때 가장 강조되어야 하는 것은 제도적 문화기술지가 탐구와 발견의 방법이며, 사람들의 경험 너머의 것을 지식의 영역으로 가져오기 위해 사람들이 경험하는 바로 그곳에서부터 연구한다는 점이다(스미스, 2014: 344-345).

제도적 문화기술지 연구는 주변적 위치에 있는 집단이 박탈당하는 실제 과정을 연구자가 주변적 집단의 입장에 서서 드러내 보여 준다. 또 제도적 문화기술지는 제도에 대한 일상의 경험적 지식을 강조하고, 제도적 실천과 효과의 불균형을 드러내 보여 준다. 다양한 학문 분야의 연구들이 제도적 문화기술지를 사용해 이루어진다. 제도적 문화기술지는 앞에서 언급한 바와 같은 다양한 진화와 확장이 이루어지면서 인기가 상승하고 있다.

제도적 텍스트와 계획의 사회관계(Turner, 2006: 147)

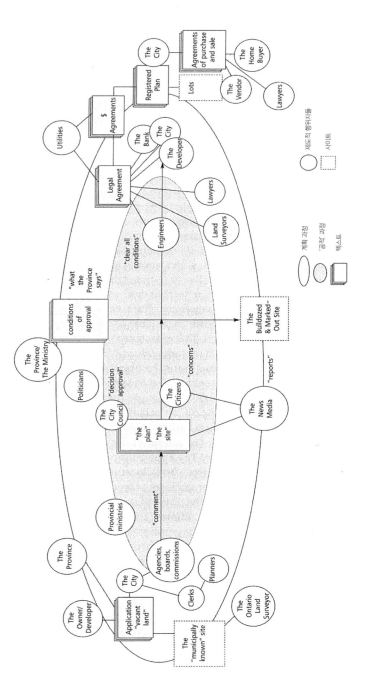

참고문헌

국내문헌

김수영(2012), "사회복지와 노동시장 연계가 초래한 근로연계복지의 딜레마-자활사업의 사례를 중심으로-",『한국사회복지학』, 64(3): 203-229.

김인숙(2007), "건강가정기본법 제정과정에 나타난 가족 및 가족정책 담론",『한국사회복지학』, 59(3): 253-279.

김인숙(2010), "바우처 도입에 따른 사회복지전문직 정체성의 변화와 그 의미",『한국사회복지학』, 62(4): 33-58.

김인숙(2013), "제도적 문화기술지: 왜 또 다른 연구방법인가?",『한국사회복지학』, 65(1): 299-324.

김인숙(2016),『사회복지 연구에서 질적 방법과 분석』, 집문당

김인숙(2017), "사회복지전담공무원의 일 조직화: 제도적 문화기술지",『한국사회복지행정학』, 19(1): 101-13.

김인숙 외(2018),『보편적 복지서비스 구현을 위한 여성가족복지 사각지대 및 의제 발굴』. 서울특별시.

김인숙 외(2020), "국민기초생활수급 신청의 일에 관한 제도적 문화기술지-저소득 이혼여성을 중심으로-"『한국사회복지교육』, 52: 1-35.

김진미(2019), 노숙인 거처찾기 일에 관한 제도적 문화기술지. 가톨릭대학교 박사학위논문.

보건복지부(2018),『국민기초생활보장사업안내』, 보건복지부.

이은영(2019), 보육교사의 일 조직화에 관한 제도적 문화기술지, 가톨릭대학교 박사학위논문.

하지선(2016), 정신보건센터 사례관리 실천의 조직화에 관한 제도적 문화기술지, 가톨릭대학교 박사학위논문.

번역문헌

글레이저, 바니(2014), 근거이론 분석의 기초: 글레이저의 방법, 김인숙·장혜경 옮김, 학지사(Glaser, B., *Basics of Grounded Theory Analysis: Emergence Vs. Forcing*, Sociology Press, 1992).

리스먼, 캐더린(2005), 내러티브 분석, 김원옥·강현숙·조결자·은영 옮김, 군자출판사(Riessman, C. K., *Narrative Analysis*, Sage, 1993).

스미스, 도로시(2014), 제도적 문화기술지: 사람을 위한 사회학, 김인숙·강지나·조혜련·우아영·하지선·한상미 옮김, 나남출판(Smith, D. E., *Institutional Ethnography: A Sociology for people.* Lanham, MD: AltaMira Press, 2005).

스트라우스, 안젤름·코빈, 줄리엣(2001), 근거이론의 단계, 신경림 옮김, 현문사(Strauss, A., Corbin, J., *Basics of Qualitative Research: Grounded Theory Procedures and Techniques.* 2nd. Newbury Park, London: Sage, 1998.

사타스, 조지(2005), 대화분석: 상호작용 내 대화 연구, 고문희·김춘미·문진하·이명선 옮김, 군자출판사(Psathas, G., *Conversational Analysis: The Study of Talk-in-Interaction,* Sage, 1993).

플릭, 우베(2009), 질적 연구방법, 임은미·최금진·최인호·허문경·홍경화 옮김, 한울아카데미(Flick, U., *Qualitative Sozialforschung*, Hamburg: Rowohalt Taschenbuch Verlag, 2002).

해외문헌

Adam, S. (2017). Crazy Making: *The reproduction of psychiatry by nursing education*, PhD diss., University of Toronto.

Adams, J(2009). "The civil restraining order application process-Textually mediated institutional case management", *Ethnography* 10(2): 185-211.

Arnd-Caddigan, M., & Pozzuto, R. (2008). "Types of knowledge, formsof practice", *The Qualitative Report,* 13(1): 61-77.

Benjamin, K., Rankin, J., Edwards, N., Ploeg, J., & Legault, F. (2016), "The social organization of a sedentary life for residents in long-termcare", *Nursing Inquiry,* 23(2): 128-137.

Billo, E. & Mountz, A. (2016), "For institutional etnography: geographicalapproaches to institutions and the everyday, *Progress in Human G eography,* 40(2): 199-220.

Bisaillon, L. (2012). *Cordon sanitaire or healthy policy? Howpospective immigrants with HIV are organized by Canada's mandatory HIV screening Policy.* PhD diss., University of Ottawa.

Bisaillon, L., & Rankin, J. M. (2013). "Navigating politics of fieldwork usinginstitutional ethnography: Strategies for practice", *Forum: QualitativeSocial Research* V, 14(1). doi: http://dx.doi.org/10.17169/fqs-14.1.1829

Breimo, J. P. (2015). "Captured by care: An institutional ethnography on the work of being in a rehabilitation process in Norway", *Journal of Sociology & Social Welfare,* 62(2): 13-29.

Brideson, G., Willis, E., Mayner, L., & Chamberlain, D. J.(2016). "Images of flight nursing in Australia: A study using institutionalethnography, *Nursing and Health Sciences*, 18: 38-43.

Campbell, M. L. (2003). "Dorothy Smith and knowing the world we live in", *Journal of Sociology and Social Welfare,* 30(1): 3-22.

Campbell, M. L. (2006). "Institutional ethnography and experience as data", 91-107, in *Institutional Ethnography as Practice,* edited by Smith, D., Lanham: Rowman & Littlefield Publishers, Inc.

Campbell, M. L. (2014). "Institutional Ethnography(IE), Texts and the Materiality of the Social", 47th Hawaii International Conference onSystem Science, 1495-1504.

Campbell, M. L. (2016). "Intersectionality, policy-oriented research and the social relation of knowing", *Gender, Work & Organization*, Vol., 23(3): 248-260.

Campbell, M., & Gregor, F. (2004). *Mapping social relations: A primer in doing institutional ethnography*, Toronto: Garamond.

Carrier, A., & Prodinger, B. (2014). "Visions of possibility: Using institutional ethnography as a theory and method forunderstanding contexts and their ruling relations", *Occupational Therapy Now*, 16: 18-21.

Carrier, A., Freeman, A., Levasseur, M., & Desrosiers, J. (2015). Standardized referral form: Resticting client-centered practice?", *Scandinavian Journal of Occupational Therapy*, 22: 283-292.

Caspar, S., Ratner, P. A., Phinney, A., & MacKinnon, K. (2016). "The influence of organizational systems on information exchange inlong-term care facilities: An institutional ethnography". *Qualitative Health Research*, 26(7): 951-965.

Clune, L. (2011). *When the injured nurse returns to work: An inatitutional ethnography,* PhD diss., University of Toronto.

DeVault, M. L., & McCoy, L. (2006). "Institutional ethnography: Using Interviews to Investigate Ruling Relations", In Smith, D. E. (Ed.), In *Institutional Ethnography as Practice, pp.* 15-44, Lanham: Rowman & Littlefield Publishers, Inc.

DeVault, M. (2009). "Bifurcated consciousness". In J. O'Brien (Ed.), *Encyclopedia of gender and society*(pp. 66-66). Thousand Oaks, CA: SAGE Publications, Inc.

DeVault, M., & McCoy, L. (2004). "Institutional ethnography: Using interviews to investigate ruling relations". In Jaber Gubrium & James Holstein (Eds.), *Handbook of interview research: Contextand method* (pp.751-776). Thousand Oaks: Sage.

Diamond, T. (1992). *Making grey gold: Narratives of nursing home care.* Chicago: University of Chicago Press.

Diamond, T. (2006). "Where did you get the fur coat fern?" Participant observation in Institutional Ethnography". In D.E.Smith (Ed.), *Institutional ethnography as practice* (pp. 45-63).Maryland: Rowman & Littlefield Publishers Inc.

DiCarlo, D. C. (2018). Cultivating bodies, *Ddscipline and pleasures: Aninstitutional ethnography of a sports school.* PhD diss., Universityof Toronto.

Grahame, P. R. (1998). "Ethnography, institution and the problematic of the everyday world", *Human Studies,* 21(4): 347-360.

Grass, C. D. (2010). Slow Decline: *The Social organization of mental health in a prison-hospital*, PhD diss., Queens University.

Gubrium,J. F. (1992). *Out of control: family therapy and domesticdisorder*, Newbury Park, Calif. : SAGE.

Have, P, T. (2007). *Doing conversation analysis*(2nd), LosAngeles, London, New Delhi, Singapore: Sage.

Marvasti, A. B. (2004). *Qualitative research in sociology,* London, Thousand Oaks, Calif.: Sage Pub.

McCoy, L. (2006). "Keeping the institution in view: working with interview accounts of everyday experience", 109-125, in *Institutional Ethnography asPractice,* edited by Smith, D., Lanham: Rowman & Littlefield Publishers, Inc.

McLean, C., & Hoskin, K. (1998). "Organizing madness: reflections on the forms of the form", *Organization,* 5(4): 519-541.

McNeil, L. L. (2008). "Applying Institutional Ethnography to Childcare", *Qualitative Sociology Review*, 4(1), 109-130.

Nichols, N. E. (2008). "Gimme shelter! Investigating the social service interfacefrom the standpoint of youth", *Journal of Youth Studie*, 11(6): 685-699.

Nichols, N. (2014). *Youth work: An institutional ethnography of youthhomelessness*. Toronto, Buffalo, London: University of Toronto Press.

Mykhalovskiy, E., & McCoy, L. (2002). "Troubling ruling discourses of health: using institutional ethnography in community-based research", *Critical Public Health*, Vol. 12, No. 1,

Octarra, H. S. (2017). *Making vsible inter-agency working processes in children's services*, Ph.D The University of Edinburgh.

O'Neill, B, J. (1998). "Institutional ethnography: studying institutionsfrom margins", *Journal of sociology and social welfare*, 25, 127-144.

Parada, H. U. (2002). *The restructuring of the child welfare system in Ontario-A study in the social organization of knowledge-*, PhD diss., University of Toronto.

Peet, J. L. (2014). *An institutional ethnography of aboriginal Australian child separation histories: Implications of social organising practices in accounting for the past*. PhD diss., The University of Edinburgh.

Pence, E. (1996). *Safety for bettered women in a textually mediated legal system*, PhD diss., University of Toronto.

Pence, E. (2001). "Safety for battered women in a textually mediatedlegal system", *Studies in Cultures, Organizations and Societies*, 7(2): 199-229.

Porter, S. (2007). "Validity, trustworthiness and rigour: Reassertingrealism in qualitative research", *Journal of Advanced Nursing*, 60(1): 79-86.

Rankin, J. (2017). "Conducting analysis in institutional ethnography: and caution", *International Journal of Qualitative Methods*, 16: 1-11.

Rankin, J. (2017). "Conducting analysis in institutional ethnography: Analytical work prior to commencing data collection", *International Journal of Qualitative Methods*, 16: 1-9.

Reid, J., & Russell, L. (Eds.) (2018). Perspectives on and from instiutional ethnography, Emerald Publishing Limited.

Smith, D. E. (1981). *The experienced world as problematic: A feministmethod*, Sorokin Lectures. Saskatoon: University of Saskatchewan.

Smith, D. E. (1987). *The everyday world as problematic: A feminist sociology,* Toronto: : University of Toronto Press.

Smith, D. E. (1990). *The conceptual practices of power: A feministsociology of knowledge.* Boston: Northeastern University Press.

Smith, D. E. (1996). "Contradictations for feminist social scientists, In H, Gottfried(Ed.), *Feminism and social change: Bringing theory and practice,* pp. 46-59, Urbana and Chicago: University of Illinois Press.

Smith, D. E. (1999). *Writing the social: Critique, theory and investigations,* Toronto: University of Toronto Press.

Smith, D. E. (2001). Texts and the ontology of organizations and institutions, *Studies in Culture, Organization and Society,* 7: 159-198.

Smith, D. E. (2002). "Institutional ethnography", In T, May (Ed.), *Qualitative research inaction,* pp. 17-52, London · Thousand Oaks · New Delhi: Sage .

Smith, D. E. (2005). *Institutional ethnography: A sociology of the people,* Lanham, MD: AltaMira Press.

Smith, D. E. (2006). (Ed.) *Institutional ethnography as practice,* Maryland: Rowman & Littlefield Publishers Inc.

Smith, D. E. (2009). "Categories are not enough", *GENDER & SOCIETY*, 23(1): 76-80.

Smith, D. E. (2010). "Textual realities and the boss texts that govern them",Center for Women's Studies in Education, Toronto: Ontario Institute for Studies in Education.

Smith, D. E. (2014). "Discourse as social relations: Sociological theory and the dialogic of sociology". In D. E. Smith & S. M. Turner (Eds.), *Incorporating texts into institutional ethnographies,* pp.225-251, Oxford: University of Toronto Press.

Smith, D. E., & Griffith, A.I. (2005). *Mothering for Schooling,* New York: RoutledgeFalmer.

Spina, N. (2017). *The quantification of education and the reorganizationof teacher's work: An institutional ethnography*, PhD diss., Queensland University of Technology.

Townsend E. A. (1992). Institutional Ethnography: Explicating the Social Organization of Professional Health Practices Intending Client Empowerment, *Canadian Journal of Public Health,* 83 (Supplement): 58-61.

Turner, S. (2006). 'Mapping Institutions as Work and Text', In Smith, D. E. (Ed.). *Institutional Ethnography as Practice,* pp. 139-161, Oxford: Rowman & Littlefield.

Walby, K. (2007). "On the social relations of research: a critical assessment of institutional ethnography", *Qualitative Inquiry,* 13(7): 1008-1030.

Walby, K. (2013). "Institutional Ethnography and Data Analysis: Making Sense of Data Dialogues", *International Journal of Social ResearchMethodology,* 16(2): 141-154.

Wright, U.T. (2017). *Institutional ethnography: Utilizing batteredwomen's standpoint to examine how institutional relations shapeAfrican American bettered women's work experiences in christian church*, PhD diss., Florida International University.

기타 자료

김지선, 제도적 문화기술지 수업보고서, 2017년

김정현, 제도적 문화기술지 수업보고서, 2014년

김진미, 제도적 문화기술지 수업보고서, 2014년

이은영, 제도적 문화기술지 수업보고서, 2017년

조민영, 제도적 문화기술지 수업보고서, 2012년

조윤령, 제도적 문화기술지 수업보고서, 2011년

최민경, 제도적 문화기술지 수업보고서, 2017년

찾아보기

인명

도로시 스미스 20, 154, 203, 329, 445

Adam, S. 363
Adams, J. 129, 428, 433, 434, 437
Arnd-Caddigan, M. 474

Benjamin, K. 449
Billo, E. 27, 35, 365, 421, 469
Bisaillon, L. 19, 134, 255, 396, 468
Breimo, J. 297, 444
Brideson, G. 471

Campbell, M. 24, 132, 211, 372, 460
Carrier, A. 231, 232, 306, 365, 449
Caspar, S. 291, 325, 421
Clune, L. 353, 377, 453, 454

DeVault, M. 42, 134, 216, 336, 420
Diamond, T. 79, 128, 238, 322, 367
DiCarlo, D. 473

Glaser, B. 209, 255, 474
Grahame, P. 34, 40, 158
Grass, C. 196, 230, 264, 275
Gubrium, J. 481

Hoskin, K. 148, 218, 439, 443

McCoy, L. 42, 134, 281, 316, 447
McLean, C. 148, 218, 439, 443
McNeil, L. 171, 474
Mykhalovskiy, E. 224, 287, 292, 449

Nichols, N. 214, 356, 460, 464

Octarra, H. 363, 377
O'Neill, B. 38, 163, 173, 460

Peet, J. 34, 146, 177, 210, 233
Pence, E. 128, 261, 301, 427, 437

Rankin, J. 19, 126, 173, 267, 449

Reid, J. 491

Smith, D. 20, 104, 205, 257, 346

Spina, N. 359, 360, 365, 366

Strauss, A. 374

Townsend E. 492

Turner, S. 263, 363, 364

Walby, K. 34, 103, 306

Wright, U. 363

내용

T-담론 74, 409

개인상호간 영역 69, 70

경험 기반 영역 71, 72, 73, 74, 88

규제적 텍스트 139, 146, 371, 404, 405

넓은 의미의 일 78, 91, 97, 319

능동적 주체 56, 127, 170, 173

단절 52, 159, 177, 225, 375

매핑 341, 363, 395, 406, 444

문제틀 100, 153, 176, 205, 315

보스 텍스트 146, 359, 405

분석적 글쓰기 366, 379, 406, 411

분석적 매핑 351, 353, 395

사람을 위한 사회학 29, 30, 122, 431, 432

사회관계 28, 105, 156, 257, 345

사회적인 것 43, 58, 67

상호교환 과정 301, 358, 429

시퀀스 분석 330

실제 83, 172, 258, 316, 398

양분된 의식 20, 22, 27

위치 지워진 23, 27, 158, 171, 239

위치성 27, 37, 47, 158, 168

이념적 순환 409

이념적 코드 359, 409, 410

이차 정보제공자 266, 304, 338, 378, 402

일 지식 73, 128, 151, 191, 311

일-텍스트-일 126, 192, 340, 363, 399

입장 24, 163, 213, 311, 450

입장의 정치성 168, 311

입장 인터뷰 299

입장 정보제공자 255, 304, 326, 390, 426
입장 표본 265, 267, 283

제도적 실재 98, 124, 140, 226
제도적 텍스트 114, 151, 235, 389, 411
제도적 표집 273, 276
조정 58, 174, 288, 335, 445
지도 그리기 100, 134, 340, 351, 412

지배 관계 31, 129, 211, 308, 412

체현된 주체 170

텍스트로 매개되는 사회적 조직화 65
텍스트 기반 영역 71, 72, 73, 74, 88
텍스트-독자-대화 74, 106, 114, 135, 397

저자 소개

김인숙(Kim In Sook)

서울대학교 사회복지학과 졸업(문학박사)
현 가톨릭대학교 사회복지학과 교수

〈주요 저 · 역서〉
사회복지연구에서 질적방법과 분석(단독, 집문당, 2016)
근거이론 분석의 기초: 글레이저의 방법(공역, 학지사, 2014)
제도적 문화기술지: 사람을 위한 사회학(공역, 나남, 2014)
가족정책(공저, 공동체, 2011)
여성복지실천과 정책(공저, 나남, 2008)

제도적 문화기술지 이론적 토대와 실행
Institutional Ethnography

2020년 12월 30일 1판 1쇄 발행
2021년 10월 20일 1판 2쇄 발행

지은이 • 김인숙
펴낸이 • 김진환
펴낸곳 • ㈜ **학지사**

　　　　　04031 서울특별시 마포구 양화로 15길 20 마인드월드빌딩
대표전화 • 02-330-5114　　팩스 • 02-324-2345
등록번호 • 제313-2006-000265호

홈페이지 • http://www.hakjisa.co.kr
페이스북 • https://www.facebook.com/hakjisa

ISBN 978-89-997-2258-5　93330

정가 20,000원

이 도서의 국립중앙도서관 출판시도서목록(CIP)은 서지정보유통지
원시스템 홈페이지(http://seoji.nl.go.kr)와 국가자료공동목록시스템
(http://www.nl.go.kr/kolisnet)에서 이용하실 수 있습니다.
(CIP 제어번호: CIP2020050385)

출판 · 교육 · 미디어기업 학지사

간호보건의학출판 **학지사메디컬** www.hakjisamd.co.kr
심리검사연구소 **인싸이트** www.inpsyt.co.kr
학술논문서비스 **뉴논문** www.newnonmun.com
교육연수원 **카운피아** www.counpia.com